BIBLIOGRAPHIE

DES

PRINCIPAUX OUVRAGES

RELATIFS

À L'AMOUR, AUX FEMMES, AU MARIAGE

Paris. — Typographie de Ad. R. Lainé, rue Jacob, 56.

BIBLIOGRAPHIE

DES

PRINCIPAUX OUVRAGES

RELATIFS

A L'AMOUR, AUX FEMMES, AU MARIAGE

INDIQUANT

LES AUTEURS DE CES OUVRAGES, LEURS ÉDITIONS, LEUR VALEUR ET LES PROHIBITIONS OU CONDAMNATIONS DONT CERTAINS D'ENTRE EUX ONT ÉTÉ L'OBJET

PAR M. LE C. D'I***

PARIS

CHEZ JULES GAY, ÉDITEUR

QUAI DES AUGUSTINS, 25

1861

p
dep
d'o
lac
oc
gr
cu
q
l'i
qu
fe
Le
m
d'
re
et
e
le
fi
n
e
e
p
t
a
c
g

AVERTISSEMENT

Le Catalogue que nous avons l'honneur de présenter au public est commencé depuis longtemps; nous avons sollicité et reçu bien des renseignements de beaucoup d'amateurs et de bibliophiles, et cependant on y trouvera nombre d'erreurs et des lacunes importantes. C'est que, pour le genre d'ouvrages dont nous nous sommes occupés, plus encore que pour d'autres genres, la bibliographie est une science ingrate qui, pour faire quelque progrès, réclame le concours de tous ceux qui la cultivent. Quoi qu'il en soit, nous préférons faire paraître notre travail tel qu'il est que d'en retarder indéfiniment la publication. Nous avons eu, en l'entreprenant, l'intention de faire un tableau complet des principaux ouvrages anciens et modernes qui ont été faits, dans toutes les langues et dans tous les pays, sur l'amour, les femmes, le mariage et les diverses questions qui peuvent se rapporter à ce sujet. Les ouvrages rares, précieux, curieux, singuliers, agréables, utiles ou estimés sont moins nombreux qu'on pourrait se l'imaginer, et peut-être nous reprochera-t-on d'avoir admis beaucoup d'articles qui n'ont aucun de ces mérites. On nous fera un reproche plus grave, celui d'avoir catalogué des ouvrages, non-seulement licencieux et obscènes, mais réellement abominables. Mais ces ouvrages, que nous ne nous condamnerons pas à nommer de nouveau ici, ouvrages qui représentent les erreurs les plus dangereuses des égoïstes cruels et débauchés, les mettre en lumière, les faire connaître, c'est les démasquer et rendre par là un plus grand service à l'humanité que de les passer sous silence et de se contenter de les anathématiser avec emphase. Quant aux productions simplement érotiques, on sait que leurs principaux amateurs sont souvent, et la liste des catalogues de vente en fait foi, des personnes très-réservées, très-discrètes, et de la conduite la plus exemplaire, tandis que les débauchés les craignent et les éloignent d'eux avec hypocrisie et souvent avec colère. Pour un esprit chaste, les priapées d'Herculanum n'offriront rien de dangereux, tandis que pour un esprit corrompu, le plus léger sous-entendu, l'allusion la plus gazée, équivaudra à une obscénité grossière. L'opinion, en France, est sévère pour les productions galantes; elles y ont été souvent défendues et permises tour à tour; mais les pays voisins, moins pudibonds, quoique les mœurs soient aussi chastes qu'en France, la Hollande, la Belgique, l'Allemagne, etc., les ont im primées, les vendent encore aujourd'hui d'une manière si publique que cela nous semble fort extraordinaire. Les questions morales que soulèvent ces productions, sont de la plus haute importance et, bien que nous n'ayons pas la moindre intention de les examiner, leur solution est controversée, et les hommes qui s'en occupent ne seront peut-être pas fâchés de trouver ici quelques éléments propres à servir à leur conviction ou à leur argumentation. Nous espérons donc qu'à l'égard des ouvrages libres on ne nous adressera pas de reproches; nous avons, du reste, recueilli, avec le plus grand soin, les condamnations ou interdictions qui ont pu être prononcées contre eux, et qui par leur vague, par les oscillations dont nous parlions tout à l'heure, occasionnent une terreur, sont une sorte d'épée de Damoclès pour les libraires et pour les éditeurs français.

On trouvera dans notre Bibliographie un certain nombre d'articles étrangers qui n'avaient pas encore été signalés en France; mais, comme notre travail est fait principalement pour l'usage des Français, nous n'avons point admis, excepté lorsqu'un livre le réclamait impérieusement par son originalité et sa curiosité, les traductions qui ont été faites d'ouvrages français en langue étrangère ou d'ouvrages étrangers en une autre langue que la langue française.

Malgré tout le soin que nous avons apporté à l'exécution typographique, nous avons laissé échapper quelques erreurs ou omissions dont nous nous bornerons à relever ici les principales :

Page 1, col. 1 : *Œuvres de Bluet d'Arbères.* Voir un curieux article du bibliophile Jacob (Paul Lacroix) sur ce personnage excentrique, Bulletin du Bibliophile, 1859, pp. 450-467.

P. 3, col. 1 : *Dévote Salutation, etc.*; elle est reproduite en entier dans les *Mélanges extraits d'une petite bibliothèque*, par Charles Nodier, 18 pp.

P. 6, col. 2 : *L'Amour*, p. Ad. Esquiros; contient : Situation de l'amour; l'Homme-Dieu; Il crée la femme; Ménage modèle; Infidélité modèle; le Mari médecin; le Mari confesseur; le Mari fouetteur, etc.

P. 6, col. 2 : (A la suite de *la Femme*, de Michelet) — *La Femme telle qu'elle est*; étude, p. Moller. 4ᵉ éd., Paris, Albessard, 1860, in-12 de 262 pp., 3 fr.

P. 8, col. 1, après Meibomius, ajouter : *Athei* (J. Lyseri), *Polygamia triumphatrix.* Londres, 1682, in-4. Peu commun.

P. 8, col. 2, après le 2ᵉ art. : *Reflexions on the polygamy and the encouragement to that practice in the old testament*; by Delany. London, 1737, in-8.

Mêmes page et col., art. *Lucina.* Cet ouvr., dont l'édition anglaise est de 1750, est attrib. par Lowndes, dans son *Bibliographical Manual*, au révérend J. Coventry.

P. 9, col. 2 (après *Étude de l'appareil*, etc.) : *Science de l'homme. Physiologie religieuse*; par P. Enfantin. Paris, V. Masson, 1858, in-4 de xxii-488 pp. Ouvr. très-important, concernant l'organisme sexuel, etc.

P. 10, col. 1, après le 4ᵉ art. : *La Syphilis dans l'antiquité* (en allemand), par le doct. Julien Rosenbaum. Halle, 1839, in-8, t. 1ᵉʳ. Ce vol. fort curieux, et qui témoigne d'une grande érudition, montre, en s'appuyant d'une foule de textes grecs et latins, les conséquences fâcheuses qu'entraînaient, chez les peuples de l'antiquité, les écarts de l'amour physique.

P. 19, col. 2 : *Le Triomphe de dame vérole* a été réimp. dans les *Anciennes Poésies françaises*, éditées par A. de Montaiglon, en 1856, tome IV, p. 214.

P. 29, col. 1 : *Contes rémois*, de M. le comte de Chevigné, nouv. éd. in-12, en 1860, chez Lévy fr., 5 fr.

P. 34, col. 2 : Pour les *Chansons de Béranger*, il y a deux suites de fig. libres, l'une au burin, l'autre à l'eau-forte et coloriée.

P. 36, col. 2 : *Le Ballet en langage forésien* a été récemment réimp. à pet. nombre, pour Aubry, à Paris.

Mêmes page et col. : Les *Ordenansas del libre blanc* ont été réimp., en partie du moins, par les soins de M. G. Brunet, 1843, in-8. — Les *Coustumas* sont des idées superstitieuses qui se retrouvent en partie dans le *Livre des quenouilles.*

P. 40, col. 2 : *La Corneide*, par Gambara. Livorno, 7 vol. in-8. Plaisanterie infiniment trop prolongée.

P. 43, col. 1 : Komische erzählungen. Ces contes sont attribués à Wieland.

P. 45, au bas de la 1re col., ajouter : Le Théâtre de Larivey a été réimp. dans l'*Anc. Théâtre françois* de Jannet.

P. 62, col. 1, à la suite du *Th. du Palais-Royal*, en 1860 : *J'ai perdu mon Eurydice*, vaud. 1 a., p. Marc Michel et Choler. — *Les Mémoires de Mimi-Bamboche*, roman en 5 ch., p. Eug. Grangé et Lambert Thiboust. — *Le Passé de Nichette*, vaud. 1 a., par Lamb. Thiboust.

P. 70, col. 2 : Chariton, roman très-intéressant ; c'est trop dire.

P. 71, col. 1, au bas : La trad. de Pétrone, de C. Héguin de Guerle, a été réimp. en 1860, pour Garnier, sous le titre : *OE. compl. de Pétrone*, in-12, 3 fr. 50.

P. 79, col. 1, avant-dernier article : *Les Confessions de Wilfort* et *Carline et Belval* sont deux ouvrages différents ; le 2e est beaucoup plus libre que le premier.

P. 82, col. 1, en haut, ajouter : *Les Aveux d'une femme galante, ou Lettres de mad. la marq. de *** à milady Fanny Stapelton* (p. la baronne de Vasse). Londres, 1783, 1786, 1796, in-12.

P. 82, col. 2, en haut, ajouter : *L'Etourdi*, roman (attrib. p. P. Lacroix au marq. de Sade). Lampsaque, 1784. 2 part. in-12, 156 et 114 pp. Il y a des récits libres, mais les termes ne sont point obscènes. Rare. — Même col. : *Le Doctorat impromptu*, au lieu de : *Le Docteur.* — Et plus bas : *Les Joies de Lolotte*, et non *les Jouets*.

P. 83, col. 1, après Hortense, ajouter : *Le Synode conjugal, ou Aloisia sacra* (attrib. à Louvet de Couvray). Paris, an IV, 2 part. in-16. Cond. le 19 mai 1815.

P. 84, col. 1 : *L'Enfant du plaisir*. Ce roman n'a rien de commun avec Zéphirin.

Mêmes pages et col., art. *Julie, ou J'ai sauvé ma rose*. Ce roman finit par des scènes d'amour lesbien extrêmement vives.

P. 84, col. 2, en haut : *Mon aventure dans la diligence*, par Quesné. 1808, brochure in-8, qui a été brûlée par ordre du ministre de la police.

P. 89, col. 2 : *La Escuela de Celestina*. Dire que cet ouvr. est fort lubrique, c'est aller trop loin ; les romans espagnols n'offrent guère ce caractère.

P. 91, col. 1 : *Denkwürdigkeiten der Herrn von H...* (Mémoires de monsieur de H...) Rome (Leipzig), in-12 (22 chap. 269 pp.). Les éditions plus récentes de ce roman licencieux, le meilleur en ce genre-là qu'il y ait eu en allemand, ont un chapitre de plus, qui traite du mariage de M. de H... Il y a plusieurs éditions sous la même rubrique, et, tout récemment, il en a été fait une à Altona. Graësse.

P. 92, col. 1 : *Morlini novellæ*. Jannet en a fait une réimp. dans la Bibl. elzévirienne.

P. 97, col. 1 : *Il Decamerone*, éd. de 1471. Le marquis de Blandford avait pour concurrent lord Spencer, qui poussa l'enchère jusqu'à 2,250 liv. st. ; plus tard, le marquis revendit ses livres, et l'exemplaire fut cette fois adjugé à lord Spencer pour 918 liv. st.

P. 98, col. 2 : *La Lucerna*. Il y a, de cet ouvr., une éd. s. l., 1605, avec une fleur de lys sur le titre, et d'impression française.

P. 100, col. 2 (après les *Adevineaux*) : *La Fluste de Robin, en laquelle les chansons de chaque mestier s'égayent*. Troyes, ou s. l. n. d. (Paris, vers 1619), pet. in-8 de 38 pp., autre éd. de 48 pp. (Nodier, 101 fr.), facétie en prose fort graveleuse et très-singulière. Réimp. dans les Joyeusetez, 59 pp. Un amateur de Paris, 25 fr.

P. 102, col. 2 : *L'Art de jouir* a été réimp. dans les Œuvres de la Métrie, en 3 vol. in-18.

P. 119, col. 1 : *Vénus dans le cloître*. A diverses éd. de cet ouvrage, on trouve joint un catalogue de livres libres, que Graësse a transcrit tout au long dans son Histoire littéraire universelle en allemand, tome II, 3e section, p. 733. On y trouve indiqués, entre autres, les deux ouvrages suivants : *les Règles et statuts de l'abbaye de Cogne-au-fond*, 1 vol., et *l'Extrême-Onction de la virginité mourante*, 1 vol. Cependant, et bien que ces titres soient encore répétés sur un catalogue de livres érotiques imprimés à Paris, vers 1831, l'existence de ces deux ouvrages est fort douteuse.

P. 13., col. 1 : *Amours d'Anne d'Autriche*. D'après l'ouvrage de Tycho Hoffmann, Portraits historiques des hommes illustres de Danemark, le comte de Rantzau aurait été un amant distingué par Anne. Peut-être est-ce lui que désignent les initiales C. de R.

P. 131, colonne 2 : *Saint-Germain, ou les Amours, etc.* D'après une note du catalogue Bazin (l'historien de Louis XIII), il n'y a pas dans Lupanie, quoiqu'on en ait dit, un mot qui, de près ou de loin, se rapporte à madame de Montespan. C'est une histoire, très-mal écrite, de scandales bourgeois.

P. 13., col. 1 : *Le Cochon mitré*. Au sujet de la captivité (fort douteuse) de l'auteur, voir une note du catalogue Leber, nos 1587-88.

P. 132, col. 2 : *Triomphe de la deesse Monas*. M. L. Thomassy a traité, dans une brochure publiée en 1841, la question de l'amour du sultan de Maroc pour la fille de Louis XIV. Voir aussi le catalogue Leber, nos 2225 et 2227.

P. 133, col. 2 : *Hist. de Mad. la comtesse des Barres*. Une note de M. de Monmerqué, dans son édition des Lettres de Mad. de Sévigné mentionne un manuscrit beaucoup plus complet de cette histoire, comme existant à la bibliothèque de l'Arsenal.

P. 134, col. 1 : *Le Conservateur de la santé.* Cette lettre a été réimp. dans la *Correspondance* de la princesse Charlotte, publ. chez Charpentier, en 1855, tom. II, p. 385.

P. 136, col. 2 : *Mémoires, anecdotes. . . . de M. Dulis.* On trouve, sur ce personnage, un article dans la Biographie universelle, tom. LXIII. Voir aussi les *Mélanges* de Boisjourdain, tom. II, p. 376. Bernard parle de l'orgie de Mlle Pélissier dans une pièce de vers, tom. II, p. 207 de l'éd. de Fayolle, 1804.

P. 139, col. 1 : *Le Cadran des plaisirs. . . .*, libelle contre la reine et la princesse de Polignac, et non le prince, qui n'y figure nullement.

P. 142, col. 1 : *Zoloé et ses deux acolytes.* Les deux acolytes sont mesdames Tallien et Visconti. On trouve dans le journal l'Amateur de livres, de Jannet, tom. III, pp. 3 à 6, une petite notice sur ce roman.

P. 149, col. 2 (art. de Bibliographie à placer après le dernier article) : *Bibliothèque bibliophilo-facétieuse, éditée par les frères Gébéodé* (Gust. Brunet et Oct. Delepierre). — *Premier acte du synode nocturne des Lémanes, Unelmanes, Propétides à la ruine des biens, vie et honneur de Callanthe* (par Guill. Reboul). 1608. — *Chansons hist. et satiriques sur la cour de France.* 1615-1746. — *Extraits et analyses de divers livres rares et pantagruéliques, tels que le Contenu de l'assemblée des dames du Grand Habitavit* (Paris, 1615, pet. in-8); *Lettere facete e chiribizzose, da Vinc. Bolando; le Zombi du Grand Perou; la Mistoire barragouine de Fanfreluche et Gaudichon; les Grandes et Récréatives Prognostications pour cette présente année 0814500470*; etc. S. l. (Londres, Gancia), 1852-54, 3 vol. pet. in-8, tirés à 80 ou 100 ex.; et dont 60 seulement ont été mis dans le commerce. Le Synode, contenu dans le premier volume, est un ouvrage hardi, spirituel et très-rare, du genre rabelaisien. Les Chansons du 2e vol. étaient, pour la plupart, inédites. Le 3e vol. comprend l'analyse de 14 ouvrages, tous intéressants, singuliers et rares.

ABRÉVIATIONS

a., acte — *all.*, allemand — *Amst.*, Amsterdam — *anal.*, analysé — *anc.*, ancien — *angl.*, anglais — *ann.*, annotations, annoté — *ann. suiv.*, années suivantes — *augm.*, augmenté — *aut. inc.*, auteur inconnu — *av.*, avec — *B.* ou *bibl.*, bibliothèque — *bar.*, baron, baronne — *Bord.*, Bordeaux — *cte*, comtesse — *car.*, caractère — *cat.*, catalogue — *ch.*, chaque, chacun — *chev.*, chevalier — *Col.*, Cologne — *col.*, colorié — *coll.*, collection — *com.*, comédie, comique — *comm.*, commentaire — *comp.*, composé — *cond.*, condamnation, condamné — *cont.*, contenant — *crit.*, critique — *D.*, docteur — *d'apr.*, d'après — *dess.*, dessin, dessiné — *dial.*, dialogue — *dict.*, dictionnaire — *divert.*, divertissements — *éd.*, édition — *Elz.*, Elzévir — *ens.*, ensemble — *érot.*, érotique — *esp.*, espagnol — *ex.*, exemplaire — *ff.*, feuillets — *fig. s. b.*, figures sur bois — *fl.*, florin, environ 2 fr. 15 c. — *franç.*, français — *Francf.*, Francfort — *front. gr.*, frontispice gravé — *gal.*, galant — *goth.*, gothique — *gr.*, græce — *gr. s. b.* ou *en t. d.*, gravure sur bois ou en taille douce. — *Hamb.*, Hambourg — *hist.*, histoire, historique — *Holl.*, Hollande — — *ill.*, illustré — *imp.*, imprimerie, imprimé — *intit.*, intitulé — *it.*, italien — *kr.*, kreutzer, env. 3 cent. 1/2 — *lat.*, latin — *lib.*, libraire — *lith.*, lithographie — *litt.*, littérature, littéraire — *Liv.*, livre sterling, env. 25 fr. — *m.*, mort — *marq.*, marquis, marquise — *mod.*, moderne — *ms.*, manuscrit — *mus.*, musique — *not.*, notice — *nouv.*, nouveau, nouvelle — *obsc.*, obscène — *orig.*, original — *p.*, par — *pp.*, pages — *pant.*, pantomime — *pap.*, papier — *part.*, partie — *past.*, pastorale — *pet.*, petit — *phot.*, photographie — *pl.*, planche — *plus.*, plusieurs — *portr.*, portraits — *pr.*, prose — *préc.*, précédé, précédent — *préf.*, préface — *prol.*, prologue — *rev. et corr.*, revu et corrigé — *rec.*, recueil — *réimp.*, réimprimé — *s. l. n. d.*, sans lieu ni date — *sat.*, satirique — *sh.*, shelling, env. 1 fr. 25 c. — *th.*, théâtre — *trad.*, traduit, traduction — *trag.*, tragédie — *V.*, voir — *v.*, vers — *vaud.*, vaudeville — *vél.*, vélin — *vign.*, vignette — *vol.*, volume.

BIBLIOGRAPHIE

DES

PRINCIPAUX OUVRAGES

RELATIFS

A L'AMOUR, AUX FEMMES, AU MARIAGE

THÉOLOGIE

LIVRES, HISTOIRES ET PERSONNAGES DE LA BIBLE.

LE CANTIQUE DES CANTIQUES, de Salomon (ou attribué à Salomon). Principales traductions françaises : *Les Cantiques de Salomon*, translatez de lat. en fr. (en vers). Paris, à l'Escu de France, in-8 de 60 ff., fig. s. b. ; payé p. Hebelinck, 200 fr. — *La Pastorale saincte, ou Paraphrase du Cantique des cantiques* (en 5 a. et en pr.), p. Ch. Hersent, prédicateur. Paris, 1635, in-8 ; rare et singulier. — *Le Cantique des cantiques*, etc., p. Desmarets. Paris, 1656, pet. in-12, fr. gr. p. Mellan. — *La Pastorale sacrée, ou Paraphrase du Cantique des cantiques*, p. Ch. Cotin, aumônier du roy. Paris, 1661, 1662, in-12. — *Le Cantique des cantiques*, interprété selon le sens mystique (par Mme Guyon). Lyon, 1688, in-12 ; J. G., en 1844, 10 fr. — Le même, trad. p. Arm. de Gérard. Paris, 1691, in-8. — Le même, par de la Bonnodière. Caen, 1708, in-8. — Le même, en vers, av. des notes, p. Thomas. Paris, 1717, in-12. — *Traduction du Cantique des cantiques*, trouvée dans les papiers de Jean Meslier, curé d'Etrépigny (mort en 1733). Ms. curieux : Boutourlin, catal. de 1805. — *Précis de l'Ecclésiaste et du Cantique des cantiques*, par Voltaire (prose et vers). Liége, 1759, in-8 de 40 pp. — *Livres hist. de l'Ancien Testament*, ornés de peintures orientales, gr. par F.-A. David. 1er livre conten. le *Cantique des cantiques*. Paris, 1819, in-8 de 32 pp., plus 5 planches. — *Les Proverbes, l'Ecclésiaste, le Cantique des cantiques, la Sagesse*, trad. par Genoude. Paris, 1820, in-8. — *Le Cantique des cantiques*, trad. en vers franç. d'apr. l'hébreu, p. Guillemin (texte lat. en bas des pages). Paris, 1839, gr. in-8, 2 gr. 10 fr. — Le même, tr. en pr., p. Dargaud. Paris, 1839, in-8 de 3 feuilles. — Le même, trad. en v. p. de Villegouge. Périgueux, 1840, in-8. — Le même, trad. et paraphrasé en cantates, p. le comte de Marcellus. Lyon, 1841, in-12. — Le même, trad. en v. p. de Cardonnel et C. Debar. Toulouse, 1841, in-8 de 16 pp. — Le même, trad. en v. p. J.-B. Delaborde. Paris, 1842, in-8. — Le même, trad. en pr., en regard d'une trad. lat. qui n'est pas celle de la Vulgate, etc. Au Mans (1843), in-8 de 20 feuilles. — Le même, trad. en pr. p. Darnault. Nantes, 1849, in-12. — Le même, trad. p. Mallet de Chilly. Orléans, 1854, in-18. — Le même, trad. en v. p. Ch. Fretin. Nogent, 1855, in-12. — Le même, trad. de l'hébreu, av. une étude sur le plan, l'âge et le caractère du poëme, p. Ern. Renan. Paris, Lévy, 1860, in-8 de 14-216 pp., 6 fr. — *Le Cantique des cantiques, ou l'amour et la poésie dans l'antiquité sacrée*, p. Alph. Castaing. Paris, Challamel, 1860, in-8 de 25 pp., 1 fr.

Storia dell' amore cavata dalle divine Scritture, di Rosmini Serbatti. Crémone, 1835, in-8. Malgré ce titre singulier, l'ouvrage est orthodoxe. Il contient l'hist. amoureuse des peuples anciens depuis Ève jusqu'au Cantique de Salomon.

Mariæ Dei genitricis castissimæ inviolatæ perpetuæque virginitatis defensorium. S. l. n. d. (vers 1470), in-4 goth. de 29 ff. av. 63 fig. sur bois. Vente Libri, en 1859, 13 liv. 5 sch. L'auteur cherche à prouver que Marie a pu devenir mère sans cesser d'être vierge.

THÉOLOGIENS.

MORALE RELIGIEUSE.

Petri Haedi sacerdotis de amoris generibus libri tres. Tarvisii, 1492, in-4 de 103 ff. La Vallière, 72 fr. Ouvr. dirigé contre l'amour; il a été réimp. avec quelques changements, sous le titre *De contemnendis amoribus libri tres.* Coloniæ, 1608, in-12.

Traité des danses, auquel il est démontré qu'elles sont accessoires et dépendances de paillardises, etc. (p. le fr. Ant. Estienne). Paris, 1564, in-8. Rare.

Traité des danses, auquel est amplement résolue la question, à sçavoir s'il est permis aux chrestiens de danser (attrib. à Lambert Daneau). Paris, 1579, in-12. Nodier, 20 fr. — S. l. (Genève), 1580, pet. in-8 de 50 ff. Tech., 18 fr.

De matrimonii sacramento; auct. Rev. P. Th. Sanchez. Gênes (Madrid), 1602, in-fol.; éd. très-rare. On dit qu'il y a eu des retranchements dans toutes les éd. qui l'ont suivie. — Nuremberg, 1706, 3 part. in-fol.; éd. rare; Hérisson, n° 272. — Anvers, 1707, 1714, 3 part. in-fol.; Renouard, 20 fr. — Sanchez traite en détail des matières obscènes peu utiles pour l'instruction de son lecteur; c'est dans la 1re partie, p. 141, que se trouve, par exemple, le fameux examen de l'opération du Saint-Esprit.

Le Fléau des putains et des courtisanes effrontées. Lyon et Paris, 1612, pet. in-8 de 22 pp. Rare. Crozet, 15 fr. 50.

Le Fouet des paillards, ou juste punition des voluptueux et charnels (p. Mathurin le Picard, curé du Mesnil-Jourdain). Rouen, 1623, 1628, 1638, pet. in-12. Crozet, 12 fr.

Petit Traité contre l'abominable vice de paillardise et adultère, p. Guill. Le Fault. La Haye, 1629, pet. in-8. Rare.

Le Chancre, ou couvre-sein féminin; ensemble le Voile, ou couvre-chef féminin (p. Jean Polman, chanoine). Douai, 1635, in-8. La Vallière, 18 fr.

Discours particulier contre les filles et femmes desbraillées, découvrant leur sein et portant des moustaches (des mouches), p. Pierre Juvernay. Paris, 1637, 1640, pet. in-8, 1 gr. sur le titre. Lemarié, 36 fr.

De l'Abus des nudites de gorge (attribué à J. Boileau, à l'abbé de Neuilly, à La Bellongurais). Bruxelles, 1675, in-12. — Paris, 1677, in-12; By, 22 fr. — Bruxelles, 1680, in-12; Giraud, 20 fr. — Gand, Duquesne, 1857, in-16; 3 fr. — Paris, Delahays, 1858, in-12 de 130 pp.; éd. av. avant-propos de P. Lacroix; 3 fr.

A Just and Reasonable Reprehension of naked breasts and shoulders, by Edward Cooke. 1678, in-8. Ouvrage dirigé contre la nudité des épaules et de la gorge des dames de la cour de Charles II. Ainsi qu'on peut le voir dans les portraits du temps, la comtesse d'Ossory, miss Prince, etc., et surtout la fameuse Nelly Gwynn, qui, de marchande d'oranges, devint maîtresse du roi, pouvaient soulever, en effet, leurs rivales moins bien partagées, leurs amants rebutés et les sermonnaires zélés. Rare.

Rimedio per curare la vanità feminile, comp. da un sacerdote regolare. Roma, 1680, pet. in-8. Libri, 8 fr. 50. — Anecdotes pour effrayer les coquettes.

Jugement contre les danses, par un curé du diocèse de Narbonne (Taillhant). Toulouse, 1693, in-8. Tech., 8 fr.

Mémoires pour un sermon sur les hantises de la campagne (entre garçons et filles). Lille, J.-B. Henry (v. 1730), pet. in-12. — Rare et curieux pour les traits bouffons et malséants que l'auteur y a semés naïvement. Tripier, 10 fr.

Avantages du mariage, et combien il est nécessaire et salutaire aux prêtres et aux évêques d'épouser une fille chrétienne (p. le chanoine Desforges). Bruxelles, 1758, 2 part. in-12. Lelage, 10 fr. 50. — On a joint à ce vol. un arrêt du Parlement qui le condamne au feu.

Discussion si la polygamie est contre la loi naturelle ou divine, tant de l'Ancien que du Nouveau Testament; de ce qui a donné lieu de l'interdire aux chrétiens; si les souverains chrétiens sont autorisés de la réintroduire dans leurs États, et de quelle manière ils pourront s'y prendre sans occasionner des désordres dans les ménages; par Louis, comte de Rantzow. St-Pétersbourg, 1774, pet. in 8. Mac-Carthy, 3 fr. 60.

Catéchisme des gens mariés (p. le P. Féline, missionnaire). Caen, 1782, in-12. — L'autorité ecclésiastique supprima soigneusement cet ouvrage, à cause de quelques détails obscènes. Veinant, 15 fr.

Antidotum juventuti oblatum, Avignon, Séguin, 1825, in-12 de 24 pp.; div. en 6 paragraphes : De impudicitia; De libris damnosis; De malis societatibus; De verbis obscenis; De comœdiis; De choreis.

Le Mormonisme polygame, p. E. Guers, ministre de l'Évangile. Genève et Paris, Grassart, 1855, in-12 de 64 pp.

MYSTICISME; OPINIONS ET SECTES SINGULIÈRES.

Les Œuvres de Bernard de Bluet d'Arbères, comte de Permission, 1600 et ann. suivantes, 103 parties in-12, de 12 pp. chacune, et dont les plus rares sont les six dernières; la soixante-quinzième manque aussi très-souvent, ou elle est mutilée dans la figure attachée au commencement, et qui représente une femme nue et lardée de toutes parts de l'objet de ses impudicités (De Bure, nº 3990). Aimé-Martin, ex. en 2 vol. in-12, manquant de plusieurs parties, 50 fr.

Les Amours de Joseph et de la Vierge, p. de La Serre. Rouen, 1633, pet. in-12, titre gr. et fig. Rare.

Dévote Salutation aux membres sacrés du corps de la glorieuse Vierge, p. le Rév. P. I. B., capucin. Paris, 1678, in-16 de 16 pp. Nodier, en 1829, 27 fr. 65. — Drôlerie mystique.

Hadr. Beverlandi Peccatum originale. Eleutheropolis, typis Adami et Evae, 1678, pet. in 8 de 156 pp. Éd. orig. et rare; celle de (Leyde), 1679, passe pour tronquée et corrigée. — *État de l'homme dans le péché originel* (trad. p. J.-Fréd. Bernard). Impr. dans le monde (Holl.), 1714 (1718, 1731, 1740, 1741), pet. in-12. Veinant, 7 fr. — Trad. aussi licencieuse que l'ouvr. original, mais peu estimée. Les ouvrages de Beverland lui-même ne le sont guère.

L'Adamiste, ou le Jésuite insensible, nouvelle doctrine. Col., Le Sincère (Holl., à la sph.), 1682, 1683, 1684, 1712, pet. in-12, fig. Nodier, éd. de 1682, 35 fr.; Tripier, 30 fr. — Doctrine quiétiste, que l'on accusait de nombreux désordres. Elle consiste à changer le nom de chaque partie du corps, afin de s'habituer à devenir insensible aux idées que ces noms représentent : ainsi le ventre s'appelle le tablier, etc. Le vol. contient des histoires lestes, mais peu spirituelles.

Les Aventures de la Madona et de François d'Assise; p. Renoult. Amst., à la sph., 1701, 1707, 1745, 1750, in-12, figures. De Galgault, 12 fr.; Nodier, 16 fr. 50. — Peu commun, le livre ayant été condamné au feu. La figure placée au chap. 6 représente les *Galanteries de la Madone avec ses dévots*, et montre jusqu'à quel point le mysticisme peut conduire à l'oubli des bienséances.

RELIGIONS ANCIENNES.

(MYTHOLOGIE)

Les Amours des Dieux (en prose); par Puget de la Serre. Paris, 1624, in-8, fig. rare.

Les Amours des Déesses (en prose); par P. de la Serre. Paris, 1626, 1627, 1639, pet. in-8, fig. Comtesse de Verrue, 8 fr.

Les Amours des Dieux, d'après le Titien, Ann. Carrache et Jules Romain, gravés à l'eau forte sur acier par Réveil; notices par Duchesne aîné (texte en franç. et en anglais). Paris, 1833, in-8, avec 18 planches.

Tableau du temple des Muses (par de Marolles). Paris, Sommaville, 1655, in-fol. fig. (60) gr. p. Bloemaert d'après Diepenbeke. Lollée, 84 fr.; David, 41 fr. Le *Salmacis et Hermaphrodite* de Bloemaert a été remplacé dans beaucoup d'ex. par une estampe de Poilly : les curieux recherchent les deux fig. Dans la gravure de *Jupiter et Sémélé*, des draperies ont été ajoutées, et dans *Alphée poursuivant Aréthuse* une touffe de roseaux a été ajoutée afin de cacher la nudité du fleuve.

Les Amours des Dieux, recueil de comp. dess. p. Girodet et lith. p. Aubry-Lecomte, Châtillon, etc., avec texte explicatif par Coupin. Paris, 1826, 4 liv. in-fol. av. 16 pl.

Amours des Dieux païens, suite de lith., p. Ach. Devéria. Paris, Wild, 1830-31, in-fol.

Des Divinités génératrices, ou du Culte du phallus chez les anciens et chez les modernes, des cultes du dieu de Lampsaque, de Pan, de Vénus, etc. (p. J.-A. Dulaure. Paris, 1805, in-8 (tome II de l'*Abrégé des différents cultes*). Éd. peu commune et préférée à la seconde (Paris, 1825, in-8) qui fut saisie et cond. en oct. 1826, et qui avait pourtant subi des modifications. On y joint quelquefois (Pont-la-Ville, nº 163) une grande planche de 1 m. 50 de long., roulée et collée sur toile, représentant la *Procession du phallus*.

Mémoire sur Vénus, par Larcher. Paris, 1775, 1776, pet. in 8, avec une fig. de *Vénus callipyge*, gr. p. Saint-Albin. Pixerécourt, éd. de 1775, 30 fr. 50 c. Recherches savantes, curieuses et exactes.

Les Grâces, recueil de différents ouvr. sur les Grâces (p. Meunier de Querlon, avec une Dissert. de l'abbé Massieu et un Discours p. le P. André). Paris, 1769, in-8, titre et front. d'apr. Boucher, et fig. de Moreau.

RELIGIONS MODERNES

AUTRES QUE LA RELIGION CHRÉTIENNE.

Les Amours de Mahomet, écrits par Ayesha, une de ses femmes. Londres, 1750, in-12. Est-ce le même ouvr. que : *Aventures merveilleuses et galantes de Mahomet*, hist. secrète, trad. du persan : La Mecque, 1781, in 12, fig.

Lettre d'un médecin arabe au fameux professeur de l'université de Hall en Saxe, sur les reproches faits à Mahomet de son recours aux armes, de la pluralité de ses femmes, de l'entretien de ses concubines et de l'idée de son paradis; trad. de l'arabe. S. l., 1713, in-8; peu commun.

JURISPRUDENCE

LÉGISLATION ET JURISPRUDENCE

CONCERNANT L'AMOUR, LES FEMMES ET LE MARIAGE.

Les Arrêts d'amour, en prose avec des préambules en vers, par Martial d'Auvergne, dit de Paris; ouvrage contenant, selon l'avis de M. Dupin aîné, des questions de droit et de procédure accommodées dans un cadre imaginé pour les mettre à la portée des gens du monde et les vulgariser. Les plus anciennes éditions sont intitulées : *Les 51 Arrestz donnez au grant conseil d'amours*; Paris, s. d. (av. 1525), in-4 goth.; elles sont très-rares. Il y en a une éd. de 1525, in-4, goth. fig. s. b. — D'autres, avec le 52ᵉ arrêt (p. Gilles d'Aurigny, dit Pamphile). Paris, s. d. (v. 1540), in-8 et in-12, fig. s. b. Pixerécourt, 30 fr. — Editions avec les commentaires latins de Benoît de Court, sous le titre : *Arresta amorum*, etc. Ed. orig. Lugduni, Gryphius, 1533, pet. in-4; Tech., 75 fr. Souvent réimprimées. — Editions avec un 53ᵉ arrêt, par l'abbé des Conards, et avec des titres français : *Les 53 Arrêts d'amour*; Rouen, 1587, 1597, 1627, pet. in-8; Méon, 8 fr. — Ed. av. un glossaire des anciens termes, etc., par Lenglet-Dufresnoy. Amst. 1731, in-12; Crozet, 30 fr. 50; Veinant, 31 fr. — Id., Amst., 1734, in-12; du Roure, 10 fr. 50.

Practique et enchiridion des causes criminelles, p. Damhoudère. Louvain, 1554, 1555, in-8 avec 56 fig. s. b. impr. dans le texte. Les pl. des pp. 196, 199 et 201 représentent trop naïvement l'adultère, la fornication et l'inceste. Tripier, 150 fr. L'éd. d'Anvers, 1564, dans laquelle ces fig. ont été retouchées et ne sont plus obscènes, a peu de valeur.

Traité de la dissolution du mariage par impuissance de l'homme ou de la femme (par Ant. Hotman, et *Second traité*, etc., par le même). Paris, 1581, 1595, 1610, 1656, 2 part. in-8 de ens. env. 125 pp. Pixerécourt, 24 fr. 50; Veinant, 40 fr. On peut y joindre : *Traité du divorce fait par l'adultère*; p. le même; Paris, 1586, 1655, in-8; By, 8 fr.

Capitulaire auquel est traicté qu'un homme nay sans testicules apparens et qui ha néantmoins toutes les autres marques de la virilité est capable des œuvres du mariage; p. S. Rouillard. Paris, 1600, 1603, 1604, 1608, pet. in-8; La Vallière, 18 fr., mais moins cher aujourd'hui.

Plaidoyer de Freydier, avocat à Nismes, contre l'introduction des cadenas ou ceintures de chasteté. Montpellier, 1750, gr. in-8. On y ajoute souvent 3 pl., dont une qui se déploie et qui représente la ceinture; dans les deux autres, on voit le jaloux attacher la ceinture, et l'Amour remettant à l'amant la clef du cadenas. Bolle, 31 fr.; Nodier, 47 fr. 50.

Traité de l'adultère, considéré dans l'ordre judiciaire, p. J.-F. Fournel; Paris, 1778, in-12. — *Traité de la séduction*, p. le même; Paris, 1781, in-12. Ouvr. curieux par les faits qui s'y trouvent rapportés.

Lois du mariage et du divorce, depuis leur origine dans le droit romain; p. André Nougarède, 2ᵉ éd. Paris, 1816, in-8. La 1ʳᵉ éd. est de 1802.

Etude médico-légale sur les attentats aux mœurs, p. le D. Ambr. Tardieu. 3ᵉ éd. Paris, Baillière, 1859, in-8 de 200 pp. av. 3 pl. gravées; 3 fr.

PROCÈS CÉLÈBRES, CAUSES GALANTES, PLAIDOYERS ET ARRÊTS.

Cases of divorce for impotency, etc. London, 1715-23, 4 vol. in-12. Rare.

Trials for adulteries, fornication, impotence, etc. London, 1779, 7 vol. in-8, fig. assez explicites.

Annales du crime et de l'innocence, ou choix de causes célèbres, rec. par Plancher-Valcour. C'est un abrégé des *Causes célèbres* en 20 volumes; on y trouve, tome 1ᵉʳ : *Gabrielle, ou la Belle Epicière*. — *La Belle Provençale*. — Tome 2 : *Madame Tiquet, ou les Dangers de la beauté*. — Tome 3 : *Marie Stuart*. — Tom. 5 : *Jenny Plongeon, ou les Filous de Londres*. — Tom. 6 : *l'Hermaphrodite*. — *Le Marquis de Langey, ou l'Abolition du congrès*. — Tom. 7 : *le Chat, ou les Pucelles d'Issoudun*. — Tom. 8 : *Marie-Catherine Lescombat*. — Tom. 13 : *la Posses-*

sion des religieuses de Loudun. — Tom. 17 : *la Duchesse de Kingston, ou la Femme à deux maris.* — Tom. 20 : *la Fille en loterie.* — *La Gourdan, ou Procès d'une courtisane.*

Lettres amoureuses de la dame Lescombat et du sieur Mongeot, et hist. de leurs criminelles amours. Troyes, Vve Garnier, s. d. (1755), in-12, et La Haye et Paris, 1755, in-12; Sandras, 9 fr. On sait que la Lescombat, exécutée en 1755, était une des plus belles femmes de son temps; le plâtre de sa main se trouve encore aujourd'hui dans tous les ateliers de peinture.

Mémoire pour M. Baquet du Pressoir, maître des eaux et forêts à Bourges, âgé de 78 ans, accusé d'avoir, trois jours de suite, violé une fille d'environ onze ans et de lui avoir communiqué le mal vénérien. S. l., 1781, in-4. Rare. La Jarrie, nº 343.

Mémoire sur une question d'adultère et de séduction, p. E. Garnier, ci-devant vinaigrier, contre J. Girard, notaire à Lyon, et Marie Besson, sa femme, dite la Belle Vinaigrière, accusés, etc.; enrichi des lettres galantes de Mᵉ Girard. Lyon, 1791, in-8.

Annals of gallantry, by Moore. London, 1815, 3 vol. in-8. Recueil de procès scandaleux pour *criminal conversation*, presque tous entre des personnages d'un rang fort élevé. De Lapierre de Châteauneuf en a fait une trad. sous le titre suivant : *Les Divorces anglais, ou Procès en adultère jugés*, etc. Paris, 1821-22, 3 vol. in-12. Réimp. en 1823.

Grande Complainte, dédiée aux jeunes Saumuroises; par un dragon... de verte. Paris, imp. Poethmann, 1835, in-12 de 12 pp. 32 couplets sur l'affaire La Roncière, signés E. M. Il a été aussi publié, la même année, les portraits suivants : *Emilie de la Roncière; Julie Grenier; Marie de Morell; Madame la bar. de Morell*, etc. 8 portr. lith. p. D. V.

Pathologie du mariage; p. madame de Casamajor. Paris, 1847, in-8. Ce vol. cont. les lettres curieuses de la duchesse de Praslin, jalouse de mademoiselle de Luzy.

Affaire Caraby (accusés : Calixte Caraby, de Coetlogon et madame Caraby). Paris, imp. Lacombe, 1849, in-8 de 5 feuilles.

SCIENCES ET ARTS

MORALE.

SYSTÈMES, DISSERTATIONS SÉRIEUSES, PENSÉES, ETC.,

SUR L'AMOUR, LES FEMMES, LE MARIAGE.

Les Préceptes du mariage, trad. du grec de Plutarque; p. le D. L. Seraine. Paris, 1852, in-32. Il y a quelques traductions plus anciennes.

Decor puellarum, zoe honore delle donzelle (le faux titre porte : *Liber moralis italica lingua scriptus*). S. l. (Venise), Nic. Jenson, 1461 (1471), in-4 de [illegible] ff. dont 2 blancs. Livre singulier, mais rempli de bonnes maximes. Rare et recherché. Boutourlin, 300 fr.; Labri. 413 fr.

De l'heur et malheur de mariage : ensemble les lois connubiales de Plutarque, trad. en franç. par J. de Marconville. Paris, 1564, 1571, 1573, 1602, in-12. Du Roure, 5 f.; Nodier, 35 fr.

La Femme dans les trois états de fille, d'épouse et de mère (par Rétif de la Bretonne). Londres et Paris, 1773, 3 part. en 1 v. in-12. — *Les Gynographes, ou Idées de deux honnêtes femmes sur un projet de règlement pour mettre les hommes et les femmes à leur place et opérer le bonheur des deux sexes*, par le même. La Haye, 1777, 2 part. in-8; Tech. 25 fr. — *L'Andrographe, ou Idées d'un honnête homme sur un projet de règlement pour opérer une réforme générale des mœurs*, etc., par le même. La Haye, 1782, 2 part. in-8.

De l'Amour considéré dans les lois réelles et dans les formes sociales de l'union des sexes; par de Sénancourt; Paris, 1806 ou 1808, in-8, fig.; 1822, 2 vol. in-12. 3ᵉ éd., av. le titre modifié ainsi : *De l'Amour considéré selon les lois primordiales et selon les convenances des sociétés modernes;* Paris, 1828, in-8, 4ᵉ éd. seule complète; Paris, Ab. Ledoux, 1834, 2 vol. in-8. Ouvr. bien écrit et fortement pensé.

L'Empire des Nairs, ou le Paradis de l'amour, (par James Lawrence). Paris (ou Hambourg), 1807, 4 vol. in-12. Ouvr. réimpr. en 1816, avec le titre : *Panorama des boudoirs, ou l'Empire des Nairs; le vrai Paradis de l'amour, cont. plusieurs aventures arrivées à Vienne, à Pétersbourg, à Londres, à Rome, à Naples et surtout dans un empire qui ne se trouve plus sur la carte; le tout parsemé de maximes couleur de rose sur la galanterie et le mariage.* Paris, Pigoreau, 1817, 4 vol. in-12, av. 4 fig. col. L'auteur voulait l'héritage et le nom de famille par la femme, disant que c'était en elle seulement que la filiation pouvait être prouvée et certaine. Dans sa fable, les Naïrs sont une classe noble de la côte du Malabar, chez laquelle les femmes habitent chacune une maison isolée et ont la liberté d'avoir plusieurs amants qu'elles admettent près d'elles à leur volonté. Sur cette donnée, l'auteur brode des détails agréables. J. de Lawrence est encore auteur de l'ouvr. suivant, dans lequel il se vantait d'avoir été le précurseur des idées saint-simoniennes sur l'amour et sur le mariage : *Plus de maris, plus de pères! ou le Paradis des enfants de Dieu*, p. J. de Lawrence. Paris, Delaunay, 1838, 2 vol. in 8, av. 3 pl.

De l'Amour; par de Stendahl (Henri Beyle). Paris, 1822, 1833, 2 vol. in-12; et avec fragments inédits : Paris, 1853, 1854, 1856, 1857, in-12. Auteur paradoxal et original dans la forme; il a, dans son temps, fait fureur; mais le fond est peu solide, et ses ouvrages ne sont réellement pas d'une grande importance.

L'Age d'or dévoilé, ou Plan d'organisation civile, politique et religieuse (par J.-B. Pommier, de Vincelles, Jura). Lyon, 1831, in-8 de 8 et 158 pp. Projet de socialisme qui, pour la liberté des relations amoureuses, etc., a eu quelque influence dans le saint-simonisme.

Appel d'une femme au peuple sur l'affranchissement de la femme; par Claire Démar. Paris, 1833, in-8 de 16 pp. Rare. — Réclamation contre la doctrine saint-simonienne qui conservait le mariage. Claire Démar, femme exaltée et qui se suicida quelque temps après, prétend que l'amour n'est qu'un essai qui se réitère plus ou moins, afin de reconnaître et de développer la sympathie qui peut exister entre deux individus de différent sexe. Opuscule sérieux, hardi et curieux, ainsi que le suivant, qui en est un développement : *Ma loi d'avenir*; par Claire Démar. Ouvr. posthume publ. par Suzanne. Paris, 1834, in-8 de 80 pp.

L'Amour, les Femmes et le Mariage, pensées de toutes les couleurs, extraites des meilleurs écrivains, p. Ad. Ricard. Paris, 1846, 1857, 1858, in-12.

Les Femmes; p. Alph. Karr. Paris, 1853, 1854, 1855, 1856, 1857, 1858, 1859, 1860, in-12. — *Encore les Femmes*; p. le même. Paris, 1858, 1859, 1860, in-12. Critique assez mordante, mais faite peut-être à un point de vue un peu arriéré.

La Femme au dix-neuvième siècle; par madame Romieu (Marie Sincère). Paris, Amyot, 1858, 1859, in-12, 3 fr. 50 c.

L'Amour; p. Michelet. Paris, Hachette, 1859 (1858), 4e éd. en 1860, in-12, 3 fr. 50 c. Singulier mélange de poésie et de médecine quoique l'auteur, qui ne s'en doute pas, dise dans sa préface que le titre du livre devrait être : *l'Affranchissement moral par le véritable amour*. M. Michelet donne les formules d'une foule de recettes qui doivent, selon lui, conduire au bonheur conjugal, mais dont l'application serait singulièrement difficile et le succès plus que douteux. Malgré ses défauts, malgré des traits du plus mauvais goût, malgré la précipitation et le décousu qui se fait sentir dans cette œuvre étrange, le livre de l'*Amour* a produit dans le public une sensation très-vive; l'élan de l'imagination, la forme pleine d'attendrissement et de poésie, ont séduit tous les lecteurs, et on s'est plu à reconnaître que cette théorie de l'amour pur n'avait pu être retracée qu'à une époque fort corrompue. Son succès autant que ses paradoxes ont fait naître quelques parodies ou critiques : *l'Amour, renversement des propositions de M. Michelet*, p. C.-P.-Marie Haas; Paris, 1859, 1860, in-12, 3 fr. 50 c. — *L'Amour, qué qu' c'est qu' ça?* par un jeune homme pauvre (p. Alfr. d'Aunay). Paris, 1859, in-32. — *L'Amour*; p. madame Adèle Esquiros; Paris, Bry, 1860, in-12. — *Sur l'Amour de M. Michelet, critique à vol d'oiseau*, p. mademoiselle Zélia Michelet, danseuse; Bruxelles, imp. Labroue, 1860, in-18 de 104 pp., etc.

La Femme; par Michelet. Paris, Hachette, 1860 (1859), 1860, in-12, 3 fr. 50 c. Ouvr. apologétique et non critique, mais, du reste, comme celui de Karr, fait à un point de vue un peu arriéré. Il a donné, comme l'*Amour*, naissance à plusieurs réponses : *La Femme, réfutation des propositions de Michelet*; p. Haas; Paris, 1860, in-12, 3 fr. 50 c. — *L'Amour et la Femme*; par la vic. de Dax; Paris, 1860, in-12, 2 fr. — *La Femme affranchie, réponse à MM. Michelet, Proudhon, Em. de Girardin, Aug. Comte, etc.*; par Jenny P. d'Héricourt. Bruxelles, Van Meenen, et Paris, Dentu, 1860, 2 vol. in-18, 5 fr., etc.

LA PROSTITUTION, SON HISTOIRE, SA LÉGISLATION, ETC.

A Modest Defense of public stews (par le D. Bernard de Mandeville, né à Dortvers, en Hollande, en 1670, m. à Londres en 1733). Ouvrage sérieux, fort rare; il a été trad. dans plusieurs langues et notamment en franç. sous le titre de : *Vénus la populaire, ou Apologie des maisons de joie*. Londres, chez A. Moore (Holl.), 1727, pet. in-8; Nodier, 22 fr. Réimp. en 1751, 1767, 1796 et s. d., vers 1800, in-12 ou in-18. Peu commun.

Le Pornographe, ou Idées d'un honnête homme sur un projet de règlement pour les prostituées (par Rétif de la Bretonne). Londres (La Haye), 1769, 1770, 1774, 1776, in-8; peu commun. Les dernières éditions sont préférées aux premières. Cet ouvrage fit du bruit; Rétif, qui connaissait à fond son sujet, y propose d'ériger la prostitution en institution publique; les filles devaient, selon lui, être cloîtrées. Il entre quelquefois dans des détails assez obscènes; mais, comme un ouvr. utile ne saurait jamais être un ouvr. scandaleux, M. de Sartines en permit la vente après l'avoir lu d'un bout à l'autre.

Die Geschlechts-Ausschweifungen... *Les Égarements du sexe représentés historiquement,... avec un exposé de la prostitution parmi les peuples de l'ancien et du nouv. monde.* S. l., 1826, in-12 de 380 pp. Compilation un peu superficielle.

Hist. de la législation sur les femmes publiques et sur les lieux de débauche; par Sabatier. Paris, 1828, in-8 de 17 feuilles.

De la Prostitution dans la ville de Paris, considérée sous le rapport de l'hygiène publique, de la morale et de l'administration; par le D. Parent-Duchâtelet (m. en 1836, lorsque la 1re éd. était sous presse). Paris, 1836, 1837; 2 vol. in-8 avec 3 pl. et portr.; contrefaçon à Bruxelles en 1838, gr. in-8; 3e éd., compl. par des documents nouveaux et des notes de M. Trébuchet et Poirat-Duval, et suivie d'un *Précis... sur la prostitution dans les principales villes de l'Europe*. Paris, Baillière, 1857, 2 vol. in-8 de ch. 750 pp., 3 cartes, tableaux et portr., 18 fr. Le précis ajouté à cette excellente édition contient les articles suivants : *Bordeaux*, p. J. Venot. — *Brest*, p. Rochard. — *Lyon*, par A. Potton (qui avait déjà publié en 1842 un vol. in-8 sur le même sujet). — *Marseille*, p. Melchior Robert. — *Nantes*, p. Baré. — *Strasbourg*, p. Strohl. — *Algérie*, p. Bertherand. *Angleterre et Écosse*, p. Richelot (notice fort instructive). — *Berlin*, p. Behrend. — *Berne*, p. d'Erlach de Diesbach. — *Bruxelles*, p. Marinus. — *Christiania*, p. Boeck. — *Copenhague*, p. Braestrup. — *Espagne*, p. Guardia. — *Hambourg*, p. H. Lippert (qui avait déjà publié un travail sur ce sujet). *Hollande*, p. Schneevoogt, van Trigt et van Oordt. — *Rome*, p. F. Jacquot (travail remarquable).

Les Filles publiques de Paris et la police qui les régit, par F.-A. Béraud; préc. d'une not. hist. sur la prostitution chez les divers peuples de la terre, p. M. A. M. Paris, 1839, 2 vol. in-8 ou in-12.

La Pornologie, ou les Mystères de la prostitution dévoilés, etc., p. Morel de Rubempré. Paris (Terry, 1842), 2 vol. in-18, fig. Ouvr. mal impr. et d'un mauvais style, mais cont. des détails très-curieux et difficiles à rencontrer ailleurs.

Des prostituées et de la prostitution en général, etc., par J.-L. Rey. Au Mans, Lanier, 1847, in-18, 1 fr. 60 c.

Memoiren einer prostituirten... *Mémoires d'une prostituée, ou la Prostitution à Hambourg*; par J. Zeisig. Hamb., 1847, in-8.

Histoire de la prostitution chez tous les peuples du monde depuis l'antiquité la plus reculée; par P. Dufour (Paul Lacroix). Paris, 1851-54, 6 vol. in-8 avec 20 grav., 30 fr. Il y a des cartons dans le tom. 6; très-peu d'ex. ont été préservés. Cet ouvr., qui ne conduit pas son sujet jusqu'à l'époque contemporaine, ne paraît pas entièrement terminé.

De la Prostitution en Europe, depuis l'antiquité jusqu'à la fin du seizième siècle, par Rabutaux; avec une bibliographie p. M. P. Lacroix. Paris, 1851, in 4 ov. 4 pl. 8 fr.

Mémoires curieux sur l'hist. des mœurs et de la prostitution en France aux dix-septième et dix-huitième siècles, p. P. Dufour. Paris, Martinon, 1854, 2 vol. in-8, 10 fr. Époque de Louis XIII et de Louis XIV.

De la Prostitution dans la ville d'Alger depuis la conquête, p. le D. Duchesne. Paris, Baillière, 1853, in-8 de 240 pp., 2 fr.

Réflexions sur les écoles de lénocinie. Imp. Grollier, à Montpellier, 1856, in-8 de 8 pp. L'auteur demande la suppression des maisons de tolérance, « de débauche, lupanaires, et que ces écoles de libertinage, « qui ne sont point un *mal nécessaire*, « comme osent dire les esclaves de la volupté, soient remplacées par des écoles « tout à la fois chrétiennes, industrielles, et « par là même moralisatrices. »

Prostitution considered in its moral, social and sanitary aspects in London, etc.; by W. Acton. London, 1857, in-8. Baillière, 13 fr. 50 c.

The History of prostitution; its extent, causes, and effects throughout the world; being an official report to the board of Alms-house governors of the city of New-York. New-York, 1858, in-8, 16 sh.

SCIENCES MÉDICALES.

ANATOMIE, PHYSIOLOGIE, HYGIÈNE, GÉNÉRATION DE L'HOMME.

De conceptu et generatione hominis; de matrice et ejus partibus, etc. Auct. Jac. Rueffio. Francof., 1580, in-4, jolies fig. s. b. dans le genre de Jost Amman. Ouvr. curieux. Veinant, 50 fr.

De la Maladie d'amour, ou Mélancolie érotique,.. l'essence, les causes, les signes et les remèdes de ce mal fantastique; p. Jacq. Ferrand. Toulouse, 1610, pet. in-8 de 238 pp. ; Paris, 1623, pet. in-8 de 320 pp. Debure, 15 fr. ; en déc. 1856, 40 fr.

Des hermaphrodites, accouchements des femmes, etc., où sont expliquez la figure des laboureur et verger du genre humain, signes de pucelage, etc. ; par Jacq. Duval. Rouen, 1611, 1612, pet. in-8 av. 4 fig. s. b. Tripier, 25 fr.

Meibomii (Joannis Henr.) *De flagrorum usu in re venerea*, etc. Lugd. Bat., Elzev., 1643, in-4 ; 1re éd., rare. — Londres (Paris), 1665, pet. in-18 ; Du Roure, 3 fr. 25 c. — Copenhague, 1669 ; Francfort, 1669, 1670, in-12. Tech., 20 fr. Traduction française, par Mercier, de Compiègne, intit. : *De l'utilité de la flagellation dans les plaisirs du mariage*. Paris, 1792, 1795, 1800, in-18, av. fig. qui manquent quelquefois ; Nodier, 26 fr. ; Veinant, 40 fr. ; et Londres (Besançon), 1801, in-8 de 100 pp. ; éd. rare qu'on dit avoir été si rigoureusement supprimée qu'il n'en subsisterait qu'une douzaine d'exemplaires. Du Roure, 17 fr.

Tableau de l'amour considéré dans l'état du mariage ; p. Nic. Venette ; Amst., Jansson, 1687, pet. in-12 ; éd. peu commune et regardée comme la première de ce livre. — Parme, Franc d'Amour (Holl., à la sph.), 1687, 1688, 1689, 1691, s. d., pet. in-12 ; Thierry, 21 fr. ; Nodier, 38 fr. — Ed. intit. : *De la génération de l'homme, ou Tableau de l'amour conjugal* ; Col., 1696, 1702, 1705, 4 part., pet. in-12, ens. 672 pp. et fig. ; Veinant, 9 fr. — Hamb., 1748, 2 vol. in-12. — Ed. av. remarques p. le D. Fr. Planque ; Londres (Paris), 1751, 2 vol. in-12 fig. (les ex. sur gr. pap. sont recherchés : La Vallière, 37 fr. ; Pixerécourt, 61 fr.) — S. l., 1776, 2 vol. in-12, fig., etc. Cet ouvrage n'est plus à la hauteur des circonstances actuelles, et il n'a pas plus de valeur sous le rapport littéraire que sous le rapport scientifique. 30 à 40 réimpressions, toutes mal exécutées, faites dans le dix-neuvième siècle, n'ont absolument servi qu'à alimenter le colportage. Poursuivi plusieurs fois, il a toujours été acquitté, à l'exception d'une cond. prononcée par la cour d'assises de la Haute-Garonne, le 8 juin 1843, cond. motivée par les fig. obscènes.

Traité des Eunuques, dans lequel on explique les différentes sortes, etc. ; p. C. d'Ollincan (Ch. Ancillon). S. l. (Holl., à la sph.), 1707, in-12. Du Roure, 8 fr. 50 c. ; Veinant, 11 fr. L'auteur présente dans cet ouvr., comme une hist. véritable, la plaisanterie de Fontenelle, intit. : *Relation de l'île de Bornéo*. Mréo (Rome), reine de cette île, veut que tous ses ministres soient eunuques, tandis que Eenegu (Genève) ne veut, au contraire, aucun eunuque à sa cour.

SCHURIG (Martin), docteur très-instruit, de Dresde, est l'auteur de plusieurs dissertations formant un ensemble complet d'études sur un sujet délicat, sans doute, mais utile aux médecins et traité pour eux seuls : *Spermatologia, hoc est seminis humani consideratio* ; Francfort, 1720, pet. in-4 de 700 pp. chez Baillière, 8 fr. — *Parthenologia, hoc est virginitatis consideratio* ; Dresde, 1729, in-4 ; Baillière, 10 fr. — *Muliebria historico-medica, hoc est partium genitalium muliebrium consideratio... necnon varia de clitoride et tribadismo, de hymene et nymphotomia*, etc. Dresde, 1729, in-8 ; Duplessis, 28 fr. 50 c. — *Gynæcologia... congressus muliebris consideratio qua utriusque sexus salacitas et castitas, deinde coitus ipse ejusque voluptas*, etc. ; Dresde, 1730, in-4 de 400 pp. ; Baillière, 8 fr.

A Treatise concerning the use and abuse of the marriage bed (attrib. à Daniel de Foe). London, 1727, in-8. Rare.

L'Art de faire des garçons, ou Nouveau Tableau de l'amour conjugal (p. Procope Couteau ou Costelli, doct. en méd. de Montpellier). Montp., s. d. (1748), 2 part. in-12 ; éd. orig., rare. — Montp., 1755, 1760, 1770, 1779, 1782, 1787, et Londres, 1797, 2 part. in-12. St-Mauris, l'éd. de 1779, 18 fr. Le chap. XII sur le plaisir érotique, ses causes, etc., est le plus curieux et le plus hardi de l'ouvrage ; c'est un sujet qui a été rarement abordé.

Lucina sine concubitu, lettre adressée à la Société royale de Londres, dans laquelle il est démontré qu'une femme peut concevoir sans le secours de l'homme ; trad. de l'angl. d'Abr. Johnson (de John Hill, par Moet). — *Concubitus sine Lucina, ou le Plaisir sans peine* (trad. de l'angl. de Rich. Roe, p. de Combes). Londres, 1750, 2 part. in-8 de 67 et 59 pp. — Londres, 1752, 1776, et Paris, an VII, in-18 ; Tripier, 8 fr. Ces opuscules ont été réimprimés avec des changements dus à de Sainte-Colombe, sous les titres suivants : *la Femme comme on n'en connaît point, ou Primauté de la femme sur l'homme* ; Londres, 1780, in-12 de 165 pp. ; et *la Primauté de la femme sur l'homme* ; an X, in-12.

L'Onanisme, dissertation sur les maladies produites par la masturbation ; p. Tissot. Lausanne, 1760, 1766, 1777, in-12 ; Paris, 1765, 1785, etc. Très-nombreuses réimpressions modernes, sans valeur ; nous n'en citerons que trois : éd. annotée p. Morel de Rubempré ; Paris, Terry, 1846, in-18, fig. — Ed. av. annot. de Gottlier, Vogel, Campé, etc., et rev. par le D. Valentin ; Paris, 1845, in-16, 5 pl. — Ed. revue, c. c., et augm. du poëme d'Onan, ou le Tombeau du Mont-Cindre, p. A. Petit ; Paris, G. Baillière, 1856, in-12. On dit que la première trad franç. de l'*Onanisme* a paru à Louvain en 1760; en tout cas, elle est fort rare.

La Nymphomanie, ou Traité de la fureur utérine; p. D. T. de Bienville, D. M.; Amst., M. M. Rey, 1771, 1784, in-12, et Londres, 1789, in-18. 4 à 5 fr.

Anatomie des parties de la génération de l'homme et de la femme, représentées avec leurs couleurs naturelles; par Gautier-d'Agoty père, anatomiste du roi. — *Exposition anatomique des maux vénériens sur les parties de l'homme et de la femme*; p. le même. Paris, Brunet, 1773, 2 tom. in-fol. (le premier, 34 pp. et 8 pl. color.; le deuxième, 32 pp. et 4 pl. color.). Bichat, la première partie, 23 fr.; de Miroménil, la deuxième partie, 18 fr.

Aphrodisiaque externe, ou Traité du fouet et de ses effets sur le physique de l'amour; ouvrage médico-philosophique, suivi d'une dissertation sur tous les moyens capables d'exciter au plaisir de l'amour (p. Doppet), s. l. (Paris), 1788, in-18, fig. Crozet, 7 fr.; Du Roure, 8 fr.

Der Beischlaf... Le Coït, exposé physiologique, hist. et philosophique. Berlin, 1794, 2 part. pet. in-8.

Hist. naturelle de la femme, suivie d'un traité d'hygiène; p. Moreau (de la Sarthe). Paris, 1803, 2 tom. en 3 vol. in-8, 11 pl. St-Mauris, 22 fr.

Recherches médico-philosophiques sur les causes physiques de la polygamie dans les pays chauds, ou Réflexions sur l'opinion de Montesquieu et de quelques autres philosophes qui ont prétendu qu'il naissait dans les pays chauds plus de filles que de garçons, et que les femmes y étaient nubiles à huit, neuf et dix ans et vieilles à vingt; thèse, par le Dr N. Chervin, de Lyon. Paris, Didot jeune, 1812, in-4 de 40 pages (Silv. de Sacy, n° 1853, dit, 71 pp.). Rare.

Dissertation sur la nymphomanie ou fureur utérine, p. A.-A.-J. Alavoine. Strasb., 1815, in-4 de 3 feuilles.

Dissertation sur l'hystérie, p. J.-A. Roger. Strasb., 1816, in-4 de 4 feuilles.

Der Rathgeber vor... Le Conseiller avant, pendant et après la copulation; p. le D. G.-W. Becker. S. l., 1816, in-12.

Physiologie de l'espèce humaine; histoire de la génération de l'homme, etc.; par Grimaud de Caux et Martin Saint-Ange. Paris, 1824, 1837, in-4 av. 24 fig. color.; Baillière, 18 fr.

Égide contre le mal de Vénus, ou l'Art de se préserver des maladies vénériennes; p. Morel (de Rubempré). Paris, 1825, 1826, in-18 de 230 pp. Cond. en 1827 comme outrageant les mœurs.

Des habitudes secrètes, ou de l'Onanisme chez les femmes; lettres médicales, anecdotiques et morales, par le D. Rozier. Paris, 1825, 1830, in-8, fig.

De genitalium muliebrium externorum forma varietate; auct. H.-J. Parmentier. Coloniæ, 1834, in-12, 1 fig. Scheible, 27 kr.

Nouvelles Recherches sur la membrane hymen et sur les caroncules hyménales, par Devilliers fils. Paris, Béchet jeune et Labé, 1840, in-8 de 56 pp. et 4 pl.

Traité de l'hystérie, par J.-L. Brachet. Paris, Baillière, 1847, in-8 de 33 feuilles.

Traité complet de l'hystérie, p. H. Landouzy. Paris, Baillière, 1847, in-8, 7 fr.

Hist. pittoresque des passions chez l'homme et chez la femme, et particulièrement de l'amour. Paris, 1846, in-8 de 16 feuill. et 20 vign.; 12 fr.

Hygiène et physiologie du mariage, etc., par A. Debay. Paris, Moquet, 1850, in-12 de 314 pp. — Paris, Dentu, 1860, in-12 de 467 pp., 3 fr. Entre ces deux éditions, il y a eu de nombreux tirages.

Étude de l'appareil reproducteur dans les cinq classes d'animaux vertébrés; par le D. Martin St-Ange (mémoire couronné par l'Institut, t. XIV des Mém. de l'Acad. des sciences). Paris, impr. J.-G. Baillière, 1854, gr. in-4 de 30 feuill., avec 17 pl. gr. dont une coloriée, 25 fr.

Des Rapports conjugaux considérés sous le triple point de vue de la population, de la santé et de la morale publique; p. le D. Alex. Mayer. 4e éd. entier. refondue. Paris, Baillière, 1860, in-12 de 422 pp., 3 fr.

Les Passions dans leurs rapports avec la santé et les maladies : l'Amour; p. le D. L.-X. Bourgeois. Paris, Baillière, 1860, in-12 de 141 pp.

MÉDECINE.

La Cacomonade (la vérole), *ou Histoire politique et philosophique du mal de Naples*, trad. de l'all. du Dr Pangloss (attrib. à Marchand ou à Linguet). Cologne (Paris), 1766, 1767, in-12; Veinant, 25 fr.; et Paris, Mercier, 1797, in-18, fig. — Cond., en 1825, comme outrageant les mœurs.

L'Anti-syphilitique, ou la Santé publique (par le comte de Mil'?), 1772, in-12. — Broch. tirée à 36 ex., le magistrat de police n'en ayant permis l'impression qu'à condition que l'auteur n'en ferait tirer que ce nombre.

Asklaep in den Tempeln... Esculape dans les temples de la déesse de Paphos, ou Manuel pour les filles de joie et pour leurs amateurs. Pise 179?, in-1?. Scheible.

La Rose sans épines, ou Vénus affranchie du repentir par la découverte d'un moyen infaillible de neutraliser les effets du virus vénérien, p. E. Girouard. Paris, an VIII (1800), in-18. fig. Bolle, 8 fr.

Mémoire sur la fréquence des maladies vénériennes à Lyon, et sur les moyens de les prévenir, p. Clapeau, D. M. P. Lyon, 1822, in-8 de 44 pp.

Clinique de la maladie syphilitique, avec atlas color. d'apr. nat., représ. tous les symptômes de cette maladie, par Devergie. Paris, 1833, 25 livr. in-4, av. 121 pl. 360 fr.

Manuel des maladies vénériennes, p. C. M. Gibert, méd. de l'hôpital de l'Ourcine (vénériens-femmes). Paris, 1836, in-12. — 3e éd., refondue et représ. l'état actuel de la science (intit. : *Traité pratique des maladies de la peau et de la syphilis*). Paris, Plon, 1860. 2 vol. in-8. 12 fr.

Clinique iconographique de l'hôpital des vénériens, recueil d'observations et considérations pratiques, etc., p. Ricord. Paris 1842-51, in-4, av. 66 pl. col. et portr. 133 fr.

Lettres sur la syphilis, p. Ph. Ricord, av. introd. p. Am. Latour; 3e éd. Paris, 1856, in-12. 4 fr.

Suppression de la syphilis. Pétition à la Chambre des députés (terminée par un projet de règlement); par A. Guépin, de Nantes. Paris, G. Baillière, 1846, in-8 de 68 pp.

De la syphilis dans ses rapports avec la prostitution autorisée et clandestine, par une commission composée de MM. Mabit, etc., et Calloch, rapporteur. Nantes, Mellinet, 1857 (1858), in 8 de 78 pp.

Traité pratique des maladies des voies urinaires et des organes générateurs de l'homme et de la femme, par le D. Jozan de Saint-André. 8e édit. (la 1re en 1850), Paris, 1860, in-12, avec beaucoup de fig. en b., 5 fr.

Précis des maladies vénériennes, de leur doctrine et de leur traitement; p. A. Bertherand, chir.-major de 1re classe. Ouvr. couronné par le min. de la guerre. Strasbourg, veuve Berger-Levrault, 1852, in-8 de 25 feuilles, 2 pl., 5 fr. 50.

Traité des maladies vénériennes; p. le D. A. Vidal, chirurgien de l'hôpital du Midi. Paris, V. Masson, 1853, 1855, in-8, avec 6 pl. col., 10 fr.

Des maladies vénériennes et de leur traitement, avec l'exposé complet des moyens à employer pour s'en préserver; p. le D. F. Peron. Paris, G. Baillière, 1853, in-8 de 180 pp., 1 fr. 25.

Vade mecum des jeunes gens, ou Guide pratique des maladies syphilitiques.., cont. l'exposition d'une méthode de préservation certaine, infaillible; p. le D. A. Lebel. Paris, chez France, 1855, in-32 de 112 pp., 1 fr.

Mémoire sur les mesures hygiéniques propres à prévenir la propagation des maladies vénériennes; p. le D. Lagneau fils. Paris, J.-B. Baillière, 1856, in 8 de 112 pp., 2 fr. 50.

Traité des maladies des voies urinaires; p. le D. Ch. Phillips. Paris, Germer-Baillière, 1859, in-8 de 684 pp., avec 97 fig. dans le texte, 10 fr.

Traité de la maladie vénérienne; p. J. Hunter, trad. de l'angl. par G. Richelot et annoté par le D. Ph. Ricord. 3e édit. c. et augm. Paris, Baillière, 1859. in-8 de 800 pp. Additions nombreuses et importantes de M. Ricord.

Annuaire de la syphilis et des maladies de la peau, cont., en outre de travaux originaux, une analyse crit. des ouvrages, etc., parus dans l'année sur les maladies vénériennes; p. P. Diday et Rollet. Lyon, 1859. in-8 de 400 pp., 4 fr.

BELLES-LETTRES

LINGUISTIQUE.

Glossarium eroticum linguæ latinæ, auct. P. P. (P. Pierrugues, et mis en ordre par Eloi Johanneau) Parisiis, Dondey-Dupré, 1826, 1836, gr. in-8 de 34 feuilles. Tripier, 12 fr. On s'est servi, pour cet ouvrage, des travaux inédits de M. le baron de Schonen, qui s'était occupé de recherches sur les auteurs libres, ceux de l'Italie surtout. Il en a été publié à Stuttgart une reproduction peu estimée, intitulée : *Thesaurus eroticus linguæ latinæ*, auct. Rambach, 1833, in-8.

Dictionnaire françois, cont. les mots et les choses; par Richelet. Genève, Widerhold, 1680, 2 tom. in-4, de 500 et 650 pp. Edit. orig., rare et recherchée. Libri, 218 fr.; Tripier, 150 fr.; Potier, 60 fr. Selon l'abbé Gouget, cette édit. est la plus curieuse et la plus remplie d'obscénités et de traits satiriques. V. par exemple, à la p. 537 du tome 2. Elle est très-rare, parce que 1500 exempl. en furent saisis à Villejuif et brûlés. Le *Manuel* dit que l'éd. de Genève, 1693, 2 vol. in-4, est également très-recherchée.

Dictionnaire d'amour, dans lequel on trouvera

l'explication des termes les plus usités dans cette langue; par *** (Dreux du Radier). Osnabrug, La Haye et Paris, 1751, in-12. Rare. Mis à l'index à la vente Bergeret, en 1859.

Dictionnaire d'amour, par le berger Sylvain (Sylvain Maréchal). Paris, 1788, 2 part. in-18. Peu commun.

Dictionnaire d'amour; par Girard de Propiac. Paris, Chaumerot, 1807, 1820, 1827, 1835, in-12, fig.

POETES GRECS.

Erotopsie, ou Coup d'œil sur la poésie érotique et les poëtes grecs et latins qui se sont distingués en ce genre (p. Petit-Radel). Paris, Patris, 1802, in-8. Renouard, 43 fr.; Veinant, 7 fr.

Les Poésies d'Anacréon et de Sapho, trad. en franç. (texte en regard), avec des remarques, par Mlle Lefèvre (depuis Mme Dacier). Paris. D. Thierry, 1681, in-12. — Édit. avec notes de Lefèvre et une trad. en vers franç. par de Lafosse. Amst., 1716, 2 part. pet. in-8. tit. gr. Potier, en 1860, 10 fr.

Les Poésies d'Anacréon et de Sapho, trad. du grec en vers franç., avec des remarques; par de Longepierre. Paris, 1684, 1692, in-12, F. Didot, en 1810, 20 fr.

Les Odes d'Anacréon et de Sapho, en vers franç.; par le poëte Sans Fard (Fr. Gacon); texte en regard. Rotterdam, 1712, in-12, front. gr. F. Didot, en 1810 20 fr., Bignon, 4 fr. 50.

Anacréon, Sapho, Bion et Moschus, suivis de la Veillée des fêtes de Vénus, trad. en pr. (par Moutonnet de Clairfons). Paphos et Paris, Lebouchér, 1773, 1775, 1780, 1781, 1782, gr. ou pet. in-8, avec vign. et culs de lampes d'apr. Eisen. On joint souvent à cet ouvr. *Héro et Léandre* du même traducteur.

Odes d'Anacréon et de Sapho, trad. nouv. en vers franç.; par Marcellot et Grosset. Texte en regard. Paris, Furne, 1847, in-8 de 216 pp., 3 fr. 60.

Anacréon français-grec, suivi des pièces anacréontiques de Bion, etc., et des poésies de Sapho; par P. P. Ruble. Paris, Claye, 1855, in-8 de 23 feuilles, 10 fr.

Sapho, Bion, Moschus: recueil de compositions dess. p. Girodet et gr. p. Châtillon; avec une Notice sur Sapho, p. Coupin. Paris, 1827-29, in-4 avec 40 pl., 80 fr.

SAPHO seule, le texte grec; cur. J.-C. Wolfii. Londini, 1733, in-4. Soubise, 18 fr. — Cum comment. M. Vogleri. Lipsiæ, 1810, petit in-8. — Edit. C. F. Neue. Berlin, 1827, in-4.

Poésies de Sapho (trad. en vers français), par de Sauvigny, suivies de poésies du même genre (*les Tourterelles de Zelmis* et un choix de poésies légères de Parny). Amst. (Paris, Cazin), 1777, pet. in-18, portr.; Du Roure, 6 fr. 25. — Londres (Paris), 1810, in-18, portr.

ANACRÉON, *texte grec*: Très-nombreuses édit., dont voici les principales. Editio princeps, gr. et lat. ab Henr. Stephano luce et latinitate donata. Paris, H. Estienne, 1554, in-4 de 4 feuillets prél. et 110 pp. Caillard, 44 fr.; Boutourlin, 28 fr. — Paris, apud Libertum, 1624, gr. in-8, édit. très-rare; Askew, 14 sh. — avec notes de B. de Rancé. Paris. J. Dugast, 1639, pet. in-8; édit. rare. Crozet, 17 fr. 50. — Gr. et lat., cum notis Baxterii. Londini, 1710, petit in-8, portr. édit. rare; 45 fr. en 1813. — Edidit Barnes; Cambridge, 1705, 1721 et Londres, 1734, pet. in-8, avec portr.; F. Didot, en 1810, 31 fr. — Rome, 1781. gr. in-fol., très-belle édit. Les 16 premières pp. gravées contenant le texte grec, sont la copie fig. d'un anc. ms. du Vatican. Ce vol. est orné d'une grande quantité de fig. coloriées. — ac Basilii Juliani, etc., anacreontica, cur. J.-F. Boissonade. Paris, Lefèvre, 1823, in-32 de 140 pp. — Edit. T. Bergk, Lipsiæ, 1834, in-12. Traductions françaises: *Odes d'Anacréon Téien*, trad. en vers franç.; par Remy Belleau. Paris, 1556, 1574, 1578, in-12 et in-18. Rare. Cailhava, 21 fr. 50. — *Anacréon, Bion et Moschus, suivis de la Veillée des fêtes de Vénus* (trad. de Moutonnet de Clairfons). Paphos et Genève (Cazin), 2 vol. in-18. *Odes d'Anacréon*, trad. en franç. p. Gail. Paris, Didot a., 1794, in-18, fig. de Queverdo. — *Odes d'Anacréon*, mises en vers sur la trad. du cit. Gail (par Mme Defrance), avec des notes, p. Gail, 1798, in-12. — *Anacréon*, trad. en vers, p. Mollevaut. Paris, Didot, 1825, in-18. — *Odes d'Anacréon*, trad. en vers sur le texte de Brunck; p. J. Bins de Saint-Victor. Paris, 1810, 1813, 1818, in-8 ou in-12, avec 4 gr. de Girardet, d'après Girodet. — *Odes d'Anacréon*, trad. en vers franç.; p. Veissier-Descombes. Paris, 1825, 1826, 1827, in-32. — Edit. avec texte en regard. Paris, B. Duprat, 1839, in-8 de 21 feuilles, 10 fr. — — *Odes d'Anacréon*, trad. en vers par d'Attel de Luttange, texte en regard; suivies de 5 trad. (en lat., ital., esp., ang. et all.) en vers et par divers auteurs. Paris, 1833, in-4 avec 1 pl. et 16 pp. de fac-simile du ms. du Vatican. — *Odes d'Anacréon*, trad. en prose, par Grégoire et Collombet; trad. en vers, par de Saint-Victor, F. Didot, Veissier-Descombes, Fauche, Bignan, etc.; et en vers lat., angl., all., ital., esp., par etc. (texte grec en regard); préc. de not. p. r Montalem et suivies des Poésies de Sapho, trad. en v. franç. et en pr., par Breghot du Lut. Paris et Lyon, 1835. gr. in-8. — *Odes d'Anacréon*, trad. en vers, par Rédarez Saint-

Rémy, Paris, 1839, in-18. — Paris, Hachette, 1854, in-12 de 242 pp., plus 52 pp. supplémentaires portant un titre distinct : *Neuf Odes inédites d'Anacréon*, formées de divers fragments, etc., par le même. — *Anacréon*, trad. en vers, par Bon Le Camus. Paris, Didot, 1852, in 8. — *Odes d'Anacréon*, trad. en vers, p. P. Yvaren (texte en regard). Avignon, Fischer, 1854, in-12 tiré à 100 ex. — *Anacréon*, trad. en vers, p. H. Vesseron. Paris, Garnier, 1856, in-12, 2 fr. — *Anacréon*, Recueil de (54) compositions dess. p. Girodet et gr. p. Châtillon; avec une trad. en pr. faite par Girodet. Paris, 1825-26, in-4 et in-fol. Potier, en 1860, 4 fr. — *Odes d'Anacréon*, album de 20 lith. color., p. A. Devéria ; complément de l'*Anacréon* de Girodet. Paris, Gache, 1852, 25 fr.

POETES LATINS ANCIENS.

PRIAPEIA, *ou Poésies licencieuses des anciens*. — Il est singulier qu'elles aient, dès le début de l'imprimerie, été jointes à des éditions de Virgile : des extraits remplissant 5 feuillets se trouvent à la fin de quelques exemplaires de l'édition de Rome, 1469, et dans la 2me édition de Sweynheym et Pannartz, Rome, 1470, les *Priapeia* occupent 9 feuillets. C'est chose remarquable que l'insertion de ces poésies dans des impressions faites à Rome et avec le concours de l'autorité. Le *Manuel du libraire* indique neuf autres éditions anciennes de Virgile où se trouvent les *Priapeia*: Venise, 1472; sine loco, 1472 ; 1473, p. L. Achates; Rome, 1473; Milan, 1474; Milan, Zarot, 1475; Vicence, 1476; Venise, Alde, 1501. Les autres éditions de Virgile données par les Alde ne les contiennent pas. Plus tard, en 1517, les Alde publièrent *Diversorum veterum poetarum in Priapum lusus*, en y joignant diverses pièces *quæ falso Virgilii creduntur*; une réimpression vit le jour en 1534. Ces 2 éd. sont rares. Les *Priapeia* qui sont jointes à diverses éditions de Pétrone, et notamment à celle d'Amsterdam, 1669, sont reproduites dans l'*Erotopægnion* de Noel (1re partie). Une portion se trouve aussi dans le *Meursius*, Birminghamiæ, 1770, t. II, pp. 201-236. D'ailleurs, dans les diverses éditions, les *Priapeia* sont accompagnés de morceaux qui diffèrent entre eux. C'est ainsi que le Pétrone de Deux-Ponts contient quelques épithalames et le *Concubitus Martis et Veneris* de Reposianus, qui est inséré aussi dans divers recueils, notamment dans les *Poetæ minores* de Wernsdorf, I, 319, et dans les *Anthologia latina* de Burman, I, 44, et de Meyer, I, 107. Le *Virgile* de Bâle, 1613, in-fol., contient aussi les *Priapeia*.

Priapeia, sive diversorum poetarum in Priapum lusus. Franeq., 1595, 1606, pet. in 12. Cum Scaligeri comment. ac F. Lindenbruch notis. Patavii (Amst.), 1654, 1664, 1677, 1694, in-12. Caillard, 25 fr.; Du Roure, 12 fr. — S. l., 1780, 1781, pet. in-8.

Erotopægnion, sive Priapeia veterum et recentiorum, Veneri jocosæ sacrum (colente F. Noel). Lut.-Parisiorum, Patris, 1798, petit in-8, fig. Chateaugiron, 11 fr.; Nodier, 18 fr.; Tripier, 10 fr.

Œuvres d'Horace, de Juvénal, de Perse, de Sulpicia, de Turnus, de Catulle, de Properce, de Gallus et Maximien, de Tibulle, de Phèdre, de Syrus, avec la trad. en français (par Chevriau pour Horace, Collet pour Catulle, Delaure-Baron pour Properce, T. Baudement pour Tibulle, etc.), et publ. sous la dir. de Nisard. Paris, Dubochet, 1839, in-8 de 840 pp.; réimpr. en 1850.

CATULLI, TIBULLI ET PROPERTII OPERA. Texte, principales éditions de ces trois auteurs réunis. Sans lieu ni nom (probabl. Vindelin de Spire), in-4, 1472. Edit. extrêmement rare et la 1re de ce livre. Loménie de Brienne, 2,000 fr. — Venise, J. de Colonia, 1475, in-fol. La Vallière, 670 fr. — Regii Lepidi, P. Odoardo et A. Mazali, 1481, in-fol. Ed. rare, faite d'après un ms. différent de celui employé pour l'édition princeps. — Venise, 1re éd. des Alde, en 1502, pet. in 8; S. . ., off., en 1855, 150 fr.; Potier, 25 fr.; un amateur de Paris, 72 fr. — Autres éd. des Alde, 1515, 1558, 1562, pet. in-8; Libri (celle de 1515), 55 fr. — Parisiis, Colinæus, 1529, 1534, 1543; Potier, 20 fr.; Gouttard, 24 fr. — Venise, Paganini, 1516, in-32 de 127 ff. édit. très-rare, impr. av. de pet. caract. italico-gothiques. — Lugduni, Gryphius, 1546, in-16, édition très-jolie et rare. Anvers, Plantin, 1560, 1569, 1577, in-16; La Vallière, 16 fr. — Amst., Elzev., 1656, 1657, in-16. — Cum not. variorum; Traj. ad Rhenum, 1680, in-8, éd. estimée; Mac Carthy, 26 fr.; Techener, 22 fr. — Ad usum Delphini; Paris, 1685, 3 part. in-4; La Vallière, 50 fr.; Techener, 24 fr. — Londres, Tonson, 1715, pet. in-8; F. Didot, 37 fr.; un amat. de Paris, 77 fr. — Cum comment. Vulpii, Patavii, J. Cominus, 1737, 4 vol. in 4, édit. très-estimée; Gouttard, 90 fr.; F. Didot, 140 fr. Londres, Pickering, 1824, in-48; Renouard, 10 fr. — Trad. franç. des trois auteurs réunis : *Catulle, Tibulle et Properce*, trad. p. Denanfrid, Mirabeau et Delongchamps, Paris, Lefèvre, 1845, in-18. — Les mêmes, trad. p. Héguin de Guerle, Valatour et Genouille. Paris, Garnier, 1860, in-18, 3 f. 50. — Traductions de **CATULLE** seul : *Traduction complète des poésies de Catulle*, etc., p. Fr. Noel; Paris, 1803, 2 vol. in-8, fig. — *Catulle*, trad. en vers, par C. L. Mollevaut. Paris, 1812, 1816, 1821, in-8, fig. — Le même trad. en vers par L. T. Paulinier.

Paris, 1839, in-8. — Le même, trad. en vers p. A. Canel. Évreux, 1860, in-12.

TIBULLE : *Élégies de Tibulle*, trad. par Delongchamps. Paris, 1776, in-8. — Les mêmes, trad. p. Pastoret. Paris, 1784, in-8. — Les mêmes, trad. p. Mirabeau. Tours, 1795, 2 vol. in-8, avec 14 figures grav. par Borel et Elluin. — Les mêmes, tr. en v. par de Carondelet-Potelles. Paris, 1807, in-8. — Les mêmes, trad. en vers p. Mollevaut. Paris, 1806, 1808, 1810, 1814, 1816, 1821, in-12. — Les mêmes, trad. en vers p. Éd. Corbière. Paris, 1829, in-18. — Les mêmes, trad. en vers par Valamont (texte en reg.). Paris, 1830, in-18. — **PROPERCE** : *Élégies de Properce*, trad. en franç., avec des notes, par de Longchamps. Paris, 1772, in-8; 1802, 2 vol. in-8 avec gr. de Ponce d'apr. Marillier. F. Didot, 17 fr. — Les mêmes, trad. p. Pastoret. Paris, 1804, in 12. — Les mêmes, trad. en vers, par Denne-Baron. Paris, 1813, in 8, fig. — Les mêmes, trad. en vers par Mollevaut. Paris, 1816, 1821, in-18. — *Properce, traduction complete*, en vers, par Ch. de Saint-Amand. Paris, 1819, in-8. — *Élégies de Properce*, trad. par Genouille. Paris, Panckouke, 1834, in-8. (*B lat.-franç.*)

OVIDE. L'éd. princeps des *Ovidii Opera* est de Rome, 1471-73, 2 vol. in-fol.; elle est extrêmement rare. La seconde, qui est presque aussi ancienne, Bononiæ, 1471, in-fol., l'est à peu près autant. La 1re édition des Alde, 3 vol. pet. in-8, est de 1502; l'Elzevir le plus recherché, en 3 vol. pet. in-12, est de 1629; l'éd. *Variorum* préférée est de 1670, 3 vol. in-8 avec fig., dont les belles épreuves sont recherchées; l'éd. de Burmann, Amst., 1727, 4 vol. in-4, fig., est très-estimée; celle des classiques de Lemaire, Paris, 1822, 10 vol. in-8, l'est encore davantage. Nous ne citerons que les traductions qui se rapportent à notre sujet :

Œuvres galantes et amoureuses d'Ovide, contenant l'Art d'aimer, le Remède d'Amour, les Épîtres et les Élégies (trad. en vers par l'abbé Barrin et autres). Cythère, 1756, 1757, 1763, 1769, 1771, 1774, in-8 ou 2 vol. in-12, fig. — Les mêmes Œuvres trad. en vers par Saint-Ange. Paris, 1808, 1810, 3 vol. in-12; et nouv. édit. en 1823, av. les *Métamorphoses*, 11 vol. in-12, portr. Les trad. les plus estimées sont : celle de Baudement, Puget, etc., sous la direction de Nisard, Paris, Dubochet, 1838, 1850, in-8 de 56 feuilles; et la trad. de Burette, Chapuizy, Charpentier, etc., publ. chez Panckoucke en 1834-36, en 10 vol. in-8.

Métamorphoses d'Ovide, texte ou traductions, éditions avec estampes : av. les fig. de Virgile Solis Francf., 1569, in-4 obl. — Avec 150 fig. de Melch. Kysel. Ausb., 1681, in-4 obl. — Avec les 53 fig. d'Ét. La Belle. S. l. n. d., pet. in-4. — En 128 grav. de Crispin de Pas. 1602, in-4 obl. — Trad. en prose par N. Renouard, av. 136 sujets gr. par Mathéus, etc. 1619, in-fol. — En 150 pl. dess. et gr. par Baur. Vienne, 1641, in-4 obl. — 226 gr. de Krauss, in-4. — Coll. des 150 belles pl. de Tempesta (mort en 1630). Anvers, P. de Jode, in-4 obl. — Trad. de l'abbé Banier. 1732, 2 vol. in-fol. av. 130 fig. de B. Picart; et 1766, 4 vol. in-4, av. 141 fig. gr. par Lemire et Basan d'après les meilleurs peintres français. — Trad. en vers par de Saint-Ange. Paris, 1800, 2 vol. in-8 avec 55 fig. d'apr. Eisen, Monnet et Gravelot. — Trad. Villenave, en prose. Paris, Gay, 1806-22, 4 vol. in-4 et in-8, av. 144 fig. d'apr. Lebarbier, Monsiau et Moreau.

Les Amours d'Ovide, ou les trois livres des *Élégies* de cet auteur. Cet ouvrage de sa jeunesse est plein d'éclat, de grâce et de fraîcheur, et les amateurs le préfèrent à son *Art d'aimer*, où l'on trouve trop de choses et un peu de confusion. Les *Amours* ont été trad. en vers plusieurs fois. La traduction de Lemareis, an VII, in-12 avec 4 fig. de Bouillard; celle de Mollevaut, in-18; celle de Pirault des Chaumes, 1824, in-12, se lisent toujours.

L'Art d'aimer, ou l'*Art de plaire* (*Ars amatoria* ou *Ars amandi*), poëme en 3 chants, par Ovide. Il y en a eu de nombreuses traductions anciennes, mais elles sont peu estimées; cependant celle de l'abbé Marolles, Paris, 1660, in-12, s'est vendue, Veinant, 28 fr. — L'*Art d'aimer*, d'Ovide, en 6 ch. (dans les premières éd. il n'y a que 4 ch.), en vers, par Gouges de Cessières. S. l., 1745, pet. in-8; Amst., 1748, pet. in-8; Londres, 1750, 1759, 1760, 1770, in-12, fig., etc. Peu de valeur. — Les modernes traductions en vers sont celles de F.-A. de Gournay, Caen, 1817, in-8; de Pirault des Chaulnes, Paris, 1818, in-12, avec 4 grav.; de Aï Philippe, Paris, 1829, in-18, et du comte de Carbonel, Paris, Panckoucke, 1843, in-18.

Le Remède d'amour, poëme en deux chants, d'Ovide. Une ancienne trad. en vers, anonyme, Paris, Ant. Vérard, 1509, in-fol. goth., est rare et recherchée. La Vallière, ex. sur vélin, avec miniatures, 900 fr. Traduction moderne en vers, p. Al. Tardif, Paris, 1846, in-8. — *Les Remèdes contre l'amour*, d'Ovide, travestis en vers burlesques, par Dufour de la Crespelière, Paris, 1666, in-12, Veinant, 9 fr.

MARTIAL, *Epigrammes*, texte, très nombreuses éditions, voici les principales : Édit. princeps, Venise, Vindelinus de Spire, s. d. (vers 1470), pet. in-fol. De Préfond, 580 fr.; La Vallière, 1274 fr. — Roma, Gensberg, 1473, pet. in-fol. La Vallière, 150 fr. — Venise, J. de Colonia, 1475, pet. in-fol.; La

Vallière, 131 fr. — Venise, Alde, 1501, pet. in-8; Libri, ex. sur vélin, 700 fr.; Askew, 2 liv. 2 sh. — Lyon, Gryphius, 1533, in-8; Tech., 120 fr. — Cum not. Scriverii, Lugd. Bat., 1619, in-12, l. italiques, édit. estimée. — Amst., Elzev., 1650, 1664, pet. in-16; Potier, 15 fr. — Cum not. variorum, Lugd. Bat., 1658, 1661, 1670; F. Didot, 50 fr. — Ex. recto ... Smids, Amst., 1701, pet. in-8 avec front. et jol. gravures (faire attention à ce que l'ex. contienne les *Obscæna*); F. Didot, 52 fr. — Edid. Lemaire, Paris, 1825, 3 vol. in-8. Traductions françaises : *Toutes les épigrammes de Martial* (trad. p. l'abbé de Marolles). Paris, 1655, 2 vol. in-8. Tech., 18 fr. — *Epigrammes de Martial* (par Volland), à Paphos, de l'imp. du Dieu des amours (Paris, Volland), 3 vol. in-8; 8 fr. 50, ... et. — Les mêmes, 1807, trad. p. Verger, Dubois, Mangeart et ***. Paris, Panckoucke, 1834-35, 4 vol. in-8 (*Bibl. lat.-franç.*). — *Cent épigrammes de Martial*, toutes trad. vers pour vers (pour la première fois), par Mollevaut. Paris, 1839, in-12 de 72 pp. et portr. de Mollevaut. — *Epigrammes de Martial*, trad. en vers français, par Const. Dubos; préc. d'un Essai sur la Vie et les Œuvres de Martial, par J. Janin. Paris, 1841, in-8 de 36 feuilles, 7 fr. 50. — *Toutes les épigrammes de Martial*, trad. p. J. Beau, notes et texte en regard. Paris, 1842-44, 3 vol. in-8, 24 fr. — *Les Priapées, ou Epigrammes érotiques de Martial*, trad. fidèlement en vers franç., avec des notes latines. Ms. de Eloi Johanneau, de 160 feuillets. — *Epigrammes contre Martial, ou les Mille et une drôleries, sottises et platitudes de ses traducteurs, ainsi que les castrations qu'ils lui ont fait subir*, p. un ami de Martial (Eloi Johanneau). Paris, 1835, in-8 de 10 feuilles. Une partie de l'édit. ayant été détruite, ce livre est devenu peu commun.

AUSONE; nous négligerons les *Opera omnia* de cet auteur, nous nous contenterons de citer les *Ausonii opuscula varia*, Lyon, Gryphius, 1548, pet. in-16, vendus, Libri, en 1859, 4 liv. 8 sh. Traductions : *Œuvres d'Ausone*, trad. p. l'abbé Jaubert. Paris, 1769, 4 vol. in-12; Aimé-Martin, 20 fr. — Les mêmes *Œuvres*, trad. par Corpet. Paris, Panckoucke, 1843, 2 vol. in-8 (*B. lat.-franç.*).

POETES LATINS MODERNES.

Pigna (J. B.) Carminum libri IV. — *Calius Æleagninus carminum libri III et Lud. Ariosti carminum libri II.* Venetiis, 1553, in-8. Rare. Il se trouve dans ce vol des Priapeia, notamment une *Descriptio cunni*; ces passages sont souvent chargés d'encre et rendus illisibles.

Poetæ tres elegantissimi, scilicet : Mich. Marullus, Hier. Angerianus et J. Secundus. Parisiis, Duval, 1582, in-16. Peu commun.

Bandii (Dominici) Amores, ed. P. Scriverio; accedunt *Capilupi Cento in fœminas, Ausonii Cento nuptialis, Cupido cruci affixus, Suasoria de matrimonio, Pervigilium Veneris*, etc. Lugd. Bat., 1638, pet. in-12. Mac-Carthy, 18 fr.; Nodier, 41 fr.

Amœnitates poeticæ, sive Theod. Bezæ, M. Ant. Mureti et Joannis Secundi Juvenilia; tum J. Bonefonii Pancharis, etc. Lugd. Bat. (Paris, Barbou), 1757, 1779, in-12.

Quinque illustrium poetarum, A. Panormitæ, Ramusii Ariminensis, Pacifici Maximi Asculani, J. J. Pontani, Joannis Secundi Hagiensis Lusus in Venerem (edente Mercier de Saint-Léger). Paris, Molini, 1791, pet. in-8. Nodier, 28 fr; Renouard, 48 fr.

Ant. Bon. Beccatelli, cognomento Panormitæ, epistolæ... Carmina præterea, etc. Venetiis, 1553, pet. in-4. Volume rare et curieux, terminé par le recueil d'épigrammes licencieuses que Panormita a intitulé *Hermaphroditus*, recueil composé vers 1420. Crevenna, 26 fr.

Ant. Panormitæ Hermaphroditus, primus in Germania edid. et apophoreta adj. Fr. C. Forbergius. Coburg, 1824, in-8 tiré à petit nombre; on y joint 21 fig. libres. Ed. augm. de notes et de variantes tirées d'un anc. ms. de la bibl. du duc de Cobourg. Le commentaire de Forberg est encore plus licencieux que le texte de son auteur; les 8 Apophoreta (pp. 205 à 393) sont intit. : de Fututione, de Pædicatione, de Irrumando, de Masturbando, de Cunnilingis, de Tribadibus, de Coitu cum brutis, de Spintriis. Potier, 15 fr.

Pamphilus Maurilianus (on pense que ce nom est un pseudonyme) *de Amore inter Pamphilum et Galateam*. S. l. n. d. (probabl. Rome, Planck, fin du XVe siècle), petit. in-4 de 10 ff. goth.; Belin, jun., 24 fr. — Rome, 1487, in-4 de 12 ff. — Paris, 1499, in-4, goth. — S. l. n. d., in-4, car. romain; Pinelli, 17 sh., etc. Trad. française : *Livre d'Amours, auquel est relaté la grande amour et façon par laquelle Pamphile peust jouir de Galatée et le moyen qu'en fist la Macquerele*; paraphrasé en vers français, le texte lat. en marge. Paris, Ant. Vérard, 1494, in-fol. goth. de 77 ff., fig. s. b. La Vallière, 50 fr.; White Knights, 10 liv. 15 sh. — Paris, veuve de Marnef, 1545, pet. in-8 de 104 ff., fig. s. b.; La Vallière, 24 fr.

Pacifici Maximi Hecatelegium. Florentiæ, Mischominus, 1489, in-4 de 99 ff., car. romain. Cent pièces de poésies dont la plupart sont extrêmement obscènes. C'est au 3e livre que l'on trouve la pièce *ad Priapum*, qui prouve que, dès l'année 1489, c'est-à-dire 3 ans avant la découverte de l'Amérique, la syphilis était connue en Italie. Dans les éd. mod. de l'*Hecatelegium*, on a retranché les passages les plus licencieux ; aussi sont-elles sans valeur. Heber, 20 liv.; Audry, 651 fr.; Libri, 570 fr.

Epistola Enee Silvii (plus tard Pie II)... *de Amoris remedio.* Albie (en Savoie), s. d. (v. 1490), pet. in-4 de 7 ff., car. rom. Rare. Trad. française, en vers de 10 syll., par Albin des Avenelles : *Le Remède d'amour*; Paris, J. Lougis, s. d., pet. in-4 goth.; Nodier, 60 fr. — Paris, s. d. (J. Trepperel, v. 1505), pet. in-4 goth. de 12 ff. avec fig. en b. sur le titre ; Heber, 2 liv. 4 sh.

Apologia mulierum (satire, p. J. de Molis). Bade, R. Beck, 1511, in-4 de 18 ff., lettres rondes. Rare. Est-ce le même ouvr. que : *Invectiva cetus feminei*, etc., du même aut., s. l. n. d., pet. in-4 de 5 ff., car. goth.? Ce dernier s'est vendu, La Vallière (avec *Remedium contra concubinas et conjuges* (satire licencieuse, par P. de Corbolaio, s. l. n. d., pet. in-4 de 6 ff. impr. avec les mêmes caractères que l'Invectiva) ; 51 fr.

Ant. Cornazani quod de proverbiorum origine inscribitur opus. Milan, 1503, in-4 de 60 ff.; Libri, 93 fr. Contes libres en vers latins, quoique la traduction italienne suivante soit en prose. *Proverbi in facetie di Ant. Cornazano.* Venise, Zopplno, s. l. n. d., 1526, 1535, in-8, fig. s. b. Libri, 31 fr. 50 ; Pâris, 3 liv. 3 sh. — Paris, Didot, 1812, in-12, tiré à pet. nombre.

Hier. Angeriani Erotopægnium ; Florence, les Junte, 1512, pet. in-8 ; Nodier, 22 fr. — Paris, s. d., 2 part., pet. in-4.

Triumphus Veneris Henr. Bebelii, cum comment. Argentine, 1515, in-4 de 126 ff. fig. s. b.; d'Ourches, 24 fr.

Fracastorii Syphilis, sive Morbus gallicus. Vérone, 1530, in-4 de 40 ff. dont les 4 dern. sont blancs. 1re et rare éd. — Rome, 1531, in-4 ; Techener, 39 fr. Trad. française : *Syphilis ou le Mal vénérien*, poëme en 3 ch. (trad. p. Macquer et Lacombe). Paris, 1573, pet. in-8 ; éd. rev. p. Mercier, Paris, 1796, in-18, portr. ; Potier, 8 fr. — *La Syphilis*, trad. en v. franç. ; p. Pr. Yvaren. Paris, Baillière, 1847, in-8, 5 fr.

Joannis Secundi Opera ; Paris, Wechel, 1561, in-16, peu commun. — Ed. cum not. P. Burmanni, etc. Lugd. Bat., Luchtmans, 1821, 2 vol. in-8, bonne éd. — Ibidem. *Basia* ; Lugduni, S. Gryphius, 1539, in-4 de 61 pp. Traductions : *Les Baisers de Jean Second*, trad. p. Moutonnet-Clairfons, Paris, Pellot, 1771, in-8. — Les mêmes, trad. en vers p. P. H. Heu. Paris, 1806, in-8 de 107 pp. — *Baisers et Élégies de Jean Second*, suivis de quelques Baisers inédits, etc.; trad. par Tissot; Paris, 1806, in-12 ; Cailhava, 6 fr. 50. — *Jean Second*, odes, baisers, prem. livre des élégies, etc., trad. en vers, p. Loraux. Paris, 1812, in-8, portr. — *Baisers de Jean Second*, trad. en vers, p. Mme Céleste Vien. Paris, 1832, in-8 de 132 pp. — *The Portal to the cabinet of love, consisting of the Basia of Johannes Secundus, newly translated into english verse, with the new epithalami* (morceau assez libre, imité, en partie, de Bonnefons), *also, fragments being some poetical pieces in the kiss.* New York, published at the sentimental Epicure ordinary, near the theatre, 1805, in-24, 98 pp. Un front. gr. représente Vénus debout sur les eaux et libre de tout vêtement.

Theod. Bezæ Vezelii poemata juvenilia ; Lutetiæ, C. Badii, 1548, pet. in-8, portr. s. b. Ed. orig. — S. l. n. d. (éd. dite à la Tête de mort), in-16. Ces deux editions contiennent les poésies libres retranchées dans les suivantes, et sont les plus recherchées.

Filiabus Sion, Lutetiæ virginibus, voticum carmen gallico-latinum. Epistre aux filles et femmes de Paris. S. l. n. d., pet. in-8. Pièce rare, impr. à Paris, vers 1560.

J. Bonefonii Opera omnia, seu Basia. Paris, 1587, 1588, pet. in-12. Traductions : *Imitations du lat. de Jean Bonnefons et autres gayetez amoureuses*, en ryme franç ; p. Gilles Durand de la Bergerie. Paris, 1610, pet. in-8, portr.; Nodier, 22 fr.; Lyon, 1618, 2 tom. in-32 ; Leyde, 1659, pet. in-12 ; Tech., 10 fr., etc. — *La Pancharis, ou les Baisers de Jean Bonnefons*, traduct. en vers par F. T. Paris, 1818, in-18 de 72 pp.

Veneres Blyenburgicæ, sive Hortus amorum..., opera Damasi Blyenburgi Batavi. Dordraci, 1600, pet. in-8, 5 part. préc. de 6 ff. limin. et suivies d'un appendice de 42 ff. Recueil très-agréable de poésies érotiques. Il y a des ex. de la même éd. portant le titre : *Apicula Batava*, etc. Amst., 1613 ; la table des auteurs y est supprimée, ce qui fait préférer les ex. à la date de 1600. Renouard, 30 fr.

Liber Monasticorum auct. J. Wandrai. Recueil de 1860 épigrammes, etc.; il s'en trouve de fort libres ; les maris surtout ont exercé la verve de l'auteur, il les met souvent en scène, leur rappelant sans cesse l'accident auquel ils sont exposés. Montibus, 1641, pet. in-8. Rare.

P. Stratemi Venus Zeelanda, et alia ejus poemata. Hagæcomitis, 1641, in-12, tit. grav., port. Rare et curieux volume cont. un Recueil de Baisers du genre de ceux de Jean Second.

Calcidii Leti (l'abbé Claude Quillet) *Callipædia, seu de pulchræ prolis habendæ ratione.* Lyon et Paris, 1655, in-4. Ed. orig. Potier, 12 fr. — Paris, 1656, in-8. Ed. plus compl. que la 1re. — Londres, 1708, 1709, in-8. Cailhava, 14 fr. 60. — Traductions : *La Callipédie, ou l'Art d'avoir de beaux enfants*, poëme trad. en vers par Montenault d'Egly,

Amst. et Paris, 1746, 1749, 1774, in-12. Rare. Nodier, 30 fr. — Idem. trad. par Caillaud. Bordeaux, an VII, in-12. — Ce poëme, hardi d'expressions, est estimé; il fut dédié par l'auteur au card. Mazarin, ce qui lui valut l'abbaye de Doudeauville.

Le Voluptueux hors de combat, ou le Défi amoureux de Lygdame et de Chloris, poeme érotique, en vers latins, par le chev. Venieri, et trad. en prose. Ms. du XVIIe siècle, d'une belle écriture, in-4. Bignon, 15 fr. — Trad. en vers franç par Anselin et l'abbé d'Estrées, selon Barbier. Cythéropolis, s. d. (v. 1738), in-8, cat. Longuemare (n° 1715); Glascow, 1774, pet. in 18 de 36 pp. Ouvr. peu commun, écrit avec verve et chaleur. L'abbé de Saint-Leger prétendait que c'était une trad. faite par le vice-amiral comte d'Estaing, d'une pièce de vers latins insérée dans une édit. du Meursius, et intit. *F... effutus.*

De Amoribus Pancharitis et Zoroæ, etc. (auct. Petit-Radel). Paris, an VI, an IX, in-8, figures. — *Les Amours de Zoroas et de Pancharis*, poëme érotique, veillées d'un homme de loisir sur le culte de Cythérée, trad. en prose et notes par le même. Paris, an X, 3 vol. in-8 avec 3 grav.

POETES FRANÇAIS.

RECUEILS DE POÉSIES.

Choix des poésies originales des troubadours, p. Raynouard. Paris, 1816-21, 6 vol. in-8. De Raguse, 200 fr. Ouvr. important, dans le 3e vol. duquel on trouve les pièces amoureuses de 1090 à 1260.

Fabliaux et Contes des poetes françois du XIe au XVe siècle, rec. p. Barbazan. Paris, 1756, 3 vol. pet. in-12. — Nouv. édit., rev. et augm. p. Méon. Paris, 1808, 4 vol. in-8, fig. Renouard, 95 fr. On y peut joindre : *Nouveau Recueil de fabliaux et contes inédits des poètes français du XIIe au XVe siècle*, publ. p. Méon. Paris, 1823, 2 vol. in-8, 2 fig. Du Roure, 21 fr.

Fabliaux ou Contes, etc., *des XIIe et XIIIe siècles*, trad. par Legrand d'Aussy. Paris, 1779, 4 vol. in-8. — Paris, 1824, 1829, 5 vol. in-8. av. 18 fig. de Moreau et Desenne. Tripier, 120 fr.; Libri, 37 fr.

Nouv. Recueil de contes, dits, fabliaux, etc., des XIIIe, XIVe et XVe siècles, publ. par Ach. Jubinal. Paris, 1839-42, 2 vol. in-8. 15 fr.

Dance aux aveugles (par P. Michault). Lion, s. d. (v. 1480), in-4 goth. de 43 ff., av. 5 fig. s. b. Cailhava, 621 fr. — Réimpr. av. d'autres poésies du XVe siècle. Lille, 1748, pet. in-8. Veinant, 16 fr. 50 — Cont. : *La Confession de la belle fille. — Pourtraict de ma mye. — Excusation aux dames. — La Louange des dames*, etc.

Poésies anciennes, farces et facéties; éditions renouvelées et publ. par P.-Sim. Caron, en 1791-92, 11 part. qui se réunissent ord. en 4 vol. pet. in 8, tirées à 56 ex. Ce sont plutôt des facéties que des galanteries. Veinant, 275 fr. — On y joint habituellement : *Recueil de livrets singuliers et rares* (réimp. par M. de Montaran). Paris, 1827-30, 21 pièces pet. in-8, tirées à 28 ex. (le titre à 20 seulement). Veinant, 151 fr. Les deux recueils réunis, d'Essling, 445 fr. — Parmi ces facéties, on remarque : les *Chansons folastres des comédiens*, la *Farce du galant qui a fait le coup*, le *Cocu consolateur*, l'an du cocuage 5789, 8 ff.; etc.

Blasons et poésies anciennes des XVe et XVIe siècles (rec. par Méon). Paris, 1807, in-8 (et exempl. avec un titre à la date de 1809, augm. d'un glossaire). Les pp. 53 à 64 et 145-148 doivent se trouver doubles, à cause de cartons qui contiennent des pièces libres. Veinant, 17 fr.

Poésies des XVe et XVIe siècles, publ. d'apr. les éd. goth. et des mss. Paris, Silvestre (impr. Crapelet), 1830-32, 15 pieces grand in-8 et petit in-16, car. goth., tirées à 100 exempl. Libri, 46 fr. — *Le Casteau damours*, de P. Gringore; *Sermon auquel est contenu tous les maulx que l'homme a en mariage; le Caquet des bonnes chambrières; la Reformation sur les dames de Paris, faicte par les Lyonnoises; Response*, etc.; le *Songe doré de la pucelle*, etc.

La Fleur de poesie françoyse, recueil joyeulx, contenant plusieurs huictains, chansons, etc. Paris, 1543, pet. in-8 de 64 ff., lettres rondes, vign. en b., dont plusieurs assez lestes. Très-rare.

Opuscules d'amour, par Ant. Heroet, La Borderie et autres divins poëtes. Lyon, 1547, in-8 de 46 pp., lettres italiques. Nodier, 47 fr.; Cailhava, 100 fr. — *La Parfaicte Amye, l'Amye de court*, etc.

La Muse folastre, 3 parties. Tours, 1600, in-16. Stanley, 5 liv. — Rouen, 1600, 1603, 1609, 1615, petit in-16. Pixerécourt, 30 fr. 50; Tripier, 40 fr. — Lyon, 1607, 1611, in-16; Cailhava, 60 fr. — Paris, 1607, in-16. — Iéne, 1617, petit in-16. Veinant, 161 fr. — Troyes, s. d. et 1640. Bignon, 45 fr. 50. — Recueil très-libre et contenant beaucoup de pieces que l'on ne trouve point ailleurs.

Le Labyrinthe de récréation, div. en 3 livres. Rouen, 1602, in-24. Bignon, 29 fr.

Le Labyrinthe d'amour, ou suite des Muses folastres, divisé en 3 livres. Rouen, 1604, 1614, 1615, pet. in-16. Nodier, 46 fr.; Debure, 50 fr. — Lyon, 1611, in-16.

Les Muses gaillardes, rec. des beaux esprits de ce temps. Paris, A. du Breuil, 1609 et s. d., pet. in-12. Bolle, 70 fr. — Premiers essais du *Parnasse* et du *Cabinet satyrique*.

Les Satyres bastardes et autres œuvres folastres du cadet Angoulevent (Nic. Joubert, seigneur d'Angoulevent, était le fou d'Henri IV). Paris, 1615, petit in-12 de 167 ff. Poésies licencieuses de Regnier, Motin, de Sigognes, d'Esternod, etc. Nodier, 151 fr.; Bolle, 131 fr.

Recueil des plus excellens vers satyriques de ce temps, etc. Paris, 1617, in-12. Rare. Recueil analogue au *Cabinet satyrique*, qu'il a précédé d'un an.

Le Cabinet satyrique, ou Recueil parfait des vers piquans et gaillards de ce temps, etc. Paris, 1618, petit in-12 de 703 pp., front. gr. Édit. orig., très-rare et cont. 49 pièces qui ne se retrouvent pas dans les éd. postérieures. — Paris, 1619, 2 tom. in-12 (les Satires de Régnier forment le 5e vol.). Nodier, 65 fr. — Paris, 1620, 1627, 1634, in-12. Bignon, 17 fr. 50. — S. l. (Holl., Elzev.), 1666, 2 tom. petit in-12. Nodier, 130 fr. — Mont-Parnasse (Holl.), 1697, 1698 et s. d. (v. 1720), 2 vol. in-12. Tripier, 60 fr. — Nouv. édit., réimpr. sur celle de 1620, avec les pièces et la préf. de 1618. Gand, 1859-60, 3 vol. in-16 de, env., 390 ff., tirée à 140 ex. 25 fr. — Recueil fort remarquable et fort connu de poésies licencieuses, contenant à la fois : Régnier, les *Muses gaillardes*, les *Satyres bastardes*, etc.

Les Délices satyriques, ou suite du Cabinet satyrique. Paris, 1620, in-12. Leduc, 25 fr. Ouvrage plus rare que celui auquel il fait suite.

L'Espadon satyrique. Lyon, 1621, 1622, 1626; Rouen, 1624; Cologne (Holl.), 1680, 1681, pet. in-12, avec une figure. Crozet, 52 fr.; Nodier, 55 fr. — Recueil de satires et de contes libres attrib. à Cl. d'Esternod.

Le Parnasse des poëtes satyriques (dans les éd. récentes, le Parnasse satyrique), *ou Recueils de vers piquants et gaillards de nostre temps*, tirez des œuvres secrètes des autheurs les plus signalez, etc. (par Théophile de Viau). Paris, 1622, pet. in-8 de 208 pp. Éd. orig. et très-rare. — Paris, 1623, pet. in-8. Éd. suivie de la *Quintessence satyrique*, recueil de 280 pp., fondu, dans l'ouvr. lui-même, aux édit. suivantes. Bolle, 38 fr. — S. l., 1625, 1627, pet. in-8. Nodier, 29 fr. — S. l. (Holl., Elz.), 1660, 1661, 1672, 1677, pet. in-12 de 321 pp. De Rome, 32 fr. 50; Veinant, 199 fr. — Revu par un autheur moderne, à C..., l'an mil six cens trop tost (fin du XVIIe siècle), pet. in-12 de 290 pp. Potier, 80 fr. — Le Parlement condamna, en 1623, Théophile à être brûlé vif, Berthelot à être pendu, et Colletet à un bannissement de 9 ans, comme auteurs du Parnasse satirique, recueil qui n'avait cependant rien de plus fort que le Cabinet satirique, qui ne fut jamais poursuivi.

Le Dessert des Muses, ou les Délices de la Satyre galante. S. l., 1621, in-12; et Paris, P. Lamy (Holl., Elzev.), s. d., pet. in-12 de 127 pp. Nodier, 79 fr. — Les deux éditions sont très-rares; les poésies, piquantes, originales, licencieuses, et ne se trouvent point ailleurs.

Les Poésies gaillardes, galantes et amoureuses de ce temps (par Colletet). S. l. n. d. (Rouen, vers 1650), petit in-12. Veinant, 36 fr. — Poésies licencieuses et satiriques, réimpr. sous le titre : *les Poésies facétieuses*. S. l. (Holl., Dan. Elzev.), 1668, 1672. Bérard, 53 fr.

Recueil de diverses poésies des plus célèbres auteurs de ce temps, cont. : la Belle Gueuse, la Belle Aveugle, la Belle Voilée, etc. Paris, 1651, in-12. Éd. originale. Perret, 20 fr. — Paris, 1652, 1653, 1654, 1657, 1661, 1670, 2 part. in-12. Potier, 10 fr. Recueil quelquefois assez piquant.

Recueil de div. poésies choisies des sieurs de la Ménardière, etc. Paris, 1660, petit in-12. Rare et renfermant quelques pièces libres qu'on ne retrouve pas ailleurs.

L'Adultère, ou les Poésies hardies du Sr D. et du Sr St. Vitré, chez Corn. Bastard, s. d. (Holl., à la sph., v. 1680), petit in-12 de 73 pp. Costabili, 70 fr.

Le Nouveau Parnasse satyrique. Calais, 1684, 2 part., pet. in-12 de 65 ff. Petit recueil mal impr., mais rare et recherché, à cause de quelques pièces nouvelles.

L'Élite (ou Nouvelle Élite), ou Recueil, ou Nouveau Recueil, des poésies héroïques et gaillardes de ce temps. S. l. n. d. (à la sph.), 1695, 1717, 1722, 1728; Utrecht, 1734, 1737, in-12. Peu cher. — Pièces peu connues. Il y en a d'assez libres; entre autres, *l'Occasion perdue et recouvrée*, de Cantenac, joli conte qui avait déjà paru en 1662, et était devenu rare.

L'Abatteur de noisettes, ou Rec. de pièces nouvelles des plus gaillardes. La Haye, chez Bernard, 1741, petit in-12. Recueil très-libre et extrêmement rare; le seul exempl. que l'on ait vu dans les ventes, relié avec les *Extaizes de Jéricho* (Constantinople, 1740, petit in-12), autre recueil du même genre, également rare et paraissant imprimé en même temps, a passé de la bibliothèque de Soleinne, dans les ventes Caillhava, 30 fr.; Veinant, 93 fr., et ira probablement plus haut à l'avenir.

Le Cabinet de Lampsaque, ou Choix d'épigrammes érotiques. Paphos, 1744 (ou 1784), 4 part., pet. in-12, fig. Très-rare.

Le Joujou des demoiselles, nouveau choix de poésies à l'usage du beau sexe libertin. S. l. n. d., in-8 de 68 ff., texte gravé, front. gr. p. Lemire, d'après Eisen, figures à mi-page. A. Fl., 12 fr.—Londres, 1753, 1755, 1757, 1758, 1773, 1783, etc., pet. in-8. — Épigrammes et petits contes : la Fille prudente, le Bon Mari, le Fouet, le Laid Visage, la Marmotte, le Gant, la Vendeuse de citrons, la Tasse cassée, le Remords inutile, la Sœur zélée, la Querelle apaisée, la Chambrière, le Curieux impertinent, la Devise de Margot, etc.

Recueil de nouv. poésies galantes, crit., lat. et françaises. Londres, s. d. (v. 1760), 2 part., in-12. Pixerécourt, 28 fr. 50. Il n'y a qu'un très-petit nombre de pièces latines dans ce volume, qui porte pour faux titre : *Recueil de poesies gaillardes*. On y distingue deux pièces libres, en patois bourguignon : *Lou Minou d'or* et *lou Véritable Ver de gôdit* (72 vers, et 178), composées en 1611 et en 1680.

Le Parnasse libertin. Amst., 1769, 1791 ; Paillardisopolis, s. d. et 1772 ; Cythère, 1776, pet. in-8. Dans ce recueil, peu connu, l'éditeur dit qu'il a essayé de réunir dans un volume ce qu'on a de mieux en fait de poésies libres.

Manuel gaillard, ou Anecdotes voluptueuses à l'usage des concitoyennes (en vers). Glascow, 1774, in-24. Rare. Ce vol. contient 138 épigr. assez libres et bien choisies ; puis, avec un titre et une pagination particulière, *le Voluptueux hors de combat*, déjà cité dans les poëtes latins.

Le plus joli des recueils, ou Amusements des dames, suivi du Joujou des demoiselles. Londres, 1778, in-8 de 275 pp., front. gr. Ce vol. cont. l'Art de jouir, p. La Mettrie ; le Cu d'Iris, pp. 107-118 ; Parapilla et la Papesse Jeanne, poëmes de Bordes ; et les épigrammes et contes du Joujou.

Poésies satiriques du XVIIIe siècle (publ. p. Sautereau de Marsy). Londres (Cazin), 1782, 1788, 2 vol. pet. in-18. Faire attention que les pp. 225-228 du tom. 2 ne manquent pas. Bouchot, 9 fr. 75 c.

Les Muses au foyer de l'Opéra, choix de poésies libres, galantes, satiriques. Au Caffé du Caveau, 1783, in-8. Rec. piquant et peu commun.

Délassements du boudoir, rec. de poésies galantes, 1790, in-18, front. gr.

Tableau du plaisir et de la volupté. Paris, Mercier, an VII, 2 vol. in-18. Cont. le Plaisir, par le Cte d'Estaing ; l'École de la volupté ; les Quatre heures de la toilette des dames, p. de Favre ; et l'Asile des Grâces.

POETES FRANÇAIS

IMPRIMÉS SÉPARÉMENT.

ALAIN CHARTIER (mort en 1458). *Œuvres* ; Paris, Galliot du Pré, 1529, pet. in-8. S.... off. 140 fr. — *Les Demandes damours avecques les Responses joyeuses*, opuscule en pr. et en vers, attrib. à Al. Chartier, impr. dans ses œuvres, dans les Advineaux amoureux, dans plusieurs autres ouvrages du temps et souvent séparément. Éd. s. l. n. d. (Mich. Lenoir, av. 1520), pet. in-8 goth. de 6 ff. J. G., 88 fr. — S. l. n. d. (probabl. Lyon, v. 1530), pet. in-8, goth. de 8 ff. ; Aimé Martin, 69 fr. — Éd. suivie des *Ditz et ventes d'amours* (en vers de 8 syll. Paris, F. Bouriquant (v. 1620), in-16 de 96 pp. Rare.

MARTIN FRANC, m. en 1460. *Le Champion des dames*, poeme cont. la deffense des dames contre Mallebouche et consorts. S. l. n. d. (Lyon, G. Le Roy, v. 1485), pet. in-fol. goth. à 2 col. de 185 ff., fig. s. b. Un amat. de Paris. 310 fr. — Paris, 1530, petit. in-8 de 421 ff., fig. sur b. assez jolies (éd. exécutée avec les caractères du *Roman de la Rose*, de 1529, et qui peut s'y annexer) ; La Bédoyère, 200 fr.

RENÉ D'ANJOU, m. en 1480. *L'Abusé en court* ; pet. traicté (en pr. et en vers) fait nagueres et comp. p. tres-haut et très-puissant prince René, roi de Sicile, de Naples, etc. (a été attrib. à dom Jehans, moine de l'abbaye de Haute-Selve, cependant M. de Quatrebarbes a inséré cet ouvrage dans le 4e vol. des *Œ. du roi René*). S. l. n. d. (Bruges, Colard Mansion, v. 1475), pet. in-fol. goth. de 45 ff., fig. s. b. Cette éd. est suivie de deux autres opuscules impr. av. les mêmes car. : *Les Evangiles des connoilles*, fait à l'onneur et exaulcement des dames, et un *Livret cont. plusieurs honnestes demandes sur le fait et mestier d'amour*, etc. Mac-Carthy, 445 fr. — S. l. n. d. (probabl. Lyon, v. 1480), pet. in-fol. goth. de 61 ff., av. 11 fig. gr. en b. Éd. aussi rare que la première. — Vienne, 1484, pet. in-fol. goth. de 29 ff., fig. s. b. La Vallière, ex. piqué, 21 fr. — S. l. n. d., in-4 de 51 ff., gr. en b. grossières ; Heber, 6 liv. 10 sh. Ce petit poëme est assez libre d'expressions, témoin le quatrain cité par Brunet.

PILVELIN. *Le Messagier d'amours*, dial. en v. de 10 syll., vers 1489, pet. in-4 goth. de 13 ff., fig. s. b. Crozet, 161 fr. ; et Paris, s. d., in-8 goth. de 16 ff., 2 fig. s. b. Heber, 5 liv. 12 sh.

GUILL. COQUILLART, official de l'église de Reims, m. en 1490. *Œuvres* : Paris, 1532, 1533, 1534, 1536, in-16 de 158 ff. ; Londres, Aimé Martin, 69 fr. — Lyon, 1540, 1579, in-16 ; Nodier, 89 fr. 50 c. — Reims, Brissart-Binet, 1847, 2 vol. in-8, 16 fr.

bonne éd., publ. p. P. Tarbé. — Éd. ann. p. d'Héricault; Paris, Jannet, 1857, 2 vol. in-16. — *Poésies* (du même); Paris, 1723, 2 part. in-12; Veinant, 20 fr. — *S'ensuyvent les Droitz nouveaulx établis sur les femmes, le Debat des dames, le Plaidoyer et l'Enqueste d'entre la simple et la rusée.* Paris, s. d., pet. in-4 goth. de 88 ff.; plusieurs éd. et toutes rares; Aimé-André, 60 fr. — *Les Présomptions des femmes;* Rouen, s. d., in-16 de 8 ff.; Crozet, av. deux autres pièces, 66 fr. Réimp. p. Pinard, en 1830, pet. in-8 de 8 ff. tiré à 42 ex., fig. s. b.; Veinant, 5 fr. Cette pièce a été aussi réimpr. dans les *Anc. poésies françoises* de Jannet, tom. 3. Le titre signifie Conjectures sur les femmes; d'après leur air, leur habillement, etc., l'auteur présume leur conduite cachée et entre dans des détails fort libres.

P. DANCHE, escuyer. *Les Trois Blasons de France* (les bons vins, la belle fille, le beau cheval). S. l. n. d., petit in-8 goth. de 4 ff.; très-rare; a été réimp. dans l'éd. de Coquillart de 1540. C'est probabl. de ces blasons dont il est question dans *l'Origine des cousturages.*

GUILL. ALEXIS, religieux de Lyre et prieur de Bussy. *Le Blason des faulses amours.* Paris, 1489, in-4 goth. de 15 ff.; très-rare. — Paris, s. d., pet. in-8 goth., fig. s. b.; Nodier, 90 fr. — Lyon, 1529, pet. in-8 goth.; Potier, 60 fr., etc. — *Le Passe-temps de tout homme et de toute femme;* Paris, s. d. et 1505, pet. in-4 goth. de 110 ff.; Aimé Martin, 70 fr.

OCT. DE SAINT-GELAIS ET B. DAVRIEL. *La Chasse et le Départ d'amours.* Paris, 1509, in-fol. goth. de 150 ff., jolies fig. s. b. Lenoir, 70 fr. Réimp. in-4, mais toujours rare.

DIVRY (Jehan, m. apr. 1509). *Dialogus Salomonis et Marcolphi,* dialogue entre le roi Salomon, qui débite une bonne partie du *Mérite des femmes,* et un paysan goguenard avec lequel il n'a pas le dessus. Cette facétie, qui a été attribuée à J. Divry, mériterait d'être remise en français moderne. S. l. n. d. (Eustadii, v. 1475), in-4 de 12 ff.; Libri, 50 fr. — Anvers, 1488, in-4 goth. de 10 ff., fig. en b.; La Vallière, 60 fr. — *Les Dietz de Salomon avecque les responces de Marcon, fort joyeuses,* 46 strophes de 3 vers ch. S. l. n. d. (v. 1500), pet. in-8 goth. de 7 ff., fig. en b.; Nodier, 92 fr. — Réimp. fac-simile faite à Paris en 1829, pet. in-8 de 4 ff., tiré à 15 ou à 30 ex.; Crozet, 12 fr. 50 c. — *Les Secrets et Lois de mariage,* en v. de 8 syll. S. l. n. d., pet. in-8 goth. de 20 ff., 2 fig. s. b.; Tripier, 175 fr.

MICHEL (Guy ou Franeisque). *Le Cornement des cornars, pour recréer les espritz encornifistibulez,* pièce extraite de la *Forest de tristesse,* où elle est intit. *Pensée terrible* et lith. fac-simile à Paris, en 1831, pet. in-8 de 4 ff. av. jolies vign. et bordures sur bois, tirée à 30 ex.; Tripier, 25 fr.

LEFEBVRE DE THÉROUANNE. *Le Livre de Matheolus,* pièce contre le mariage. 3 éd. (Paris, v. 1492), pet. in-fol. et pet. in-4, goth., 74, 67 et 62 ff., fig. s. b., égal. rares; Crozet, 150 fr.; Tripier, 80 fr. — Lyon, s. d., in-4 goth., 68 ff., fig. s. b. Lang, 5 liv. 12 sh. — *Le Rebours de Matheolus, ou le Résolu en mariage.* Paris (v. 1500), in-4 goth. de 30 ff. à 2 col., 25 fig. s. b.; et Paris, 1518, in-4 goth. de 60 ff., 2 fig. s. b. Ces éd. sont égal. rares. Heber, 5 liv. — Lyon, s. d., in-4 goth. — Réimp. fac-sim. en 1846: Paris, 1518, pet. in-4 goth. tiré à 40 ex.

LEMAIRE DE BELGES, m. en 1524. Le Triomphe de tres haulte et puissante dame Vérolle, royne du Pays d'amour; Lyon, 1539, 1540, pet. in-8 de 42 ff., 42 fig. s. b.; Hibbert, 16 liv.; Morel-Vindé, 200 fr. Pièce en p. et en v., d'une morale singulière et fort libre.

PRÉVOST (Ant.). *L'Amant deconforté; cont. le mal et le bien des femmes,* etc. Lyon (v. 1530), in-8 goth.; Heber, 8 liv. 12 sh.

EUSTORGUE DE BEAULIEU. *Les Dicts rapportz, cont. plusieurs rondeaux ... et 7 blasons anatomiques du corps féminin, responce du blasonneur du cul,* etc. Lyon, 1537, pet. in-8 de 152 ff., lettres rondes; d'Heiss, en 1785, 11 fr.; depuis cette époque n'a plus reparu en vente publique; on n'en connait qu'un ex. — Paris, 1544, pet. in-8 de 88 ff., car. ronds, fig. en b.; Heber, 14 liv. 5 sh.; on croit cette éd. moins complète que la première. Ce recueil est fort licencieux.

VIAS (Ant.). *La Diffinition et perfection d'amour. Le Sophologe d'amour.* Paris, 1541, 1542, pet. in-8 de 60 ff., jolies fig. s. b., car. italique. Crozet, 52 fr. 50 c.

GRINGORE (Pierre), m. vers 1545. *Le Chasteau de labour,* poëme allégorique sur les div. tribulations de la vie et particulièrement sur celles du mariage; c'est le plus rare, et le meilleur ouvr. de l'aut.; souvent réimp.; toutes les éd. ont de la valeur. Paris, s. d., pet. in-4 de 41 ff. Aimé-Martin, 205 fr. — Paris, 1499, in-8 goth., 50 ff., fig. s. b., 1500, in-8 goth., 60 ff., fig. s. b., 1532; in-16, l. rondes, 109 ff.; Baudeloque, 59 fr., etc. — *Le Casteau* (château) *damours.* S. l. n. d. (Paris, avant 1500), in-4, goth. de 6 ff., au dern. fig. en b. représ. David et Betsabée. — (Paris), 1500, in-4 goth. de 36 ff., fig. en b. Éd. beaucoup plus complète que la première; Morel-Vindé, 180 fr. — Une réimpr. gr. in-8, faite sur l'éd. sans date, a été tirée en 1830, p. Crapelet, à 100 ex.

— *Complainte du trop tard marié*. Chartres, s. d., pet. in-8 goth. de 8 ff., fig. s. b.; Crozet, 66 fr. — *Complainte du trop tost marié*. S. l. n. d., pet. in-4 goth. de 6 ff., fig. s. b. — *La Complainte douloureuse du nouveau marié*, 42 stances en v. de 8 syll. S. l. n. d. (Paris, v. 1515), pet. in-4 goth. de 8 ff. av. 2 fig. en b. assez singulières; Aimé-Martin, 80 fr. Réimp. en 1830 dans les *Joyeusetez*.

MAGNY (Olivier de). *Les Gayetez*. Paris, Dallier, 1557, in-8. Vol. rare renfermant beaucoup d'obscénités; beaucoup plus recherché que les autres vol. de poésies du même auteur.

FERRY JULYOT *Élégies de la belle fille lamentant sa virginité perdue*, etc. S. l., 1557, in-8 de 98 pp., fig. s. b.; Nodier, 200 fr. Livre dans lequel il y a des passages licencieux; on n'en connaît que 2 ex., celui qu'avait Nodier, et un autre conservé dans la biblioth. de Besançon.

LOUISE LABÉ, dite la Belle Cordière, m. en 1566, à l'âge de 40 ans. L'amour qui respire dans ses écrits la fit surnommer la Sapho française. On trouve parmi ses œuvres poétiques le *Débat de Folie et d'Amour*, dial. en pr., div. en 5 a. et à 6 personnages, pièce qui a été imitée par la Fontaine et par d'autres poëtes, et qui est regardée comme la première vraie comédie faite en France. *Œuvres*. Lyon, 1555, 1556, pet. in-8; Aimé-Martin, 215 fr. — Réimp. en 1762, in-12; à Brest, en 1815, in-8; à Lyon, en 1824, et 1834 in-8, et en 1845, in-12, tiré à 200 ex. Tripier, 30 fr.

DEBASTE (Nic.). *Les Passions d'amour*. Rouen, Mallard (1586), pet. in-12 de 82 ff. Veinant, 129 fr.

RONSARD (Pierre de), m. en 1586. *Les Amours* (poésies). Paris, 1552, 1553, pet. in-8 de 152 ff.; Tripier, 150 fr. — *Livret de folastries à Janot, Parisien*. Paris, de Laporte, 1553, pet. in-8 de 71 pp.; Chalabre, ex. incomplet, 88 fr. — Éd. avec 2 nouv. pièces libres, pp. 70 et 71; s. l., 1584, pet. in-12 de 71 pp.; Tripier, 300 fr. Poésies insérées dans les œuvr. de Ronsard, moins la troisième folastrie qui est la plus piquante. La pièce la plus curieuse de ce vol., le *Dithyrambe chanté au bouc de Jodelle*, n'est pas de Ronsard, mais de Bertrand Berger. Pinard a réimp. ces *Folastries* à la suite du *Banquet des chambrières*.

BAÏF (J.-Ant. de). *Les Amours*, poésies. Paris, 1552, 1572, pet. in-8; Potier, 40 fr. Seule partie recherchée des œuvr. de Baïf, qui forment 4 vol.

LA VALLETRYE (N. de). *Œuvres poétiques*. Paris, 1602, in-12 (Soleinne, n° 890). Quelques poésies sont assez libres; on y trouve aussi une pastorale intit. : *La Chasteté repentie*. C'est un débat entre l'Amour et Diane, où l'Amour l'emporte, et ce dieu vainqueur conseille à Diane de ne plus dissimuler. Diane lui répond qu'il a raison, et ajoute :

> Car on me pourra toujours vaincre aussi bien
> Comme si je l'estois, quand on n'en fait rien.

L'Amour conseille aux spectateurs d'imiter cet exemple :

> Faites de vostre honneur, comme elle fait du sien
> Qui toujours est entier, mais qu'on n'entache rien
> Et par elle apprenez que les plus fines d'amour
> De pareilles douceurs entretiennent leurs amours
> Rendans leurs cabinets, et que bien telles sont
> Les filles aujourd'hui, qui comme elles ne font.

RÉGNIER (Mathurin), m. en 1613. *Œuvres* (ou *Satires*). Éd. augm. de plus. pièces de pareille estoffe (c'est-à-dire très-licencieuses); Rouen, Vve Dubosc, 1621, 1625, 1626, pet. in-8; Paris, de Lacoste, 1635, 1641, 1655, 1667, in-12; Veinant, 37 fr. — (Leyde, Elzev.), 1642, 1652; prix très-variables; en moyenne, Nodier, 60 fr. — Éd. av. comment. de Brossette et de Lenglet-Dufresnoy : Londres (Rouen), 1729, in-4 ou in-8; 1733, in-fol. et in-4; Potier, 40 fr.; idem (Paris), 1746, 1750, 1780, 2 vol. pet. in-12; F. Didot, 9 fr. — Genève (Lyon), 2 vol. in-24, 1 fig.; env. 6 fr. — Éd. stéréot. Paris, 1805, in-12 et in-18; Paris, 1822, in-8; 10 à 12 fr.; éd. Viollet-Leduc, 1853, in-16; 5 à 6 fr.; éd. Poitevin, 1860, in-16, 4 fr.

GARNIER (Cl.), m. v. 1616. *L'Amour victorieux et autres poésies*. Paris, 1609, pet. in-12. Crozet, 25 fr.

BADDEL. *Poésies d'amour, où se voient les diversitez amoureuses*. Amst., P. Ravesteyn, 1616, pet. in-4, 2 fol. gr. s. b. dont l'une est le Jugement de Pâris. Nodier, 44 fr. La feuille 6, qui manque souvent dans le vol., contient des joyeusetés malsonnantes.

COURVAL-SONNET (Thomas de). *Satire Ménippée contre les femmes, sur les poignantes traverses et incommoditez du mariage*. (Plusieurs éd. sont intit. *Satires du S. de Courval*, etc., avec les Exercices de ce temps, ou Sat. contre les mauvaises mœurs et les fâcheuses traverses du mariage... Suite des Exercices, etc. Satires contre le joug nuptial). Paris, 1609, 1610, 1621, 1622, 4 part. pet in-8, av. portr.; Veinant, 68 fr. — Lyon, 1623, pet. in-8, av. carton à la fin; Tripier, 40 fr. — Rouen, 1626, 1627, pet. in-8; Crozet, 80 fr.

DE MAILLET. *Épigrammes* (fort libres). 2e éd. augm. Paris, 1622, in-8. Très-rare.

THÉOPHILE DE VIAU, m. en 1626. *Œuvres*. Paris, 1621-24, 2 tom. pet. in-8; éd. non mutilée, mais non complète, d'autres pièces ayant paru postérieurement dans le *Parnasse satyrique*. Bignon, 13 fr. — Paris, 1627, 1629, pet. in-8; 1656, 1661, pet. in-12; Caillhava, 14 fr. — Éd. av. préf. de Scudéry; Paris, 1682, pet. in-12; L. R. D.

40 fr. — Rouen, 1630, 1632, 1638, 1640, pet. in-8; Potier, 12 fr. — Lyon, 1641, 1651, 1677, in-12; de 6 à 8 fr. — La meilleure des éditions modernes est celle de Jannet, Paris, 1856, 2 vol. in-18; on y trouve, à la fin du 2e vol., 12 pp. de vers libres, et, en tête du 1er, une excellente notice de M. Alleaume, qui dit (p. LXI) avoir retrouvé *le Bordel des muses, ou les Neuf pucelles putains*, caprices satiriques de Théophile le jeune (de Cl. Petit), div. en 4 parties, fragment, Leyden, sur le ms. de l'auteur, fidèlement revu après sa mort, in-8 de 24 pp., comprenant la 1re partie seulement et la table générale. On sait que cet ouvr. de Cl. Petit a été inséré dans le *Rec. du Cosmopolite*.

AUVRAY (Fél.), m. en 1633. *Le Banquet des Muses, ou Recueil de toutes les satyres,... amourettes, etc.* Rouen, D. Ferrand, 1623 (après la p. 308, la pagination recommence pendant 32 pp. sous le titre courant : *Amourettes*). Rare; auteur plus licencieux encore que Régnier, et qui ne manque pas de verve.

LE LOYER (Pierre), m. en 1634. *Œuvres et meslanges poétiques, ensemble la Néphélococugie, ou la Nuée des cocus*, imitation d'Aristophane, sans distinction d'actes ni de scènes, et entremêlée de strophes, etc.; le tout assez libre, mais plat et ennuyeux. Paris, 1579, in-12; Bignon, 25 fr. — *Erotopegnie, ou Passetemps d'amour, ensemble une com. du Muet insensé*, en 5 a. et en v., avec prol. et épilogue (pièce assez libre de détails), Paris, 1576, pet. in-8. Tripier, 45 fr.

MAYNARD (Fr.), m. en 1646. Un ms. in-4 que possédait Beuchot contient, avec ses poésies libres tirées du *Cabinet satyrique*, des *Délices satyriques*, etc., les *Priapées* du même auteur, ouvr. qui n'a jamais été imprimé et que La Monnoye croyait perdu. Ces poésies ont été copiées sur un ms. ancien qui se trouve à la Bibl. de l'Arsenal, à la suite des *Œuvres de Maynard*, Paris, 1646, in-4.

BOUILLON (N. de), m. en 1662. *Poésies galantes et autres œuvres.* Paris, 1653, 1663, in-12; Veinant, 40 fr. Cont. l'hist. de Joconde; le Mary commode; l'Oyseau de passage; des chansons galantes, etc.

DUFOUR-CRESPELIÈRE. *Les Foux amoureux* (Cont. la Folie des filles, la Méchanceté des femmes, la Malice des veuves, etc.), en vers burlesques. Paris, 1659, 1669, pet. in-12, front. gr.; Claudin, 35 fr.

FERRAND (Ant.), m. en 1719. *Pièces libres de Ferrand.* Londres, 1738, 1744, 1757, 1760, 1762, in-12. Veinant, éd. de 1757, 13 fr. Parmi les poésies du président Ferrand, il y a des épigrammes dignes de J.-B. Rousseau.

VERGIER (Jacq.), m. en 1720. *Œuvres* (ou *Contes et Nouvelles*). Amst., 1726, 1731, 1742, 1743, 2 tom. in-12. — Paris, Coustelier, 1727, 2 v. in-12. — Lausanne, 1750, 1752, 1764, 2 vol. pet. in-12, front. gr., Châteaugiron, 7 fr. 25 c. — Londres, s. d. et 1780 (Paris, Cazin), 3 vol. pet. in-18; Perret, 12 fr. 50 c. Contes ingénieux et qui peuvent aller après ceux de la Fontaine.

ROUSSEAU (J.-B.), m. en 1741. La meilleure éd. des *Œuvres* de ce poète est celle donnée en 1820 par Amar-Duvivier (Paris, Lefèvre, 5 vol. in-8, portr.); mais les épigrammes libres, qui doivent se trouver tom. 2, pp. 376 et suiv., ne sont pas dans tous les exemplaires.

GRÉCOURT (J.-B.-Jos. Villart de, chanoine de Tours), m. en 1743. *Œuvres* (ou *Poésies diverses*). Lausanne, 1746, 1747, 2 vol. in-12. — Londres, 1748, 2 vol. in-12. — Berg op Zoom, 1760, 3 vol. pet. in-12, front. gr.; Tech, 12 fr. — Amst., 1755, 1772, 1775, 1782, 4 vol. pet. 12. — Luxembourg (Paris), 1761, 1764, 4 vol. pet. in-12, fig. d'Eisen; les bonnes épreuves sont recherchées. — Londres (Paris, Cazin), 1780, 4 vol. pet. in-18, fig.; Veinant, 27 fr. — Paris, Chaigneau, an V (1796), 4 vol. in-8 av. 4 fig. de Fragonard (12 dans l'ex. de Châteaugiron), Tripier, 40 fr. — Paris, Renouard, 1811, 2 vol. gr. in-8; éd. peu commune. Les contes de Grécourt sont gais et un peu plus libres que ceux de la Fontaine.

CHAYER (l'abbé Chr.). *Les doux et paisibles délassements de l'amour.* Au Temple de Vénus, chez les galants, 1760, in-12. Peu commun.

PIRON (Alexis), m. en 1773. *Œuvres*, Paris, 1776, 7 vol. in-8; pour former les *Œuvr. complètes*, il faut ajouter un 8e vol. intit. *Poésies diverses*, qui donne seul du prix à l'ouvrage. Ainsi complété, Labédoyère, 140 fr. — Ces *Poésies diverses*, marquées Londres, 1787, in-8, accompagnées quelquefois de fig., ont été réimp. en 1793, même format. — *Œuvr. choisies*; Londres (Cazin), 1782, 3 vol. pet. in-8; Aubry, 10 fr. — *Œuvres badines d'Alexis Piron*, Paris, 1796, 1797. France, 1803; Bruxelles, 1820, etc. in-18. Ces petits recueils contiennent ordinairement des pièces licencieuses d'autres auteurs, et 2, ou 4, ou 8 grav. obscènes (... *Pasiphaé; l'Ave Maria; les Cordeliers; la Jouissance; les Belles Jambes; Amant dessus, amant dessous; Ce qui plaît aux dames; Mal d'aventure*); ils ont peu de valeur et ont été condamnés en 1836 et en 1852. Beaucoup d'autres impressions contenant aussi des pièces de divers auteurs, mais non les poésies les plus obscènes de Piron lui-même, ont été faites sous le même titre, de 1831 à 1848; elles n'ont aucune valeur.

BERNARD (P.-Jos.), m. en 1775. *Œuvres.* Londres (Cazin), 1777, pet. in-18, 1 fig. — Paris, 1795, in-8 fig.; Tech., 10 fr. — Paris, Renouard, 1797, in-8, fig.; Tech., 8 fr. — Paris, Didot a., 1797, in-4 av. 4 fig. de Prudhon; La Bédoyère, 24 fr. — Paris, Buisson, 1803, 2 vol. in-8 et 4 vol. in-18; cette éd. (réimp. en 1804 in-18 et en 1833 in-8) est la seule qui contienne quelques pièces libres de Bernard, entre autres: *Amante et Mélor*, tableau nuptial, et les *Dialogues orientaux*.

BERTIN (le chev. Ant.), m. en 1790. *Œuvres* (ou *les Amours*, élégies, en 3 livres). Londres (Paris, Vve Duchesne), 1780, in-12. — Éd. Cazin, 1785, 2 in-18. Souvent réimprimé; la meilleure éd. est celle donnée par Boissonade, en 1824, in-8, 1 fig.

LIGNE (C.-J., prince de), m. en 1792. *Recueil de poésies légères*, 1809, 3 vol. in-18. Le 3e vol., de 80 pp., est très-rare et fort libre.

ROBBE DE BEAUVESET, m. en 1794. *Œuvres badines.* Londres (Paris), 1801, 2 tom. in-18, fig.; Veinant, 9 fr. 50 c. Ces poésies, parmi lesquelles il y a de jolis contes, ne sont pas les plus vives de Robbe, qui est l'auteur du *Débauché converti*.

BOISGELIN DE CUCÉ (le card. Raymond de), m. en 1804. *Recueil de pièces diverses.* Philadelphie (Paris), 1783, pet. in-8 de 172 pp. tiré, dit-on, à 12 ex. Poésies érotiques, même un peu libres; Bignon, 14 fr. 50 c.

MÉRARD DE ST-JUST, m. en 1812. *Espiègleries, joyeusetés, bons mots, folies, des vérités.* Londres, 1777, 3 vol. in-18, éd. tirée à 15 ex. — S. l. n. d. (Kehl, 1789), 3 part. en 2 vol. pet. in-12 (278, 155, et 135 pp.), tiré à pet. nombre. Veinant, 95 fr. — Cent ex. de la même éd. ont été tirés sous le titre suivant: *Œuvres de la marquise de Palmarèze*, avec un avertissement en vers de la marquise à ses lectrices, daté de 1779. Potier, 30 fr. Cet ouvrage est un recueil de morceaux libres en pr. et en v.; l'un des plus hardis qui y soient contenus est une pièce en 2 a. et en pr. intit.: *l'Esprit des mœurs au 18e siècle, ou la Petite Maison*, pièce qui a aussi été impr. à part: Lampsaque, 1790, in-8 de 40 ff. et 120 pp. Dans cette dern. éd., le titre courant est *la Folle Journée*; la division est en 3 a. au lieu de 2; on a ajouté des scènes fort libres; mais on a supprimé de curieux détails qui aidaient à reconnaître les modèles qu'on avait voulu peindre.

PARNY (Évariste-Dés., chev. de), m. en 1814. *Poésies érotiques.* Isle de Bourbon, 1778, in-12, tiré à pet. nombre; Gerlay, 11 fr. 50 c. — *Œuvres.* Paris, Didot aîné, 1808, 5 vol. in-18 (*la Guerre des Dieux*, sans tomaison, forme le 5e vol.); éd. rare et recherchée, parce que toutes celles qui l'ont suivie ont éprouvé des suppressions considérables. Une éd. en 4 vol. in-18, publ. par Hiard, en 1830, et qui cont. *la Guerre des Dieux*, *les Galanteries de la Bible*, etc., a été cond. en 1835 et en 1845. — *Œuvres inédites de Parny*, préc. d'une not. p. Tissot; Bruxelles, 1827, in-18.

Amours mythologiques, par de Pongerville. Paris, 1826, 1827, in-18.

Poésies érotiques, p. P.-F. Tissot. Paris (1826), 2 vol. in-18, front. gr. Le 2e vol. cont. une trad. de Jean Second.

Amours de France, p. Éd. d'Anglemont; Paris, 1841, in-8.

Priape et la Comtesse; p. Antony Méray. Paris, J. Laisné, 1847; in-18, 1 fr.

Les Tableaux plastiques, poésies, p. Ch. Dugge; suivis d'une romance et d'un sonnet du prince de Carignan, en l'honneur de madame Keller. Lyon, imp. Chanoine, 1850, in-8 de 24 pp.

La Femme, hymne de la jeunesse; p. Aug. Guyard. Paris, Dentu, 1855, in-18 de 36 pp.

Alcôve et Boudoir, scènes (en v.) de la comédie humaine; par Paul Avenel. Paris, Dentu, 1855, in-12, 3 fr.

Psyché, odes et poëmes; p. V. de Laprade, 3e éd. Paris, 1860, in-12, 3 fr.

POËMES.

Li Fablel dou Dieu d'amours, extrait d'un ms. de la Bibl. Roy., publ. pour la première fois par Ach. Jubinal. Paris, 1834, in-8 de 52 pp., tiré à 100 ex.; 6 fr. — Joli fablian de la fin du XIIe siècle, originalement versifié, et qui mériterait d'être traduit en français moderne.

Floire et Blanceflor, poëme du XIIIe siècle, publ. d'après les mss., av. une introd., des notes et un glossaire, par Éd. Duméril. Paris, Janet, 1856, in-16 de 17 feuilles 3/4. Un des plus anciens romans d'amour français, mais qui n'a rien de bien joyeux. C'est un mélange de galanterie et de dévotion, de miracles et d'enchantements, qui rappelle les histoires de chevalerie. Cette histoire, en résumé assez originale, a d'abord été trad. en italien par Boccace, qui en a fait le roman intitulé *il Philocolo* ou *il Philocopo*. La première édition, publiée à Venise en 1472, in-fol., en est rare et chère, et il y a eu de très-nombreuses réimpressions. Un autre auteur italien, peut-être Boccace lui-même, en a fait une nouvelle en vers, dont la première édition connue, *Questo si è la istoria di Florio e Biancifiore*, s. l. n. d., in-4 de 8 ff. à 2 col., est de la fin du XVe siècle. Puis vient une trad. en pr. allemande: *Ein gar schone newe His von der hochen Lieb des kuniglichen Fürsten Florio, und von seyner lieben Bianceflora;* Metz, 1499, in-fol. de 129 ff., fig. s. b.; vendu Heber, 60 fr. Enfin une trad. esp. : *la Historia de los dos enamorados Flores y Blancaflor*, Alcala, 1512, in-4 de 24 ff., fut faite par un auteur anonyme. Le roman français de *Flore et Blanchefleur* était inconnu, et Boccace et l'auteur espagnol furent trad. en franç., le premier par A. Sévin, Paris, 1542, in-fol., fig. sur b., Bolle, 46 fr.; et le second par Jacq. Vincent : *Histoire amoureuse de Flores et Blanchefleur*, 1554, pet. in-8 de 95 ff., réimpr. souvent depuis.

Le Roman de la Rose, poëme allégorique et d'un style agréable, composé de 22,200 vers, commencé par Guill. de Lorris (mort vers 1240), refait presque entièrement et terminé 40 ans plus tard par Jean de Meung. C'est le poëme le plus important de la langue française, et il forme une sorte d'encyclopédie dans laquelle est contenu tout le savoir du temps. L'Auteur veut cueillir une rose; l'Amour le fait prisonnier et entreprend son éducation; au dénoûment, il obtient la rose, objet de ses désirs. Cet ouvrage est un peu mordant contre les femmes; mais, comme il est, du reste, assez étranger à notre sujet, nous n'en citerons que l'édit. orig. (Lyon, vers 1485), in-fol. goth. à 2 col., de 150 ff., fig. s. b. Cailhava, 176 fr.; — et la meilleure édition : rev., corr., etc., par Méon, P. Didot l'aîné, 1813-14, 4 vol. in-8, avec fig. et 2 portr. Bibl. Rosny, 121 fr.

L'Hystoire de Ponthus, fils du roy de Galice et de la belle Sydoine, fille du roy de Bretaigne. Lyon (vers 1500), in fol. goth. de 71 ff., fig. s. b. La Vallière, ex. en mauvais état, 12 fr. 80. — Paris, Mich. Lenoir (v. 1520), pet. in-4 goth. de 58 ff., fig. s. b. Hibbert, 4 liv. 4 sh., etc.

L'Ospital damours, joli poëme qui a été attrib. à Alain Chartier. L'édit. orig., Paris, 1482, est très-rare. — S. l. n. d. (Lyon, v. 1500), pet. in-4 goth. de 34 ff., fig. s. b. Cailhava, 90 fr.

Le Faulcon damours (en pr. et en v.). (Paris, v. 1500), pet. in-4 goth. de 25 ff., fig. s. b. Crozet, 151 fr. — *Le Livre du Faulcon des dames* (c'est le même ouvrage). S. l. n. d., pet. in-4 goth. de 19 ff. Heber, le seul ex. connu, 14 liv. — *Id.*, s. l. n. d., pet. in-8 goth. de 24 ff., fig. s. b. Nodier, 141 fr.

La Faulceté, trayson et les tours de ceulx qui suyvent le train damours (plus de 7,000 vers de 10 syll.). S. l. n. d. (Paris, v. 1500), in-4 goth. de 58 ff. Heber, 8 liv. 8 sh. — Roman allégorique exaltant, à nos dépens, la fidélité des dames.

Les Controverses des sexes masculin et feminin (par Gratien du Pont, seigneur de Drusac). Toulouse, 1534, pet. in-fol. goth., fig. s. b. Cailhava, 190 fr. — S. l. n. d. (Paris), et avec date, 1536, 1537, 1538, 1539, 1541, 1598, in-16, lettres rondes, jolies fig. s. b., dont quelques-unes assez joyeuses. A la fin du volume doit se trouver une pièce intitulée : *Requeste du sexe masculin contre le sexe feminin.* Tripier, 120 fr. — Petit ouvr. singulier, mais peu favorable aux femmes.

Le Rousier des dames, sive le Pelerin d'amours, par Desmoulins de Mason. S. l. n. d. (Paris, v. 1530), pet. in-fol. de 24 ff. goth., fig. s. b. Veinant, le seul ex. connu, 255 fr. — Réimpr. en 1852 à 62 ex.; Veinant, 5 fr. 50.

Le Papillon de Cupido, p. J. Martin, seigneur de Choisy. Paris, 1543, pet. in-8 de 36 ff., lettres ital. Heber, 2 liv.; Veinant, 355 fr. — Poëme satirique et souvent très-libre. L'auteur suppose qu'un amoureux, changé en papillon par Cupidon, parcourt le monde sous cette forme, visite Paris, Rome, les couvents, et raconte les faits scandaleux dont il est partout témoin.

Le Tuteur d'amour, poëme en 4 chants, par G. d'Aurigny, dit *le Pamphile*. Paris, 1546, 1553, in-12. Nodier, 100 fr. — Ouvrage estimé.

L'Enfer de Cupido (petit poëme satirique contre les femmes), par le seign. des Coles. Lyon, 1555, petit in-8, jolies fig. sur bois. Nodier, 80 fr.

Le Ravissement de Proserpine, poëme burlesque, par D'Assoucy. Paris, 1643, 1653, 1664, fig.; Cailhava, 19 fr. — *Le Jugement de Pâris*, idem. Paris, 1648, av. figure grotesque des trois Grâces. Techener, 15 fr. — *L'Ovide en belle humeur*, du même (avec les deux poëmes précédents). Paris, 1650, 1653, 1659, 1664, avec figures. Cailhava, 17 fr. 50. — Lyon, 1668, in-12. Bolle, 24 fr. — (Leyde, Elzév.), 1651, petit in-12 de 94 pp. En 1839, 52 fr. — *Aventures d'Italie* (en vers, par le même). Paris, 1677, petit in-12. — « Ce burlesque écrivain, dit Lenglet-Dufresnoy, n'a pas brillé par l'amour des femmes, et il aurait bien fait de rester en Italie et de ne pas revenir en France. »

Joseph, ou l'Esclave fidèle, poëme en 6 chants (par dom Jos. Gatien de Morillon). Turin (Tours), 1679, pet. in-12. Tech., 12 fr.; réimpr. à Breda (à la sph.), 1705, in-12. — Il y a quelques passages libres.

Histoire des amours et des infortunes d'Abélard et d'Héloïse, en vers satiri-comi-burlesques (par Armand). Col. (Holl.), 1723, 1724, petit in-12, avec une fig. qui manque souvent. Veinant, 19 fr.

Les Recluses de Vénus, allégorie. A la Noue, Cytheropolis, 1750, petit in 8 de 13 pp. Relatif à l'hôtel du Roule, à sa fameuse abbesse, Mme Pâris, et à ses pensionnaires, Rosette, Fatime, etc. Nodier, avec deux autres opuscules, 14 fr. — On peut y joindre : *la Constitution de l'hôtel du Roule, ou les cent une propositions de la très célèbre madame Paris* (101 dizains assez libres), A Condom, 1755, petit in-8. Pièce rare et qui ne se trouve pas ailleurs. Bignon, 12 fr.

La Pucelle d'Orléans, poëme, par Voltaire. Édit. orig. et publ. à l'insu de l'aut., div. en 15 chants. Louvain (Francfort), 1755, petit in-8 ; Tross, 6 fr. 50. *Id.*, 1755 ; Techener, 12 fr. *Id.*, 1756 ; Jannet, 10 fr. — En 18 ch., augm. d'une Épître du P. Grisbourdon. Londres, 1756, 1757, 1758, 1762, 1764, 1775, 1780, et 1777 (Genève), in-12 ou in-18. Ces édit. en 18 chants ont peu de valeur. — Édit. en 20 ch., la première partie avec l'aveu de l'auteur. (Genève), 1762, in-8, fig. curieuses ; Bignon, 12 fr. *Id.*, aux Délices, 1765, 2 tom. in-24, portr. *Id.* (Paris), 1782, pet. in-12, portr. et très-jolies figures. Il y a eu quelques éditions en 22 chants. Paris, 1775, 2 vol. petit in-12, avec 2 fig. ; Nodier, 43 fr. *Id.*, Genève, 1780 ; Scheible, 6 fr.

La division en 21 ch. est la meilleure et celle qui a été préférée et qui l'est encore aujourd'hui. La première édit. est avec notes de M. de Morza. S. l. (Genève), 1773, in-8, av. des gravures singulières. *Idem*, Londres, 1774, in-8 ; s. l., 1775, 1779, 1780, in-8, fig. — Londres (Paris, Cazin), 1780, 1782, 2 tom. pet. in-18, av. la jolie suite de 22 fig. de Duplessis-Bertaux, à mi-page ; Potier, gr. pap., 20 fr. — En Suisse, 1781, in-12, 21 jolies fig. ; Scheible, 9 fr. 50. — 1784, in-8, av. 21 fig. gr. p. Moreau (on en ajoute 4 du même, plus mod.) ; Lacoin, 13 fr. — Paris, 1785, in-8, avec 25 pl. ; Scheible, 13 fr. — S. l., 1788, 1791, in-12. — Édit. suiv. de contes et de satires. Paris, 1789, gr. in-4 de 688 pp., avec figures de Moreau ; Renouard, 82 fr. — Kehl, 1789, 2 t. in-8, fig. de Moreau ; d'Ourches, avec 18 figures libres et la coll. des fig. anglaises de Rake, 88 fr. — Paris, Didot jeune, an III (1795), 2 vol. grand in-4, fig. — Paris, Didot l'aîné, 1797, 2 vol. gr. in-4, avec 21 fig. d'après Monsiau et Monnet. — Paris, Crapelet, an VII (1799), 2 vol. gr. in-8, avec 22 jolies fig. d'après Marillier et Monsiau. — Didot, 1801, petit in-12. — Gide, 1813, in-18. — Nicolle et Belin, 1813, in-12. — Édit. stéréot., 1816, gr. in-8. — Renouard, 1819, in-8. — Dabo, 1819, in-18. Nepveu, 1824, in-24, avec 22 jolies figures de Desenne. — Dalibon, 1825, in-8. — Baudouin, 1826, 1827, in-8, figures. — Fortin-Masson, 1842 ; Borrani, 1850, et autres éditions in-18. — De nombreuses édit. in-18, de Bruxelles et de Paris, avec gravures licencieuses, ont été condamnées en 1825, 1843 et 1846. La vente de *la Pucelle*, même sans gravures, est interdite dans la plupart des ventes de Paris aujourd'hui. On sait que ce poëme est, sans contredit, le meilleur de la langue française. Il est licencieux, il est vrai, mais il n'est pas obscène ; seulement il est irrévérencieux pour les choses religieuses.

Parapilla ; poëme en 5 ch. (p. Ch. Borde). Paris, 1777, éd. orig., rare. — Londres (v. 1770), in-8, fig. — Lyon et Florence, 1776, in-12. — Paris et Florence, 1783, in-12. — Éd. Cazin, 1784, pet. in-18. — Paris, an IV, an VI, in-18, fig. ; Bignon, 7 fr. 50 c. Ce poëme, intit. quelquefois *Parapilla ou le V.. déifié*, est une imitation de la *Novella dell'Angelo Gabriello* : Un bel inconnu demande ce qu'il plante à un ermite qui cultive son jardin : *Cazzo, cazzo*, répond celui-ci d'un ton bourru. — Vous en plantez, eh bien! il en viendra. La prophétie s'accomplit, et c'est l'histoire des aventures de cette plante singulière qui est racontée dans les cinq chants du *Parapilla*. Le sujet est licencieux, mais les expressions sont honnêtes ; l'ouvrage a été comparé à Vert-Vert, mais il offre plus d'intérêt, l'action marche plus rapidement, et, s'il n'était rare à cause de la nature de son sujet, tout le monde y reconnaîtrait sans difficulté un des meilleurs poëmes badins qu'on ait faits jusqu'ici.

Le Temple de Gnide, mis en v., p. Colardeau. Paris (v. 1760), pet. in-8 av. 9 fig. de Desrais et Monnet. Potier, 8 fr.

L'Art de se reproduire, poëme en 1 ch. (par Chevalier). Paris, 1761, in-4 de 15 pp. gravées ; réimp. Londres, s. d., in-18, fig. Rare.

Zélis au bain, poëme en 6 ch. (p. le marq. de Pezay). Genève et Paris, 1763, 1768, 1774, gr. in-8 av. 7 gr. d'apr. Eisen et jolis fleurons. Potier, 10 fr.

La Chandelle d'Arras, poëme héroï-comique, en 18 ch. (p. l'abbé Dulaurens). Berne, 1765, pet. in-8 de 202 pp. et front. gr. — Londres, 1774, in-12. — Arras, 1775, in-12. — Éd. av. not. p. Fayolle. Paris, 1807, in-12 et in-8, av. 19 fig. Goilhava, 8 fr. — Paris, 1833, in-8, et 1834 et 1835, in-18 fig. Cond. en 1822 et 1836. Poëme licencieux et antireligieux.

Lais et Phryné, poëme en 4 ch. Londres, 1767, 1768, in-8 de 96 pp. Aventures assez libres, mais racontées un peu fastidieusement.

Narcisse dans l'île de Vénus, poëme en 4 ch., p. Malfilâtre. Paris, 1768, 1769, in-8 av. front. de St-Aubin et 4 fig. d'Eisen, 1795, in-12, fig. ; 1797, in-18, av. jol. fig.

L'Académie des Dames, ou l'École des Voluptueux, ouvr. didactique (en vers). S. l., chez Ignace Beaupoil, 1769, in-18 de 130 pp. Rare.

Les Baisers, pet. poëmes érotiques, préc. du *Mois de mai*, poëme (p. Dorat). La Haye et Paris, 1770, in-8 et gr. in-8, av. 47 fig. et culs de lampe gr. d'apr. Eisen. Potier, 12 fr.

Les Bains de Diane, ou le Triomphe de l'amour, poëme en 3 ch. (p. Desfontaines). Paris, 1770, in-8 av. 5 charm. vign. de Massard. Ponce, d'ap. Marillier et Eisen.

Hist. de Daphné, poëme dédié aux nymphes du Palais-Royal. S. l., 1771, in-8. Peu commun.

Le Tableau de la volupté, ou les Quatre Parties du jour (par Dubuisson). Cythère (Paris), 1771, 1787, pet. in-8, av. 10 gr. et vign.

Le Temple de Gnide, poëme imité de Montesquieu, p. Léonard. Paris, 1772, 1773, in-8, av. jolies fig. de Desrais.

Le Jugement de Pâris, poëme en 4 ch., p. Imbert. Amst. (Paris), 1772, 1774, 1784, in-8 av. 4 fig. gr. p. Moreau. Caillhava, 8 fr.

L'Art d'aimer, poëme en 3 ch.; p. Bernard. Paphos, 1775, 1776 et an III, in-8 av. 8 fig. d'Eisen; Aimé-Martin, 9 fr. — Parme, Bodoni, 1791, 1798, in-12 et in-8. Plusieurs réimp. in-18 sans valeur.

La Pucelle de Paris, poëme en 12 ch. (p. D. Dubreuil). Londres (France), 1776, 1796, in-8, 1 fig. Jamet, 6 fr. Louison est cuisinière d'un notaire de Paris; deux clercs rivaux, Molet et Gratte-papier, se la disputent et amènent divers incidents comiques. Ouvr. assez curieux pour divers détails sur les mœurs du temps.

La Papesse Jeanne, en 10 ch. (p. Bordes). La Haye, 1778, in-8 de 112 pp. Alvarès, 7 fr. 50 c.

La F...omanie, poëme lubrique en 6 ch. (p. Sénac de Meilhan). 1re éd. en 1775, in-8. Sardanapalis, s. d. (fin de 1778), in-8, av. 6 pl. — Londres, aux dép. des amateurs, 1780, in-18 de 106 pp., fig. — Dans cette dern. éd., le poëme est suivi de la Comtesse d'Olonne, de Bussy-Rabutin, avec quelques changements et sous des noms travestis. La F...omanie est écrite avec verve et bien tournée, le style n'en est pas mauvais, mais l'ensemble de la composition est dépourvu d'art et n'a pas d'unité. Un grand nombre d'anecdotes, concernant les principaux galants des deux sexes du temps, depuis ceux de la plus haute classe et du clergé jusqu'aux maisons des dames Pâris, Gourdan, Bokingston, Montigny, d'Héricourt et Carlier, y sont agréablement narrées. La préface contient un plaidoyer en faveur de l'ouvrage et du cynisme des expressions, ce qui n'a pas empêché la police du temps de faire tous ses efforts pour saisir et détruire ce livre où de grands personnages et de grandes princesses sont nommés; aussi est-il devenu rare. Un arrêt de cond. a été prononcé contre lui par la cour royale de Paris en 1815.

Les Quatre heures de la toilette des dames, poëme érotique en 4 ch.; p. de Favre. Paris, 1779, gr. in-8, figures de Leclerc; et 1780, in-18.

Tangu et Félime, poëme en 4 ch.; p. La Harpe. Paris, 1780, 1781, in-8, fig. d'apr. Marillier, très-finement gr. Potier, 16 fr. Conte spirituellement écrit.

La Cauchoise, ou le Bijou enlevé à la course, poëme (p. Nogaret). Ce conte, paru v. 1780, procura un jugement à l'aut. et la Bastille. Réimp. Paris, 1809, 1820, in-8 et in-12, fig. au trait, 80 pp. Peu commun.

L'Amour à la Redoute, poëme en 2 ch.; p. de Lauxade. 1783. Rare.

Les Baisers de Zizi, poëme (p. J.-H. de Castéra). Paphos et Paris, 1786, in-18 de 93 pp. Peu commun.

Le Songe de Julie, poëme éroti-satirique en 3 ch. Bagatelle, 1788, et Paris, 1795, in-18. Jamet, 4 fr.

Organt, poëme en 20 ch. (p. Saint-Just). Au Vatican (Paris), 1789, 2 vol. in-18. Veinant, 30 fr. Ce poëme licencieux du célèbre conventionnel fut supprimé par l'auteur lui-même, et les ex. en sont devenus rares. Il y a une réimp. aussi rare intit.: *Mes Passe-temps, ou le Nouvel Organt de 1792*, poëme lubrique en 20 ch. p. un député à la Convention nationale. Londres (Paris), 1792, 2 vol. in-18.

Les Pucelles d'Orléans, poëme en 6 ch. (p. Roblié de Beauveset). Orléans, 1791, in-8 de 119 pp. Rare. A la fin, on trouve une lettre à l'aut., cont. des détails sur l'affaire qui fait l'objet du poëme.

Frère Bonaventure et la belle Angélique, marchande de poisson, poëme tragi-comique en 8 ch. Paris, 1793, in-8, fig. Jamet, 6 fr.

La Messe de Gnide, avec les Vêpres de Gnide et la Veillée de Vénus, poëmes posthumes de G. Nobody (attrib. à Guillet de Labaume). Paris, an II (1794), in-18 de 35 pp.; Tech. 3 fr. — Genève, 1797, in-18 de 92 pp. — Paris, an XI, in-18. Ouvr. satirique et libre; a été réimp. dans les *Fêtes et courtisanes de la Grèce*, tom. I.

Glycère, ou la Philosophie de l'amour, poëme champêtre (attrib. à de Saint-Aubin). Zurich (Paris, Didot), pet. in-8. Tech., 5 fr.

Les Amours de Mars et de Vénus, poëme en 10 ch. très-courts (p. Lombard, de Langres). Cocuxopolis, 1796, 1797, in-64 de 76 pp. Tech., 4 fr. Poëme écrit sur ce ton sans gêne si fort à la mode dans le 18e siècle. Réimp. à Paris, en 1828, in-32.

La Guerre des Dieux anciens et modernes, poëme en 10 ch.; p. Évariste Parny. Paris, P. Didot aîné, an VII, an VIII, pet. in-12; éd. rares. Il y a eu plusieurs réimp. mod. et l'ouvr. a été cond. comme outrageant la morale publique et religieuse en 1821, 1826, 1827, 1829, 1839, 1843 et 1844. Ouvr. aussi critique que libre, mais dans lequel brille un talent poétique de premier ordre; il est considéré comme le meilleur poëme de la langue française, après la *Pucelle* de Voltaire. Les dieux chrétiens et leurs principaux saints arrivent aux portes de l'Olympe pour remplacer les anciens dieux. Jupiter, qui donnait une fête, engage les chrétiens à dîner. La politesse est rendue par les nouveaux dieux; cependant les anciens dieux vexés engagent une bataille; Priape et les satyres sont pris dans une sortie, acceptent le baptême et viennent sur la terre fonder les ordres monastiques. Enfin l'Olympe succombe, et dom Priape, avec un brevet de Constantin, chasse pour toujours les dieux païens.

La Calotine, ou la Tentation de Saint-Antoine, poëme épi-cyni-satiri-héroï-comi-burlesque, en 7 ch. et en v. libres. Memphis, l'an 5800, in-8 ou in-18. Ouvr. libre et rare; l'administration l'a mis à l'index à la vente Bergeret, en 1859.

La Gorge de Mirza, sujet proposé au concours et dont un baiser a été le prix (p. F. Nogaret). Paris, an IX, in-12, figures. Peu commun.

Le Mérite des hommes, poëme; p. Angélique Rose Gaëtan (p. A.-P.-F. Ménégaud de Gentilly). Paris, an IX, in-18, fig. Peu commun. La curiosité de cet ouvr. consiste en ce qu'il est composé sur les mêmes rimes que le Mérite des femmes de Legouvé.

Le Démérite des femmes, poëme; p. Pelletier de Saint-Julien. Paris, an IX, in-8; Jamet, 3 fr.

Les Défauts des femmes, poëme véridique, en quatre chants et en vaudevilles; par C. A. B. C. F. M. Paris, 1801, in-12. Peu commun.

Héro et Léandre, poëme en 3 ch., trad. du gr. (comp. et non trad. p. le chev. de Querelles). Paris, 1801, gr. in 4, av. 1 front. et 8 est. en coul. de Debucourt; Aubry, 12 fr.

La Destinée d'une jolie femme, poëme érotique en 6 ch. (p. J.-B. de Murat). Paris, 1803, in-12 front. Rare.

Les Grâces à confesse, poëme en 4 ch. (p. L.-M. Henriquez). Paris, 1804, pet. in-12. Peu commun.

Les Amours épiques, poëme en 6 ch., p. Parseval Grandmaison. Paris, 1804, 1806, in-18, in-12 et in-8; la 2e éd. est augm. de 2000 v. Ouvr. comp. d'épisodes pris dans Homère, le Tasse, l'Arioste, Milton, Virgile et Camoens, réunis dans le même cadre à l'aide d'une fiction ingénieuse.

Portefeuille volé, cont. les Galanteries de la Bible, le Paradis perdu, les Déguisements de Vénus (p. Év. Parny). Paris, 1805, 1806, pet. in-12 de 236 pp. Réimp. à Bruxelles en 1827 avec la Guerre des dieux, in-18.

Les Voyages de Céline, poëme (p. Év. Parny). Paris, 1806, in-12.

La Pipée, ou la Chasse des dames, poëme en 4 ch. (p. Périn de Précy). Paris, 1808, in 18. Bignon, 3 fr. 25 c.

Guignolet, ou la Béatomanie; poëme héroï-comique, p. B.-A. B... Paris, Lenormant, 1810, in-18. Rare.

Les Maçons de Cythère, poëme; p. J.-L. Briard. Paris, 1813, in-18, fig.

La Diligence, ou les Amours de 38 heures; poëme, p. d'Etalleville. Paris, 1815, in-18. Jannet, 3 fr.

Julie, ou les Caprices de l'amour, poëme en 3 ch.; p. O. Angoville. Caen, 1819, in-18 de 108 pp.

Le Mérite des femmes travesti, poëme burlesque; p. Simonnin. Paris, 1825, in-18 fig.

La F...ade. Paris, 1828, gr. in-8, sans fig. Rare.

Les Sens au tribunal de l'amour, poëme; par M. D. L. Paris, 1829, in-18, 4 pl.

L'Amour, poëme didactique. Paris, Didot a., 1831, in-8 de 6 feuilles.

La Lanterne magique, ou la Matinée et la Soirée d'une jolie femme; poëme en 4 ch., par le comte Bussy. Paris, Didot, 1833, in 12. Aubry, 8 fr.

La Castromanie, ou le Nouvel Aballard, poëme héroï-comique; p. Ch. Soullier. Paris, 1834, in-8 de 5 feuilles, fig. Jannet, 6 fr.

L'Amour et Psyché, p. E. de Calonne. Paris, 1842, in-8, 5 fr.

Les Gens mariés, par un membre de l'Acad. des Sc. de Besançon. Besançon, 1843, broch. in-8, tirée à pet. nombre. Poëme curieux et anecdotique sur les avantages et les inconvénients du mariage et du célibat.

L'Amour, poëme; p. Ch. Marchand. Paris, 1845, in-8 de 24 pp.

Trois mois à Bréda-square; p. J. Moirit. Paris, 1853, in-18 de 72 pp.

La Crinolinéide, poëme héroï-comique en 3 ch.; p. J. Rousseau. Lyon, 1857, in-12 de 12 pp.

Les Vierges de Lesbos, poëme antique; par Méry. Paris, 1858, in-4 de 24 pp. et 3 phot. d'apr. les dess. de Hamon; tiré à 300 ex.; 20 fr.

La Crinoline, poëme en 3 ch.; par Dupuy du Comtat. Paris, 1859, in-8 de 15 pp.

CONTES EN VERS.

Recueil des meilleurs contes en vers (par La Fontaine, Voltaire, Vergier, Senécé, Perrault, Dorat, Chamfort, Moncrif, Grécourt, Piron, etc). Londres (Paris, Cazin), 1778, 4 vol. pet. in-18, avec 39 très-jolies fig. à mi-pages de Duplessis-Bertaux, précédant chaque conte. Aux 60 premiers ex., il y a eu une transposition de fig. : la vign. de la p. 105 doit être à la p. 119, et réciproquement. Quelques fig. sont un peu libres. Boutard, 24 fr. 25 c. Méon, 61 fr. Veinant, 69 fr.

Les Plaisirs de l'amour, ou Recueil de contes, histoires et poëmes galants de la Fontaine, Dorat, Gresset, etc. Au mont Parnasse (Paris), 1782, 3 tom. pet. in-12, av. fig. libres à chaque conte. Bolle, 20 fr.

Ambigu érotique, ou Joli Mélange en pr. et en v. de contes, de fables, etc. Bruxelles, 1789, 6 vol. pet. in-12.

Contes et Nouvelles en vers, p. J. de la Fontaine. Amst., 1685, 2 tom. pet. in-8 av. 69 fig. gr. à l'eau-forte p. Romain de Hooghe. Il y a eu 3 éd. sous cette date; elles sont recherchées comme étant les premières où se trouvent réunis tous les contes de la Fontaine; parmi ces trois, celle publiée par le libraire H. Desbordes est préférée, parce qu'elle contient les premières épreuves des gravures; du reste, elles sont toutes les trois mal imprimées et incorrectes. De Raguse, 75 fr.; Veinant, 145 fr. — Amst., 1691, 1698, 1699, 1700, 1705, 1707, 1709, 1718, 1721, 1731, 1732, 1737, 1745, 1747, 1755, 1767, 1776, 2 tom. pet. in-8, fig. à mi-page de R. de Hooghe, mais plus ou moins usées et retouchées; en général, peu de valeur. — Hamb., 1731, 1733, 2 tom. pet. in-12; Potier, 12 fr. — Londres, 1730, 1742, 1743, 1751, 2 vol. in-12, fig.; Amelot, 6 fr. — Amst. (Paris, Barbou), 1762, 1764, 1777, 2 vol. pet. in-8, av. fleurons et 80 gr. d'apr. Eisen; on y ajoute le portr. de la Fontaine et celui d'Eisen gr. p. St-Aubin. Éd. assez incorrecte, exécutée aux frais des fermiers généraux; le 1er tirage est très-recherché à cause des grav. qui ont été retouchées dans les tirages suivants; et, de plus, on y trouve quelquefois ajoutées de doubles planches ayant été changées ou corrigées, parce qu'elles étaient trop libres : le Bât, le Rossignol, les Lunettes, le Cas de conscience, le Diable de Papefiguière, etc. Nodier, 245 fr.; Duplessis, 175 fr. (Les tirages suivants se vendent de 20 à 40 fr.). — Mons, 1675, in-12. — Londres (Paris, Cazin), s. d., 1777, 1780, 1781, 1790, 2 vol. pet. in-18, av. les jol. fig. de Duplessis-Bertaux. — La Haye, 1778, 1788, 2 tom. pet. in-12; Carlsruhe, 1779, 2 tom. in-12. — Éditions de Paris : 1791, 1792, 1796, 1798, 1801, 1806, 2 vol. in-8, av. fig. copiées d'apr. celles des fermiers généraux. — P. Didot, 1795, 2 vol. in-4 av. 20 fig. d'ap. Fragonard, auxquelles on joint 14 ou 15 pl. restées à l'état d'eau-forte; Châteaugiron, 77 fr. 50 c. — P. Didot, 1795, 2 vol. in-12; Veinant, 15 fr. — Didot a., 1797, gr. in-4, av. gr. d'apr. Gérard. — Didot a., 1799, 1800, 2 vol. in-12 et in-18. — 1808, 2 vol. in-12, av. une fig. en t. douce à la tête de ch. conte. — Nicolle et Belin, 1813, in-18. — Lefèvre, 1818, in-8, av. 16 gr. d'apr. Moreau. — Nepveu, 1820, 4 vol. in-18, av. portr. et 75 gr. p. Bosq, Pourvoyeur, etc., d'apr. Desenne, Chasselat, Chaudet, Dugoure, Devéria, Monnet, Leroy et Sébastien; éd. peu commune. — Ménard et Desenne, 1820, 2 vol. in-18, 9 grav. — Aillaud, 1822, 2 vol. in-18. — Lequien, 1814, in-8, portr. et 52 fig. de Desenne. — Briere, 1824, 2 vol. in-32. — Madame Dabo, 1824, in-18. — De Bure, 1825, 2 vol. in-18, fig. — Roux-Dufort, 1825, 2 vol. in-48 (Classiques en miniature). — Baudoin fr., 1826, in-24, av. portr. et 9 gr. de Thompson d'apr. Devéria. — Bouilard, 1835, in-8 av. 32 fig. gr. d'apr. Ducornet. — Éd. publ. p. P. Lacroix; Gosselin, 1840, in-12. — Bourdin, 1838, gr. in-8, illustré p. Tony Johannot, Cam. Roqueplan, Boulanger, Fragonard, Wattier, etc. — Havard, 1850, in-4 illustré. — Delahays, 1858, in-12, av. portr. Nous négligeons un grand nombre d'éd. insignifiantes, mais nous devons mentionner plusieurs suites de figures : de Hersent, 30 lith. de Devéria, et surtout un *Recueil de fig. tirées des Contes de la Fontaine*, gr. d'apr. Boucher, Lancret, etc. Paris, s. d., 1736, in-fol. obl.; Didot jeune, 22 fr.

Les Amours précipitées de Pierrot et de Claudine, l'un et l'autre habitants du territoire appelé le Mont d'or (en vers). Villefranche, 1725, pet. in-12 de 12 pp.; Nodier, 43 fr.

L'Origine des puces, ou les Pucelages conquis. Londres, 1749, 1761, in-16, texte gr. et fig. Mac-Carthy, 6 fr. — Éd. avec d'autres pièces du même genre, trad. du Pompeïo, etc. Paris, Meteler, 1793, in-18; Châteaugiron, 11 fr. 50 c. Conf. 19 mai 1816.

Le Passetemps des Mousquetaires, choix de pet. contes (p. Des Biefs. S. l. n. d., et Berg-op-Zoom (v. 1755), in-12. Saint-Maurice, 15 fr.

Les Citrons de Javotte, hist. de carnaval (en v.). Amst., 1756, in-12. Opuscule du genre poissard.

Le Caleçon des coquettes du jour. La Haye, 1763, in-8 de 35 pp. Conte érotique en vers.

Contes en vers (attrib. à Leclerc, de Soissons). Londres (Lyon), 1764, in-8 de 69 pp. 3 contes : le 1er est imité du *Libro del perche*, le 2e de la Légende de St-Abraham, et le 3e de la *Novella dell'angelo Gabriello*; ce livret ne s'est point vendu et est assez rare.

Les Dévirgineurs et Combabus, contes en vers (p. Dorat). Amst. (Paris), 1765, in-8, fig. d'Eisen.

Le Pucelage nageur, conte en v. (p. Cailhava). Paris, 1766, in-8. Rare.

Les Quarts d'heure d'un joyeux solitaire, contes en v. (p. Félix Nogaret). La Haye, 1766, pet. in-8. Rare. — *Le Fond du sac, ou Restant des babioles de M. X.* (par le même):

Venise, 1770, 1780, 2 vol. in-18, av. jol. fig. à mi-page; Tripier, 8 fr. — *L'Aristénète français*, recueil de folies amoureuses; p. F. Nogaret; Versailles, 1797, 2 vol. in-18, fig., et Paris, 1807, 3 vol. in-18, av. 1 fig. — *Contes en vers*, de Fél. Nogaret; Paris, an VI, 2 vol. in-8 et 1810, 2 vol. in-18. — *Contes dérobés* (p. le même); Venise (Paris), 1803, in-12. — Nouv. contes en vers (p. le même), 1804, in-18, et Orléans, 1814, in-18. Tous ces pet. contes sont amusants et assez lestes.

Contes nouveaux et Nouvelles en vers (par Pajon). A Anvers, 1756, in-12; vendu en octobre 1860, 7 fr.

Amusements poétiques; p. Légier. Londres (Orléans), 1769, pet. in-8. Tech., 9 fr. Contes dans le goût de ceux de la Fontaine.

Mes Nouveaux Torts (ou *Recueil de contes et poèmes*) p. Dorat. Leipzig, 1769, et La Haye, 1770, in-8 avec 4 gr. d'après Eisen et Marillier, conten. Selim et Sélima; les Cerises, et la Double Méprise.

Le Singe de la Fontaine (p. de Théis). Florence, 1773, 2 part. in-12. Tripier, 15 fr. Contes ingénieux et spirituels.

Mes Loisirs, contes nouv. et plaisants (p. Imbert). Amst., 1773, in-12 de 59 pp. 22 contes dans le genre de ceux de la Fontaine. — *Historiettes, ou Nouvelles en vers*, p. le même. Amst. et Paris, 1774, pet. in-8, avec 5 fig. de Moreau et front. — *Nouv. historiettes*. (Paris), 1781, in-8. — *Choix de fabliaux*, mis en vers (par le même). Genève et Paris, 1788, 2 tom. pet. in-12. Tripier, 12 fr.

Contes mis en vers, par un petit-cousin de Rabelais (p. d'Aquin, dit Châteaulyon). Londres et Paris, 1775, in-8, front. et 5 grav. d'après Eisen.

Le Petit-Neveu de Boccace, ou Contes nouv. en vers (p. Willemain d'Abancourt et Planchet-Valcour). Amst. (Paris), 1777, 1787; Avignon, 1781; Genève, 1796, 3 part. in-8, fig. de Desrais. Tripier, 15 fr.

Contes nouveaux (en v., p. de Nerciat). Liége, 1777, pet. in-8. Bolle, 13 fr.

La Bégueule, conte moral (p. Voltaire). S. l., 1772, in-8 de 11 pp., 1re édit. de ce conte charmant dont Favart fit la *Belle Arsène*. — *Contes et poésies diverses* (ou *Contes en vers, satires*, etc.) de Voltaire. La Haye, 1777, in-24. — Londres (Cazin), 1780, pet. in-18. — Paris, Didot, an IX, in-18. — Ménard et Desenne, 1822, in-18, fig., etc.

Graves Observations sur les bonnes mœurs, faites par le frère Paul, hermite de Paris (p. Gudin). (Paris) 1779, 1780, pet. in-8, 1re éd. des Contes en v. de Gudin. — *Histoire ou Recherches sur l'orig. ne des contes* (ou *Contes de P. Phil. Gudin, précéd. de Recherches*, etc.). Paris, 1803, 1804, 2 v. in-8. Ces contes ne sont pas mauvais, mais ils manquent de gaieté.

Les Augustins, contes nouv. (p. Aug. de Piis). Londres, s. d., et Rome, 1779, 2 part. in-12. — *Contes nouv. en vers et poésies fugitives* (p. le même). Londres (Cazin), 1780, 1781, 1784, in-18. Bolle, 4 fr. 50. — Saintes (Paris), 1781, 2 part. in-8, fig. Potier, 18 fr. Recueil piquant et peu commun.

Le Petit-Neveu de Grécourt, rec. de contes en vers, chansons, épigrammes, etc. A Gibraltar, chez les moines, 1782, in-18. Veinant, 8 fr. D'autres ex. de la même édit. sont intit. *Étrennes gaillardes*, dédiées à ma commère; Lampsaque, 1782, 1784, in-18. Ce rec. cont. 86 morceaux gaillards.

Contes théologiques (et gaillards), *suivis des litanies catholiques du 18e siècle et de poésies érotico-philosophiques; recueil presque édifiant* (rec. de vers de Crébillon père, de Poinsinet, de Voltaire, de Boufflers, de G. Garnier, etc., attrib. au chev. de Basca). Paris, 1783, 1784, 1794, pet. in-8; et 1800, in-18. Les 2 premières édit. sont préférées. Veinant, 8 fr. 50.

La Muse libertine, ou Œuvr. posthumes de M. Dorat. S. l., 1783, in-8 de 80 pp.; en octobre 1860, 15 fr. Recueil de pet. contes en vers.

Le Passe-temps du boudoir, ou Recueil nouv. de contes en vers. Galipoly (on sait que c'est le nom moderne de Lampsaque), 1785, 1787, pet. in-12. Veinant, 8 fr. 50.

Les Jeux de l'amour, contes en vers (p. G. Regnier). Paphos (Alençon), 1785, pet. in-12. Bolle, 12 fr.

Les Heures de Paphos, contes moraux, par un sacrificateur de Vénus, 1787, gr. in-8, texte gr., avec 12 gr. très-soignées et très-libres. 12 contes fort libres, mais dont le mérite poétique est fort mince : le Moignon de l'invalide; la Simplicité rustique, le Jardinier et sa femme; le Bâton de pommade; l'Écrevisse; Damon ursuline; Lisette capucine; la Servante du curé; les Deux n'en font qu'un; le Dévoiement; la Messe de 4 heures; la Consolation d'un veuf.

Contes Saugrenus, (attrib. à S. Maréchal). Bassora, 1787, 1789, in-8, fig. Bolle, 3 fr. 50. Neuf contes assez spirituels, indévots et licencieux.

Contes pour ceux qui peuvent encore rire. Plaisance (Paris), 1789, in-18 de 196 pp. avec le portr. de l'aut. vu par derrière; les 8 dern. pp. manquent souvent. J. G., 8 fr. 50.

Le Calembourg en action, anecdote tirée d[es] Annales secrètes des chevalières de l'Opé[ra]

Lampsaque, 1789, pet. in-12 de 88 pp. Bolle, 5 fr. 75.

Contes et poésies du cit. Colier. Saverne, 1792, 2 vol. pet. in-18, fig. Veinant, 10 fr. 50. L'aut. de ces contes gaillards n'est pas connu; ils ont reparu en 1793 dans un vol. intit. *Étrennes aux émigrés*, dialogues, contes et poésies, in-12 de 40 ff., volume que Barbier attribue à un nommé Jacquemart.

Adèle et Roger, contes en vers, en six nuits. Copenhague, 1800, in-18. Peu commun; V. Viollet-Leduc.

Poésies et contes de Vasselier. Paris (pour les poésies) et Londres (les contes), 1800, 2 vol. pet. in-8, fig. Cailhava, 14 fr. 50. Le vol. de poésies seul a peu de valeur: jolis contes dont quelques-uns sont fort libres.

La Courtisane d'Athènes, ou la Philosophie des grâces, conte dialogué en v. libres (p. Mérard de Saint-Just). Paris, 1801, in-18 de 72 pp. tiré à 25 ex., dit-on. Jannet, 6 fr. Conte érotique, mais non libre.

Contes et Historiettes érotiques, philosophiques, berniesques et moraux, en vers (par Adrien Leroux). Paris, 1801, pet. in-12 de 223 pp., fig. Tripier, 10 fr. — Réimp. sous le titre : *les Adriennes*. Paris, 1805, in-18. Bolle, 3 fr. Viollet Leduc juge trop sévèrement ce recueil de contes, libres, il est vrai, mais point grossiers ni ennuyeux. A la vente Bergeret, l'administration l'a mis à l'index.

Fables, contes et autres poésies, p. J. F. Guichard. Paris, 1802, 2 vol. in-12, portr.; en 1858, 2 fr. 50. Les contes qui sont agréables et où il y a des pièces libres, sont contenus dans le 2e vol. intit. : *Contes*, etc.

Contes en vers érotico-philosophiques, par D.-B. de Haubersal. Bruxelles, 1818, in-8 de 183 pp. (tom. 1er; nous ignorons s'il y a eu un tom. 2). Ce volume cont. 28 contes souvent fort libres : la Leçon de géographie; la Partie de bain, ou l'Anguille; le Capucin; la Fille curieuse; le Sculpteur et la Nonne; les Filles de la Conception; la Chose qui croît le plus vite; l'Amant femme de chambre; le Coup de foret, ou le Corn en herbe; l'Heure du berger, ou la Chercheuse de puces; la Calotte, ou l'Accident; Saint Guignolet, etc.

D'un Varlet et de la Dame au baron, conte du XIVe siècle, publ. d'après le ms. (pastiche fort habile de M. Richelet, en vers de huit syll.). Paris (imp. au Mans), 1829, in-8 de 8 ff., tiré à 100 ex.

Contes rémois, en vers; p. le comte de C***. Paris, 1836, 1849, in-12; 1853, in-8, avec 30 vign. de Perlet; 1858, in-12 de 243 pp., avec portr. et 34 bois d'après Meissonnier, 5 fr., et tiré in-8, 20 fr. Contes dans le genre de ceux de la Fontaine, mais plus réservés.

Contes facétieux et autres poésies (érotiques), p. Aug. Martin. Paris, 1842, in-12.

Les Pantagruéliques, contes du pays rémois, p. J.-N. Ibel. Paris, Panckoucke, 1854, pet. in-12 de 143 pp., tiré à 100 exempl. Veinant, ex. sur pap. jaune, 100 fr.

POÉSIES GAILLARDES OU SATIRIQUES.

Le Purgatoire des mauvais maris, à la louange des honnêtes dames et damoiselles. (Bruges, Colard Mansion, v. 1480) in 4, goth. de 15 ff. Le seul exempl. connu de cette édit. est à la Bibl. impériale. — Le même, avec l'*Enfer des mauvaises femmes*, etc. (Paris, v. 1530), in-16, goth. de 24 ff. — Lyon, B. Chaussard, s. d., in-16. Très-rare.

Le Songe doré de la pucelle (en stances de 7 vers de 8 syll. ch.). Brehant-Lodéac (en Bretagne), 1484, in 4 : 1 exempl. à la Bibl. impér. — S. l. n. d. (probabl. Lyon, v. 1500), in 4, goth. de 13 ff., 1 fig. en bois; 1 exempl. à la Bibl. impér. — S. l. n. d., in-16, goth.; Aimé Martin, 103 fr. — Paris, imp. Crapelet, 1831, in-8 de 32 ff., car. goth., tiré à 100 exempl.

Les Songes de la pucelle, avec la fontaine d'amours, et se commence : Nescio quid sit amor, etc. (en vers de 8 syll.). Avignon, s. d. (v. 1525), pet. in 8, goth. de 16 ff., fig. en b. Baudelocque, 151 fr. Réimpr. dans les *Joyeusetez*, tom. 9.

Le Doctrinal des nouveaulx mariés (26 strophes de 8 vers, de 8 syll. ch.). S. l. n. d. (Paris, v. 1490) in 8 goth. de 6 ff. avec 1 fig. sur bois. Il y en a aussi une édition de Lyon et de Rouen; toutes trois très-rares et très-recherchées. Réimpr. fac-simile à Chartres, en 1832, pet. in-8 de 10 pp., tiré à 50 ex. Crozet, 4 fr.

Le Doctrinal des nouvelles mariées (45 stances de 4 vers ch.). Lanterne, 1491, pet. in-4, goth. de 6 ff. avec 1 gr. sur bois; très-rare. — Le même, avec 3 stances de plus, sous le titre : *Doctrinal des femmes mariées* : s. l. n. d., pet. in-4, goth. de 6 f., 1 fig. sur bois. Bruyère-Chalabre, 70 fr.; et, avec le Doctrinal des nouveaulx mariés, éd. de Paris, Bignon, 131 fr.

Le Doctrinal des filles à marier (136 vers de 10 syll.). S. l. n. d., pet. in 4, goth. de 6 ff., 1 fig. sur b. Heber, 4 liv. — S. l. n. d., pet. in-8, goth. de 4 ff., 2 fig. sur b. Nodier, 100 fr. — Lyon, s. d., pet. in-4, goth. de 4 ff., fig. sur b. Nodier, 66 fr. — Réimpr. en 1836, in-8, goth, tiré à 40 exempl. J. G., 6 fr.

Resolucion damours, pièce licencieuse commençant par ces vers :

> Combien que l'indignation
> De Dieu nous soit bien fort doubteuse...

s. l. n. d. (Paris, vers la fin du XVe siècle), in 4, goth. de 8 ff. Très-rare.

Les Ventes d'amour, dialogue de l'amant et de l'amye (25 quatrains en vers de 8 syll.) S. l. n. d., pet. in-4, goth. de 8 ff., 2 fig. sur b. Heber, 2 liv. 5 sh. — Réimpr. fac-simile à Paris, en 1830, in-16, fig. sur bois, tiré à 50 exempl. dont quelques-unes avec ornements en or et en coul. Baudelocque, 25 fr.

Complainte de M. le Cul contre les inventeurs des vertugalles. — *Réponse de la Vertugalle au Cul.* Paris (v. 1500?), goth. La Vallière, 24 fr.

La Louange et Beaulté des dames (la Louenge est en vers : *Dames sont le jardin fertile*, etc.; la Beauté est en pr.). S. l. n. d. (Paris, vers 1500), pet. in-4, goth. de 10 ff., fig. sur b. Baudelocque, 149 fr. La Beauté des femmes est la trad. d'une anc. poésie lat. dans laquelle le traducteur ainsi que l'auteur latin ont bravé l'honnêteté dans les mots.

Le Procès des femmes et des pucés, par un frère mineur, avec la recette pour prendre et faire mourir les puces (pièce en vers, avec la Recette en pr.). S. l. n. d., pet. in-8, goth., de 4 ff. Baron de Heiss, nº 2791 depuis cette vente, nous pensons qu'on n'a plus revu cet opuscule.

Réformation sur les dames de Paris, faicte par les Lyonnoises. — *Réponse et réplicque des dames de Paris contre celles de Lyon*, 2 pièces s. l. n. d., la 1re imp. à Lyon, la 2e à Paris, toutes deux v. 1510, pet. in-8 goth. : Révoil, 300 fr. — Réimp. facsim. à Paris, en 1830, in-8 de 12 ff.

[illegible]

Metz, 1516, pet. in-4 goth., fig. s. b.: Techener, en juin 1853, 1200 fr.

Bigorne qui mange tous les hommes qui font le commandement de leurs femmes (et, à la fin : Cy finissent les ditz de Bigorne, la très grace beste, laquelle ne mange seulement que les hommes qui font entierement le commandement de leurs femmes). Dialogue facetieux se composant de 9 couplets de 9 vers chacun. S. l. n. d. (vers 1520), in-4 goth., de 4 ff., avec la fig. de Bigorne. Un seul ex. en est connu, c'est celui qui a servi pour la réimpression de Silvestre, 1840, pet. in-8 de 8 pp. avec la fig. singuliere de l'éd. orig. reproduite. Tech., 4 fr.

Chappelet damours. S. l. n. d. (v. 1520), pet. in-8 goth. : Heber, av. la Complainte du nouv. marié, 7 liv.

Sensuit le Sermon des frappe-culz, avec la responce de la dame, sus : je me repens de vous avoir aymée. S. l. n. d., in-8 goth. de 4 ff. fig. s. b.; Nodier, 63 fr. — *Les Estrennes des filles de Paris, depuis Noel jusques a ung mois après* (en v. de 8 syll., p. Jehan Divry). S. l. n. d., in-8 goth. de 4 ff. : Heber, 2 liv. 12 sh. Ces deux pièces, impr. de 1520 à 1530, ont été réimp. par Pinard, en 1830, in-8 goth. de 32 pp. (les 2), tiré à 60 ex.

Le Jaloux qui bat sa femme. S. l. n. d., pet. in-8 goth. de 4 ff., 1 fig. en b.; Heber, 5 liv. 12 sh.

Sermon joyeulx dun fiancé qui emprunte ung pain a rabattre sur la journée advenir. S. l. n. d., pet. in-8 goth. de 4 ff., fig. s. b.; Nodier, 52 fr. — Réimp. fac-sim., p. Pinard, en 1829, in-8 de 13 pp., tiré à 60 ex.

La Fortune d'amour. S[illegible] *joyeulx dung vert galant*, etc. suiv[illegible] de [illegible] *De Profundis des amoureux*, 2 p[illegible] s. l. n. d., pet. in-8 goth., fig, s. b.; No[illegible] 30 fr.

La Complainte du prisonnier d'amours, faicte au jardin de plaisance. S. l. n. d., pet. in-8 goth. de 4 ff., 2 fig. s. b.; Nodier, 100 fr.

Le Purgatoire d'amours. Paris, s. d., pet. in-8 goth. de 20 ff.; Heber, 3 liv. 6 sh.

Monologue nouv. et fort joyeux de la chamberière despourveue du mal d'amours. Paris, s. d., in-16 goth., fig. s. b.; Crozet, 50 fr. 50 c. — Lyon, s. d., pet. in-8 goth. de 4 ff., 2 fig. s. b.; Nodier, 28 fr. — Réimp. en 1830, par Pinard, avec l'*Histoire pitoyable d'ung marchand lequel donna dix escus à son varlet pour coucher avec sa femme, cependant qu'il alla coucher avec sa servante*, in-8 de 21 pp. (13 et 8), goth., fig., tiré à 80 ex.

Sermon joyeux de la patience des femmes obstinées contre leurs maris (104 v. de 8 syll.). S. l. n. d. (v. 1510), pet. in-8 goth. de 4 ff., 1 fig. s. b.; Heber, 3 liv. — Réimp. dans les Joyeusetez.

Les Ténèbres du mariage, lesquelles furent, sans mentir, composées par un vray martyr, lequel fust .. ans au servage (en strophes de 6 v. d[illegible] syll. ch.). S. l., Lyon, et Rouen, s. d. (v. 1530), pet. in-8 goth. de 8 ff.; Crozet, 105 fr. — Réimp. dans les *Joyeusetez* sur une éd. de Paris, s. d., de 21 pp. in-8.

La Grande Loyaulté des femmes. S. l. n. d., pet. in-8 goth. de 4 ff.; Heber, 3 liv.

Apologie des chambrières qui ont perdu leur mariage à la blanque. — *L'heur et guain d'une chambrière qui a mis en la blanque pour soy marier.* Deux pièces très-rares, imp. v. 1535, à Paris, pet. in-8 goth. de 4 ff. ch.; réimp. en 1841 à 40 ex.

La Patenostre des vérolez, avec leur complainte contre les médecins. S. l. n. d. (Paris av. 1540), in-16 de 4 ff. On n'en connaît qu'un seul ex., sur lequel Caspelet a fait, en 1857, une réimp. fac-simile, pet. in-8 de 4 ff., fig. s. b., tirée à 62 ex.; Potier, 8 fr.

La Malice des femmes. S. l. n. d. (v. 1540), pet. in-8 goth. de 8 ff., fig. en bois; Heber, 4 liv. 4 sh. On a très-souvent réimpr. cette satire en la faisant suivre de la *Farce de Martin-bâton*. Les éd. de Troyes, Nic. Oudot, s. d., 1655, 1715, pet. in-12, sont assez recherchées; Bignon, 7 fr. 60 c.

Les Ténèbres du Champ-Gaillart (ancienne rue de Paris affectée à la prostitution). Paris, s. d., pet. in-8 goth. de 4 ff.; rare. — Réimp. av. une not. p. Veinant; Paris, imp. Lahure, 1856, pet. in-8 goth. de ... pp., fig. s. b., tiré à 62 ex. Veinant, ...

Le Dict des pays joyeulx, avec les condicions des femmes, etc. (92 v. de 8 syll.). S. l. n. d., pet. in-8 goth. de 4 ff., 2 fig. s. b.; Nodier, 45 fr. — Réimp. en 1828 à 30 ex. C'est une revue gastronomique des productions de plusieurs villes, entremêlée de passages très-libres. Elle se trouve souvent à la suite des Procès et amples examinations sur la vie de Caresme-prenant, etc.

Le Banquet des chambrières, faict aux Étuves, le jeudi gras 1541 (en v. de 8 syll.). Rouen, s. d., pet. in-16 de 8 ff.; Crozet, av. 2 autres pièces, 66 fr. — Réimp. p. Pinard, in-8 goth. de 18 pp., tiré à 60 ex.

La Louange des femmes, invention extraite du commentaire de Pantagruel sur l'Androgyne de Platon; par Misogyne. Lyon, de Tournes, 1551, pet. in-8 de 54 pp.; Nodier, 42 fr. Réunion de plusieurs pièces des plus virulentes contre les femmes, entre autres, le *Blason de la femme*, réimp. p. Méon, dans son recueil.

La Récréation, ou Mignardise et devis d'amours, avec les pourquoi, demandes, responces et les ventes (pr. et v., attrib. à Guill. des Autelz). Paris, s. d., 1573, 1581, 1596; Lyon, s. d., 1583, 1592; Rouen, 1595; etc. toujours in-16 ou pet. in-12. Toutes les éd. sont rares; en moyenne, Nodier, 40 fr. Ce recueil contient des pièces très-libres et qui ne figureraient pas mal dans le *Cabinet satyrique*. Il y a des changements dans les titres des diverses éditions.

Ban de quelques marchands de graines à poil et d'aucunes filles de Paris (p. Rasse-Desneux). S. l., 1570, in-8; très-rare. — Réimp. faite par Méon pour être ajoutée à l'Enfer de la mère Cardine. Paris, 1813, in-8 de 8 pp., tiré à pet. nombre. Potier, 8 fr.

Déploration et complainte de la mère Cardine de Paris, ci-devant gouvernante du Huleu, sur l'abolition d'iceluy; s. l., 1570, in-4 de 8 ff., lettres italiques. Très-rare. — *L'Enfer de la mère Cardine, traitant de la cruelle et terrible bataille qui fut aux enfers entre les diables et les maquerelles de Paris. Plus une chanson de certaines bourgeoises de Paris qui, feignant d'aller en voyage, furent surprises au logis d'une maquerelle à St-Germain des Prés* (attrib. à Flaminio de Birague). Paris, 1583, in-8 de 30 pp., lettres rondes; Pâris de Meyzieu, 300 fr. — S. l., 1597, in-8 de 38 pp.; Mac-Carthy, 142 fr. — S. l., 1598, in-8; très-rare. Ces 2 pièces ont été réimp. p. P. Didot l'aîné, en 1793, in-8, tiré à 108 ex. Vendu, av. le Ban de quelques marchands, Veinant, 15 fr.

Le Caquet des bonnes chambrières, declarant aucunes finesses dont elles usent envers leurs maistres et maistresses (en v. de 10 syll.). S. l. n. d. (fin du 16e siècle), pet. in-8 goth. de 8 ff.; Cailhava, 215 fr. — Lyon, s. d., pet. in-8 goth.; Nodier, 37 fr. — Rouen, s. d., pet. in-16 de 8 ff.; Lang, 2 liv. 16 sh. — Réimpr. dans les Joyeusetez sur l'éd. de Lyon, et par Caprelet, en 1830, sur l'éd. de Rouen, mais gr. in-8.

Le Debat des lavandières, entre par le crocheteur, leur maquereau; avec leur Caquet, à l'encontre des chambrières. S. l. n. d. et Rouen, v. 1600, pet. in-8 goth. de 4 ff. Très-rare; il y en a 1 ex. à la Bibl. impér. — Réimp. p. Pinard, en 1830, pet. in-8 de 4 ff., tiré à 42 ex.; Potier, 6 fr.

Discours joyeux d'un dépucelleur de nourrices (en v. de 8 syll.). S. l. n. d. (Rouen, v. 1600), pet. in-8 de 4 ff. Très-rare.

Varlet à louer, à tout faire. — Chambrière à louer, à tout faire (p. Christophe de Bordeaux, Parisien). Rouen (v. 1600), pet. in-8 de 8 et de 10 ff., fig. s. b. Ces 2 pièces sont très-rares; elles ont été réimp. en 1830 p. Pinard, l'une 8, et l'autre 12 ff., av. fig. s. b., tirées à 42 ex. ch.; Potier, les 2, 16 fr.

La Rencontre des cocus à Fontainebleau. S. l., 1609, pet. in-8 de 15 pp.; Potier, 35 fr. — S. l., 1623, pet. in-8 de 16 pp.; Nodier, 41 fr. Satire piquante à la suite de laquelle on trouve une autre pièce intit. *la Consolation des cornards*.

Le Tracas de la foire du pré, où se voyent les amourettes, etc. Dial. burlesque (en v.) Rouen, s. d. (v. 1620), pet. in-12 de 48 pp. Rare. — Réimp. p. Pinard, en 1830, pet. in-12, tiré à 60 ex.; Potier, 6 fr.

Les Ruses et finesses descouvertes sur les chambrières de ce temps. Rouen, 1621, pet. in-8; et Paris, s. d. Ces deux éd. sont rares. Réimp. dans les Joyeusetez, 11 pp.

Le Parfait Macquereau suivant la cour, contenant une hist. nouvellement passée à la foire de St Germain entre un grand et l'une des plus notables et renommées courtisanes de Paris. S. l., 1622, pet. in-8 de 16 pp.; Nodier, 56 fr.

Le Miroir des plus belles courtisanes de ce temps, en v. holl. et franç., av. leurs portr. gravés. Amst., 1630, 1632, 1635, pet. in-4 obl., av. 40 portr. en 20 pl.; Nodier, 103 fr. Quelquefois le titre est en hollandais.

La Déroute et l'adieu des filles de joye de la ville de Paris, avec leurs noms, etc., et requeste à M. D. L. V. (mad. de la Vallière). L'éd. orig., in-4 de 7 pp., est très-rare. — S. l., chez le Vagina, in-12 de 21 pp.; Grassot, 4 fr. 25 c. — (Holl., Elzev.) 1667, 1668, pet. in-12 de 36 pp. Cette pièce satirique se retrouve dans les Amours des dames illustres de notre siècle.

La Ménagerie, p. M. l'abbé Cotin, et quelques autres pièces curieuses. La Haye, 1666, in-12 et Amst., 1705; Cazzet, 26 fr. Ce recueil cont. une pièce obscène, intit. *Galanterie*; il paraît que cette pièce n'est pas de Cotin.

Le Colloque amoureux, ou Dialogues familiers où est remarqué l'astuce et finesse des garçons et la fragilité des filles, etc. Col., P. Marteau (Holl. [illegible]), 1670, pet. in-12; Lair, 12 fr.

Dialogue facétieux d'un gentilhomme se complaignant de l'amour et d'un berger qui, le trouvant dans un bocage, le reconforte, parlant à luy en son patois. Metz, 1671, 1676, pet. in-16 obl.; Nodier, 81 fr. — Réimp. en 1847, par Pallez, à Metz, in-16 de 34 pp., tiré à 12 ex.

Le Remède du mal à la mode, ou Consolation aux cocus; par un excellent auteur de Paris. A Pleindeuil, 1698, in-12 de 6 ff.; Potier, 20 fr.

Satyre sur le luxe et la vanité des femmes et des filles au sujet des modes. — *Satyre nouvelle, réponse des femmes*, etc. — *Satyre nouvelle, l'homme déguisé ou le véritable portrait des faux amis et des femmes qui trompent leurs maris.* Ces 3 pièces rares sont de Paris, 1724, pet. in-8. Une autre de 1727 in-12, également rare et piquante, est intit. : *Satyre sur les cerceaux, paniers, etc., des femmes.*

Les Entretiens de la Truche, ou les Amours de Barnabas et de la mère Roquignard. Paris, 1745, in-8. Rare.

Lèpre à l'aurore
Lâche à tout le monde
Où Percevie du jeu
Se montre à la ronde.

Paris, chez Godard-baille-ly-belle, aux avis à boucher les trous sans chandelle, 1748, in-12; Jannet, 10 fr.

Le Cadenas des pucelages... où sont décrites toutes les ruses dont usent les mugnets pour hardrocher les pucelages... le tout en vers burlesques, sur l'imprimé à Rennes (v. 1750), in-12 de 24 pp. Bignon, 13 fr. 50 c.

Pasquille nouvelle sur les amours de Lucas et de Claudine. Paris, Rouen, Troyes, s. d. (v. 1753), in-12. Jannet, 3 fr.

Les Cinq Jouissances amoureuses de Cinadon et Cyphise, précédées des Sept Béatitudes et du Jeu de l'amour, et suivies de la Douche et des Plaisirs de la vie; par M. D. C. Paphos, Brindamour, 1759, in-12. Rare.

Les Sultanes nocturnes et ambulantes à la brune contre la dureté du temps. S. l., 1768, 1769, pet. in-8 de 16 pp.; Grassot, 4 fr. 50 c. Réimp. en 1854 dans l'ouvr. intit. *les Lanternes.*

Brevet d'apprentissage d'une fille de modes. A Amathonte, 1769, in-8. Rare.

Fleire et Rosalie, ou Épître sur les courtisanes. Londres (Paris), 1784, in-8. Rare.

La Garce en pleurs. S. l. n. d. et 2e éd., au Bordel, 1790, in-8 de 16 pp. fig. Très rare.

Ænigma. Le Bon... sans reproche. S. l. n. d., in-8 de 4 pp., tiré à pet. nombre; en oct. 1860, 2 fr. Le mot de cette énigme fort obscène de la collection Caron est *seringue.*

Le Petit-Neveu de l'Arétin, ouvr. posthume. A Rome, 1800, in-18; Scheible, env. 5 fr. Recueil de poésies libres; on y trouve notamment une parodie très-vive du 4e livre de l'Énéide.

Satire contre les femmes et les chimères qui les ont perverties; par Ch. D... Paris, 1804, in-8; Jannet, 2 fr. 50 c.

Le Libertinage, ou les Mœurs telles qu'elles sont, satire, p. Morel. Paris, 1809, in-8.

Le Juste-milieu de Cythère. Paris, 1833, in-8 de 4 pp. lith.; rare.

Miroir de deux amants qui n'ont pas leur moitié; l'une est digne de lui, l'autre est bien digne d'elle. Paris, imp. Poussielgue, 1840, in 8 de 8 pp.

Parodie de la Lucrèce de Ponsard (p. M. L. P., aujourd'hui avoué à Paris), 1843, opuscule lith. — *L'Examen de Flora*, p. le même; lith. en janv. 1846.

Les Polkeuses, poëme épique sur les célébrités de la polka; p. Nick Polkinoff. Paris, Masgana, 1844, in-18 de 72 pp., 1 fr.

CHANSONS.

Les Vaux-de-vire d'Olivier Basselin, poëte normand de la fin du XIVe siècle. Éd. av. une not., p. Asselin; Vire (Avranches), 1811, gr. in-8, tiré à 110 ex. Éd. imp. aux frais de quelques amateurs et qui n'a pas été mise dans le commerce. — Éd. suivie d'un Choix de bacchanales, etc., publ. p. L. Dubois; Paris et Caen, 1821, in-8, 7 fr. — Éd. av. les poésies de J. Lehoux et une not. de J. Travers; Paris, 1833, in-18, 3 fr. — Éd. publ. p. Paul Lacroix; Paris, Delahays, 1858, in-16, 2 fr. 50 c.

La Fleur des chansons. Les grandes chansons nouv. qui sont au nombre de 110. S. l. n. d. (v. 1530), pet. in-8 goth. de 32 ff.; Lang,

3 liv. 14 sh. — Réimp. en 1833 dans les *Joyeusetez* et à Gand, chez Duquesne, en 1855. Il y a des chansons joyeuses; la chanson des *Brunettes* : Une bergerette, près dung verd buisson, gardant brebiettes, etc.; *une chanson villaine* : Entre Paris et La Rochelle, Te remuttu, gente fillette, etc.

La Couronne et fleur des chansons; à Troyes, 1536, in-4 obl. de 24 ff. Très-rare. 41 chansons franç. dont plusieurs sont fort libres.

Recueil de chansons d'amour. Paris, Nic. Bonfons, 1575, pet. in-12, fig. s. b.; Aimé-Martin, 48 fr.

La Fleur des chansons nouvelles, amoureuses, récréatives, etc. Lyon, B. Rigaud, 1586, 1588, 1590, 1592, in-16 de 88 ff. Toutes les éd. sont rares; rec. réimp. dans les *Joyeusetez* et en formant le tom. 6.

Non le trésor, ny le trias, ne le cabinet, moins la beauté, mais plus la fleur ou l'eslite de toutes les chansons amoureuses, etc. Rouen, A. de Launay, 1602, pet. in-12 de 432 pp. en tout. Méon, 8 fr.; mais vaudrait bien davantage aujourd'hui, car c'est un recueil devenu fort rare et où se trouvent des chansons très-libres. Le titre singulier de ce livre lui a été donné pour l'opposer à un autre recueil paru peu de temps avant celui-ci et intitulé *Trésor des plus belles chansons amoureuses*, etc. Ce dernier vendu Bignon, 15 fr., et réimpr. souvent; une éd. de Rouen, D. Ferrant, 1619, 2 part. in-12; Tripier, 50 fr.

Chansons folâtres (et libres) *des comédiens*, recueillies par l'un d'eux, etc. Caen, 1626, pet. in-8 de 40 ff.; Nodier, 54 fr. — Paris, Guillot-Gorju, s. d. (1637), pet. in-8 de 96 ff.; Nodier, 108 fr. — Réimp. p. Caron et M. de Montaran à pet. nombre, pet. in-8 de 25 pp.

Le Parnasse des muses, ou Rec. des plus belles chansons à danser (le Parnasse des muses, 3 parties. — Le Concert des enfants de Bacchus, 2 part. — Les Airs du berger amoureux. — Le Doux Entretien des bonnes compagnies. — Les Chants de joie, etc.; en tout 8 parties). Paris et Rouen, 1627-35, pet. in-12. Très-rare complet; Bignon, les 4 prem. part. seulement, 25 fr. 50 c. Ce recueil est, en partie, libre.

Chansons de Gaultier-Garguille (par Hugues Guéru, dit Fléchelles). Paris, 1632, pet. in-12 de 214 pp., av. un titre gr. représ. Gaultier-Garguille; Tripier, 300 fr. — 2e éd. en 1636, pet. in-12; Nodier, 65 fr. — Londres, 1658 (Paris, 1758), pet. in-12, 1 fig.; Veinant, 32 fr. — Éd. suivie de pièces relatives à ce farceur, av. une not. p. Fournier; Paris, Jannet, 1858, in-16; Veinant, 8 fr. 50 c. Il y a aussi un vol. intit. : *Nouvelles chansons de Gaultier-Garguille* (p. le même); Paris, 1634, in-12 de 133 pp., front. gr.; Veinant, 135 fr. Toutes ces chansons sont grivoises et remplies d'équivoques grossières; le privilége du roi qui les précède reconnaît lui-même qu'elles sont *dissolues*.

Chansons pour danser et à boire. Paris, R. Ballard, 1630 à 1693, 7 part. pet. in-8; Veinant, 190 fr.

Nouveau Rec. de chansons choisies. La Haye, J. Néaulme, 1732-37, 8 vol. pet. in-8. Coll. rare de chansons gaillardes.

Les Muses en belle humeur, ou Élite de poésies libres. Villefranche, 1742, in-12. — Rome, 1779, in-12. Recueil peu commun de chansons plus que joyeuses; vendu récemment 17 fr. à Strasbourg.

Desserts de petits soupers, décolés au cher. du Pélican (de l'Écluse). Au Congo, imp. de la Joie, 1744, 1753, 1755, 1765; Tech., 6 fr. Poésies et chansons gaillardes, av. mus. notée.

Recueil de chansons pour servir à l'histoire anecdote de la cour et de la ville, depuis 1600 jusqu'en 1746. Ms. sur pap. du 18e siècle, en 11 vol. in-4; La Vallière, 450 fr. Les 8 premiers vol. du même recueil ont été revendus séparément à l'hôtel en 1780; le 8e vol. s'arrêtait à 1738.

Almanach chantant de la Courtille. Paris, 1764, in-24.

Almanach chantant, à la nouvelle mode. Paris, 1765-84, 20 années in-24. Coll. rare.

Anthologie françoise, ou Chansons choisies depuis le 13e siècle jusqu'à présent (rec. p. J. Monnet). Paris, 1765, 3 vol. in-8, av. mus. et fig. Recueil estimé et préc. d'une histoire très-intéressante de la chanson en France, par Meunier de Querlon; on y ajoute ordinairement comme 4e vol. les *Chansons joyeuses mises au jour par un âne onyme, onissime* (chansons libres de Collé, imp. en 1765), in-8. Les 4 vol., Méon, 32 fr. — Enfin, un complément indispensable à ces 4 premiers volumes, et qui leur est rarement joint, est le *Recueil de romances hist. tendres et burlesques* (p. D. Lussy); s. l., 1767, 2 vol. in-8, fig.

Bréviaire de table, rédigé par Cupidon et Comus, etc., *à l'usage des abbayes et monastères de l'ordre de Cypris*. A Cocagne, chez les frères Joyeux. Ms. in-4, exécuté par Silvestre en 1770, pour la comtesse du Barry. Ce recueil cont. les chansons *les plus galantes* et est enrichi de dessins et d'arabesques analogues aux sujets. Tech., 600 fr.

La Lyre gaillarde. Aux Porcherons, 1776, in-12. Réimpr. en 1777 sous le titre : *Muse gaillarde*. Recueil peu commun de chansons joyeuses.

L'Anacréon françois, rec. de chansons, etc. 1780, 2 vol. in-18. — *Le Nouvel Anacréon françois, ou les Après-soupers de Paphos*; par M. G***. S. l. n. d., in-12. — *Le Petit*

Polisson, ou Vade mecum, rec. de chansons comp. p. M. G***. Recueils rares.

La Tentation de saint Antoine (p. Sedaine). — *Le Pot-pourri de Loth* (p. P. Lalman). Londres (Paris), 1781, 2 part. en 1 vol. in-8, avec mus. gr., portr. de Sedaine, front. et 17 pl. en taille douce; Bozerian, 20 fr. — Il y en a aussi une édit. Cazin, 1782, in-18, fig., peu commune.

Chansons choisies. Genève (Cazin), 1782, 4 vol. in-18. Grasset, 9 fr. On y ajoute un supplément portant le même titre; Londres (Cazin), 1786, 3 vol. in-18. Potier, les 7 vol., 15 fr. Petit recueil estimé de chansons érotiques et joyeuses.

Chansons qui n'ont pu être imprimées et que mon censeur n'a point dû me passer (par Collé). 1784, pet. in-12. Bolle, 16 fr. Nouvelle édit. publ. par Laujon et plus complète que la 1re: *Recueil complet des chansons de Collé*; Hamb. et Paris, 1807, 2 tom. in-18. Potier, 15 fr. Chansons galantes et un peu licencieuses, toujours fines et spirituelles.

Cantiques et Pots-pourris (Suzanne; Agnès Sorel; David et Bethsabée; Chasteté de Joseph; la Pucelle d'Orléans; Judith et Holopherne, par Mérard de Saint-Just). Londres (Paris), 1789, in-18, avec fig. d'Eluin, qui en a fait pour divers ouvrages libres. Tripier, 10 fr. Imitation peu spirituelle de Sedaine.

L'Ami d'Anacréon, ou Choix de chansons, p. E.-T. Simon (et E. Johanneau). Paris, 1804, in-8 de 247 pp., fig. Peu commun. Recueil gai et spirituel.

L'Ami de la joie, chansons grivoises et bachiques, anc. et mod., la plupart inédites. S. l. (Rouen), 1806, in-12, tiré à petit nombre. Tripier, 15 fr.

Les Goguettes du bon vieux temps, chansons joyeuses du XVe au XVIIIe siècle, rec. p. un vieil amateur. Paphos et Paris, 1810, in-18, figures.

Chansons joyeuses de Piron, Collé, Gallet, Panard, etc. Paris, 1811, 1815, 1816, 1822, 1836, 1840, in-64 de 2 feuilles. Cond. en 1825.

La Gaudriole, rec. de chansons érotico-bachiques. Paris, 1816, 1819, 1820, in-18, 1 fig.; en 1858, 5 fr.

Le Nouveau Chansonnier de la table et du lit. Paris, 1816, 1820, 1821, 1827, in-32 de 2 feuilles. Cond. en 1822

Chansons et poésies diverses de Désaugiers. Le 1er vol. parut en 1808; le 2e en 1812; un 3e en 1816; ils furent plusieurs fois réimp. les uns et les autres; en 1818 et en 1821, il parut une 4e et une 5e éd. en 3 vol. in-18 chacune; enfin en 1824, une 6e édit. en 4 vol. in-18, avec une not. par Merle. Réimp. depuis en 1834, 1842, 1855, 1857, 1858, 1859 et 1860 en un seul vol. pet. in-18 de 650 pp. avec portr. et quelquefois avec fig. Chansons joviales et décentes.

Chansonnettes et poésies légères, par Émile Debraux. Paris, 1819, 1820, 1821, in-18 de 6 ff. — Supplément: Paris, 1822, in-18 de 81 pp. — *Le Nouvel Enfant de la goguette*. Paris, 1823, in-18, avec 1 pl. et front. gr. Cond. la même année pour les chansons: C'est du nanan; la Belle Main; Lisa; et Mon cousin Jacques. — *Chansons nouvelles*. Paris, 1826-27, 2 vol. in-18. — *Chansons complètes d'Ém. Debraux*, avec une not. p. Béranger. Paris, 1836, 3 vol. in-32, avec portrait.

L'Amoureux des onze mille vierges, recueil de romances, chansons, etc. Paris, Tiger (1821), in-18 de 96 pp. imp. aussi avec le titre: *la Lyre gaillarde*. Il y a des chansons fort libres.

Chansons morales et autres, par P.-J. de Béranger. Paris, 1821, 2 vol. in-18. Première publication de l'auteur, condamnée en 1822 et plusieurs fois depuis pour les chansons: Deo gratias; la Descente aux enfers; Mon Curé; les Capucins; les Chantres de paroisse; les Missionnaires; le Bon Dieu; le Roi Christophe, etc. On joint à ces 2 vol. un 3e: *Procès fait aux chansons de P.-J. de Béranger*. Paris, 1822, in-18. — *Chansons de Béranger*; Paris, 1826, 1827, etc., 4 vol. in-32, auquel on joint un supplément imprimé à Bruxelles et marqué tom. 5, contenant les chansons libres et condamnées. *Œuvres de Béranger*. Paris, 1834, 1836, 1839, 1840, 1847, 1853, 1857, 1860, 2 vol. in-8, avec 53 vign. et 1 portr.; on joint aussi à ces édit. une suite de 120 grav. sur b., d'après Granville. — Les mêmes œuvres, édit. in-18; Paris, 1843, 1854, 1859, 2 vol. avec 44 gr. sur acier et portr. — Les mêmes, éd. elzévirienne: 1839, 1841, 1846, 1850, 1852, 1856, 1857, 1858, in-32 de 10 feuilles et demie, quelquefois avec 7 grav. — *Béranger illustré* par Numa, Régnier et Worms, suite de lith. de Régnier et Bettannier, chez Massard et Combette, en 1851. — Il a aussi été fait une suite de 12 fig. obsc. pour une édit. in-8: Mme Grégoire; la Double Chasse; le Sénateur, les Deux Sœurs; le Vieux Célibataire, etc. Cond. en févr. 1852.

Les Étincelles, rec. de chansons; p. Eug. de Pradel. Paris, 1822, in-18. Cond. pour les Prémices de Javotte; l'Anguille, et quelques chansons politiques. Peu commun.

Le Chansonnier des filles d'amour; Col., P. Marteau, in-18, avec 8 fig. Cond. en 1842 et en 1845. C'est probabl. le même recueil que *le Chansonnier du B....*, rec. de chansons érotiques. S. l. n. d., in-18, avec fig. obsc. dont la 1re représente la Corona de' cazzi; cond. en 1843 et en 1846. A la même époque, en 1843, il y a aussi eu une cond. d'un rec. de 12 chansons (la Bataille de Novi, etc.) intit. *les Gaudrioles de M. Gaillard*.

Œuvres badines et posthumes de Lepeintre jeune. Paris, 1837, in-32 de 64 pp. Chansons badines originales; il en était déjà paru quelques-unes en 1840.

Les Égrillardes, chansons, par Louis Festeau. Paris, 1842, in-32.

Le Paysan parvenu, chanson faite par Madame Pauline à son amant Denis... pour lui avoir dit une grosse impertinence, qu'il... avec elle (six couplets). Paris, imp. Stahl, 1849, in-fol. d'une demi-feuille.

Chansons de G. Nadaud. Paris, 1849, 1852, 1857, in-12. Il y a quelques chansons facétieuses : la Lorette de la veille; les Reines de Mabille; la Brune Thérèse, etc.

Une Ordonnance de police (concernant la salubrité publique; pot-pourri de 12 coupl., signé : Moinaux et L. Pratat, membres du Caveau). Paris, 1850, in-12 de 8 pp.

Baisez vite (9 coupl' ts signés J. L., membre du Caveau). Paris, 1852, in-18 de 4 pp.

Cour coucUra di Poussan, causon per recaupré un nouvel maridat dins la cour coculèta (signée : J.-B. Bouilleur, et suivie de cinq autres chansons). Imp. Cristin, à Montpellier, 1853, in-8 de 8 pp.

L'Amoureux gouré, chanson en patois de Lille. Wazemmes, 1854, in-4 de 4 pp.

L'Amour en cinq liçouns, romance provençale, p. Vict. Auroux. Marseille, Roubaud, 1856, in-8 de 2 pp.

Quintsoun contro lou mariage, p. Hil. Vincent. Imp. Marc-Aurel, à Toulon, 1856, in-8 de 8 pp.

L'Épicier amoureux, chanson; p. Lyon. Paris, 1858, in-18 de 3 pp.

Table générale des chansons et poésies div., publ. en 26 vol. par la Soc. du Caveau, de 1834 à 1860, préc. d'une lettre de M. Aug. Giraud, secrét. archiv. de la Soc., et suivie d'une table contenant : 1° le nom de chaque auteur; — 2° la date de son entrée au Caveau; — 3° le chiffre total de ses productions; p. G. Bouclier. Paris, imp. Guillois, 1860, in-8 de 232 pp.

POÉSIES EN PATOIS.

Las Flors (et las Joyas) *del gay saber; o las Leyes d'amors*. — Les Fleurs (et les Joies) du gai savoir, ou les Lois d'amour : texte et trad. littérale, p. le marquis d'Aguilar, revue, compl. et ann. par Gatien-Arnoult. Paris, 1824, 4 vol. in-8 ; et Toulouse, 1841, 4 vol. in-8, 30 fr.

Breviario d'amor, en vers provençaux, p. frère Hermengaut, de Béziers, 1338, Ms. in-fol. qui se trouvait dans la biblioth. du château d'Anet, en 1724. Lenglet-Dufresnoy ajoute qu'un exempl. du même livre se trouvait dans la bibl. du baron de Hohendorf, bibl. acquise plus tard par l'empereur d'Autriche.

Las Ordenansas et coustumas del Libre Blanc, observadas de tota ancianetat, compausadas per las sabias femnas de Tolosa, etc. Tolosa, 1555, pet. in-8 de 16 ff., avec 2 fig. sur b. sur le titre, lettres rondes. — *Las Nompareilhas receptas per fa las femnas tindentas, rizentas, plasentas, poludas et bellas*, etc. Tolosa, 1555, pet. in-8 de 8 ff. Au verso du titre se trouve la table : Recepta a las femnas per guarir los marits de ialousie, etc. — *La Requeste faicte et baillée par les dames de la ville de Tolose*, etc. (suivie de diverses poésies, signées Gabrielle Brunete; Marguerite de Bon-Voloir; Johana Perla, etc.). Tolose, 1555, pet. in-8 de 16 ff. Poésies très-curieuses, très-spirituelles et très-rares, car on n'en connaît qu'un seul exempl. V. le Manuel, tom. 3, p. 124.

Ballet en langage forésien de trois bergers et trois bergères se gaussant des amoureux qui nomment leurs maîtresses leur doux souvenir, leur belle pensée, leur lis, leur rose, etc. (p. Marcellin Allard). S. l. n. d. (1605), pet. in-8. Crozet, 154 fr.; Nodier, 50 fr.

L'Enfollement de Coula et de Miquelle, sur le sujet des diablotins qu'il disoit qu'elle avoit dans le ventre; les Chansons de Miquelle, les Plaintes de Marion Floncau, mère de ladite Miquelle, sur le deflorement de sa fille, etc., par dialogue, en langage picard. Paris, 1634, in-8. Nodier, 75 fr. Pièce piquante et un peu graveleuse.

Chan-Heurlin ou les Fiançailles de Fanchon; poëme patois messin, en 7 ch.; p. B*** et M***. Metz, 1787, in-8. Nodier, 60 fr.

L'Atge d'or de las grisettos (en 3 ch., en v., signé : Henri Gilles). Imp. Dupin, à Toulouse, 1854, in-12 de 8 pp.

POÈTES ITALIENS.

Prothocinio, libro primo e secondo (da Ph. Baldachino). Perugia, Fr. Cartolajo, 1525, in-8. Recueil de pièces de vers italiens de différents genres, pour et contre l'amour, au sujet desquelles on peut consulter le catal. Capponi, p. 13.

Tutte le opere del Bernia, del Mauro, di M. Gio. della Casa, del Bino, del Molza, del Varchi, del Dolce e d'altri autori. Vinegia, 1538, 1540, 1542, 1555. 3 part. in-8, ens. 247 ff. Libri, 37 fr. Ce recueil a été réimprimé avec beaucoup d'augmentations sous le titre suivant : *Opere burlesche del Berni, della Casa, del Varchi, del Mauro, del Bino, del Molza, del Dolce, del Firenzuola, di Lod. Martelli, di Matt. Francesi, dell' Are-*

tine et altri; date in luce dal S. il Lasca. Firenze, Giunti, 1548-55, 2 vol in-8 de 221 et 191 ff. Libri, 87 fr. Le 1er vol. a été réimp. en 1552 et le 2e en 1556, mais on préfère l'éd. de 1548. — Ediz. data da Ant. Rolli; Londra, 1721-23, 3 part. in-8, port. Potier, 15 fr. — S. l. (Venise), 1771, 3 vol. pet. in-8, portr. Potier, 10 fr. — Milano, 1806, in-8. — Leida, 1823-24, 6 vol. in-18. Saint-Mauris, 19 fr. Ces deux recueils, et surtout le dernier, contiennent des pièces extrêmement libres, et notamment le fameux *Capitolo del forno* qui empêcha della Casa, alors archevêque de Bénévent, de devenir cardinal; le *Capitolo in laude del Priapo*, de Mauro; le *Capitolo del mal francese*, de Bino; etc. On sait que della Casa fut accusé d'avoir fait, dans son Capitolo, l'éloge de la pédérastie, et que plusieurs livres ont été faits pour éclairer cette question, laquelle paraît devoir rester toujours fort douteuse.

Il Libro del Perche, la Pastorella del cav. Marino, e la Novella dell' Angelo Gabriello. Prima edizione. In Pelusio, 1515 (Paris, Grangé, 1757, ce qui est la moitié de 1514), in-16 de 91 pp. Nodier, avec un autre art., 40 fr. — *Coll' aggiunta della Membrianeide.* Nullibi et ubique, nel XVIII secolo, pet. in-12 de 123 pp. Nodier, 11 fr. — Les mêmes ouvrages, suivis de la *Puttana errante di P. Aretino, l'Ode a Priapo, il Vendemmiatore di L. Tansillo*, etc. Peking (Londres), nel XVIII secolo (1784), in-12 tiré à 200 ex. Bignon, 38 fr. Il Libro del Perche est une imitation en vers, faite par un aut. inconnu, de la Cazzaria, facétie italienne en prose.

Otto poemetti lascivi scielti di diversi eccellenti autori. Nell' isola di Cipro, 2222, in-18, tiré à 50 exempl. Rare.

Le Rime di Petrarca (Sonetti, Canzoni e Trionfi); principales éditions: Venise, 1470, in-4 de 186 ff. 1re et très-incorrecte édit. Singer, 31 liv. 10 sh. — Roma, 1471, in-4 de 197 ff.; on ne connaît que 5 exempl. de cette édit. précieuse, dont 4 dans des bibl. publiques, et la 5e chez lord Spencer. — Patavii, 1472, pet. in-fol. de 376 pp. Lauraguais, 436 fr. — Venise, Nic. Jenson, 1473, pet. in-fol.; de Préfond, 400 fr. Toutes les autres édit. du XVe siècle ont également beaucoup de valeur. Les édit. des Aldes, 1501 et ann. suivantes, format in-8, sont aussi très-recherchées; Libri, l'édit. de 1514, 680 fr. Une jolie petite édit., format in-24; Tusculano, 1521, chez Potier, 70 fr. Les éditions modernes sont, en général, d'une faible valeur. Celle de Marsand, Padoue, 1819, 2 vol. in-4, est estimée; elle est ornée du portr. de Laure, gr. par R. Morghen et de celui de Pétrarque, gr. par Gandolfi, tous deux d'après d'anc. peintures. Enfin la jolie édit. miniature donnée par Pickering, à Londres, 1822, in-48, se vend 8 à 10 fr. — Traductions: *Les Triumphes de M. Fr. Petrarque*, translatez en franç. (traducteur inconnu); Paris, 1514, 1519, 1520, in-fol. et in-4; S..... off., 199 fr.; Lyon, 1531, 532 et Paris, 1538, 1564, pet. in-8, avec 50 fig. sur b. Veimant, 120 fr. — *Toutes les Œuvr. vulgaires de Fr. Pétrarque*, mises en franç., p. Vasquin Philieul; Avignon, 1555, in-8. Potier, 25 fr. — *Le Pétrarque*, trad. en rime franç., par Ph. de Maldeghem, sieur de Leyschot; Bruxelles, 1600, et Douai, 1606, pet. in-8. Potier, 20 fr. — *Les Œuvr. amoureuses de Pétrarque*, trad. en franç., p. Pl. Catanusi. Paris, 1669, in-12, front. gr. Tech., 9 fr. — *Poésies de Pétrarque*, trad. complète en pr., par le comte F.-L. de Gramont. Paris, 1841, in-12 de 14 feuilles. — *Sonnets, canzones, ballades et sextines de Pétrarque*, trad. en vers, par le comte de Montesquiou. Paris, 1842-43, 3 vol. in 8. — *Poésies de Pétrarque*, trad. en vers par Cam. Esménard du Mazet; Paris, Comon, 1848, in-8 de 28 feuilles.

BOCCACCIO (Gio.). *Ninfale fiesolano, ossia l'Innamoramento di Affrico e Mensola*, poème en ottava rima. Venise, 1477, in-4; 1re édit., très-rare, ainsi que six autres éd. antérieures à 1563. — Florence, 1578, in-4, fig. La Vallière, 24 fr. — Paris, 1777, pet. in-12; bonne édit. Tech., 4 fr. Ce petit poëme, de 472 octaves, comp. par Boccace en octobre 1366, est tout à fait différent du suivant, avec lequel on l'a souvent confondu. *Ameto, ovver comedia delle ninfe fiorentine*, poème burlesque en v. et en pr., le plus ancien de ce genre qui ait été écrit en italien et même de la littérature moderne. Venise, 1478, et Trévise, 1479, in-4; édit. très-rares. — Milan, 1520, in-4, avec un privilége de François Ier. Gaignat, 18 fr. — Florence, les Juntes, 1521. Potier, 15 fr. — Venise, 1524, 1534, 1545, 1558, in-8; éd. estimées et peu communes. — *L'Amorosa Visione*. Milan, 1520, 1521, pet. in-4. Libri, 18 fr. — Venise, 1531, 1549 ou 1558, pet. in-8; Palerme, 1818, in-8, et Florence, 1826, in-32. Nous n'avons pas connaissance qu'aucun de ces trois poëmes ait été traduit en français.

La Bella Mano, libro di G. de' Conti (Giusto de' Conti, m. en 1449, a été surnommé la Bella Mano pour l'agrément de sa poésie et pour ses fréquentes allusions à la belle main de sa maîtresse); S. l. (Bologne), 1472, pet. in-4 de 73 ff. Brienne Laire, 136 fr. — Venise, 1474, in-4 de 76 ff. Libri, 345 fr. — Venise, 1492, in-4 de 56 ff. La Vallière, 40 fr. — Venise, 1531, in-8; Paris, 1589, 1595, in-12. Libri, 120 fr. — Florence, 1715, in-12; Vérone, 1753, in-4. Réimpr. dans les *Lirici antichi fino al sec. XVI*. Venise, 1774, in-12. Sonnets et autres poésies amoureuses dont il n'a pas été fait de trad. française.

Historietta (ou *Istoria*) *amorosa de Hippolito Buondelmonti e Lionora di Bardi* (in ottava rima, attrib. à Léonard Arétin). S. l., 1471, in-4. Édit. très rare et très-recherchée du prem. roman d'amour qui ait été imprimé. Dans cette nouvelle, très-populaire en Italie, un jeune homme se laisse condamner à mort comme voleur pour ne pas compromettre la femme qu'il aime. Des édit. de Florence, fin du XVe siècle, in-4 de 8 et 6 ff. se sont vendues Libri, 121 fr., 90 fr.; et d'autres édit. du XVIe siècle, de 15 à 20 fr. — Réimpr. à Londres, 1813, pet. in-8, tiré à 40 exempl.

Storia di Sesto Tarquinio et Lucretia. Poema della malitia delle femine. S. l. n. d. (Tarvisii, circa 1475), in-4. Heber, 3 liv. 15 sh. Pet. poëmes en octaves. Le Malitie delle donne ont été réimpr. très-souvent; de 10 à 15 fr.

Driadeo d'amore, poema in ottava rima, da Luigi Pulci. Florence, 1479, in-4; 1re édit. Randon de Boisset, 34 fr. — Florence, s. d., 1481, 1487, in-4, 1 fig. sur b. Libri, 57 fr.

Opera nuova nella quale si contiene un invito de alcuni ortolani con la riposta, et la Pastorella con la Tramutatione, etc. S. l. n. d. (XVIe siècle), in-8 de 4 ff., fig. sur b. Libri, 35 fr. 50. Poésies libres; la Tramutatione commence ainsi : Vidi una puttanella; on peut juger du reste. La Pastorella, nouv. du cav. Marino, a été trad. en vers franç., et impr. en 24 pp., s. l. n. d., par J. Dupuy, à 12 exempl., avec une imprimerie portative; Walckenaer, 10 fr.

Frottola di diversi autori fiorentini, con due capitoli e un sonetto d'amore (da L. Pulei). S. l. n. d. (Florence, XVIe siècle), in-4 de 4 ff., 1 fig. sur b. Libri, 100 fr. — Florence, 1600, in-4 de 4 ff. Soranzo, 11 fr. 25. Poésies célèbres, bizarres et burlesques; V. le Manuel, III, 875.

Stanze bellissime intit. le Selve d'amore. (Poésies amoureuses et pastorales de Laurent de Médicis, dit le Magnifique); Venise, 1522, in-8 de 24 ff.; Roscoe, 4 liv. 7 sh. Réimp. plusieurs fois. — *Canzoni a ballo*, du même, de Mich.-Ang. Politiano, etc. Florence, 1568, in-4; Libri, 200 fr.; cette éd. a été réimp. à 100 ex. p. Gamba, vers 1800. Poésies facétieuses fort libres et dont plusieurs n'ont pas été reproduites. *Poesie del M. Lorenzo de Medici che fu padre di papa Leone, e di altri suoi amici contemporanei*; Vinegia, Aldo, 1554, in-8; l'exemplaire n'est complet qu'avec la feuille O de 8 ff. Pendant le tirage, Alde, se repentant d'avoir inséré de certaines poésies licencieuses dans cette feuille, la réimprima expurgée, avec 4 ff. seulement; très-peu d'ex. échappèrent et ils sont très-recherchés: Libri, 270 fr. — Bergame, 1763, in-8. — Londra, 1801, 2 part. in-4; éd. très-complète; Libri, 27 fr. — Pisa, 1816, in-8, av. fig. et portr. de l'auteur.

Poema de dui amanti Paulo et Daria, comp. per G. Vesconte. Milano, 1495, in-4; La Vallière, 10 fr.

Il Sonaglio delle donne (in ottava rima) da Bern. Giamburlari. S. l. n. d. (Florence, fin du XVe siècle), in-4 de 4 ff.; Libri, 77 fr. Cette satire facétieuse a été réimp. Leyde (Livourne), en 1823.

Il Contrasto degli homini et delle donne (in ottava rima). S. l. n. d. (Florence, fin du XVe siècle, 1 fig. s. b.; Libri, 76 fr.

L'Arcadia, del Sannazaro (composition galante, composée d'églogues en v., entremêlées de dissertations champêtres en prose). Napoli (fin du XVe siècle), in-4; La Vallière, 27 fr. — Florence, les Juntes, 1514, in-8. — Venise, Alde, 1514, in-8 de 90 ff.; de Gaignat, 34 fr. — Venise, Alde, 1534, 2 part. in-8 (éd. av. les *Sonetti e Canzoni*, du même); Tech., 50 fr. — Venise, Paganino, 1515, in-32, Txoss, 12e cat. 60 fr. Nombreuses réimp. mod. de faible valeur. Traductions : *L'Arcadie*, de Jacq. Sannazar (trad. p. J. Martin); Paris et Lyon, 1544, pet. in-8; de Gaignat, 10 fr. — Le même ouvr., trad. par Ant. Pecquet; Paris, 1737, in-12.

Strambotti e fioretti nobil. d'amore (in ottava rima, da Alvis. Pulei). Venise (comm. du XVIe siècle), pet. in-4 de 4 ff.; Libri, 109 fr.

Strambotti gentilissimi ad esempio d'ogni innamorato (in ottava rima). S. l. n. d. (Venise, comm. du XVIe siècle), in-4 de 2 ff. av. 1 fig. s. b.; Libri, 28 fr. 50.

Amori di Fr. Carazolo; Napoli, 1506, in-fol. de 12 ff.; Libri, 117 fr.

Grandissimi dolori e gli insopportabili tormenti che patiscono le povere cortigiane, e chi le seguita, etc. (en v.; Florence, comm. du XVIe siècle), in-4 de 2 ff., 1 fig. s. b.; Libri, 102 fr. Cet opuscule facétieux donne la généalogie du *mal franzese*, et il doit avoir beaucoup de rapports avec un petit poëme libre et facétieux, en stances de huit vers, intit. *Lamento del tribulato Strascino, sopra il male franzese* (da Campana, de'Rozzi). Sienne, s. d. in-8 de 24 ff., av. 1 fig. curieuse; Libri, 40 fr. — Venise, 1521, 1523, in-8, fig., éd. augm. de 30 octaves consacrées à l'hist. de ce mal; Libri, 24 fr.

Opera jocunda J. G. Alioni astensis. Ast, 1520, 1521, pet. in-8 de 200 ff., fig. s. b.; Heber, 430 fr. — Il y a dans ce recueil des pièces en patois très-libres; entre autres la *Sententia in favore di due sorelle*. Il a été réimp., mais d'une manière incomplète.

Historia della mal maridata et altre canzone. Milano (comm. du XVIe siècle), in-4 goth. de 2 ff., fig. s. b.; Libri, 20 fr. 50. Chanson fort libre.

Il Manganello. S. l. n. d. (Venise, Zoppino, v. 1530?) pet. in-8 de 28 ff.; Nodier 400 fr. 23 capitoli très-libres et très-satiriques et dont l'auteur est tout-à-fait inconnu. Le titre de l'ouvr., qui veut dire rouleau ou cylindre, ne s'explique pas très-bien non plus. Il a été réimp. à Paris en 1860, in-8 de 80 pp., tiré à 100 ex.; cette réimp. n'a pas été mise dans le commerce.

La Puttana errante, pet. poème de 138 octaves, div. en 3 ch. et suivi de *Il Trent'uno de la Zaffetta*, en 1 ch.; le tout attrib. à L. Veniero. S. l. n. d. (Venise, v. 1531), in-12 de 54 ff. Éd. très-rare. — La même ouvr., suivi d'autres poésies italiennes extrêmement vives : un sonnet de P. Aretino; la Zaffetta, attrib. à Lor. Veniero, récit obscène des aventures d'une courtisane de Venise; la *Cazzaria* de Marini; il Lamento d'Elena Ballerina, detta l'Erratile, etc. (Le 1er titre de ce vol. est *Poesie da fuoco di diversi autori*). Lucerna (Venise?) 1651, pet. in-8, av. le portr. de Maffeo Veniero, archev. de Corfou, que l'on supposait être auteur de la Puttana. Hibbert, 6 liv. 8 sh. N'a paru dans aucune vente française.

Il Vanto e Lamento della cortigiana ferrarese, con il Lamento d'una villanella, etc., comp. par G. B. Verini. Siena, s. d., pet. in-8 de 4 ff.; Libri, 25 fr. — S. l. n. d., in-8, 4 ff.; Libri, 19 fr. — Venise, 1532, 1538, in-8 de 8 ff.; Libri, 27 fr. Pièce assez libre et qui a des rapports avec le Lamento du Strascino, car la courtisane ferraraise se plaint d'être réduite à la misère à cause du *mal francese*, etc.

Le Miserie de li amanti, di nobile Socio (en pr. et en v.). Venise, 1533, in-4 de 92 ff.; Lambert, 13 fr.

Il Vendemmiatore, poemetto in ottava rima di Luigi Tansillo. Napoli, 1534, in-4 de 8 ff. Éd. orig., très-rare; elle passe pour être la seule qui n'ait pas été corrigée. — Venise, 1549, pet. in-4; Nodier, 35 fr. — S. l. n. d., in-12, éd. av. les Capitoli burleschi de Gir. Magagnati; Randon de Boisset, 9 fr. — Caserta, 1780, in-16. — Avec *la Priapea*, sonetti lussuriosi satirici di Nic. Franco et un avis de l'éditeur, par l'abbé de Saint-Léger; Peking, nel XVIII secolo (Paris, 1790), pet. in-18; Libri, 21 fr. — Le même poème, publ. sous le titre de : *Stanze amorose sopra li horti delle donne et in lode della menta* (da Tansillo); *la Caccia d'amore, del Berni*, etc. Venise, 1574, pet. in-12 de 48 ff., av. jolies fig. s. b.; Nodier, 47 fr. — Les stances licencieuses in lode della menta avaient déjà été imp. une 1re fois, s. l. (Venise), 1538, pet. in-8 de 16 ff., fig. en b. remarquables; Libri, 18 fr. 50. *La Caccia d'amore* est un ouvr. fort libre qui commence ainsi : Noi siamo, o belle donne, cacciatori. Traductions françaises : *Le Vendangeur*, de Tansillo, trad. p. de Grainville; Paris, 1792, in-12. — *Le Jardin d'amour, ou le Vendangeur*, trad. p. Mercier de Compiègne; Paris, an III, an VI, et 1800, in-12, fig. Trad. peu exacte et sans élégance, mais elle rend le texte complet avec les 12 stances supprimées dès la 2e éd. du Vendemmiatore.

Tariffa delle puttane, overo Ragionamento del forestiero e del gentilhuomo, nel quale si dinota il prezzo e la qualità di tutte le cortigiane di Vinegia, etc. (Venise, Zoppino?) 1535, in-8 de 19 ff.; Libri, 355 fr. A été attribué, mais sans indices suffisants, à l'Arétin.

Amoroso ardore (par le Dragoncino), *etiam la Prodica vita di Lippotopo* (poème burlesque en octaves, un des ouvrages les plus rares de l'Arétin). Venise, 1536, in-8, port.; Libri, 85 fr.

Commento di ser Agresto da Ficaruolo (da Ann. Caro), *sopra la prima ficata del padre Siceo* (Fr. Molza), *con la Diceria de' nasi* (la Harangue sur les nez, p. Dolce). Barbagrigia da Bengodi, 1538, 1539, pet. in 4; Renouard, 38 fr. — 1540, pet. in-8 de 56 ff.; Delmre, 21 fr. Réimp. à la suite des Ragionamenti dans l'éd. de 1584.

I Germini sopra quaranta meretrici, etc., in ottava rima. S. l. n. d. (Florence, v. 1540), in-4 de 6 ff., fig. en b. fort curieuses; Libri, 102 fr. Dans ce poème, l'auteur introduit les 40 putains (c'est le mot employé à la fin de l'ouvrage) de Florence et il en donne le nom et la biographie. On trouve à la suite le *Vanto* des courtisanes qui ne sont pas mentionnées dans les Germini, avec un sonnet adressé à la Ventura.

Historia di Maria per Ravenna, in ottava rima. S. l. n. d. (Venise, v. 1540), in-4 de 4 ff., 1 fig. en b.; Libri, 25 fr. — Firenze, 1558; Libri, 18 fr. 50. — Trevigi, 1636; Libri, 6 fr. Conte facétieux et libre; imit. du 25e prov. de Fabrizi.

Ardor d'amore, etc., par J.-B. Verini. Venise, 1541, pet. in-8 de 24 ff. Rare. Réimp. à Rome, 1549, et à Venise en 1586.

Sonetti, con la Priapea, di Nic. Franco. Torino (Casale di Monferrato?), 1541, in-8; Randon de Boisset, 12 fr. Réimp. et plus complet en 1546 et 1548; 225 pp. Ces sonnets sont une satire sanglante et écrite dans un style obscène contre l'Arétin. A la suite de la Priapée, il y a des lettres de Franco fort curieuses.

Strambotti a la villanesca, etc. da Pietro Aretino; Venise, 1544, in-8 de 40 ff.; Libri, 85 fr. 2 pet. poèmes en octaves; les Strambotti sont une imitation en langage rustique de la Nencia et de la Beca et sont adressés à la Viola; la 2e pièce est à la louange d'Angela Serena; la dédicace de cette pièce donne la liste des ouvr. publiés et inédits de l'Arétin.

Rime et prose volgari di G. Brevio (prélat et poète vénitien). Rome, 1545, in-8; Libri, 149 fr. Six nouvelles fort libres, dont l'une est le Belphégor de Machiavel qui ne parut qu'en 1549 sous le nom de son véritable auteur.

Opera nova dove si contiene una Caccia amorosa, etc. (Venise, av. 1550), in 8 de 4 ff., fig. s. b.; Libri, 32 fr. 50. Pièces en patois de Bergame; la *Caccia d'amore* est en italien.

Pescatoria amorosa, etc. (Venise, XVIe siècle), in-8 de 4 ff., fig. s. b.; Libri, 35 fr. La Pescatoria, en patois de Venise, est fort libre; le Stanze tramutate del Ariosto in laude delle donne, sont une parodie.

Bravata che fa un giovane innamorato d'una cortigiana... Cosa da ridere (Venise, v. 1550), in-8 de 4 ff., fig. s. b. singulière; Libri, 20 fr. 50. Facétie contre une courtisane, en ital. et en patois vénitien.

Canzone et barzellette ridiculose, (XVIe siècle), in-8 de 4 ff.; Libri, 21 fr. 50. Facéties très-libres en patois napolitain.

La Historia di Susanna (Florence, v. 1550), in-4 de 4 ff.; Libri, 13 fr. En octaves.

Tempio d'amore, in ottava rima; da Nic. Franco. (Venise), in-8 de 20 ff.; Libri, 30 fr. Portraits des plus belles femmes de Venise.

La Bella Molinara, con le astutie usate per contentare il suo diletto amante. Milano (XVIe siècle), in-8 de 4 ff.; Libri, 15 fr. Nouvelle amusante, en octaves.

L'Adone, poema, da Gio. Tarchagnota. Venise, Alde, 1550, pet. in-8 de 46 ff.; Libri, 99 fr.

Pistolotti amorosi. Venise, 1552, 1554, 1558, in-12 de 147 ff., fig. s. b.; Libri, 24 fr. 50. Rec. facétieux dû, en grande partie, à Doni et cont. des nouv. et des poésies (*il Fuso*, par exemple) fort libres.

Il Bolognese, overo Masetto da Lamporecchio (en octaves, aut. inconnu). S. l. n. d. (Florence, XVIe siècle), in-4 de 4 ff., fig. s. b.; Libri, 89 fr. C'est le conte du Décaméron, traité en franç. par la Fontaine. A été réimp. sous le titre : *Istoria di Mazetto*, Florence, 1557, in-4 de 4 ff., 1 fig. s. b.; Potier, 25 fr.

Tutti i trionfi, carri, mascherate, o Canti carnascialeschi, andati per Firenze dal tempo del mag. Lorenzo vecchio de Medici, racc. dal S. Lasca, con Canzoni di M. Batt. dell' Ottonaio. Florence, 1559, in-8; Bourtourlin, 250 fr. Recueil cont. des pièces fort libres de Machiavel, de Laurent de Médicis, du card. Divizio, etc. Ce vol. fut mutilé et on en arracha, pp. 298 à 396, les Canzoni dell'Ottonaio; mais ces Canzoni furent réimp. séparément l'année suivante, et, de plus, quelques autres pièces qui n'avaient pas encore paru; le vol. n'est complet qu'avec ce supplément. — Cosmopoli (Lucques), 1750, 2 vol. in 8, av. beaucoup de portr.; éd. complète et cependant peu chère.

La Semplicità, over Gofferie, etc., da Bart. Rotondo. (Venise, v. 1560?), in-8 de 24 ff.; Libri, 80 fr. Parodie des romans de chevalerie, en patois de Trévise, en octaves, suivie de pièces fort libres en italien, en terza rima; le Remedio d'amore se fait surtout remarquer.

Frottole composte da diversi autori, cioè la Brunettina mia; la Pastorella si leva per tempo (da Lor. de Medici); *la Canzone del Ciarcotta* (facétie fort libre, du Politien, ainsi que la suivante) : *Amor mi priendi libertà.* Florence, 1560, in-4 de 2 ff., 1 fig. s. b.; Libri, 110 fr.

Aneddoto della gelosia (da Guidicciolo). Venise et Brescia, 1565 et 1566, pet. in-8 de 174 ff.; Libri, 18 fr. Nouvelles fort libres, entremêlées de citations de l'Arioste. Réimp. dans le Novelliero, Venise, 1754.

I Pivoli delle donne, in ottava rima. Genova, 1573, in-8 de 12 ff. Libri, 11 fr. 50. Satire contre les femmes.

Le Rime di Ant. Franc. Grazzini, detto il Lasca. Florence, 1741-42, 2 vol. in-8, portr. Libri, 19 fr. Poésies fort libres, particulièrement les canti et les épitaphes qui sont, en général, très-mordantes.

Capitoli burleschi d'incerto autore. Il y a deux ouvrages sous ce titre : le 1er, s. l., l'anno INIC (de la fin du XVIe siècle), pet. in-12 de 24 ff. Libri, 60 fr.; c'est un recueil cont. des pièces fort libres, la Chitarra, qui y est contenue, est de Magagnati. — 2e : s. l. n. d., 2 part. in-12. Libri, 90 fr.; petit recueil de pièces également fort libres, mais différentes de celles du recueil précédent; on trouve dans celui-ci la Strazzosa de Venieto, pet. poème célèbre en patois vénitien, ainsi que les pièces les plus libres de Berni, de Tansillo, etc. La préface est signée G. Magagnati, et on lui attribue les premiers capitoli de ce livret.

Canzoni amorose. Trino, 1593, in 8 de 4 ff. Libri, 17 fr. 50. Recueil fort libre.

Scudo fedele ad ogni huomo nel quale s'insegna a conoscer le malitie, astutie et inganni che usano le cattive cortigiane. Trino, 1594, in-8 de 4 ff. Rare.

Successo bellissimo d'amore d'una giardiniera, con l'astutie da lei usate al marito, in favor dell' amante. S. l., 1594, in-8 de 4 ff. Libri, 19 fr. 50. Nouv. assez curieuse et libre, en octaves.

Arpolice amorosa, di J.-S. Martini Lintaro. Orvieto, 1594, in 8 de 8 ff. Libri, 23 fr. 50. Pet. poème rempli d'équivoque fort libres.

Opera nova di dui amanti, da G.-G. Brunetto. Napoli, 1595, pet. in-8 de 4 ff. Libri, 18 fr. 50. Opuscule facétieux.

Villanelle nove, fatte in dialogo, tra il Garofolo e la Rosa, date in luce da Lucretia Rosetta, detta Pimpinella in comedie. Venise, vers 1600, pet. in-8; rare. Cette pièce, comp. par une femme, en patois vénitien, est pleine d'équivoques très-libres.

Opera nova dove si contiene le astutie delle cortigiane, etc., da An. di Palm. S. l. n. d. (v. 1600), in-8 de 4 ff. Libri, 12 fr. 50. Facétie écrite en partie en patois vénitien.

Le Fiamme amorose, egloghe pastorali, di A. Carlo Illini. Venise, 1600, pet. in-12. Peu commun.

Caso occorso di due donne maritate insieme, nella città di Verona. Opuscule de 4 ff., en vers, très-singulier et très-rare.

L'Uccelliera d'amore, da G.-C. Croce. Bologna, 1608, in-4. Libri, 18 fr. 50. Cette Volière d'amour est facétieuse.

La Luganeghera, canzon nuova, come un giovane innamorato d'essa, ottenne il suo desiderio, con l'astutie da lui usate; da D. Grillo. Venise, 1610, pet. in-8 et Bologne, 1613, 4 ff. Singulier et rare.

Il Labirinto de' mal maritati, ottave di Fr. Dughetti. Bologne, 1621, in 8. Libri, 7 fr. 50. On peut y joindre comme contraste une autre facétie des mêmes auteur, lieu, date et format : *Il Horto delitioso delli sposi novelli*, 4 ff. Libri, séparément, 10 fr.

Insonio amoroso, con un tradimento d'amore e la canzon della Morosetta (p. Lucretia Rosetta). Verona, 1622, pet. in-8 de 4 ff. Libri, 34 fr. Poésies burlesques et libres.

L'Adone, poema heroico del cav. Marino. Venetia, 1623, pet. in-4. — Amst., Elzev., 1678, 4 vol. in-24, avec jolies fig. de Séb. Leclerc. Potier, 15 fr. Ce poëme est trop long, et Ginguené voulait le réduire à cinq chants. Fréron et le duc d'Estouteville ont fait, sous le titre suivant, une imitation du 8e ch. qui est le plus intéressant : *Les Vrais Plaisirs ou les Amours de Vénus et d'Adonis*. Amst., ou Guide (Paris), 1748, 1750, 1784, 1798, in-12; Paris, 1775, gr. in-8 de 54 pp., vign. d'après Eisen; Amst., 1776, in-32, édit. peu commune. Les trad. n'ont pas su se garantir de l'affectation ridicule de leur modèle.

Canzonette che cantano li putti in Venetia, etc. Venise, 1626, pet. in-8 de 4 ff. J. G., 20 fr.

Franceide, ovvero del mal francese, poema giocoso, de Gio. Batt. Lalli. Foligno, 1629, in-12. Burette, 10 fr.

La Tina, equivoci rusticali, da Ant. Malatesti. Londra, (1757), in-8, tiré à 50 exempl. Libri, 15 fr. 50. 50 sonnets licencieux, composés en 1637 et encore inédits.

Barzeletta nova sopra le putanelle che vanno in maschera questo carnevale, etc. (da Cesare Croce). Vicence (XVIIe siècle), pet. in 8 de 4 ff. Potier, 40 fr. En patois bolonais.

L'Istoria di Marietta, cortigiana, Lucca, s. d., in-12. Rare.

La Corneide, poema eroi-comico di G. de Gameta. S. l. n. d., 7 part. in-8 avec portr. et front. gr. Poëme rare sur les maris infortunés.

Sonetti amorosi, da G. Bertola. Citera, s. d., in-8. Scheible, 36 kr.

Satire di Dotti. Ginevra, 1757, 2 tom. in 12. Libri, 8 fr. Rec. de pièces fort libres.

Poesie di G. Baffo (sonnets facétieux et canzone en dialecte vénitien). S. l., 1771, in-8. Libri, 27 fr. Réimpr. à Londres, en 1789, in-12, fig. repr. la Vénus de Médicis. — *Raccolta universale delle opere di G. Baffo*. Cosmopoli (Venezia), 1789, 4 vol. in-8; vendue en 1843, 60 fr. On sait que Baffo est un poëte licencieux.

Il Fodero, ossia il Jus sulle spose, etc., poema satirico-giocoso, in ottava rima, da Colombo Giulio. In Nizza, 1788, in-18; peu commun. Traductions : *Le Droit de jambage, ou le Droit des anciens seigneurs sur les nouvelles mariées*. Paris, 1790, in-8. Crozet, 10 fr. — *Le Droit du seigneur, ou la Fondation de Nice*, etc., p. Saint-Albin (p. Collin, de Plancy). Paris, 1820, in-12 : la même trad., même édit., a reçu 3 ans plus tard le titre suivant : *Abelina, hist. du XIIIe siècle, suivie des Aventures de Mgr le Bejaune*, etc.; p. Eug. Allent. Peu de valeur.

Raccolta di novelle del padre Atanasio da Verocchio (de Domenico Batacchi). Londra (Italie, en 1798), 4 part. en 2 vol. pet. in-8, 338 et 326 pp. Cette édit. cont. 18 nouv. ou pet. poëmes galants tirés, la plupart, du Masuccio; elle est peu commune. — *Novelle galante del P. Atanasio*, etc. Londini, 1800, 3 vol. pet. in-8 et Milano (Florence?), 1811, 2 vol. in-8. — *Opere complete di D. Batacchi*. Paris, 1830, gr. in-8, à 2 col., avec pl. Toutes ces édit. sont assez rares et recherchées. — *Nouvelles galantes et critiques*, par B. (Batacchi); trad. de l'it. (par Louet, de Chaumont). Paris, an XII (1803), 4 tom. pet. in-18. Peu commun.

Novelle galanti (in ottava rima, dell' abate Giambatista Casti). Londra (et Paris, Molini), 1793, in-8. — Venezia, 1794, 2 vol. in-8. — Milano, 1797, 3 vol. in-12. — Peking, s. d., 3 vol. in-12, avec fig. libres. Scheible, 12 fl. — Paris, an IX, 3 vol. in-18. Scheible, 10 fr. Paris, 1804, 3 vol. in-8, portr.; édit. estimée. Saint-Mauris, 13 fr. — Florence, 1812, 2 vol. pet. in-8. — Paris,

1829, 5 vol. in-32. — *Le Ultime Novelle di G. B. Casti.* Amst., 1804, 4 vol. in-12, fig. assez libres ; édit. remarquable et peu commune. — *Opere complete di G. Casti.* Paris, Baudry, 1835, in-8 de 52 ff., portr., 20 fr. On lit dans le cat. Motteley (1824, n° 997), qu'un ms. en 3 vol. in-8 laissé par le D. Cerona, offre des différences avec le texte imprimé. Il existe une traduction franç. manuscrite, en prose, intit. : *Nouvelles galantes en vers, de l'abbé J. B. Casti,* 2 vol. in-4, datés de Nantes, 1809. Les contes de Casti sont au nombre d'environ 50 et sont très-facétieux ; ils sont intitulés : le Bonnet magique ; la Chemise de l'homme heureux ; les Deux Sunamites ; l'Épouse cousue, etc. Deux de ces contes ont été trad. en vers, en franç. : l'un, p. Andrieux : *la Bulle d'Alexandre VI,* Paris, 1802, in-8 de quelques pages, rare ; et l'autre, par Villetard : *les Culottes de saint Griffon,* Paris, 1803, in-8, peu commun.

Amori, poesie anacreontiche del conte L. V. Savioli Fontana. Lucca, 1765, in-8 ; édit. rare. — Bassano, 1789, in-12, 1 fig. — Parigi, 1794, in-12, Perret, 20 fr. — Crisopoli (Parme), 1795, in-4 ; imp. p. Bodoni, qui en a fait aussi une édit. in-16.

La Motta d'Utatelne, ossia la Betulia liberata, poema di Falce Stone (di Natale Falcini). Genova, 1805, in-18. Libri, 26 fr. — Réimp. sous le titre : *la Betulia liberata.* Genova, 1816, in-18. Nodier, 35 fr. Poëme impie et très-libre, en patois de Livourne. Louis Douclou, maître d'école à Livourne, en a fait une paraphrase, indiquée Bastia, 1832.

Poesie erotiche del dottore P. Balbiani. Florence, Molini, 1812, in-8 de 15 ff.

Fiore de' nostri poeti anacreontici. Venise, 1815, in-8 tiré à 100 exempl.

Poesie et satire di P. B. (Pietro Buretti, m. à Bologne, en 1822). Amst. (Florence), 1823, in-12. Ouvr. licencieux, saisi et détruit presque en totalité.

POETES ESPAGNOLS.

Cancionero de obras de burlas provocantes a risa ; en Madrid, Luis Sanchez, s. d. (vers 1505), pet. in-8 ; le seul exempl. connu est au British Museum ; Pickering en a fait à Londres en 1841 une réimp. à pet. nombre et qui est un véritable chef-d'œuvre typographique. Duplessis, 26 fr. 50. — Valencia, 1519, in-4 ; cette édit. s'arrête à la pièce intit. Carajicomedia ; la suite, c'est-à-dire, les Lamentationes de amor et le Glossaire, ne se trouve que dans l'édit. de Pickering. Recueil de pièces fort libres à l'exception de quelques-unes ; aussi le nom de libraire Sanchez et les mots con privilegio sont, sans doute, une plaisanterie.

Cancionero llamado flor de enamorados, sacado de diversos autores, etc., por Juan de Linares. Barcelona, 1608, pet. in-8 obl. Nodier, 145 fr.

Las Eroticas, y trad. de Boecio de D. Est. Manuel de Villegas. Madrid, 1774, 1797, 2 tom. pet. in-8. Peu commun. Ce rec. de trad. en v. esp. d'Anacréon, d'Horace, etc., avait déjà paru sous le titre : *las Amatorias.* Naxera, 1617, 2 vol. in-4 ; très-rare.

Cancionero llamado danza de galanes en el qual se contieren innumerables canciones para cantar y baylar, etc. ; por Diego de Vera. Barcelona, 1625, pet. in-8 obl. Nodier, 89 fr.

Poesias eroticas escolhidas de Lope de Vega y de don Juan de Jauregui. Paris, T. Barrois, 1818, 1821, in-18.

Fabulas futrosoficas, o la filosofia de Venus en fabulas, Londres (Bordeaux, P. Beaume), 1821, in-18 de 17 et 112 pp. Peu commun. 40 fables en vers y compris la prem. qui est intit. El Poeta, Venus, el Carajo y el Chocho. Dans plusieurs de ces apologues des animaux sont mis en jeu ; dans d'autres, ce sont des personnages de notre espèce : Mon ami et Jeanne l'entremetteuse, la Dévote ; l'Étudiant et le Militaire, etc.

POETES ANGLAIS.

Court-miscellany. A collection of amorous poems. 1731. Rare.

The Muse in good humour, or a collection of comic tales, by the most eminent poets. London, 1751-57, 2 vol. in-12 ; le vol. de 1751 est une 6e éd. et celui de 1757 une 1re éd. du 2e vol. Contes en vers dont plusieurs sont de Swift, le Rabelais de l'Angleterre, plusieurs sont imités de La Fontaine, etc.

The Lyre of love. London, 1806, 2 tom. in 8, fig.

Confessio amantis, that is to saye in englysshe the Confession of the lover, maad and compiled by Johan Gower, etc. (poëme). Westminster, W. Caxton, 1493 (1483), in-fol. goth. de 216 ff. ; Roxburghe, 336 liv. — Londres, 1532, 1554, in-fol. ; de 3 à 6 liv.

La Conusaunce damours (Here begynneth a lytell treatise cleped). Printed by Rich. Pynson. S. l. n. d., in-4 goth de 16 ff. Sykes, 96 liv. 4 sh. Pet. poëme rare.

The Court of Venus, a collection of songs of love. S. l. n. d. (v. 1560), in-8. Grasse, Trésor.

The Mistress, or Several Copies of love verses, by Abr. Cowley. London, 1647, in-12 de 126 pp. Grasse, Trésor.

Theophila, or Love's sacrifice, a divine poem, by E. Benlowes. London, 1652, in fol., av. portr. et fig. s. b. et s. cuivre ; Longman, en 1817, 6 liv. 6 sh. ; le portr. de l'auteur seul est estimé par J. Caulfield 2 liv. 12 sh.

Comes amoris, or the Companion of love, being a collection of songs : first book, 1687 ; fifth book, 1694, in-fol. Grässe, Trésor.

Holborn drollery, or the Beautiful Chloret surprised in the sheets; all the love songs and poems which she hath been treated this long vacation. 1673, in-12. Rare.

Poems on several occasions, written by a late person of honour (by John Wilmot, earl of Rochester). London, 1685, in-8 de 128 pp. ; très-rare. — *Rochester's poems*; London, 1714, in-12, av. fig. libres ; éd. indiquée au Manuel. — *The Works of the earls of Rochester, Roscomon and Dorset, the dukes of Devonshire, Buckinghamshire, etc.*, 4 ed. with additions ; London, 1759, 2 vol. in-12 de 222 pp. ch., av. 4 gr. et 2 portr. Il y a eu plusieurs éditions depuis. Un recueil de pièces libres, intitulé *Cabinet of love* précède ou suit les poésies de Rochester ; on y trouve entre autres pièces une imitation en vers d'un dialogue de Meursius.

The Land of love, a poem. London, 1717, in-12 ; rare.

Progress of love, in four eclogues. London, 1732, in-8. Rare.

The Cupido, a collection of love songs in twelve parts, 1736, 1739, in-12, fig. Grässe, Trésor.

The Tea-table, or a collection of choice songs ; publ. by Allan Ramsay, 10e éd., London, 1740, 4 tom. in-12 en 1 vol. (la pagination suit), portr. C'est un rec. de chansons galantes.

Economy of love ; by Armstrong, London, 1747, in-8. Poème souvent réimpr. et trad. en franç. par un anonyme sous le titre : *Économie de l'amour*, poème en 4 ch. ; Paris, an VIII in-12 et 1810, in-8 de 44 pp.

Crazy tales, by Hall Stevenson, 1762, in-12. Il y a probablement d'autres éditions. Contes en vers, aussi libres, pour le moins, que ceux de La Fontaine.

Love and beauty, a collection of poems, written by the best authors. London, 1769, in-8. Peu commun.

Loves tales and elegies. London, 1775, in-8.

The Festival of love, or a collection of cytherean poems. London, 1789, pet. in-12.

Eloisa in dishabille, being a new version of that lady's epistle to Abelard, done into familiar english metre, by a lounger (attrib. au col. Matthews ; l'helléniste Porson en ayant fait faire une réimp. en 1822, in-8, tirée à 50 ex., on lui a aussi attribué à tort cet opuscule). London, 1801, in-4. Rare. Pet. poème assez libre.

Hours of idleness (poésies galantes et juvéniles de lord Byron). La 1re éd., 1806, a été détruite, à l'exception de 2 ou 3 ex. ; la 2e éd. (égal. en 1806) dans laquelle on a omis un poème libre contenu dans la 1re, a été tirée à 100 ex. ; enfin, il y a eu en 1807 une 3e éd. dans laquelle on a retranché quelques pièces et où en a ajouté d'autres.

The Pleasures of love, being amatory poems, original and translated, from the asiatic and european languages ; by G. W. Fitz William. 2e éd. ; London, 1807, in-12, front.

Love's lyrics, or Cupido's carnival ; by J. Scott Byerley. London, 1807, pet. in-8.

Flowers of loveliness ; Londres, 1836, in-4. — *Gems of beauty* ; Londres, 1838, in-4. Ces deux recueils de poésies de la comtesse Blessington sont ornés chacun de 12 charmants groupes féminins dess. par E. T. Parris.

Woman, a poem, founded on facts ; by a member of Christ's College, Cambridge. Boulogne-sur-Mer, 1838, in-8 de 20 pp.

POETES ALLEMANDS, ETC.

Recueil de poésies d'amour extraites de 140 poetes de la Souabe, tirées des mss. de la B. royale de France ; p. Ruedger Manessen (en allemand). Zurich, 1758, 2 vol. in-4. Peu commun. On peut citer encore dans les anc. poetes all., Adolphus, qui écrivit en 1315 huit fables en vers, retraçant d'une façon assez libre la perfidie des femmes à l'égard de leurs maris ; Leyser, *Historia poetica medii ævi*, pp. 2007 à 2036.

Das Buchlein der Liebe. Le Livret de l'amour, en vers. Strasb., 1519, in-4 de 50 ff.

Friesche Lusthof, beplant met verscheyden stichtelyke Minneliedekens, Gedichten ende Boertighe Kluchten, door J.-J. Starter. Amst., 1627, in-4 obl., fig. et mus. notée. Curieux recueil de chansons d'amour.

Minnespiegel der deugden... Miroir des chansons amoureuses, etc., p. J. H. Krul. Amst., 1639, 2 tom. pet. in-4, av. beaucoup de jol. grav. en t. douce.

De Dronkdragende vrouw. — *De Gestoorde vrught*. — *De Springende doctor*. — *Schecte gricf of de gestrafte wellust*. Scènes de lieux de débauche, en holl., qui auraient été impr. p. Pierre Elzevir, de 1662 à 1666. Pieters, Annales des Elzeviers, 1851, p. 277 ; Renme, dans son travail sur les Elzeviers, p. 54 ; Grasse, Literargeschichte, III, 1255.

reproduisent également les titres de ces ouvrages, mais aucun d'eux ne paraît les avoir vus. Ils sont très-rares, s'ils existent réellement.

J. Cats selbst streit... Histoire de Joseph et de Sephyra, femme de Putiphar (en vers, p. J. Cats). Nuremberg, s. d. (v. 1660), in-8 obl., fig. Cats est aussi l'auteur d'un poëme qui a été trad. en franç., en pr., p. Ch. Jacq. Barrois : *L'Art du mariage*; Paris, 1830, in-12 et in-8.

Geharnischte Venus... Vénus cuirassée, Recueil de vers érotiques (il y en a de dédiés à Priape); par Jacob Schwieger. m. v. 1666. Rare.

Die Ruhestatt der Liebe, oder der Schoos der geliebten... Le Repos de l'amour, ou le Sein de l'amante; p. J. von Besser; fin du XVIIe siècle; rare. Poésies très-érotiques.

Gedichte in geschmacke des Grecourt... Poésies dans le genre de Grécourt; p. J. G. Scheffner; s. l. n. d., 2 tom. in-8, front. — Francfort, 1771, in-8. — Schaffouse, 1783, in-12. — En Allemagne, 1808, in-8. Réimp. sous le titre : *Gedichte nach dem leben*... Poésies d'apr. nature. Londres, 1786, in-12, et Paris, 1792. Serig, prix peu élevés.

Die Inoculation der Liebe... L'Inoculation de l'amour, conte en vers (par Thummel). Leipzig, 1771, in 8, av. front. et vignettes. — Vienne, 1802, in-12.

Komische Erzahlungen... Contes comiques, en vers. S. l., 1775, in-12. Ouvr. libre.

Bagatelles, poésies (en all.), p. Gerstenberg. Vienne, 1803, in-12.

Lieder zum theil... Chansons cyniques, en partie en patois bavarois; p. P. M. Sturm. S. l., 1819, in-12.

Erotische Lieder... Chants érotiques; p. W. Heidelberg. Leipzig, 1821, in-8.

Erotische Lieder... Chansons et épigrammes érotiques de Rob. Burkner. Breslau, 1833, in-8.

Scheisserien und arschwische herausgegeben (collection de poésies cyniques). S. l. 1836, 2 part. in-12.

LXXII Schwedische Gedichte metrisch frei nebets... 72 pièces de vers érotiques, trad. du suédois, de W. von Braun, par Alleno. Berlin, 1854, in-8.

POETES ORIENTAUX.

Wamik und Asra... L'Amour et Flore, l'un des plus anciens poëmes persans, par Ansari, analysé par Jos. de Hammer. Vienne, 1833, in-8 de 40 pp. C'est aussi M. de Hammer qui nous a fait connaître *Elhe ve Scheftip*... Les Aventures d'une femme avec mille amants, par Esrali, poete persan ancien, né à Herat. Cet ouvr. est très libre; il en est parlé dans le cat. (en all.) de ses mss. orientaux, p. 155.

Gulistan, ou le Parterre de roses, par Sadi, trad. du persan et accomp. de notes, par Ch. Defrémery. Paris, Didot, 1858, gr. in-18, 3 fr. 50. C'est un ouvr. politique, un traité en magnifique poésie, des mœurs des rois; mais des obscénités inconcevables pour les Européens se rencontrent dans l'œuvre de Saadi, notamment dans les 5e et 6e livres. De licencieux tableaux fourmillent, dans toutes les éditions, le *Divan* du poete (notamment les pièces intit. *Mothaybat* et *Hezeliath*). Il y a eu plusieurs trad.; mais celle de M. Defrémery est la seule qui ait reproduit les endroits libres que M. Eastwick n'avait pas admis dans sa trad. anglaise.

Select Odes from the poet Hafez, transl. into english verse, by Nott. London, 1787, in-4. Il y a une autre trad. angl. de ces odes, p. J. Richardson; Londres, 1802, in-4. Hafiz, m. v. 1394, a été surnommé l'Anacréon persan; son recueil contient 569 odes, dont la plupart célèbrent l'amour et les belles filles du Tiedoustan.

Youssouf et Zuleika, ancien poëme arabe populaire, trad. en v. persans par le fameux poete Djamy, puis en v. turcs par Hamedy et du turc en français par Cardonne (v. Mélanges de littérature orientale, 1770, 2 vol. in-12). C'est l'hist. des amours de Joseph et de Zuleïa, fille de Pharaon et femme de Putiphar. Les Arabes n'admettent pas l'opinion des Juifs, qui croient que Joseph resta chaste en cette occasion.

Medjnoun et Leila, poeme, trad. du persan de Djamy, p. A. L. Chezy. Paris, 1805, 1807, 2 vol. in-18; Aimé-Martin, 18 fr. Les amours de Meignoun et de Leila, composition très estimée en Orient, présentent un tableau saisissant des suites d'une passion malheureuse. Analysé B. des romans, avril 1776.

Husn ü Ashk... Beauté et amour, nouvelles galantes, p. Ni' Mat Khan Ali, poete persan de la cour de Aureng-Zeib. Cet ouvrage faisait partie de 2 mss. orientaux de la vente Libri, en 1859, nos 139 et 353. — Nous mentionnerons encore Fazil, poete turc, m. en 1810; il est indiqué dans la Biogr. générale de Didot, col. 240. Un [illegible] poemes, impr. à Constantinople, a [illegible] fondu à cause des licences qu'il contient.

Anthologie érotique d'Amarou, texte sanscrit, trad., notes et gloses par A. L. Apudy (comp. par Chézy). Paris, 1831, gr. in-8 de 105 pp., tiré à pet. nombre. On peut voir dans la Revue encyclopédique, tom. 54, pp. 83 à 94, un art. de J. Reynaud sur cet ouvrage.

THÉATRE LATIN.

Plauti Comœdiæ XX. Ed. princeps : Venise, 1472, in-fol. F. Didot, 900 fr. — Tarvisii, 1482, in-fol. Askew, 6 liv. 6 sh. — Milan, 1490, 1500, in-fol. — Venise, 1495, 1499, 1511, 1518, in-fol. — Florence, s. d., 1514, 1554, in-8. — Parme, 1510, in-fol. — Venise, Alde, 1522, pet. in-4. Potier, 40 fr. — Bâle, 1523, in-8. — Paris, 1530, 1576, 1577, 1579, 1587, 1588, in-fol. — Coloniæ, 1538, in-8. — Lugdunum, Gryphius, 1547, 2 vol. pet. in-12. F. Didot, 15 fr. — Anvers, Plantin, 1566, in-16, jolie édit. Beauclerck, 1 liv. 12 sh. — Wittemberg, 1612, 1621, in-4. — Naples, 1619, in-4. — Cum notis variorum, Lugd. Bat., 1645, 1664, 1669, in-8. — Ad usum Delphini. Paris, 1679, 2 vol. in-4. — Amst., Elzev., 1652, in-24. F. Didot, 90 fr. — Amst., Blaeu, 1684, 2 tom. in-8. F. Didot, 53 fr. — Londres, 1711, 2 vol. in-12. — Patavii, 1725, 1764, 2 vol. in-8. — Berlin, 1755, 3 vol. in-12. — Paris, Barbou, 1756, 1759, 3 vol. in-12. — Leipzig, 1760, 2 vol. in-8. — Glasgow, 1763, 3 vol. in-8. — Biponti, 1779, 2 vol. et 1788, 3 vol. in-8. — Vienne, 1792-1802, 7 vol. in-12, jolie éd. ornée de grav. — Ed. de N.-E. Lemaire, de 1819 et ann. suiv. Paris, 4 vol. in-4. Traductions : *Comédies de Plaute*, trad. par Mlle Lefèvre; Paris, 1683, 3 vol. in-12. — Les mêmes, trad. p. Gueudeville; Leyde, 1719, 10 vol. in-12, fig. — *Les Œuvres de Plaute*, trad. par de Limiers. Amst., 1719, 10 vol. in-12. — *Théatre de Plaute*, traduit par J. Naudet; Paris, Panckoucke, 1831-33, 9 vol. in-8, et Paris, Lefèvre, 1845, 4 vol. in-12.

Susanna, auctore E. Candido. Anvers, 1534, in-8.

Comœdia sacra cui titulus est Joseph, per C. Crocum. Anvers, 1538, in-12 et Tremoniæ, 1544, pet. in-8.

Voluptatis ac virginitatis pugna, auct. J. Schoppero. Coloniæ, 1546, in-8.

Conflagratio Sodomæ, drama Andreæ Saurii. Argentorati, 1607, pet. in-8 de 60 ff. Baté.

Cornelianum dolium, comœdia, auct. T. R. Londini, 1638, pet. in-12, front. gr. Courtois, 16 fr. Pièce sur un sujet facétieux.

Susanna, tragœdia; auct. H. Jordanio. Paris, 1654, in-12.

Susanna, comœdia nova... scripta a Nic. Frischlino. Argentorati, 1695, pet. in-8 de 94 pp.

THÉATRE FRANÇAIS.

COLLECTIONS ET ŒUVRES DRAMATIQUES.

Recueil de plusieurs farces tant anciennes que modernes. Paris, Nic. Rousset, 1612, pet. in-8 de 144 pp; baron d'Heiss, 84 fr. Contenant 7 farces en vers, toutes de la fin du XVIe siècle : Farce joyeuse d'une femme qui demande les arrérages à son mari, à 5 personnages; — le Débat d'un jeune moine et d'un vieil gendarme par-devant le dieu Cupidon pour une fille; la fille désire moins d'honneur et plus de profit; Cupidon juge le procès en faveur du moine, qui lui paraît mieux convenir à la fille; — Farce nouv. du Médecin, à 4 pers., très-libre et qui a donné lieu vraisemblablement au conte du Faiseur d'oreilles; — Farce nouv. des Femmes qui aiment mieux suivre et croire Fol-conduit et vivre à leur plaisir que d'apprendre aucune bonne science, à 4 personnages; etc. Ce rec. a été réimp. par Caron, même format, à 55 exempl.

Recueil de (74) farces, moralités et sermons joyeux, publ. d'après les mss. de la bibl. royale, p. Leroux de Lincy et Francisque Michel. Paris, Tech., 1831-37, 4 vol. pet. in-8, tiré à 76 exempl. Veinant, 100 fr. Ces mss. sont ceux du no 3304 du catal. La Vallière.

Ancien théâtre françois, ou Collection des ouvrages dramatiques les plus remarquables depuis les mystères jusqu'à Corneille; publ. p. Viollet Leduc. Paris, Jannet, 1854 et ann. suiv., 10 vol. in-16, de chacun 5 fr. Les 3 premiers vol. contiennent 64 farces, soties, moralités et sermons joyeux, publ. d'après les exempl. uniques trouvés récemment en Allemagne et conservés aujourd'hui au Musée britannique; voici l'indication des plus analogues à notre sujet. A 2 personn. : *le Conseil du nouveau marié*; — *l'Obstination des femmes*; — *la Confession Margot*. A 3 personnages : *Jénin* (et le mari et la femme) : — *Colin* (sa femme et l'amant) : — *Pernet qui va au vin* (sa femme et l'amoureux; — *les Femmes qui font escurer leurs chauldérons*; — *Ung Savetier nommé Calbain* (sa femme et le galland); — *le Savetier Audette* (sa femme et le curé). A 4 pers. : *Un amoureulx* (l'homme, la femme et le medecin); — *Deux hommes et leurs femmes dont l'une a malle teste et l'autre est tendre du cul*; — *Frère Guillebert* (le vieillard, sa femme jeune, la commère); — *Ung marys jaloux qui veult esprouver sa femme*; — *le marys, la femme, le badin et l'amoureulx*; — *Farce du nouveau marié qui ne peult fournir à l'appoinctement de sa femme*; — *les Chambérières qui vont à la messe de cinq heures* (Johannes, Trousseteguéire, la Nourrice et Sampignet). A 5 pers. : *les Femmes qui font refondre leurs marys*; — *les Femmes qui demandent les arrérages de leurs maris*; etc.

Théâtre des boulevards, ou Recueil de parades (p. Fagan, Moncrif, Collé, Sallé, Piron, etc., publ. par Corbie). Mahon (Paris), 1756, 3 vol. in-12, front. gr. Veinant, 49 fr. — *L'Amant poussif*; *la Mère rivale*; *Léandre grosse*; *Léandre hongre* (dont le vrai titre est *Basbus*), sont défigurés dans ce recueil. Collé, auteur de ces pièces, a laissé des mss. dans lesquels on retrouve le véritable texte. On trouve encore dans ce recueil : *Isabelle grosse par vertu*, parade en un acte, par Fagan, etc.

Recueil de comédies et de quelques chansons gaillardes (attrib. au comte de Caylus). S. l., 1775, pet. in-8, fig. Filheul, 20 fr. Cont. *Impius, grand prêtre de Priape; Léandre Nanette; le Mal d'aventure*, conte; 2 chansons; *la Comtesse d'Olonne. Messaline; le Luxurieux; le Tempérament*, tragi-parade, trad. de l'égyptien, en vers françois.

Le Cabinet d'amour et de Vénus. Cologne, hér. de P. Marteau, s. d., 2 vol. in-18, 215 et 224 pp., 12 fig. Recueil comp. d'entretiens trad. ou imités de Meursius, de *Marthe le Hayer, ou Mlle de Scay*, la *Com. galante* de M. de Bussy, et *Elon réduit à mettre cinq contre un*. Rare.

Théâtre gaillard. Londres (Cazin), 1788, 2 vol. in-18, 187 et 179 ff., fig. Éd. rare, cont., tom 1er, *le Luxurieux*, p. Legrand; *le Tempérament; le Bordel, ou le J... F... puni*, p. le comte de Caylus; *l'Appareilleuse*; — tom. 2 : *la Comtesse d'Olonne*, p. Bussy-Rabutin; *Vasta, reine de Bordelie*, trag. en 5 actes et en vers; *la Nouvelle Messaline*, p. Piron, dit Prépuce; *Alphonse l'impuissant*; *les Plaisirs du cloître*; *les Deux Biscuits*. — Londres, Alleston et Compagnie, 1803, 2 vol. in-18, av. 12 gr. libres. Rare. Même contenu que l'édit. de 1788, seulement, au lieu des Deux Biscuits, il y a *l'Intrigue au bordel*, vaud. en 1 acte et en pr., par D. Ce recueil a été réimp. sous la Restauration en 3 vol. in-18. Cond. insérées au Moniteur en 1825, 1836 et 1839.

Théâtre de Jacq. Grévin. Paris, Rob. Estienne, 1560, in-8. Rare. Cont. *la Trésorière* et *les Esbahis*, deux com. en 5 actes et en vers, amusantes et assez libres; puis une tragédie, une pastorale et quelques poésies galantes.

Les Comédies facétieuses de P. de Larivey. Paris, 1579, 1597, 2 vol. in-16, et Rouen et Troyes, 1611, 2 vol. in-16. Ces div. édit. sont très-rares; celle de 1611 contient les dern. pièces de Larivey. On trouve dans ce recueil : *le Laquais*, 5 actes, pr.; *les Esprits*, com. amusante dans laquelle il y a un rôle d'avare qui a pu servir de modèle à celui de Molière; *le Morfondu* (le vieux Lazare, amoureux de la jeune Lucrèce, se morfond à sa porte; sa nièce pendant ce temps reçoit son amant; enfin il se décide à abandonner Lucrèce et à marier sa nièce); *la Veuve*, imitation de la Vedova de Nic. Bonaparte; *les Écoliers*, (l'un séduit la femme d'un médecin, l'autre une jeune fille, qu'il épouse à la fin); *le Jaloux*, com. finissant par un double mariage; *les Tromperies*, etc. Toutes ces pièces sont très-libres.

Le Bocage d'amour, cont. deux past.; l'une *du Beau Pasteur* (en vers, par Jacq. de Fonteny), l'autre *de la Chaste Bergère* (5 actes, et prol. v., par Saint G.... de Laroque). Paris, 1614, 1615, 1624, in-12 de 118 pp. Potier, 15 fr.

Œuvres de Molière, principales édit. seulement : Paris, 1674, 7 vol. in-12; édit. publ. presque immédiatement après la mort de Molière; complète à l'exception de Don Juan qui ne s'y trouve point. Potier, 220 fr. — Amst., Jacques le Jeune (Dan. Elzev.), 1679, 5 vol. pet. in-12; on complète cette édit. avec un 6e vol. daté de 1684 (le Festin de Pierre n'est pas celui de Molière, mais celui de Dorimond). Bolle, 180 fr. — Paris, 1682, 8 vol. in-12, fig. de Brissart et Sauvé; 1re édit. complète (l'exempl. de Soleinne est peut-être le seul qui existe sans cartons). Duplessis, 300 fr. — Bruxelles, 1694, 4 vol. in-12, fig. de Harrewin; édit. rare et recherchée (la scène du pauvre du Festin de Pierre s'y trouve dans toute son intégrité. — Paris, 1710, 1718, 8 vol. in-12, fig. et portr. p. Audran. — Paris, 1734, 6 vol. in-4, fig. d'Oudry, gr. par Cars. — Paris, 1739, 8 vol. in-12, fig. de Boucher, gr. p. Punt. La Bédoyère, 602 fr. — Paris, 1749, 8 vol. in-12, fig. gr. p. Fessard. — Édit. avec la Vie de l'aut. et Remarques, p. Voltaire. Amst., 1765, 6 vol. in-12, fig. de Punt. Veinant, 200 fr. — Avec Remarques, p. Bret. Paris, 1773, 1788, 6 vol. in-8, fig. de Moreau jeune. J. C., 120 fr. — Paris, Didot aîné, 1791, 6 vol. in-4. F. Didot, 76 fr. — Avec comment. par Auger. Paris, 1819-25, 9 vol. in-8, portr. et fig. d'après Vernet; éd. dans laquelle le texte du Festin de Pierre est rétabli dans son intégrité. Raguse, 161 fr. — Avec les notes de tous les commentateurs. Paris, Lefevre, 1824, 8 vol. in-8, 24 pl. d'après Desenne; 3e édit. en 1845, fig. de Desenne et d'Horace Vernet. — Édit. avec Notice de Sainte-Beuve. Paris, 1835, in-8, portr. et vignettes, p. Tony Johannot; même édit. réimpr. en 1854. — Paris, F. Didot, 1854, 4 vol. in-8, 18 fr. — Édit. variorum, publ. par Ch. Louandre. Paris, Charpentier, 1856, 1858, 3 vol. in-12, 10 fr. 50. — Éd. publ. par Phil. Chasles. Paris, Lib. nouv., 1850, 5 vol. in-16.

Théâtre de Corneille de Blessebois, cont. 38 pièces. Cologne, P. Marteau, s. d., in-12, fig. Filheul, 10 fr. Nous ne croyons pas que depuis cette époque (en 1779), aucun autre exempl. ait paru dans les ventes. On ne connaît de cet auteur que 2 pièces qui aient été imprimées séparément : *Eugenie*, tragéd., Leyde, 1676, in-12 de 62 pp. La Vallière, 6 fr.; et *Marthe Lehayer, ou Mlle de Scay*, com. en 3 actes en vers (Holl., Elzev.), 1676, pet. in-12 de 24 pp. Cette dern. a été réimp. sous le titre : *la Corneille de Mlle de Scay*. Paris, 1678, pet. in-8, de 71 pp. et sous le titre : *le Recteur*, en 1738 ; ces dix. édit. sont fort rares. C'est, dit Lacroix, une pièce malhonnête. L'auteur s'y montre entre 4 amantes : Mlles Lesage, de Seay, de Boissemé et Biou ; l'action roule certainement sur une aventure véritable à la suite de laquelle Blessebois fut obligé de se battre et de fuir hors de France. — Une jolie petite gravure sur bois de l'une de ces éditions porte cette légende : *M. de Corneille et Mlle de Seay* et représente Corneille en habit d'officier prenant le menton d'une bergère.

Théâtre de Quinault. Suiv. la cop. imp. à Paris (Holl. Elzev.), 1663-63, 2 vol. pet. in-12. Aimé-André, 100 fr. — Paris, 1739. 1778, 5 vol. in-12, fig.; édit. peu communes.

Nouveau Théâtre italien, p. Dom. Biancolelli. Anvers, 1713, in-12. Tech., 28 fr. Cont. *la Femme fidèle*, *l'Ecole galante*, et 2 autres pièces.

Théâtre de campagne, ou les Débauches de l'esprit (p. Granval père et Granval fils). Londres et Paris, Duchesne, 1755, 1758, 1767, in-8 : contenant : l'Eunuque, ou la Fidèle Infidélité ; Agathe, ou la Chaste Princesse ; Sirop au cul, ou l'Heureuse Délivrance ; le Pot de chambre cassé ; Mad. Engueule, ou les Accords poissards ; la Mort de Bucéphale ; les Deux Biscuits.

Œuvres de Parnard. Paris, 1763, 4 vol.

Théâtre de Ch. S. Favart. Paris, 1763-72, 10 vol. in-8.

Œuvres dramatiques de Sedaine, 1776, 4 vol. in-8.

PIÈCES IMPRIMÉES SÉPARÉMENT.

Réimpressions modernes, dans le format pet. in-8, ou in-12, d'anciennes farces, en vers, sans date, et dont, pour la plupart, on ne connaît de l'édition ancienne qu'un seul exemplaire : à 2 personnages : *Le vieil amoureulx et le jeune amoureulx* : Paris, 1836.

A trois personnages : *les Deux Gallants et une femme qui se nomme Sancte* ; Paris, 1836.

A quatre personnages : *Nouvelle Moralité d'une pauvre fille villageoise, laquelle ayma mieux avoir la teste coupée par son père que d'estre violée par son seigneur* ; Paris, S. Calvarin (Caron), s. d. fig. s. b. ; — *la Femme veuve* ; Paris, 1836 ; — *les Mal Contentes* ; Paris, 1833 ; — *le Troqueur de maris* ; Paris, 1837 ; — *la Farce du Pouller* ; Paris, 1833 ; — *les Trois Galants* (et un badin) ; Paris, 1834 ; — *les Trois Galants et Phlipot* ; Paris, 1838.

A cinq personnages : *La Farce joyeuse de Martin-Bâton qui rabat le caquet des femmes* ; Rouen, J. Oursel, s. d. (réimpression fac-simile faite à Chartres en 1849) ; — *la Femme et le Badin* ; Paris, 1834 ; — *les Trois Gallants* (le Monde qu'on fait paistre et Ordre) ; Paris, 1834 ; — *la Mère, la fille, le tesmoing, l'amoureulx et l'official* ; Paris, 1834 ; — *le Pèlerinage du mariage* ; Paris, 1836.

A six personnages : *la Reformeresse* (le badin, trois gallants et un clerc) ; Paris, 1833. Toutes ces réimpressions sont d'un prix peu élevé et vont ordinairement, dans les ventes, à 2 ou 3 fr. la pièce, en moyenne.

Jeu du Prince des sots et Mère-Sotte, en v., p. P. Gringore, 1511, s. l., in-16 goth. Pièce remplie d'équivoques grossières et d'obscénités. Selon De Bure, il s'en trouve un ex. à la Bibliothèque impériale.

Deux Farces inédites attribuées à la reine Marguerite de Navarre, sœur de François Ier, publ. av. une préf. et des notes p. Louis Lacour : *La Fille abhorrant mariage*. — *La Vierge repentie*. 1538. Réimpr. à Paris, 1856, in-8 de 36 pp.

Beau Mystère de Notre-Dame, à la louange de sa très digne nativité : d'une jeune fille laquelle se voulut habandonner à péché pour nourrir son père et sa mère en leur extrême pouvreté. Et est à 18 personnages (en vers). Lyon, Ol. Arnoullet, 1543, pet. in-8, goth. duc de la Vallière, 101 fr.

Farce de la Cornette, à cinq personnages, par Jehan d'Abundance (en vers). S. l. 1545, in-8. Une femme, sachant que les neveux de son mari veulent l'avertir de ses infidélités, sait si bien le prévenir que, quand ils viennent pour lui en parler, il les fait taire. Rare.

Discours facétieux des hommes qui font saler leurs femmes à cause qu'elles sont trop douces, à cinq personnages, en vers. Rouen, Abr. Cousturier, 1558, in-8 goth. Deux amis, Marceau et Julien, ennuyés de la trop grande complaisance de leurs femmes, vont prier maître Macé qui passe pour un grand philosophe, de les rendre un peu moins douces ; le docteur convient de les saler moyennant une pistole. On lui amène les deux femmes auxquelles il dit ce qui vient de se passer et à qui il conseille de se rendre les maîtresses. Rentrées chez elles, elles battent leurs maris, lesquels, désespérés, vont prier le docteur de les dessaler ; mais celui-ci répond qu'il sait bien saler, mais non pas dessaler. Ils se résignent à prendre leur mal en patience. A été réimp. p. Caron à 13 ex., et par MM. Giraud et Veinant, en 1831, à 42 ex. Veinant, 8 fr.

Le Jugement de Pâris, à cinq pers., en vers. S. l., 1567, in-8 ; La Vallière, 6 fr.

Adonis, trag. en 5 act. et en v., avec chœurs, par Guill. Le Breton, seign. de Lafon. Pièce aussi sotte que mal écrite ; en voici un échantillon. Vénus parle du tour que Vulcain lui a joué :

> Grand souffle-charbon, à la fameuse forge,
> Quand tu me prenois une fille vergoeuse,
> Je n'avois le moyen seulement de cacher, etc.

Paris, Ab. Langelier, 1579, 1597, et Rouen, Raph. du Val, 1611, in-12.

Les Néapolitaines, com. en 5 act. et en prose, avec prol., p. Franç. d'Amboise; Paris, 1584, in-12. Rare. Augustin, fils d'un riche marchand de Paris, est amoureux d'une Napolitaine nommée Angélique; comme son père lui refuse de l'argent, il en emprunte à un jeune homme nommé Camille. Ce dernier, amoureux d'une jeune fille qui passe pour la fille d'Angélique, profite de l'absence des deux amants pour violer la jeune fille. Enfin arrive à Paris un marchand de Naples, qui apprend à Camille qu'Angélique n'est qu'une femme entretenue, et que Virginie n'est point sa fille, mais celle d'une femme de qualité; alors il consent à l'épouser. Quant à Augustin, il reste paisible possesseur de sa belle. Comédie amusante et remplie de proverbes fort lestes.

Les Contens, com. en 5 act., pr. av. prol.; p. Odet de Tournebu. Paris 1584, in-8. Geneviève a pour amants Basile, Eustache et Rodomont; Mme Françoise, *maquerelle*, protège Basile, et Geneviève se décide à le favoriser; sa mère arrive, regarde par le trou de la serrure et voit ce qui se passe; après quelques autres épisodes, on les marie. Le dialogue est un peu libre. De Lalen, 16 fr.; de Soleinne, 24 fr. 50.

Joyeuse farce à trois personnages d'un curia qui trompa par finesse la femme d'un laboureur, en rithme savoyarde, ensemble la chanson que le laboureur chantait pendant que le curia jouissait de la femme, etc. Lyon, 1594, 1595, et Paris, 1829, pet. in-12, tiré à 15 exempl.

Suzanne, ou la Matrone vertueuse, com. à 13 pers.; p. Pierre Heyns. Harlem, 1595, pet. in-8, front. Rare.

Farce de Poncette et de l'amoureux transi. Lyon, 1595, et Paris, 1829, in-16, tiré à 15 exempl.

Farce... contre la ruse, méchanceté et obstination d'aucunes femmes (en vers). S. l., 1596, et Paris, 1829, in-16, tiré à 15 ex.

Psiché, fable morale en 5 act. et en v., avec chœurs et prol.; p. Louvan-Géliot, Dijonnais. Agen, Pomarel, 1599, in-12. Psiché devenant grande fille, on prend le parti de la marier, et on la fiance avec le Dauphin ou fils du roi. En attendant les cérémonies de la noce, arrivent sur la scène un peintre, un parfumeur, un *maquereau*, un cuisinier, un musicien, qui, tous épris des charmes de Psiché, obtiennent tous ses faveurs. Lorsque le Dauphin arrive, il la trouve couchée avec tous ses amants, et le mariage est manqué. L'auteur a voulu faire une allégorie : Psiché représente l'âme qui se livre aux passions, et le Dauphin représente Jésus-Christ, fils de Dieu. Rare.

Les Amoureux Brandons de Franciarque et Callixène, hist. morale, non encore vue ni récitée (pièce de théâtre en 5 act. et en pr.), p. un auteur inconnu, signant A. B. Paris, Bourriquant, 1606, in-12, fig. s. b. Pièce très-libre et très-rare. Si nous ne nous trompons, une copie de cette pièce se trouve dans le recueil des notes qu'avait faites M. de Soleinne des pièces qu'il ne pouvait se procurer, recueil qui a été acquis par la Bibl. impériale et qui se compose de plusieurs volumes in-fol. mss. Quoi qu'il en soit, en voici le sujet. Un peintre grec, chargé de faire un portrait de Vénus, avait obtenu pour modèles les plus belles filles de la ville. La belle Callixène se révolte contre cet ordre des magistrats; cependant, menacée de la colère de Vénus, elle finit par se rendre chez le peintre. Franciarque, ami de ce peintre, est passionnément amoureux de Callixène, et obtient de son ami de se cacher derrière une tapisserie, tandis que sa maîtresse, malgré sa pudeur et sa répugnance, se met toute nue. Il la regarde, la contemple, l'admire avec transport, et, ne pouvant plus résister à l'excès de son amour, se jette à ses pieds, lui demande grâce. Elle se met en fureur, mais finit par lui accorder un pardon, gage de son bonheur. Un ex. de cette pièce (La Vallière, nº 17293) doit se trouver à la Bibl. de l'Arsenal. Beauchamp en parle dans ses *Recherches sur les théâtres*, tom. 2, p. 10.

Le Valet à tout faire, farce (en v.), par Rue-Bien-Acquis (Jacq. Corbin). Lyon, 1606, in-8; d'Ourches, 78 fr. Pièce licencieuse; réimp. dans le tom. VIII des Joyeusetez.

La Driade amoureuse, past. en 5 act. et en v.; p. Troterel, S. d'Aves. Rouen, 1606, in-12; de Soleinne. Pièce sans intrigue et sans intérêt.

Farce joyeuse et récréative du galant qui a fait le coup, à 4 pers. Paris, 1610, pet. in-8 et réimp. p. Caron à 55 ex.

Les Corrivaux, com. facétieuse, en vers, par Pierre Troterel, S. d'Aves. Rouen, 1612, in-12. Com. très-licencieuse. Les deux rivaux sont Gaillard et Brillant. Le dernier est l'amant favorisé de la belle Clorette, et son valet Almerin est encore un nouveau rival, qui, par supercherie, prend sa place dans le lit de Clorette. Brillant ignore cette circonstance et va coucher avec elle la nuit suivante; mais le père et la mère les surprennent et Brillant est obligé de l'épouser. — Soleinne (avec Théocris, du même), 20 fr. 50.

L'Amour triomphant, past. comique en 5 act., en pr. et en v.; par Troterel. Paris, 1615, 1616, 1624, pet. in-8; La Vallière, 5 fr. 50 c.

Pièce d'une longueur et d'une platitude insupportables.

Elmire, ou l'Heureuse Bigamie, tragi-comédie; p. Alex. Hardy. Paris, 1615. Gleichen, gentilhomme allemand, prisonnier du Sultan, séduit sa fille Elmire et s'enfuit avec elle. A Rome, le pape leur permet de se marier, quoique Gleichen ait déjà une autre femme. Camerarius, qui rapporte cette histoire, dit que le mari tenait la balance égale entre ses deux femmes et qu'elles vécurent toujours dans la plus parfaite intelligence.

La Farce de la querelle de Gaultier-Garguille et de Perrine, sa femme (en pr., aut. anonyme). A Vaugirard, chez Acion, s. d. (1615), in-16, fig. s. b. Farce rare, dont le dialogue est licencieux, reimp. sous le titre : *Querelle arrivée entre le S*[r] *Tabarin et Francisquine, sa femme.*

Tragi-comédie des inimitables amours du seigneur Alexandre et d'Annette. Troyes, Nic. Oudot, 1619, 1628, pet. in-8; Soleinne, 31 fr. 50.

Gillette, com. facétieuse en 5 act. et en v., p. P. Troterel, Rouen, 1620, in-12. Un gentilhomme est amoureux de Gillette, la servante de sa femme, lui fait sa déclaration et beaucoup de promesses; Gillette fait la renchérie et parle de vertu et de pudeur, mais se laisse cependant conduire dans l'écurie. La femme du gentilhomme se doute de ce qui est arrivé et chasse Gillette. Pendant ce temps, Mathurin, valet dans la maison et amant de Gillette, avertit le curé que la vertu de cette fille est en danger et le prie d'y mettre ordre. Le curé va trouver Gillette; mais, par la façon dont elle lui répond, il croit que c'est une vestale. Enfin Gillette, après avoir été bien payée et aimée du gentilhomme, et bien battue par la dame, épouse Mathurin, qui croit avoir la vertu même. De Soleinne, 18 fr.

Le Ballet de M. le Prince, récit de la Volupté qui amène les débauchés (en v., p. Bordier). Paris, 1620, in-12. Pièce très-rare et dans laquelle la licence est extrême. V. Hébelinck, n° 1378.

Tragédie française des Amours d'Angélique et de Médor. Troyes (s. d.), 1620, pet. in-8, fig. s. b. Veinant, 29 fr.

Le Ballet du hazard, des tourniquets, etc. Paris, 1621, pet. in-8. Un des plus libres ballets qui aient été faits pour la cour. Bolle, 15 fr.

Ballet des andouilles, porté en guise de momon. S. l. et sans nom de libraire, 1628, in-8 de 12 pp.; Soleinne, 41 fr. Opuscule très-rare et très-libre, inspiré par un épisode de Rabelais. Des personnages de div. états apportent, en guise de momon (idole, offrande carnavalesque), une andouille (mentula) au seigneur de la Nigaudière, gentilhomme de village, et chacun débite un sixain fort leste. Voici le 1er couplet; on n'en peut guère citer davantage:

> [illegible]
> [illegible]
> [illegible]
> [illegible]
> [illegible]
> [illegible]

Le Ballet des quolibets, dansé au Louvre, etc., par Mgr. frère du roy; comp. p. le S. de Sigongnes. Paris, Aug. Courbé, 1627, pet. in-8. Pièce rare et curieuse. Au nombre des personnages : *M*[e] *Aliboron*, *M*[e] *Mouche*, *le capitaine Riflandouille*, *Rouge-Bontemps*, etc., on trouve *Jocrisse*; c'est la première apparition au théâtre de ce type de naïveté comique. Du reste, tous ces personnages luttent d'équivoques rabelaisiennes et de grossières obscénités. Veinant, 70 fr.

La Tragédie de Pasiphaé (p. Théophile). Paris, Hulpeau, 1627, 1637, pet. in-8. Très-rare. C'est l'hist. de Pasiphaé, du Minotaure et des deux filles de Minos.

L'Impuissance, tragi-comédie pastorale; p. le S. Véronneau; Paris, 1634, in-8. Une des pièces les plus naïvement licencieuses de l'ancien théâtre. Bolle, 19 fr. 50 c.

Les Galanteries du duc d'Ossone, vice-roi de Naples, com. en 5 act. et en v., p. Mairet. Paris, Rocolet, 1636, pet. in-4. Dans cette pièce, le duc couche avec sa maîtresse, en plein théâtre, au 3e acte, et l'on baisse la toile sur ce tableau. L'auteur assure, dans son Épître dédicatoire que « les plus honnêtes femmes fréquentoient cette comédie avec aussi peu de scrupule et de scandale que le Jardin du Luxembourg. »

L'Aminte, tragi-comédie pastorale, 5 act., v. et pr., accommodée au Théâtre franç., p. de Rayssiguier. Paris, 1632, in-8. Rare. A la représentation les dames s'offensèrent de ces vers :

> [illegible] Le respect [illegible]
> Ne souffre jamais les [illegible],
> Et qui veut en amour tant soit peu s'avancer,
> Qu'il entreprenne tout sans craindre d'offenser.

Alizon, com. (en 5 act. et en v.) *dédiée aux jeunes veuves et aux vieilles filles, et à présent aux beurrières de Paris* (par L.-C. Discret). Paris, Guignard, 1637, 1644, 1664, in-12 av. 2 fig. curieuses et qui manquent souvent. Pièce rare et intéressante pour l'histoire des mœurs.

Les Nopces de Vaugirard, ou les Naïfvetez champestres, past. (en 5 act. et en v.), *dédiée à ceux qui veulent rire*; p. L.-C. Discret. Paris, 1638, in-8.

Les Deux Pucelles, tragi-com.; p. de Rotrou. Paris, 1639, in-12. Cette pièce, dont le sujet est tiré d'une com. espagnole et dont le titre n'est pas très-juste, car une desdites pucelles est prête d'accoucher, a été imitée et presque copiée p. Quinault, dans ses *Sœurs rivales*.

Le Jugement de Pâris et le Ravissement d'Hélène, tragi-com. en 5 act. et en v.; p. Sallebray. Paris, 1639, pet. in-4, fig.

L'Inceste supposé, tragi-com.; p. de La Caze. Paris, 1639, 1640, pet. in-4.

Aymer sans savoir qui, com.; p. Ant. Le Métel, s. d'Ouville. Paris, 1646, 1652, pet. in-4.

La Jalouse d'elle-même, com. en 5 act. et en v.; p. l'abbé Boisrobert, tirée de Lope de Vega. Paris, 1647, 1650, pet. in-4.

Les Charmes de Félicie, past. en 5 act. et en v.; tirée de la Diane de Montemayor, p. de Montauban. Paris, 1652, 1654, 1657, 1659, in-12. Bonne pièce et qui fut jouée trente années de suite.

Le Berger extravagant, past. burlesque, en 5 act. et en v.; p. Thomas Corneille. Paris, 1653, 1654, pet. in-12.

L'Amour à la mode, com. en 5 act. et en v. (imitée d'une pièce esp. d'Ant. de Solis: *El amor al uso*); p. Th. Corneille. Paris, 1651, 1653, in-12.

L'Eunuque, com. en 5 act. et en v.; imitation de Térence, p. J. de la Fontaine. Paris, 1654, in-4. Walckenaer, 101 fr. C'est le premier ouvr. que l'aut., qui avait alors 33 ans, ait livré à l'impression.

Le Pédant joué, com. en 5 act.; par Cyrano de Bergerac. Paris, de Sercy, 1654, 1657, 1658, 1663, 1672, 1678, in-12. L'éd. orig., Bolle, 24 fr. Dans les éd. récentes, nombre de passages licencieux ont été adoucis ou enlevés. Cette pièce est, dit-on, la plus ancienne comédie française en prose.

L'Amant indiscret, com. en 5 act. et en v.; p. Quinault. Paris, 1656, 1664, etc., in-12.

Les Amours de Diane et d'Endymion, trag. par Gilbert. Paris, 1657, 1661, in-12.

La Coupe enchantée, com. en 1 act. en pr. (par la Fontaine). Paris, 1688, 1716, etc. L'éducation que certain bourgeois du temps avait voulu donner à sa fille, en la tenant enfermée et privée de la connaissance des hommes, fournit le sujet de cette petite pièce.

Le Cocu imaginaire, com. en 1 act. et en v. (tirée d'une pièce italienne: *Il Cornuto per opinione*); par Molière. Paris, 1660, in-12; S...off, 30 fr. — Éd. au Quérendo, 1662; S...off, 19 fr. — Réimp. en 1665, 1666, 1675, etc. Dans une représentation donnée, en 1773, à Fontainebleau, on intitula cette comédie *les Fausses alarmes*, par ménagement pour les oreilles des dames de la cour. Enfin, on adopta définitivement: *Sganarelle, ou le Cocu imaginaire*.

La Cocue imaginaire, ou les Amours d'Alcippe et de Céphise, com. en 1 act. et en v.; p. Fr. Doneau. Paris, 1660, 1662, etc., in-12; S...off, l'éd. de Wolfgang, 26 fr.

L'École des cocus, ou la Précaution inutile; com. en 1 act. en v., p. Dorimond. Paris, 1661, pet. in-12. Motel-Vindé, 5 fr.

L'Académie des femmes, com. en 3 act. en v.; p. Chapuzeau. Paris, 1661, in-12. C'est, pour le fond, la même pièce que celle, non jouée, intitulée: *Le Cercle des femmes, ou les Secrets du lit nuptial*, en six entrées comiques (en prose, et à la fin: *Histoire de l'Hymenée, ou le Mystère du lit nuptial*); par Chapuzeau. Paris, Caby, 1663, et Lyon, 1677, in-12. Lambert, 9 fr. Cet auteur ne manque pas d'invention, mais son style est pitoyable.

L'École des maris, com. en 3 act. en v.; p. Molière. Paris, 1661, in-12, 1 fig. Souvent réimp. Tiré d'un conte de Boccace où une femme trompe son confesseur et le fait servir d'intermédiaire pour remettre à un jeune homme qu'elle aime des présents et des billets. Molière a substitué un vieillard au confesseur, et une jeune fille que ce vieillard veut épouser à une femme mariée.

L'École des femmes, com. en 5 act. en v.; p. Molière. Paris, 1663, in-12, 1 fig. que l'on suppose offrir le portr. de Molière. Tripier, 70 fr. Souvent réimprimé. Cette comédie est tirée d'une histoire des *Nuits facétieuses de Straparole*, où un jeune homme vient tous les jours faire confidence à un ami, sans savoir qu'il est son rival, des faveurs qu'il obtient de sa maîtresse.

Le Dépit amoureux, com. en 5 act. en v.; p. Molière (tirée de *la Figliuola creduta maschio*, com. du *Secchi*). Suiv. la cop. imp. à Paris, 1663, pet. in-12; S...off, 21 f. Cette pièce a été réduite en 2 actes p. Valville, et c'est ainsi qu'on la joue depuis Molière.

Les Amours d'Angélique et de Médor, tragi-com. de Gilbert. Éd. orig. Paris, 1664, pet. in-12. Tech., 23 fr.

Le Festin de Pierre, com. en 5 act. et en pr.; par Molière. Cette pièce, imitée d'une comédie espagnole de Tirso de Molina: *El Combidado de Piedra*, fut jouée pour la première fois, à Paris, en 1665. On sait que c'est le sujet de Don Juan, le libertin et l'athée. On trouva que Molière y avait mis des traits trop forts, et la pièce ne fut ni imprimée ni rejouée. La 1re éd. (Amst., Elzev., pet. in-12) est de 1683; Aimé Martin, 90 fr. L'éd. de Bruxelles, 1694, in-12, contient encore la scène du pauvre, qui fut supprimée dans les réimpr. postérieures; Aimé Martin, 29 fr. 50 c.

Les Intrigues amoureuses, com. en 5 act. en v.; p. Gilbert. Paris, 1667, pet. in-12. Pièce assez amusante et semblable pour le fond à la comédie d'*Aimer sans savoir qui*, de Douville, et à *la Belle invisible*, de Boisrobert.

Comédie galante, pièce (très-libre) en 3 act. et en v. (p. le comte de Bussi-Rabutin ou par de Blesselois). Paris (Holl.), 1667, pet. in-12 av. 1 fig. représ. la comtesse d'Olonne; Tech., 18 fr. Réimp. plusieurs fois sous le même titre et sous celui de : *la Comtesse d'Olonne*, aux débordements de laquelle cette pièce est relative.

Le Tartuffe, com. en 5 act. et en v.; p. Molière. Paris, Ribou, 1669, in-12. Il y a 2 éd. et 2 contrefaçons sous la même date. Vernant, 48 fr. Réimp. très-fréquemment depuis cette époque. La pièce fut jouée d'abord en 1667; mais, dès la 2ᵉ représentation, elle fut interdite par *M. le premier président*. Ce ne fut qu'en 1669 que le roi leva cette interdiction, mais en exigeant que la pièce fût annoncée sous le titre : *L'Imposteur*. On raconte que Louis XIV, en sortant de la représentation de *Scaramouche hermite*, dans laquelle un moine monte la nuit par une échelle chez une femme mariée et paraît de temps en temps à la fenêtre en disant : *Questo per mortificar la carne*, dit au grand Condé qu'il ne savait pourquoi on se scandalisait de la comédie de Molière, et l'on ne disait rien de celle de Scaramouche. « C'est, « répondit le prince, que Scaramouche joue « la religion, ce dont ces messieurs ne se « soucient guère, mais que Molière les joue « eux-mêmes, et c'est ce qu'ils ne peuvent « souffrir. »

Amphitryon, com. en 3 act. en v.; p. J.-B. P. de Molière. Paris, J. Ribou, 1668, pet. in-12. Tech., en août 1853, 90 fr. Souvent réimprimé. Pièce excellente et amusante, mais qui ne vaut pas l'*Amphitryon* de Plaute.

Le Courtisan parfait, tragi-com. en 5 act. en v. (attrib. à Gilbert). Grenoble, Jean Nicolas, 1668, pet. in-12. Rare. Dans cette pièce, l'Arétin exprime sa morale en très-bons vers.

George Dandin, ou le Mari confondu; com. en 3 act. en pr.; p. Molière. Paris, Ribou, 1669, in-12. Rare et souvent réimp. Sujet tiré d'un conte de Boccace.

Psyché, trag.-ballet en 5 act. en v. Paris, Barbin, 1671. Rare. Le 1ᵉʳ acte est de Molière, les paroles qui se chantent, de Quinault, et le reste, où l'on admire encore la déclaration de Psyché à l'Amour, de P. Corneille.

Psyché, trag.-opéra, en 5 act. et en v.; attrib. à Th. Corneille et à Fontenelle, mus. de Lulli. Paris, 1678, pet. in-4. Rare.

Le Festin de Pierre, com. en 5 act., mise en vers, p. Th. Corneille. Paris, 1683, in-12. Pièce bien écrite et, depuis l'origine, toujours représentée à la place de celle de Molière.

L'Amante amant, com. en 5 act. en pr., de Campistron, quoiqu'il l'ait désavouée parce qu'elle était trop libre; elle se trouve dans ses *Œuvres*. Paris, 1715; Holl., 1722, 1738, 1739, et Paris, 1750. Jouée en 1684.

Armide, op. en 5 act. et prol.; p. Quinault, mus. de Lulli. Paris, 1686, pet. in-4. Rare; souvent réimp.

Acis et Galatée, op. en 3 act.; p. Campistron et Lulli. Paris, 1686, pet. in-4; peu commun.

La Coquette et la Fausse Prude, com. en 5 act. en pr.; attribuée à Delesre plutôt qu'à Baron, dont elle porte le nom. Paris, 1687, pet. in-12.

L'Homme à bonnes fortunes, com. en 5 act. en pr.; attrib. à de Subligny ou à d'Alègre plutôt qu'à Baron, dont elle porte le nom. Paris, 1686, pet. in-12. Baron, qui avait eu de nombreuses aventures galantes, faisait entendre qu'il était l'original du héros de la pièce.

Le Cocu en herbe et en gerbe, com. en 5 act. en v. (p. Dumas). Bord., J. Séjourné, s. d. (1686), in-8. Rare.

Priape, op. en mus., en 5 act. et en vers, av. prol., imp. en 1691, s. l. pet. in-12 de 80 pp., vign. De Bure, 15 fr. Rare et charmant vol., remarquable par ses jol. vign. dans le genre de Callot. La dédicace *aux dames* annonce un esprit facétieux fort distingué. Priape aimait les Lampsacéennes; les maris, jaloux, le chassent; il les punit en leur donnant la maladie vénérienne, et, devenu dieu, il établit son culte dans leur ville. V. Soleinne, nº 3837.

Le Maréchal de Luxembourg au lit de mort, tragi-comédie satirique montrant le maréchal mourant des suites d'une débauche avec mademoiselle de ... Cologne (Holl.), 1695, pet. in-12, fig. La Vallière, 6 fr.

Les Dames vengées, ou la Dupe de soi-même, com. en 5 act. en pr.; p. de Visé (et Th. Corneille). Paris, 1695, pet. in-12. Pièce en défense du beau sexe; peu commune.

Le Bal d'Auteuil, com. en 3 act. en pr.; p. Boindin. Paris, Ribou, 1702, in-12. Bien que cette pièce n'ait rien d'extraordinaire, Louis XIV, devenu vieux, fit faire par le marquis de Gesvres une réprimande aux comédiens de ce qu'ils avaient joué une pièce aussi libre. C'est, dit-on, de ce moment que date la censure des pièces de théâtre.

La Matrone d'Éphèse, com. en 1 act. en pr., p. Lamotte, qui, n'osant point la faire paraître sous son nom, la fit d'abord paraître avec d'autres pièces de Boindin. Paris, 1702, in-12.

Les Folies amoureuses, com. en 3 act. en v. av. prol. et divert. intit. le Mariage de la Folie

p. Regnard. Paris, 1704, in-12, fig.; Potier, 10 fr. Souvent réimp. Castil-Blaze a ajusté sur cette pièce (Paris, 1823, in-8) de la musique de Mozart, de Cimarosa, etc.

La Peau de bœuf, ou Remède universel pour faire une bonne femme d'une mauvaise, com. en 6 act. en pr. Valenciennes, 1710, pet. in-8 de 123 ff. Vol. très-rare, qui fut, dit-on, supprimé avec soin, parce que des personnages puissants s'étaient reconnus dans la comédie, dont ceci n'est que le programme très-détaillé, avec des morceaux de poésie en flamand. Aimé Martin, 46 fr.

Les Amours de Mars et de Vénus, ballet en 3 act. av. prol., p. Danchet et Campra. Paris, 1712, in-4.

Le Mariage précipité, com. en 3 act. et en pr. Utrecht, 1713, pet. in-8, fig. satirique contre madame du Noyer. Tech., 10 fr.

L'École des amants, com. en 3 act. et en v., p. Jolly. Paris, 1719, 1731, in-12.

La Fille inquiète, ou le Besoin d'aimer, com. en 3 act. et en pr., avec du divert.; p. Autreau. Paris, 1724, 1749, in-12.

Le Nouveau Tarquin, com. en 3 act. (p. Jehel ou p. le P. Bougeant). S. l. n. d. (Holl., 1730), pet. in-8 de 48 pp.; Col., 1731, et Amst., 1732, in-8. Baron d'Heiss, 11 fr. Vaud. assez piquant, dans lequel l'aut. a mis en action l'aventure scandaleuse du P. Girard et de la demoiselle Cadière.

Le Jeu de l'amour et du hasard, com. en 3 act. et en pr.; p. Marivaux. Paris, 1730, in-8. Souvent réimp.

La Magie de l'amour, past. en 1 act. et en v., av. divert.; p. Autreau (Th. franç.). Paris, 1735, 1737, 1749, in-12.

Les Mascarades amoureuses, com. en 1 act. et en v., av. divert.; p. Guyot de Merville (th. italien). Paris, 1736, in-8.

La Fausse Agnès, com. 3 a. pr., p. Destouches. Paris, 1736, in-8.

Le Bordel, ou le Jean-f..... puni, com. en 3 a. pr. (p. Gervaise de Latouche, selon Voltaire; p. le comte de Caylus, selon Barbier; p. Lancelot, la comtesse de Verrue et Melon, aut. de l'Essai sur le commerce, selon une note ms. de l'abbé de Saint-Léger; V. cat. Soleinne, n°s 3851 et 3883). S. l. ou Ancône (Paris), 1732, 1736, 1747, pet. in-8 ou pet. in-12. Pièce excellente, dit Clément, dans les *Cinq années littéraires*; en tout cas, elle est fort rare. Elle a été réimp. dans le Théâtre gaillard.

Le Triomphe de l'intérêt, com. en 1 a. et en vers, av. un divert. et des vaudevilles; p. Boissy (Italiens, 1730). Pièce très-rare et qui obtint un succès prodigieux, à cause de ses allusions aux aventures scandaleuses du riche juif Delys ou Dolis, qui, dans ce temps là, menait grand train à Paris, de la Pélissier, actrice de l'Opéra, etc. Le lieutenant de police fit supprimer une scène où ce juif paraissait à découvert. N'est-ce pas la même pièce, mais avec beaucoup plus d'obscénités, qui a été réimp. sous le titre suivant : *le Sérail de Delys, ou Parodie de la tragédie d'Alcibiade*, com. en 1 a. et en v., p. M***; Cologne, P. Marteau, 1735, in-8 de 15 pp.; très-rare?

Le Mari cocu, battu et content, conte de la Fontaine, mis en comédie, p. de Castre de Wiege (1 a. v.). Metz, 1738, in-8. Pièce très-rare.

Le Fat puni, com. av. divert., p. Pont de Veyle. Paris, 1738, in-8. Rare; le sujet est tiré du Gascon puni, de la Fontaine.

Le Luxurieux, com. en vers, et divers contes piquants (p. Legrand). S. l. n. d. (Paris, v. 1738), pet. in-12. Très-rare. Cette pièce a été réimp. dans les Pièces libres de Ferrand, dans l'Abatteur de noisettes, dans le Théâtre gaillard et dans les Étrennes libertines pour 1743, où elle est intitulée : *Le Libertin puni*.

L'Ombre de Deschaufours, com. en pr. ms. in-4, 1739, écriture du temps. Cette pièce, dont le héros fut roué en place de Grève en 1739, est sotadique et met en scène de grands personnages qu'on soupçonnait de partager les goûts infâmes de Deschaufours; ce sont MM. d'Ombreval, de Brancas, de Bouillon, de la Trémoille, de Guiche, de Tressan (archev. de Rouen), l'abbé Servien, de Belleville et de Constantin (note de P. Lacroix, cat. Soleinne, n° 3844).

L'Embrasement de Sodome, tragi-com. en 5 a. et en pr., trad. de l'angl. sur un ms. du XVIe siècle, 1740. Ms. in-8 écrit. imitant l'imp. Pièce obscène et facétieuse, dans le goût du *Saül* de Voltaire; critique divertissante de la Bible. Un autre ms. cont. cette pièce porte la date de 1767.

La Servante justifiée, op.-com. en 1 a., p. Fagan et Favart (foire St-Germ.). Paris, 1740, in-8. Souvent réimp.

Alphonse, dit l'Impuissant, trag. en 1 a. en v. (p. Collé). Origénie, chez Jean qui ne peut, au grand Eunuque, 1740, in-12 de 24 pp. Rare. Pièce libre, qui n'a pas été réimp. dans le Théâtre de Collé, mais qui a été réimp. dans le Théâtre gaillard.

L'Art de f....., ou Paris f......; ballet sur la mus. du prol. de l'Europe galante (en 1 a. et en v.), rep. aux Porcherons, dans le bordel de mademoiselle Delacroix (fameuse maquerelle), le 1er janv. 1741 (avec une Épître dédicatoire à M. D. D. D. M. en 19 vers, dont il n'y a pas moyen de transcrire un seul; aut. inconnu). Paris, dom B....., imp. de tous les f..... et de tous les cocus du royaume, in-4 de 12 pp. Très-rare; V. cat. Soleinne, n° 3846. Les personnages de cette pièce sont : Mesdemoiselles Petit jeune, Lesueur, Duplessis, Rosette, Mouton, Lempereur, etc., filles alors en renom. Nous sommes parvenus, non sans difficulté, à trouver un passage qu'on puisse citer ; il est placé dans la bouche d'un commissaire de police qui vient dans la maison de la demoiselle Delacroix et veut y exercer son autorité :

« Sortez [illegible] filles, [illegible]
De vos doux [illegible] le prix.
Sont [illegible] à vos mains opposer un remède
Qui, tandis que le [illegible], a droit de corriger.
Gardez-vous bien de m'outrager,
J'ai des exempts [illegible] qui viendront à mon aide :
Allez-vous donc déloger. »

Mais des mousquetaires arrivent, mettent l'épée à la main, et le commissaire, à qui d'ailleurs on donne quelque argent, se retire promptement. On a peine à croire, quoique cela paraisse certain, que de pareilles pièces aient trouvé des théâtres et des acteurs.

La Chercheuse d'esprit, op.-com. en 1 a. ; p. Favart. Paris, 1741, in-8. Charmante pièce, souvent réimp. et plusieurs fois remise au théâtre par des auteurs plus modernes.

Amadis gaulé, parodie d'Amadis des Gaules, com. allégorique en 1 a. et en pr., av. couplets. Aut. inconnu. S. l., 1741, in-12 de 46 pp. Rare. L'acteur de l'Opéra qui remplissait le rôle d'Amadis, ayant été rival heureux d'un homme de qualité, reçut de ce dernier des coups de bâton ; ce qui donna lieu à cette pièce assez curieuse et qui n'a pas été représentée.

Joconde, com. en 1 a. en pr., tirée du conte de la Fontaine, p. Fagan. Paris, 1740, in-8. Réimp. dans le Théâtre de Fagan.

Le Prix de Cythère, op.-com. 1 a., p. le marq. de P. et Favart. Paris, 1742, in-8.

Amant pour amant, com. en 3 a., av. prol. et divert. ; p. Nivelle de la Chaussée. Paris, 1742, in-12.

Le Coq du village, op.-com. en 1 a., p. Favart. Paris, 1743, in-12. Pierrot est resté seul par l'absence des autres garçons que la guerre a enlevés : fatigué des persécutions de toutes les filles et même des femmes du village, il veut faire une fin et demande à son parrain le tabellion la main de sa fille Thérèse ; mais Pierrot n'a pas de fortune. Le tabellion imagine de le mettre en loterie, et toutes les mises formeront sa dot : il arrange cette affaire adroitement, et Pierrot est adjugé à Thérèse. Détails agréables.

La Rose, ou les Jardins de l'Hymen, op.-com. en 1 a. et en pr., avec prol. ; p. Piron (Op.-Com.). Paris, 1745, in-8. Pièce lestement tournée, et que le lieutenant de police Hérault interdit quelque temps et jusqu'à ce que le comte de Maurepas levât cette interdiction. Favart, Lagarde et Lesueur la remirent au théâtre, en 1753, sous le titre : *les Fêtes de l'Hymen*.

L'Amour au village, op.-com., 1 a., p. Favart. Paris, 1745, 1754, 1762, in-8.

Les Deux Putains rivales, com., 3 a., fort libre, copiée par M. de Soleinne dans son recueil de copies des pièces qu'il ne pouvait se procurer, recueil qui est actuellement à la Bibl. impér., *departem. des ms.* 1746. Le nom de l'aut. de La Ribaudière est un pseudonyme.

Arlequin au sérail, com. en 1 a. et en pr., p. de Saint-Foix (th. ital., en 1747). Paris, in-12.

Les Amours grivois, op.-com. par Favart (août 1747). Paris, 1751, in-8 ; à-propos militaire, imprimé aussi sous le titre de : *l'École des Amours grivois*.

La Chauve-souris de sentiment, com. en 1 a. et en pr., p. l'aut. du Bordel (attrib. p. P. Lacroix, cat. Soleinne, 3859, à Crébillon fils). S. l. (Paris), 1748, et s. d. (v. 1765), in-8 de 78 pp., fig. Très-rare. Cette comédie, dont l'idée assez peu décente se cache sous un dialogue du meilleur goût et n'offre au spectateur qu'une allégorie presque honnête, fut représentée sur les théâtres de société ou plutôt de petite maison. Valère, pour se venger de l'infidélité d'Isabelle, se fait inoculer, pour la lui repasser, une maladie dangereuse : Isabelle l'apprend, et, pour se punir elle-même, elle veut que Valère exécute en effet son projet.

Cythère assiégée, op.-com. en 1 a. ; p. Favart et Fagan. Paris, 1748, 1754, in-8.

L'Amante romanesque, ou la Capricieuse, com. 3 a. pr., p. d'Autreau. Paris, 1718, 1749, in-12.

Le Galant Corsaire, com. en 1 a. v. ; p. d'Autreau. Paris, 1749, in-12. Pièce non représentée : le sujet est le Calendrier des vieillards.

La Guinguette, com. gal. en 1 a., en pr. — *Arlequin eunuque*, com. en 3 a., en pr. et en vaud. Ms. in-4, écriture du 18e siècle. La première de ces deux pièces paraît basée sur un fait véritable ; c'est un jeune homme qui va dans une maison de prostitution et qui y reconnaît sa sœur. Soleinne, n° 3842.

Le Faux Indifférent, ou l'Art de plaire, com. en 1 a. et en vers, par *** (Jos. Laudon, de Soissons). S. l. n. d. (Soissons, vers 1750), in-8 de 48 pp. Pièce très-rare.

Le Magnifique, com. 2 a. pr. (p. La Mothe). Paris, 1750, in-8. Cette pièce avait déjà été jouée en 1731 en 3 actes.

Abailard et Héloïse, pièce en 5 a. et en v. (p. J.-B. Guys). Londres (Paris), 1752, in-12. Rare. Abailard, aussitôt après l'attentat dont il a été victime, reparaît porté dans un fauteuil et vient dialoguer avec Héloïse la fameuse héroïde de Colardeau, imitée de Pope. Réimp. dans le *Théâtre bourgeois*. Paris, 1755, in-12.

Agathe, ou la Chaste Princesse; trag. (burlesque en 3 a. v.; p. Nic. Rogot, dit Granval père). Paris, s. d. (1750), 1756, in-8 de 50 pp., fig. Rare. Cette pièce a été, ainsi que la suivante, représentée chez mademoiselle Dumesnil, en 1749.

L'Eunuque, ou la Fidèle Infidélité, parade mêlée de vaudevilles (p. Ch.-Fr. Rogot, dit Granval fils). Montmartre, 1750, 1767, et Paris, an VII, in-8, front. Rare.

Les Deux Biscuits, trag. en 1 a. et en v. (p. Grandval fils). Astracan, chez un libraire, s. d. (1752), in-8 de 35 pp., fig. — S. l., 1759, in-8. Rare. Le nœud de la pièce est une méprise dans l'emploi de ces biscuits :

« L'un était composé de mouches cantharides,
« Qui redonnaient la force aux amants invalides,
« Dans l'autre dominaient l'opium et le pavot
« Qui font, par leur vertu, [illegible] »

Léandre Nanette, ou le Double Quiproquo, parade en 1 a., en v. et en vaud. (p. Grandval fils). Clignancourt, 1756, in-8 de 39 pp. Rare.

Le Tempérament, tragi-parade en 1 a. en v. (p. Grandval fils). Au grand Caire, 1756, in-8 de 29 pp. Rare.

La Nouvelle Messaline, trag. en 1 a. en v., par Pyron, dit Prépucius (attrib. à Granval fils). A Chaud C... et à Bâbine, in-8; s. l. n. d., pet. in-12; Ancône, 1773, in-8 de 2 feuilles; cette dern. éd. av. le Sérail de Delys; toutes trois très-rares. Voir Soleinne, nos 3849 et 3883.

Tondrillette, trag. en 3 a. et en vaudevilles. Londres, 1753, in-12. Rare.

Le Poirier, op.-com. en 1 a., p. Vadé (Foire St-Laurent). Paris, 1752, in-8.

La Coquette trompée, op.-com. en 1 a., p. Favart. Paris, 1753, in-8.

Le Calendrier des vieillards, op.-com. en 1 a. (p. Bret et de Lachassagne). Paris, 1753, in-8.

La Coupe enchantée, op.-com., 1 a.; par Rochon de la Valette. Paris, 1753, in-8.

Les Roses d'amour, ou les Repentirs favorables, past. 1 a. pr.; p. P. Dufour. Paris, 1753, in-8.

Les Amours de Bastien et de Bastienne, parodie en 1 a. et en vaud. du Devin de village; p. madame Favart et Harny. Paris, 1753, 1754, 1760, in-8. C'est dans ce rôle de Bastienne qu'a été gravé le charmant portr. de madame Favart.

Les Troqueurs, op.-com. en 1 a.; p. Vadé. Paris, 1753, 1758, 1778, in-8.

Les Filles, op.-com.-ballet; p. Rochon de Chabannes. Paris, 1753, in-8. — *Les Femmes*, p. Maillol; Paris, 1753, in-8. — *Les Hommes*, p. Saint-Foix. Paris, 1753, in-8.

Zéphire et Fleurette, vaud. p. Favart, Laujon et Panard. Paris, 1754, in-8.

La Fête d'amour, ou Lucas et Colinette, op.-com. 1 a. et prol. v.; par madame Favart, avec Chevalier. Paris, 1754, in-8.

David et Bethsabée, trag. en v., par l'abbé Petit. Londres, 1754, in-8. Rare; ouvr. ridicule d'un brave curé de Normandie.

Le Jaloux corrigé, op.-bouffe en 1 a.; par Collé. Paris, 1753, 1759, in-8 et in-12.

Folette, ou l'Enfant gâté, parodie vaud.; p. Vadé. Paris, 1755, in-8.

La Ceinture magique, com. 1 a. pr.; p. J.-B. Rousseau (jouée à Versailles en 1701). Bruxelles, 1755, in-8.

La Fausse Turquie, com. en 3 a. en v., p. Montfleury père et fils. Paris, 1755, in-8. Cette pièce avait été primitivement jouée en 1664 sous le titre : *L'École des Jaloux, ou le Cocu volontaire*.

Les Nymphes de Diane, op.-com. en 1 a.; p. Favart. Paris, 1753, 1755, in-8. Cette pièce devait paraître dès 1741, mais on refusa la permission de la jouer alors. Elle fut repr. pour la première fois à Bruxelles, en 1755.

La Fille mal gardée, op.-com.; p. Favart. Paris, 1758, in-8.

L'Amour impromptu, parodie, p. Favart. Paris, 1756, in-8.

La Fée Urgèle, ou Ce qui plaît aux dames; op.-com. en 4 a., p. Favart. Paris, 1766, in-8. Souvent réimp.

La Belle Arsène, op.-com. 4 a., p. Favart. Paris, 1775, in-8.

Annette et Lubin, op.-com. 1 a.; par Mme Favart et L***. Paris, 1761, 1762, 1781, in-8.

Les Trois Sultanes, com. en 3 a. v.; p. Favart. Paris, 1761, in-8. Souvent réimp.

La Médecine de Cythère, parade. Clignancourt, 1765, in-8. Rare.

Les Amours de Raval-Vilain et de Javotte la débauchée (parade). S. l., 1756, in-12. Rare.

Le Bal de l'Arche Marion, op.-com.; p. Coppier. Paris, 1757, in-8.

Jérôme et Fanchonnette, past. de la Grenouillère; p. Vadé. Paris, 1755, 1757, in-8.

Nicaise, op.-com. 1 a., p. Vadé. Paris, 1756, 1757, in-8.

Anacréon, ou l'Amour vainqueur, op.-com., p. Sedaine. Paris, 1758, in-8.

Gilles, garçon peintre, z'amoureux t'et rival, parodie du Peintre amoureux de son modèle; p. Poinsinet. Paris, 1758, in-8.

L'Amant statue, op.-com. en 1 a.; p. Guichard. Paris, 1759, in-8.

Les Eaux de Passy, ou les Coquettes à la mode, com. 1 a. pr. Paris, 1761, in-12. Cette pièce fait allusion à une anecdote du temps et n'a pas été jouée.

On ne s'avise jamais de tout, op.-com., p. Sedaine. Paris, 1761, in-8.

Le Maréchal-ferrant (sujet tiré du Décaméron de Boccace), op.-com. en 1 a., p. Quétant, mus. de Philidor. Paris, 1761, in-8.

Les Deux Chasseurs et la laitière, com. en 1 a., mêlée d'ariettes, p. Anseaume; mus. de Duni. Paris, 1763, in-8.

L'Agnès, vaud. avec danses, 1 a., p. mademoiselle Duhamel l'aînée. Paris, 1763, in-8.

L'Espièglerie amoureuse, ou l'Amour matois, op.-com. et poissard. 1 a., p. Cailleau, 1761. Paris, 1764, et réimp. dans le *Théâtre satirique et bouffon*, de Cailleau, 1766, in-12.

Les Amans du village, op.-com. en 2 a., p. Riccoboni. Paris, 1764, in-8.

La Comtesse, com. parade, 1 a. pr. Londres, libr. associés, 1765, in-8 de 38 pp. Pièce libre et fort rare.

La Coquette punie, com. en 3 a. et en vers, par de Lafosse. Paris, Cl. Hérissant, 1765, in-12. Pièce très-rare (cat. Baudeloque, 1027) et qui semble avoir fait partie d'un vol. dont le titre est ignoré, car elle est paginée 109-226. Le duc de la Vallière ni Pont-de-Vesle ne la possédaient.

Les Amours de Gonesse, op. com. 1 a. Paris, 1765, in-8.

Les Amours du beau Léandre, parade en 1 a. Paris, 1766, in-8.

Mazet, op.-com. en 2 a., p. Anseaume et Duni. Paris, 1761, in-8.

Abailard et Héloïse, tragédie en 5 actes et en vers. La Haye et Paris, 1768, in-8 de 91 pp. Voici la note du cat. Soleinne, n° 2123 : « Cette tragédie montre Abailard victime du guet-apens de Fulbert :

> Malgré ses cent percés et sa douleur extrême,
> Il se voit à l'instant séparé de lui-même.

« Le pauvre homme reparaît pourtant sur la scène un moment après, à la grande surprise d'Héloïse, qu'il salue en ces termes :

> Je pleure en vous offrant l'ombre de votre époux,
> J'ai perdu... sous l'effort d'une main sanguinaire,
> Le doux titre d'amant et le droit d'être père...

« Et il disserte sur les conséquences de son fâcheux accident, qui a fait de lui *un flambeau sans clarté*. »

Les Étrennes de l'amour, com.-ballet, 1 a., p. Cailhava. Paris, 1769, in-8.

Le Magnifique, op.-com. en 3 a., p. Sedaine et Grétry. Paris, 1773, in-8.

Les Amours villageoises, op.-com. en 2 a., p. Deschamps (ou p. Rouhier). Copenhague, 1771, in-8.

Le Baiser donné et le baiser rendu, op.-com. en 2 a., p. Téronet; (Paris), 1771, in-8. Joué en 1767; retiré depuis par ordre.

Le Bal masqué, op.-com. en 1 a. Paris, 1772, in-8.

Manon Lescaut, ou la Courtisane vertueuse, pour servir de suite au Théâtre de société, par M. D..., 1773. Rare.

Les Plaisirs du cloître, com. en 3 a. v. l.; par de M. D. L. C. A. P.... S. l., 1773, in-8. Cat. Soleinne, n° 3888.

Vasta, reine de Bordelie, trag. en 3 a. S. l., 1773, in-8. Réimpr. en 5 a. et en vers; p. M. le M*** de L** (p. Al. Piron). Lausanne, Pierre F...., 1777, in-8 de 62 pp. La comédie n'occupe que 15 pp.; le reste est rempli par des poésies libres de divers auteurs. Ces 2 éd. sont rares. — Réimp. aussi dans le Théâtre gaillard.

Les Courtisanes, ou l'École des mœurs, comédie en 3 a. et en v.; p. Palissot. Paris, 1775, in-8. On nommait plusieurs masques, entre autres Rosalie, c. à-d. mademoiselle Levasseur de l'Opéra, entretenue par l'ambassadeur d'Autriche. V. l'Espion anglais, tom. 1er, p. 166. Les comédiens français trouvèrent cette pièce indécente et refusèrent de la jouer, bien qu'elle eût obtenu l'approbation de la police (même ouvr., t. II, p. 153).

Le Barbier de Séville, ou la Précaution inutile; com. en 4 a. pr., p. de Beaumarchais. Paris, 1775, in-8. Souvent réimp.

L'Amour cyclope, com. en 3 a. Anvers, 1776, in-8.

L'École des mœurs, ou les Suites du libertinage, en 5 a. et en vers; p. F. de Falbaire. Paris, 1776, in-12. Ouvrage dicté par l'honneur et par la vertu, et rempli de morceaux supérieurement écrits. Pourquoi donc n'a-t-il pas réussi? L'auteur en dit les raisons dans sa préface. Les âmes honnêtes ont retenu ces deux beaux vers :

> Ce n'est que des coups purs que l'amour est conté.
> Il dans le sein du vice il perd sa volupté

Alm. littéraire, 1777.

Le Vuidangeur sensible, drame en 3 a. et en pr. (p. J.-B. Marchand, ou p. Nougaret). Paris, 1777, in-8.

Pompinin, ou le Tuteur mystifié, op. bouffon en 2 a., tiré de lo Sposo burlato (p. Ginguené). Paris, 1777, in-8.

Le Séducteur, com. en 5 a. en v., p. le marq. de Bièvre. Paris, 1777, 1783, in-8.

Vénus pèlerine, com. 1 a pr., p. madame Beaunoir. Paris, 1778, in-8.

L'Amant jaloux, ou les Fausses apparences, op.-com. 3 a., p. d'Hele et Grétry. Paris, 1779, in-8. Réimp. plusieurs fois.

L'Amour français, com. 1 a. v.; p. Rochon de Chabannes. Paris, 1779, in-8.

Aristote amoureux, ou le Philosophe bridé, op.-com. 1 acte, p. de Piis et Barré. Paris, 1780, in-8.

La Reine de Golconde, op. en 3 actes, p. Sedaine. Paris, 1789, in-8.

Les Amours de Montmartre, com. burlesque en 1 acte en vers; par Fonpré de Fracansalle. Londres et Paris, 1782, 1786, an VI, in-8 et suivie de *l'Enlèvement d'Hélène*, trag. burlesque, par L'Affichard, 1840, in-18.

La Nouvelle Omphale, op.-com. 3 actes (par Mad. Beaunoir). Paris, 1782, in-8. Sujet tiré du charmant conte de Sénecé : *Filer le parfait amour*.

Théâtre d'amour (par Beaunoir). Cythère et Paris, 1783, 1784, 2 part. in-24. Cont. *l'Amour quêteur*, com.; *Colinette, ou la Vigne d'amour*, com.; *Daphnis et Zirphé*, past.; *l'Hymen, ou le Dieu jaune*, com; *les Quatre coins*, past.

Les Voyages de Rosine, op.-com. 2 actes; p. de Piis et Barré. Paris, 1783, in-8.

Diane et Endymion, op. 3 actes, p. Espic de Liron. Paris, 1784, in-4.

La Folle Journée, ou le Mariage de Figaro, com. 5 actes, pr., p. de Beaumarchais (Com. française, en avril 1784). Paris, 1785, gr. in-8, fig. de Saint-Quentin; éd. orig. Crozet, 11 fr. Pièce souvent réimp. sous le titre : *le Mariage de Figaro*.

Les Amours de Chérubin, com. vaud. 3 actes (par Desfontaines). Paris, 1784, in-8.

Le Mariage de Chérubin, com. p. madame Olympe de Gouges. Paris, 1785, in-8.

Les Accidents et les Abbés, com. en 1 acte, pr., p. Collé. Amst., 1786, in-8 de 60 pp. Pièce libre dont un ms. autographe existait dans la bibliothèque Soleinne, nº 2054, avec l'indication suivante : chez Simon, impr. du clergé, 1762. Cette pièce ne se trouve pas dans le *Théâtre de société*, de Collé.

Les Saturnales modernes, ou la Soirée de carnaval, com. 2 actes pr. (par Rolland). Paris, 1787, in-8.

L'Homme à cornes, tragi-comédie. Paris, 1787, in-8. Peu commun.

Le Bal masqué, com. 1 acte vers. Paris, 1787, in-8.

L'Amant femme de chambre, com. 1 acte pr.; p. Dumaniant. Paris, 1788, in-8. Une intrigue pareille fait le sujet d'un conte intitulé la Femme de chambre dans le recueil des *Dorenstucke*. Voir aussi un conte en vers : *l'Amant femme de chambre* dans les *Contes érotico-philosophiques*, par d'Auberval. Bruxelles, 1818, t. I, p. 80.

Le Double Emploi, ou D'une pierre deux coups, prov. dram. en vers assez libres, dont les héros sont James Harwers et Laure, chanteuse de l'Opéra. On attribue cette pièce à Marandon. Amathonte, 611ᵉ olympiade (Bordeaux, Pinard, 1788).

Les Trois Déesses rivales, ou le Double Jugement de Pâris, divertissement, 1 a. v., p. de Piis. Paris, 1788, in-8.

L'Amour anglais, com. Paris, 1788, in 8.

Théâtre d'un poëte de Sybaris, trad. du grec (comp. p. Delisle de Sales). Sybaris (Orléans), 1788, 1792, 3 vol. in-18. La Bédoyère, 6 fr. Pièces non libres, mais dont l'amour est le sujet. La 1ʳᵉ est intit. : *la Vierge d'Otahiti*.

La Vérité dans le vin, ou les Désagréments de la galanterie, com. en 1 acte et en pr., par Collé. Une note fait observer que le vrai titre de cette comédie est le second, et qu'elle est d'un genre à ne pouvoir être jouée qu'en société; la pièce mérite d'être lue. Paris, 1789, in-18 de 70 pp.

Le Serail à l'encan, com. 1 acte, pr. Avignon, 1791, in-8. Cette pièce avait déjà été jouée à l'Ambigu-Comique, en 1781 et imprimée.

L'Amour et la Raison, com. 1 a. pr., p. Pigault-Lebrun. Paris, 1790, in-8. Plusieurs fois réimp.

Les Nones fugitives, ou le Pucelage à l'encan, op.-com. (en 1 a., tout en vaud.). S. n. et s. d. (1790), in-18 de 51 pp. avec 10 fig. obsc. comme la pièce elle-même. Le titre courant est : *les Réchappés du couvent*. On trouve à la suite 7 contes moraux, c'est-à-dire libres. Il y a une autre éd. in-12, rev., corr. et aug., s. d., 3 fig., où y a joint 7 nouv. contes sous le titre d' *Anecdotes voluptueuses, à l'usage des concitoyennes*. Soleinne, nº 3868.

La Blanchisseuse de Mousseaux, ou les Amours de M. Coco, pièce grivoise mêlée de chants. Paris, 1791, in-8.

L'Adultère, drame en 3 a. en pr., p. Chalumeau. Paris, 1791, in-8.

Oxtiern, ou les Effets du libertinage, drame en 3 a., p. le marquis de Sade, 1791. — *Sophie et Desfranch*, com. en 5 a. et en v., p. le même; — *le Suborneur*, drame, p. le même, 1792. — Ces div. pièces sont très-rares. On attribue encore au même personnage *la Double Intrigue*, com. en pr. (ms. de Soleinne, nº 3078) et *Julia, ou le Mariage sans femme*, folie-vaud. en 1 a., ms., in-4; c'est une pièce sotadique (Soleinne, nº 3879).

Le Triomphe de la f...., ou les Apparences trompeuses, com. en 2 a. v. (auteur inconnu). S. l. n. d., in-18 de 31 pp., fig. Pièce très-libre et très-bête. V. Soleinne, nº 3877.

L'Eunuque, trag. en 2 a. et en v., par Bujac. Ms. in-fol. de l'écriture de M. de Soleinne; v. son catal. (nº 3878, pièces libres).

L'Infidèle jaloux, com. p. Vergniaud, député à la Convention (m. en 1793). Ms. autographe, in-4. Aimé-Martin. 71 fr.

Les Femmes, com. 3 a. v., p. Demoustier (Th. de la nation). Paris, an II, an III, in-8

L'Amant timide, com. en 3 a., p. de Cherensi. Londres, 1793, in-8 de 73 pp. Cette pièce n'auroit-elle pas une parenté avec *l'Amant timide, ou l'Adroite Soubrette*, com. en 1 a. et en v., p. de la Pierre de Châteauneuf. Paris, 1803, in-8; — et avec *l'Amant timide*, com. en 1 a. en vers (époque et mœurs de 1785); par un auteur de 18 ans; 6e éd.; corr., etc., Paris, 1834, in-8 de 20 pp.? M. Beuchot disait de cette dernière qu'il ne connaissait que les éd. de 1803, de 1805 et de 1810.

La Bougie de Noël, ou la Messe à minuit, com.-vaud. en 2 a. Cythère (Paris, Mercier), 1793, in-18 de 35 ff., avec 4 fig. libres. Imitation assez licencieuse de la Chandelle d'Arras (Soleinne, no 3875).

L'Amour des papesses, op.-bouffon en vaudev., 3 a., par le cit. Faucompret. Paris, 1793, in-8. Pièce burlesque et très-rare (Alvarès, no 1819 en 1858).

La Chaste Suzanne, com.-vaud. en 2 a. Paris, 1793, in-8 de 28 pp.

Les Putains cloîtrées, parodie des Visitandines; vaud. en 2 a. Bicêtre (Paris, Mercier), 1793, in-8 de 40 ff. et 4 fig. Pièce obscène (Soleinne, no 3875).

Les Dragons et les Bénédictines, com. en 1 a. en pr., p. Pigault-Lebrun (Th. de la Cité, en 1794 et reprise en 1810 à l'Amb.-Comiq.). Paris, an II, an IV, 1810, in-8.

Les Dragons en cantonnement, ou la Suite des Bénédictines, com. 1 a., p. Pigault-Lebrun. Paris, an II, in-8. Réimp. en 1810, in-8, éd. rev. par l'auteur.

Arlequin-Joseph, com.-parade en 1 a. et en vaud., p. Demautort. Paris, an II, in-8. Crozet, 4 fr. 75.

La France f....., trag. lubrique et royaliste, en 3 a. et en v. (attrib. p. P. Lacroix au marquis de Sade. V. Soleinne, no 3876); à Barbe en c... en F... manie, 5796 (1796), in-12 de 91 ff. Saint-Mauris, 24 fr. 50. La dédicace au ministre de la police n'est pas longue: « Devine si tu peux, et choisis si tu l'oses. » La préface commence ainsi: « J'ai cherché à être lu par tout le monde. Si mon ouvrage va jusqu'à la postérité, je la supplie de ne pas me juger sur le style, mais sur le fond. Lecteurs, ne vous prévenez pas contre le titre; femmes aimables, pardonnez-le moi! plus vous me lirez, plus je réclame votre indulgence. Libertins, hommes de lettres, politiques, historiens, philosophes, patriotes, royalistes, étrangers, lisez-moi; j'écris pour vous tous. Et vous, souveraine de ma pensée, vous que j'adore, si vous me devinez, ne craignez rien pour le sentiment. J'ai écrit avec ma plume; mon cœur n'y est pour rien. »

Vénus de Fanchon, com. p. Vigée. Paris, an V, in-8.

Azéline, op. com. 3 a., par Hoffman. Paris, an V, in-8. Sujet tiré d'un conte d'Imbert.

La Jeunesse du duc de Richelieu, ou le Lovelace français, com. 5 a. pr., p. Al. Duval et Monvel. Paris, an V, in-8.

Télémaque dans l'île de Calypso, ballet-pant. 3 a., p. Dauberval. Bordeaux, an V, in-8.

Les Français à Cythère, vaud. 1 a., p. Alissan de Chazet, Creuzé de Lesser et Dupaty (Th. du Vaud.). Paris, an VI, in-8.

Les Enfants de l'amour, trag. burlesque, 1 a. v., p. Flacon, dit Philidor Rochelle. Paris, an VII, in-8. Souvent réimp.

La Fille mal gardée, tableau villageois, ballet, p. Dauberval. Cette pièce a été remise en scène en 1812, par Eug. Hus. Plusieurs fois réimp.

Léandre et Isabelle, ou le Presqu'Abeilard, comédie parade en 2 a. avec vaudevilles. Paris, an VII, in-18 de 108 pp., fig. Cette pièce avait été refusée en 1792 par plusieurs directeurs de théâtre comme trop libre.

Les Amours de M. Jacquinet, folie vaud. 1 a. Paris, an VII, in-8.

L'Homme à sentiment, ou le Tartuffe de mœurs, com. en 5 a. et en v., imitée en partie de *the School for scandal* de Shéridan; p. Chéron. Paris, an IX, in-8. Réimp. sous le titre de *Valsain et Florville* et sous celui de: *le Tartuffe de mœurs*. Cette pièce avait été jouée d'abord en 1789.

Le Hasard corrigé par l'amour, ou la Fille en loterie, vaud. 1 a., p. Philidor Rochelle et Jacquelin. Paris, an IX, in-8.

Lysistrata, ou les Athéniennes, vaud. 1 a. (imité d'Aristophane, p. Hoffman). Paris, an X (1802), in-8. Cette pièce a été interdite.

Sganarelle, ou le Mari qui se croit trompé, com. de Molière, arrangée avec un nouv. dénouement et mise en 1 a. et en v., p. J.-N. Gardy. Paris, 1802, in-8.

Les Hommes et les Femmes, com. anacréontique en 3 a. et en pr., mêlée de chants, de danses, etc., p. Cuvelier. Paris, 1802, in-8.

Les Maris en bonne fortune, com. 3 a. pr., p. Étienne. Paris, an XI, in-8.

Les Amours de la Halle, vaud. poissard en 1 act., par Henrion. Paris, an XI, in-8.

L'Amant rival de sa maîtresse, op.-com. 1 a., p. Henrion, mus. de Piccini. Paris, 1803, in-8.

Lucile, ou l'Amant à l'épreuve, com. 1 a. pr., p. Coupart. Paris, 1803, in-8

L'Amour à l'anglaise, vaud. 1 a., p. Jacquelin et Rougemont. Paris, 1803, 1816, in-8.

Le Père obstiné, ou le Mariage manqué, comédie. Venise, A. Rosa, 1804, pet. in-8. Lamberty, 2 fr.

La Jeune Prude, ou les Femmes entre elles; vaud. 1 a., p. Dupaty. Paris, 1804, in-8.

L'Amour romanesque, op.-com. 1 a. (p. Ant. Charlemagne). Paris, 1804, in-8.

Les Bracelets, ou le Mari, la Femme et l'Amant dupes les uns des autres, com.; p. le comte de Parnel-Beauvert. Genève, 1805, in-8. Pièce fort plate, qu'on disait faire allusion à une aventure scandaleuse arrivée à Mad. R. de S.-J. d'A.; il n'en serait échappé que 3 ex. aux poursuites de la police du temps.

L'Adroite Ingénue, ou la Porte secrète; com. 3 a. v. p. Dumaniant et Désaugiers. Paris, 1805, in-8.

La Belle Hôtesse, vaud., 1 a., p. Al. de Chazet et Vallée. Paris, 1806, in-8.

Gabrielle d'Estrées, ou les Amours de Henri IV, op.-com., 3 a., p. Saint-Just, mus. de Méhul. Paris, 1806, in-8.

Les Amants du Pont-aux-Biches, ou la Place publique, vaud. poissard en 1 a., par L. Carmel. Paris, 1806, in-8.

L'Héloïse de l'île Saint-Louis, vaud., 1 act., p. G. Duval et Dumersan. Paris, 1806, in-8.

Amour et coquetterie, vaud., 1 act., pr., par Coffin-Rosny. Paris, 1806, in-8.

L'Amour à Cythère, ballet-pant., 2 act., par Henry, musique de Gaveaux. Paris, 1806, in-8.

Catherine II, impératrice de Russie, trag. (pour rire). Paris, 1807, in-8. Peu commun.

Le Séducteur en voyage, ou les Voitures versées; com.-vaud., 2 a., p. Dupaty. Paris, 1807, in-8. Plusieurs fois réimp. sous le second titre.

La Vestale, op. en 3 a.; p. de Jouy, mus. de Spontini. Paris, 1807, in-8. Plusieurs fois réimp.

La Marchande de modes, ou la Tache d'huile; parodie en 1 acte de la Vestale, p. de Jouy. Paris, 1808, in-8.

Arlequin au café du Bosquet, ou la Belle Limonadière; vaud. 1 a., p. Simonnin. Paris, 1808, in-8.

Les Amours de Bastaud, ou Tout le monde en veut (parodie des *Amours de Bayard*, drame de Monvel); vaud. 1 a. p. Ourry et Merle. Paris, 1808, in-8.

L'Île des mariages, ou les Filles en loterie, mélodr. comique, 3 a. p. Du Petitméré et Bernos. Paris, 1809, in-8.

Au feu, ou les Femmes solitaires; vaud. 1 a. p. Dieulafoi et Gersin. Paris, 1809, in-8, fig. coloriée.

Les Bayadères, op. 3 a. p. de Jouy. Paris, 1810, in-8. Plusieurs fois réimp.

Les Baladins, parodie, vaud. 1 a. p. Merle et Ourry. Paris, 1810, in-8.

L'Intrigue à la hussarde, vaud. 1 a. p. Dumersan. Paris, 1811, in-8.

L'Enlèvement d'Hélène, ballet pant. p. A. Hapdé. Paris, 1812, in-8.

L'Amour et l'argent, ou le Créancier rival, vaud. 1 a. p. Al. de Chazet, Lafortelle et Désaugiers. Paris, 1812, in-8.

Les Faux Maris, ou le Danger des épreuves, com. 1 a. pr.; p. Em. de Clonard. Paris, 1812, in-8.

La Chambre à coucher, ou Une demi-heure de Richelieu, op.-com. 1 a. (par Scribe), mus. de Guénée. Paris, 1813, in-8. A été réimp.

L'Intrigante, ou l'École des familles, com. en vers; par Étienne. Paris, 1813, in-8. Cette comédie ne fut jouée que très-peu de temps, et fut supprimée par la censure.

Le Prince troubadour, ou le Grand Trompeur de dames, op.-com. 1 act. p. Al. Duval. Paris. 1813, in-8.

Joconde, ou les Coureurs d'aventures, op.-com. 3 a., p. Étienne, mus. de Nicolo. Paris, 1814, in-8. — 9e éd. en 1851, et réimp. depuis, en 1857, en 1859, etc.

Psyché, ou la Curiosité des femmes; vaud. en 1 a. p. Théaulon et Dartois. Paris, 1814, in-8.

PIÈCES JOUÉES DEPUIS 1815 JUSQU'À CE JOUR RANGÉES PAR THÉÂTRE *

THÉÂTRE FRANÇAIS. En 1816 : *Le Mari impromptu, ou la Coutume anglaise*; com. 1 a. pr.; p. G. Duval. — En 1830 : *Le Prince et la Grisette*, com. 3 a. v. — En 1842 : *Oscar, ou le Mari qui trompe sa femme*, com. 3 a. pr.; p. Scribe et Duveyrier. — En 1846 : *Une Fille du régent*, com. 5 a. pr.; p. Alex. Dumas. — En 1850 : *Les Amoureux sans le savoir*, com. 1 a. v.; par Mich. Carré et J. Barbier. — En 1851 : *C'est la faute du mari*, com. 1 act. v.; par Mme Émile de Girardin. — *La Fin du roman, ou Comment on se débarrasse d'une maîtresse*, com. 1 a. pr.; p. L. Gozlan. — En 1855 : *L'Amour et son train*, com. 1 act. v.; p. O. Lacroix. — *L'Essai du mariage*, com. 1 a. pr.; p. Méry. — En 1857 : *Le Fruit défendu*, com. 3 a. v.; p. Cam. Doucet. — En 1859 : *Rêves d'amour*, com. 3 a. pr.; p. Scribe et de Biéville.

ODÉON. En 1819 : *Les Noces de Figaro*, op.-com. 4 a.; arrangé sur la mus. de Mozart, p. Castil-Blaze. — En 1821 : *Don Juan, ou le Festin de Pierre*, op. 4 a. de Mozart, arrangé p. Castil-Blaze. — En 1822 : *Le Pont et le Contrat, ou le Procès du mariage*, com.

* Toutes ces pièces ont été imprimées à Paris, [illegible] [illegible]

5 a. v.; p. Sewrin. — En 1830 : *Manon Lescaut*, roman en six chapitres (3 a.); p. Carmouche et de Courcy. — En 1831 : *Catherine II*, com. 3 a. pr.; p. Arnould et Lockroy. — En 1848 : *Amour et bergerie*, com. 1 a. v.; p. J.-B. Barbier. — *Comment les femmes se vengent, ou la Leçon de séduction*, com. 2 a. v.; par Galoppe-d'Onquaire. — En 1850 : *L'Amant de sa femme*, com. 1 a. v.; p. Mme Ach. Comte. — En 1852 : *Les Méprises de l'Amour*, com. 5 act. v.; par Augier. — *Le Loup dans la Bergerie*, com. 1 a. pr.; p. Arn. Frémy. — En 185 . *Amour et caprice*, com. 1 a. pr.; p. J. Jodicis et Alb. Blanquet. — En 1858 : *Ce que fille veut...*, com. 1 a. v.; p. Léon Halévy. Une jeune fille d'une quinzaine d'années force un jeune homme à l'épouser; on lui a trouvé des rapports avec Ténie Chereau.

OPÉRA. En 1815 : *la Princesse de Babylone*, op. 3 a. p. Vigée, mus. de Kreutzer. — En 1824 : *le Page inconstant*, ballet-pant. 3 a. de Dauberval et Aumer. — *Aline, reine de Golconde*, ballet pant.; p. Aumer. — *Mars et Vénus, ou les Filets de Vulcain*, ballet pant. 4 a. (Il avait été représenté auparavant à Bordeaux). — En 1827 : *Astolphe et Joconde, ou les Coureurs d'aventures*, ballet-pant. 2 a., p. Aumer. — En 1828 : *Le Comte Ory*, op. 2 a.; p. Scribe et Rossini. — En 1830 : *La Bayadère amoureuse*, op. 2 a. — *Manon Lescaut*, ballet-pant. 3 a., mus. de Halévy. — En 1832 : *La Tentation*, ballet opéra en 5 a.; p. (Cavé? et) Coraly. — En 1834 : *Don Juan*, op. 5 a. de Mozart. — En 1840 : *Le Diable amoureux*, ballet pant. 3 a.; p. de Saint-Georges et Mazilier. — En 1844 : *Eucharis*, ballet pant. 2 a.; p. Coraly.

OPÉRA-COMIQUE. En 1815 : *Aline, reine de Golconde*, op.-com. 3 a.; p. Vial, mus. de Berton. — En 1818 : *Le Petit Chaperon rouge*, op.-com. 3 a. p. Théaulon. — En 1819 : *Les Troqueurs*, op. com. 1 a.; p. Dartois, mus. de Hérold. — En 1820 : *L'Amant et le Mari*, op.-com. 2 a.; p. de Jouy et Roger. — En 1822 : *Le Coq du village*, de Favart, arrangé p. Ach. Dartois. — En 1823 : *Le Muletier*, op.-com. 1 a.; par P. de Kock, mus. de Hérold. — En 1838 : *La Figurante, ou l'Amour et la danse*, op.-com. 5 a., p. Scribe et Dupin, mus. de Clapisson. — En 1843 : *Angélique et Medor*, op. bouffon 1 act., par T. Sauvage, mus. de A. Thomas. — En 1856 : *Manon Lescaut*, op.-com. 3 a.; p. Scribe, mus. d'Auber. — En 1852 : *Les Chaises à porteur*, op.-com. 1 a., p. Dumanoir et Clairville, mus. de Massé. — *Les Fourberies de Marinette*, op.-com. 1 a.; p. Mich. Carré et de Chazot, mus. de J. Creste.

THÉATRE-LYRIQUE (anc. Théâtre historique). En 1847 : *La Reine Margot*, dr. 5 a., p. Al. Dumas et Aug. Maquet. — En 1854 : *Les Amours du Diable*, op. féerie en 4 a.; p. de Saint-Georges, mus. d'Alb. Grisar. — En 1858 : *Les Noces de Figaro*, op.-com. 4 a., par J. Barbier et Mich. Carré, mus. de Mozart. — En 1859 : *Mam'selle Pénélope*, op.-com. 1 a., p. H. Boisseaux.

TH. DE LA RENAISSANCE. En 1839 : *La Chaste Suzanne*, opéra en 4 a., p. Carmouche et de Courcy, mus. de Monpou.

GYMNASE DRAMATIQUE. En 1822 : *Mémoires d'un colonel de hussards*, vaud. 1 a., p. Scribe et Mélesville. — En 1823 : *les Grisettes*, vaud. 1 a., p. Scribe et Dupin. — *La Fausse Agnès*, op. bouffon en 3 a. d'après Destouches, arrangé p. Castil-Blaze sur la mus. de Cimarosa, Rossini, Meyerbeer, etc. — En 1825 : *Les Rosières de Paris*, vaud. en 1 a., p. Brazier, Simonnin et Carmouche. — En 1826 : *La Lune de miel*, vaud. 2 a., p. Scribe, Mélesville et Carmouche. — En 1827 : *Le Paysan perverti, ou Quinze ans de Paris*, pièce en 3 journées, p. Théaulon. — En 1830 : *Zoé, ou l'Amant prêté*, vaud. 1 a. de Scribe et Mélesville. — En 1831 : *La Perle des maris*, vaud. 1 a., p. Bayard, Philippe Dupin et Julien de M. — En 1833 : *Les Malheurs d'un amant heureux, ou le Nouvel Homme à bonnes fortunes*, vaud. 2 a., p. Scribe. — En 1837 : *Avis aux coquettes, ou l'Amant singulier*, vaud. 2 a., p. Scribe et Al. de Comberousse. — En 1839 : *Le Paradis de Mahomet, ou la Réforme au harem*, vaud. 1 a., p. Laurencin. — En 1841 : *L'Abbé galant*, vaud. 2 a., p. Laurencin et Clairville aîné. — En 1842 : *Les Jolies Filles du Stilberg, ou les Pages de l'Empereur*, vaud. 1 a., p. Labiche. — En 1843 : *Le Baiser par la fenêtre*, vaud. 1 a., p. Ach. Bénard. — *Angelina, ou Amour et mystère*, vaud. 1 a., d'après la pièce de Pain. — En 1848 : *Le Premier Coup de canif*, vaud. 2 a., p. Anicet Bourgeois et Ed. Brisebarre. — En 1849 : *Rage d'amour, ou la Femme d'un ami*, vaud. 1 a., p. Bayard et Léon Laya. — En 1850 : *Les Bijoux indiscrets*, vaud. 2 a., p. Mélesville et Bayard. — *L'Amour mouillé*, vaud. 1 a., p. M. Carré, Barbier et Arthur de Beauplan. — *Héloïse et Abailard, ou A quelque chose malheur est bon*, vaud. 2 a., p. Scribe et Mich. Masson. — *Un Amant qui ne veut pas être heureux*, vaud. 1 a., p. de Comberousse et Labiche. — En 1851 : *La Femme qui trompe son mari*, vaud. 1 a., p. Moreau et Delacour. — En 1852 : *Un Mari trop aimé*, vaud. 1 a., p. Rosier. — En 1853 : *Diane de Lys*, com. 5 a. pr., par Al. Dumas fils. — *Les Amoureux de ma femme*, vaud. 1 a., p. Fournier et Laurencin. — En 1855 : *Le Demi-Monde*, com. 5 a. pr., p. Al. Dumas fils. — En 1856 : *Une Femme qui déteste son mari*, com. 1 a., p. Mad. Ém. de Girardin. — En 1858 : *Monsieur Candaule, ou le Roi des maris*, vaud. 1 a., p. Fournier et Meyer. — *Les Trois Maupins, ou la Veille de la régence*, com. 5 a. pr.

p. Scribe et H. Boisseaux. — En 1859 : *Rosalinde, ou Ne jouez pas avec l'amour*, com. 1 a., p. Lambert Thiboust et Aurélien Scholl. — En 1860 : *La Société du doigt dans l'œil*, vaud. 1 a., p. Clairville, Siraudin et Moreau.

VAUDEVILLE. En 1815 : *Les Trois Saphos lyonnaises, ou Une cour d'amour*, vaud. 2 a., p. Barré, Radet et Desfontaines. — En 1816 : *Le Comte Ory*, vaud. 1 a., p. Scribe et Delestre-Poirson. — En 1818 : *La Volière de frère Philippe*, vaud. 1 a., p. Scribe, Delestre-Poirson et Mélesville. — En 1821 : *Frontin mari-garçon*, vaud. 1 a., p. Scribe et Mélesville. — En 1822 : *Le Coq du village*, de Favart, arrangé p. Decour, Hubert et Théod. Anne. — *La Parisienne en Espagne*, vaud. 1 a., tiré d'un conte de la Fontaine, p. Désaugiers et Xavier. — *La Chercheuse d'esprit*, de Favart, arrangée p. Gersin et Gabriel. — En 1824 : *L'Île des noirs, ou les Deux Ingénues*, vaud. 1 a., p. A. Dartois et Saintine. — *La Dame des Belles Cousines*, vaud. 1 a., p. A. Dartois. — *Les Amours de village*, vaud. 1 a., p. Francis et Ach. Dartois. — En 1824 : *Les Modistes*, vaud. 1 a., p. de Villeneuve, Dupeuty, etc. — *Les Maris anglais, ou la Conversation criminelle*, vaud. 1 a., p. Théaulon et Gustave. — En 1825 : *La Blanchisseuse de fin, ou Tout ce qui reluit n'est pas or*, vaud. grivois, p. Georges Duval et Rochefort. — En 1826 : *La Mère au bal et la fille à la maison*, vaud. 2 a., p. Théaulon. — En 1827 : *Le Mari de toutes les femmes*, vaud. 1 a., p. Montigny. — En 1829 : *Une Nuit de Paris, ou l'École des jeunes gens*, vaud. 3 a., p. Carmouche et de Courcy. — *Marie Mignot*, com.-vaud. en trois époques, p. Bayard et Paul Duport. — En 1830 : *Madame Grégoire, ou le Cabaret de la pomme de pin*, vaud. 2 a., p. Rochefort, Dupeuty et Charles. — En 1831 : *Madame du Barry*, vaud. 3 a., p. Ancelot. — *Marionnette*, parodie de Marion Delorme, p. Dupeuty et Duvert. — *Sophie et Mirabeau*, vaud. 2 a., p. Théod. Anne et Rene. — En 1832 : *Un de plus*, vaud. 3 a., p. Paul de Kock et Dupeuty. — *Les Cabinets particuliers*, folie-vaud. 1 a., p. Xavier et Duvert. — *Le Favori, ou la Cour de Catherine II*, vaudeville en 3 a., p. Ancelot. — *Madame du Châtelet, ou Point de lendemain*, vaud. 1 a., p. Ancelot et Gustave. — En 1833 : *Richelieu à 80 ans*, com., p. Ancelot et L. Laurine. — *La Camargo, ou l'Opéra en 1750*, vaud. 4 a., p. Dupeuty et Fontan. — *Le Cavalier servant, ou les Mœurs italiennes*, vaud. 1 a., p. Duport et Ed. Monnais. — *Vive le divorce, ou Ma femme m'adore*, vaud. 1 a., p. Derville et Laurencin. — *Fanblas*, vaud. 5 a., p. Dupeuty, Brunswick et Lhérie. — En 1834 : *Les Malheurs d'un joli garçon*, vaud. en 1 a., p. Varin, Et. Arago et Desvergers. — *Les Liaisons dangereuses*, drame 3 a., p. Ancelot et Xavier. — *Un premier amour*, vaud. 3 a., p. Bayard et Em. Vanderburch. — En 1835 : *Cornicho, tyran pas doux*, traduction en 4 a. et en v. d'Angelo, tyran de Padoue, p. Dupeuty et Duvert. — En 1836 : *Casanova au fort St-André*, vaud. 3 a., p. Varin, Et. Arago et Desvergers. — En 1837 : *Femme et maîtresse*, vaud. 1 a., p. Guillard. — En 1839 : *Les Belles Femmes de Paris*, vaud. 3 tableaux, p. Varin, Desvergers et Maur. Alhoy. — *Amandine*, vaud. 2 a., p. Rougemont et A. Monnier. — En 1840 : *La Belle Bourbonnaise*, vaud. 2 a., p. de Rougemont, Dupeuty et Langlé. — En 1841 : *La Belle Tourneuse*, vaud. 3 a., p. Bayard et Rochefort. — En 1842 : *La Journée d'une jolie femme*, vaud. 5 a., p. Dennery et Cormon. — *L'Ingénue de Paris*, vaud. 3 a., p. Théaulon et Lefèvre. — En 1845 : *Riche d'amour*, vaud. 1 a., p. Xavier, Duvert et Lausanne. — *L'Amour dans tous les quartiers*, vaud. 7 tabl., p. Clairville. — *Enfant chéri des dames*, vaud. 2 a., p. Ch. Desnoyers et Karl Holtein. — En 1846 : *Les Trois Baisers*, vaud. 1 a., p. Labiche et de Montépin. — *Beaugaillard, ou le Lion amoureux*, vaud. 1 a., p. Xavier, Duvert et Lausanne. — En 1848 : *Le Club des maris et le club des femmes*, vaud. 1 a., p. Clairville et J. Cordier. — *L'Affaire Chaumontel*, vaud. 1 a., p. Cormillac et Dignard. — En 1849 : *Breda street, ou Un ange déchu*, vaud. 2 a., p. Clairville, Moreau et Siraudin. — *Daphnis et Chloé*, vaud. 1 a., p. Clairville et J. Cordier. — En 1850 : *Mariée au second, garçon au cinquième*, vaud. 2 a., p. Brisebarre et L. Couailhac. — En 1852 : *La Dame aux camélias*, vaud. 5 a., p. Al. Dumas fils. — *Voyage autour d'une jolie femme*, tabl. 1 a., par J. Barbier et Mich. Carré. — *Les Bloomeristes, ou la Réforme des jupons*, vaud. 1 a., p. Clairville et Hipp. Leroux. — *La Première Maîtresse*, vaud. 1 a., p. Brisebarre et Couailhac. — En 1853 : *Une jolie jambe*, vaud. 1 a., p. Duvert et Lausanne. — *Un Mari en 1750*, vaud. 1 a., p. de Najac. — *Le Baron et des amours*, vaud. 3 a., p. Clairville et J. Cordier. — *Boccace, ou le Décaméron*, vaud. 5 a., p. Bayard, de Leuven, Brunswick et de Beauplan. — *L'Amour au daguerréotype*, vaud. 1 a., p. Varin, Saint-Yves et Bureau. — *Les Filles de marbre*, vaud. drame 5 a., p. Th. Barrière et Lamb. Thiboust. — En 1854 : *Les Maris me font toujours rire*, vaud. 2 a., p. Delacour et Jaime fils. — *Les Marquises de la fourchette*, vaud. 1 a., p. Labiche et Choler. — En 1856 : *Le Nid d'amour*, paysannerie 1 a., p. Nérée Desarbres et Nuitter, mus. de Montaubry. — *Le Beau Léandre*, vaud. 1 a., p. Théod. de Banville et Siraudin. — *Madame Lovelace*, 3 a., p. Lamb. Thiboust. — En 1853 : *Les Femmes terribles*, com. 1 a. pr., p. Dumanoir. — *Les*

Lionnes pauvres, pièce en 5 a. pr., p. Em. Augier et Ed. Foussier.

VARIÉTÉS. En 1815 : *La Petite Rose, ou Qui est-ce qui connaît les femmes?* vaud. 1 a., p. Dumersan. — En 1817 : *Le Petit Jehan de Saintré et la dame des Belles Cousines*, vaud. 3 a., p. Dumersan et Brazier. — En 1818 : *Les Perroquets de la mère Philippe*, vaud. 1 a., p. A. Dartois, etc. — *Le Pâté d'anguille*, vaud. 1 a., p. H. Simon et Dartois.

En 1819 : *Le Mariage à la hussarde, ou Une nuit de printemps*, com. 1 a. pr., p. Dartois, Lafontaine et Léon. — En 1820 : *Les Amours du Port au blé*, vaud. grivois en 1 a., p. Sewrin et Dumersan. — *L'Aqueduc de Brives-la-Gaillarde*, vaud. 1 a., p. H. Simon. — *L'Innocente et le mirliton*, vaud. grivois 1 a., p. G***. — *Le Séducteur champenois, ou les Rémois*, vaud. 1 a., p. Dartois, Saintine et Saint-Laurent. — En 1821 : *Le Villageois qui cherche son veau*, vaud. 1 a., p. Sewrin. — *La Marchande de goujons*, vaud. grivois 1 a., p. Francis et Dartois. — En 1822 : *La Chercheuse d'esprit*, de Favart, arrangée par Dumersan et Lafontaine. — *La Servante justifiée, ou la Rose et le baiser*, vaud. 1 a., p. Brazier, Carmouche et Jouslin de Lassalle. — *Le Bureau de nourrices*, folie-vaud. 1 a., p. Dupetit-Méré et Bellé. — En 1823 : *Les Couturières, ou le Cinquième au-dessus de l'entresol*, vaud. 1 a., p. Désaugiers, St-Laurent, etc. — En 1824 : *Le Grenadier de Fanchon*, vaud. grivois 1 a., p. Brazier, Théaulon et Carmouche. — En 1826 : *La Chambre de Suzon*, vaud. 1 a., p. Dumersan et Carmouche. — *Les Auvergnates, ou les Marchandes de balais*, folie-vaud. 1 a., p. Gabriel et Brazier. — *Les Filets de Vulcain, ou la Vénus de Neuilly*, vaud.-ballet pant. en 1 a., p. Brazier, Dumersan et Gabriel. — En 1827 : *La Halle au blé, ou l'Amour et la morale*, tabl. grivois en 1 a., p. Francis, Dartois et Saint-Laurent. — *Recette pour marier sa fille*, vaud. 1 a., p. Mélesville et Raoul. — En 1828 : *La Semaine des amours*, roman-vaud. en 7 chapitres, p. Philippe D. et Julien de M. — En 1829 : *Le Voyage de la mariée* (imitation de la Fiancée du roi de Garbe), vaud. 5 tabl., p. Adolphe de L., Philippe D. et Julien de M. — *Frétillon, ou la Bonne Fille*, vaud. 1 a., p. Masson et Philippe D.

En 1830 : *La Mariée à l'encan*, vaud. 1 a., p. Dullot et Roche. — *La Lingère du Marais, ou la Nouvelle Manon Lescaut*, vaud. 3 a., p. Dupin et Achille. — En 1831 : *Le Nouveau Surgères, ou l'École des maîtres*, vaud. grivois 1 a., p. Francis. — *Adieu aux fillettes*, vaud. 3 a., p. Philippe D. et Julien de M. — *Gothon du passage Delorme*, parodie de Marion Delorme, p. Dumersan, Brunswick et Cerau. — En 1832 : *Les Amours de Paris*, vaud. 1 a., p. Dumersan. — En 1833 : *Une Fille d'Ève*, vaud. 1 a., p. Dumanoir et Camille. En 1834 : *L'Apprenti, ou l'Art de faire une maîtresse*, vaud. 1 a., p. Cogniard et Adolphe. — En 1835 : *Madelon Friquet*, vaud. 2 a., p. Rougemont et Dupeuty. — *Au Clair de la lune, ou les Amours du vin*, vaud. 3 a., p. Varin, Desvergers et Laluire. — *La Fille de Robert Macaire*, mélodr. comique, 2 a., p. Mallian et Barthélemy. — En 1838 : *L'Amour vient après*, vaudeville en 1 acte, p. Dupin. — *A bas les hommes!* vaud. 2 a., p. Cogniard, Jaime et Delandes. — En 1839 : *Les Belles Femmes de Paris*, vaud. en 2 a., p. Dumersan, Duvert et Lausanne. — *L'Amour*, vaud. 3 a., p. Rozier. — *La Lune rousse*, vaud. 1 a., par Rozier. — En 1840 : *La Nouvelle Geneviève de Brabant*, drame burlesque, bouffonnerie de la vie intime, en 2 a., p. Xavier, Duvert et Lausanne. — *La Grisette de Bordeaux*, vaud. 1 a., p. Decomberousse et Roche. — *Matelots et Matelottes*, vaud. 1 a. par Dumersan et Dupeuty. — En 1841 : *Endymion*, vaud. 1 a., p. Mélesville. — En 1842 : *Carabins et Carabines*, vaud. 2 a., p. Xavier, Duvert et Lausanne. — *Les Batignolaises*, vaud. grivois 1 a., p. Gabriel et de Villeneuve. — En 1843 : *L'Enlèvement de Déjanire*, vaud. 1 a., p. Marc-Michel et Alb. Maurin. — *Le Trombone du régiment*, vaud. 3 a., p. Dupeuty, Cormon et Saint-Amand. — *La Chasse aux belles filles, ou Garçon à marier*, vaud. 4 a., p. Laurencin et Lopez. — En 1844 : *Les Bédouins de Paris*, vaud. 1 a., p. Dumersan et de Leuven. — *Le Bal Mabille*, vaud. 1 a., p. Siraudin et Ch. Dauvin. — En 1846 : *Gentil-Bernard, ou l'Art d'aimer*, p. Dumanoir et Clairville. — *Colombe et Perdreau*, idylle en 3 a., p. J. Cordier et Clairville. — En 1848 : *Le Marquis de Lauzun*, vaud. 1 a., p. Carmouche et Vermond. — En 1849 : *Lorette et aristos, ou une Soirée au Ranelagh*, vaud. 1 a., p. de Villeneuve, Edouard et Siraudin. — *Madame veuve Larifla*, vaud. 1 a., p. Labiche et Ad. Choler. — En 1850 : *Une Idée fixe, ou les Amours du grand monde*, vaud. 2 a., p. Mich. Masson et Labatre. — *Pomponette et Pompadour*, vaud. 1 a., p. Molé-Gentilhomme et Const. Guéroult. — *Les Chercheurs d'or*, folie vaud. en 1 a., p. H. Cogniard. — *Colombine, ou les Sept Péchés capitaux*, vaud. 1 a., p. Carmouche et Vermond. — En 1851 : *Le Mari d'une jolie femme*, vaud. 1 a., p. Saint-Yves et Choler. — *La Goton de Béranger*, vaud. 5 a., p. Cormon, Grangé et Dutertre. — *Drinn-Drinn*, vaud. 1 a., p. Brisebarre, Nyon et Labie. — *Une Maîtresse Femme, ou Viler le parfait amant*, vaud. 1 a. (imité d'un conte de Sénecé), p. Carmouche et Vanderburch. — *Comment l'esprit vient aux garçons*, vaud. 1 a., p. Alb. Monnier et Ed. Martin. — *Les Filles de l'air*, folie-vaud. 1 a., p. Cogniard Fr. et Th. Nezel. — En 1852 : *Les Femmes de Gavarni*, scènes de la vie parisienne, vaud. 3 a. et une mascarade,

p. Barrière, Decourcelle et Léon Beauvallet. — *Les Reines des bals publics*, folie-vaud. 1 a., p. Delaporte et de Montheau, mus. de Nargeot. — En 1853 : *L'amour, qu'qu'c'est qu'ça?* vaud. 1 a., p. Clairville, L. Thiboust et Delacour. — *Ah! vous dirai-je maman!* vaud. 1 a., p. Marc Leprévost. — En 1854 : *Diane de Lys et de camélias, ou la Femme du monde légère, liée à un homme faleux qui n'entend pas la plaisanterie*, parodie en 3 petits actes, p. Delacour et Lamb. Thiboust. — *Un Mari qui ronfle*, vaud. 1 a., p. Siraudin et de Beauplan. — *La Femme à trois maris*, vaud. 1 a., p. de Villeneuve et Dugard. — *Brelan de maris*, vaud. 1 a., p. Laurencin et de Montheau. — *Quatorze de dames*, vaud. 1 a., p. J. Gabriel et Dupeuty. — *Deux Femmes en gage*, folie 1 a., p. Bourdois et Nérée Desarbres. — En 1855 : *Le Bal du Sauvage*, folie-vaud., p. Cogniard fr. et Bourdois. — *Les Noces de Merluchet*, vaud. 1 a., p. Delacour et Jaime fils. — *Le Quart de monde, ou le Danger d'une particulière pleine de malice pour un individu vraiment impressionnable* (parodie du *Demi-Monde*); étude réaliste, mêlée de couplets et d'effets de style, p. Clairville et Lamb. Thiboust. — *Monsieur Beaumignet*, vaud. 1 a., p. Mélesville et Xavier. — *Les Amours d'un serpent*, vaud. 2 a., p. de Lustières et Fenquerolles. — En 1856 : *Mad'lon Lescaut*, cri du cœur, en 3 actes, sans entr'actes; par Lamb. Thiboust. — *Madame Roger Bontemps*, vaud. 1 a., p. Clairville et de Jallais. — *Le Camp des révoltées*, vaud. 1 a., p. Lurine et Deslandes. — En 1858 : *l'Amour et Psyché*, vaud. 1 a. p. P. Aubry. — *Le Pays des amours*, vaud. 3 a., p. Éd. Plouvier. — *Une Maîtresse bien agréable*, vaud. 1 a., p. P. de Kock et Thiboust. — En 1859 : *L'École des Arthur*, vaud. 2 a., p. Anicet Bourgeois et Labiche. — *C'est l'amour, l'amour, l'amour*, vaud. 1 a., p. Dumanoir et H. Lucas. — *Les Amoureux de la bourgeoise*, vaud. 1 a., p. Siraudin et Choler. — En 1860 : *La Pénélope à la mode de Caen*, parodie en 5 entr'actes, p. Eug. Grangé. — *Les Amours de Cléopâtre*, vaud. 3 a., p. Marc Michel et Delacour. — *Quel drôle de monde!* vaud. 1 a., p. Clairville et Eug. Moreau. — *Un Troupier qui suit les bonnes*, vaud. 3 a., p. Clairville, Pol Mercier et Léon Morand.

TH. DES NOUVEAUTÉS. En 1827 : *Figaro, ou le Jour des noces*, op.-com. 3 a., arrangé p. Dartois et Blangini avec la musique de Mozart et de Rossini. — *Le Coureur de veuves*, op.-com. 2 a., p. de Brisset, mus. de Blangini. — En 1830 : *Le Mari aux neuf femmes*, vaud. 1 a., p. Théaulon.

TH. DU PALAIS-ROYAL. En 1831 : *Cotillon III, ou Louis XV chez Mad. du Barry*, vaud. 1 a., p. Vanderburch et Anicet Bourgeois. — *Les Jeunes Bonnes et les vieux garçons*, vaud. 1 a., p. Desvergers et Varin. — En 1832 : *Les Garçons et les gens mariés*, vaud. 2 a., p. Dumersan et Brazier. — En 1833 : *La Gageure des trois commères*, vaud. grivois 3 a., p. Desmares. — *Les Baigneuses, ou la Nouvelle Suzanne*, vaud. 1 a., p. Vanderburch, de Leuven et Deforges. — *L'Atelier*, vaud., p. Deforges, de Leuven et Roche. — *Sophie Arnould*, vaud. 3 a., p. de Leuven, Deforges et Dumanoir. — En 1835 : *Frétillon, ou la Bonne Fille*, vaud. 5 a., p. Bayard et Decomberousse. — En 1838 : *La Petite Maison*, vaud. 2 a., p. Ancelot et Paul Duport. — *Les Douceurs conjugales*, vaud. 1 a., p. Rozier. — En 1839 : *Manon Giroux*, vaud. 2 a., p. de Leuven et Deforges. — *Nanon, Ninon et Maintenon, ou les Trois Boudoirs*, vaud. 3 a., p. Théaulon, Dartois et Lesguillon. — En 1841 : *Mademoiselle Sallé*, vaud. 2 a., p. Xavier, Bayard et Dumanoir. — *L'Amour en commandite*, vaud. 1 a., p. de Leuven, Brunswick et d'Ennery. — En 1842 : *Jockey's club*, vaud. 2 a., p. de Villeneuve et Jaime. — *Le Mari à l'essai*, vaud. 1 a., p. Bayard et J. Cordier. — *Le Loup dans la bergerie*, vaud. 1 a., p. Dumanoir et Brochatte. — En 1843 : *L'autre part du diable, ou le Talisman du mari*, vaud. 1 a., p. Varner. — *Une invasion de grisettes*, vaud. 2 a., p. Varin et Ét. Arago. — En 1844 : *Les Mémoires de deux jeunes mariées*, vaud. 1 a., p. d'Ennery et Clairville. — En 1845 : *Barli le* [illegible], vaud. 1 a., p. Dumersan et de Leuven. — En 1846 : *Frisette*, vaud. 1 a., p. Labiche et Lefranc. — *L'Enfant du carnaval*, folie-vaud. 3 a., p. Dumanoir et Clairville. — En 1848 : *Indiana et Charlemagne*, vaud. 1 a., p. Bayard et Dumanoir. — *Jacques le fataliste*, vaud. 2 a., p. Dumanoir, Clairville et Bernard. — *Le Fruit défendu*, vaud. 1 a., p. Mélesville et Carmouche. — En 1849 : *La Belle Cauchoise*, vaud. 1 a., p. Gabriel et P. Vermond. — En 1850 : *La Fille bien gardée*, vaud. 1 a., p. Labiche et Marc Michel. — *Un Monsieur qui suit les femmes*, vaud. 2 a., p. Barrière et Decourcelle. — *L'Odalisque*, vaud. 1 a., p. Mélesville et Xavier. — *Le Sopha*, conte fantastique en 3 a., mêlé de chants, précédé de *Schahabaham XCII*, prologue 1 a., p. Mélesville, Ch. Desnoyer et Labiche. — En 1851 : *On demande des culottières*, folie-vaud. 1 a., p. Marc Michel et Labiche. — *La Femme qui perd ses jarretières*, vaud., p. Labiche et Marc Michel. — *Claudine, ou les Avantages de l'inconduite*, étude pastorale et berrichonne (parodie de *Claudie*), p. Siraudin et A. de Beauplan. — *Un Duel au baiser*, vaud. 1 a., p. Clairville et J. Cordier. — *Belphégor*, vaud. 1 a., p. Dumanoir, Saint-Yves et Choller. — *L'Amour à l'aveuglette*, vaud. 1 a., p. Mélesville et Xavier. — *L'Amant de cœur*, vaud. 1 a., p. Siraudin et J. de Prémaray. — *Pêche à la fraise*, folie 1 a., p. Clairville et J. Cordier. — En 1852 : *Ed-*

gard et sa bonne, vaud. 1 a., p. Labiche et Marc Michel. — *L'Amour pris aux cheveux*, vaud. 1 a., p. Galoppe d'Onquaire. — *Cinq gaillards dont deux gaillardes*, méli-mélo mêlé de 1 couplet. — En 1852 : *L'Amour à la maréchale*, vaud. 2 a., p. Mme Roger de Beauvoir (Mlle Doze). — En 1853 : *Un Melon en bonne fortune*, vaud. 1 a., p. Varin, Lubie et Gérard. — *Le Chevalier des dames*, vaud., p. Marc Michel et Labiche. — *Une Femme dans ma fontaine !* vaud. 1 a., p. Barrière et Lamb. Thiboust. — *Mon Isménie !* vaud. 1 a., p. Labiche et Marc Michel. — En 1854 : *Le Meunier, son fils et Jeanne*, vaud. 1 a., p. de Biéville. — *Deux profonds scélérats*, pochade, p. Varin et Labiche. — *L'Amour dans un ophicléide*, vaud. 1 a., p. Ch. Nuitter. — En 1855 : *La Régunde*, vaud. 1 a., p. de Biéville. — *La Mariée est trop belle*, vaud. 1 a., p. H. de Kock et Léon Beauvallet. — *Le Monde camelotte*, vaud. 3 a., p. Cogniard fr. et Bourdois. — En 1856 : *Avait pris femme le sire de Framboisy !* revue de l'année 1855, p. Delacour et Lamb. Thiboust. — *L'Amant aux bouquets*, vaud. 1 a., p. Louis Lurine et R. Deslandes. — En 1857 : *La Veuve au camélia*, vaud., p. Siraudin, Thiboust et Delacour. — *Les Noces de Bouchencœur*, vaud. 3 a., p. Labiche, Monnier et Martin. — *La Gommina*, parodie de *la Faramina*, en 4 a., précédée de *Vingt ans avant*, prologue, p. Siraudin et Choler. — En 1858 : *La Chasse aux biches*, vaud. 1 a., p. Clairville et Lamb. Thiboust. — *Chez une petite dame*, vaud. en 1 a., p. Monnier et Martin. — *Le Clou aux maris*, vaud. en 1 a., p. Labiche et Moreau. — En 1859 : *Cosaigrin poli par l'amour*, vaud. 1 a., p. Alb. Monnier et Ed. Martin. — *L'Amour, un fort volume, prix 3 fr. 50 c.*, parodie mêlée de couplets, en 1 a., p. Labiche et Ed. Martin. — *Le Dompteur de femmes*, vaud. 1 a., p. Deslandes et Hipp. Rimbault.

BOUFFES-PARISIENS. En 1858 : *Une Demoiselle en loterie*, opérette 1 a., p. Jaime fils et Crémieux. — En 1859 : *Le Jugement de Pâris*, opérette 1 a., p. E. Alby et Commerson. — *Les Dames de cœur-volant*, opérette 1 a., p. Bourdois et Lapointe, mus. de Erlanger.

FOLIES-NOUVELLES. En 1856 : *Femme à vendre*, opérette 1 a., p. Paul de Kock, mus. de Brémont. — En 1857 : *Plus de femmes*, opérette, p. René Lordereau, mus. de Bovery.

PORTE-SAINT-MARTIN. En 1817 : *Suzanne et les vieillards, ou l'Innocence reconnue*, pant. en 2 a., mêlée de danses. — En 1820 : *Les Dieux à la Courtille*, vaud. grivois 1 a., p. Brazier et Melesville. — En 1821 : *Le Code et l'amour*, vaud. 1 a., p. Merle et Simonnin. — En 1822 : *Le Coq de village*, de Favart, arrangé p. Carmouche et de Courcy. — En 1824 : *Les Meuniers, ou les Rendez-vous nocturnes*, folie-ballet-pant. en 2 a., p. Blache. — En 1825 : *Les Marchandes de modes, ou une Soirée de carnaval*, pant.-folie en 2 a. — En 1831 : *Marion Delorme*, drame, p. V. Hugo. — En 1832 : *Dix ans de la vie d'une femme, ou les Mauvais conseils*, drame en 5 a. et 9 tabl., p. Scribe et Terrier. — *Le Petit Souper, ou Louis XV et le Régent*, vaud. 1 a., p. Anicet-Bourgeois et Vanderbuch. — En 1833 : *Bergami et la reine d'Angleterre*, dr. 5 a., p. Fontan, Dupeuty et Maur. Alhoy. — En 1835 : *Les Amours de Faublas*, ballet-pant. 3 a. et 4 tabl. (avait été joué d'abord à Marseille). — En 1844 : *Calypso*, vaud. mythologique, 3 tabl., p. Cogniard fr. — En 1849 : *Turine à la cour, ou la Vertu d'une modiste*, vaud. 2 a., p. Dutertre. — En 1851 : *La Fiancée de carnaval*, folie en 2 a., p. Duchesne et Sauvey.

AMBIGU-COMIQUE. En 1824 : *Le Tuteur trompé, battu et content, ou la Pupille rusée*, vaud. 1 a., p. Maréchal et Hubert. — En 1825 : *La Chambre de Clairette, ou les Visites par la fenêtre*, vaud. 1 a., p. Overnay et Théod. N. — En 1829 : *Le Pacha et la vivandière*, folie-vaud. 3 tabl., p. Alph. Signol. — En 1831 : *Catherine II, ou l'Impératrice et le Cosaque*, vaud. 2 a., p. Théod. N. et Simonin. — *La Papesse Jeanne*, vaud.-anecdote, 1 a., p. Simonnin et Théod. N. — En 1832 : *L'Amant en gage*, vaud. 1 a., p. Lauzanne et Tyrtée. — En 1833 : *Le Royaume des femmes, ou le Monde à l'envers*, vaud. 2 a. avec danses, p. Ch. Desnoyer et Cogniard. — En 1838 : *La Maîtresse d'un ami*, vaud. 1 a., p. Ch. Desnoyer et Chabot de Bouin. — En 1852 : *Madame de Pompadour*, vaud. 2 a., p. Maréchal et Paulin. — En 1858 : *Paris crinoline*, revue 3 tabl., p. Roger de Beauvoir.

TH. DE LA GAITÉ. En 1821 : *Le Fruit défendu*, vaud. 1 a., p. Léger et Belle. — En 1823 : *Le Mariage à la turque*, vaud. 1 a., p. Desprez. — *Le Marchand d'amour*, vaud. 1 a., p. Carmouche et Dupin. — En 1825 : *Nicaise, ou le Jour des noces*, vaud. 1 a., p. de Villeneuve et Dupeuty. — *Blaisot, ou la Leçon d'amour*, vaud. 1 a., p. Lasqueyrie et Gerin. — En 1834 : *L'Art de quitter sa maîtresse, ou les Premiers Présents de l'amour*, vaud. 1 a., p. Nézel et Simonnin. — En 1838 : *Les Femmes libres*, folie-vaud. 3 a., p. Tournemine et Salvat. — *Les Musards et les lingères*, vaud. 1 a., p. Clairville. — En 1843 : *L'Amour à l'aveuglette*, vaud. 1 a., p. de Brisebarre et de Léris. — En 1845 : *La Coqueluche du quartier*, vaud. 1 a., p. Lubize. — En 1851 : *Fais la cour à ma femme*, vaud. 1 a., p. Frédéric Lemaître fils.

FOLIES DRAMATIQUES. En 1835 : *L'Agnès de Belleville* (sujet tiré de la Pucelle de Belleville), vaud. 3 a., p. P. de Kock et Cogniard fr. — En 1836 : *L'Homme à femmes*, vaud. 5 a., p. Dupeuty et de Courcy. — En 1838 : *Anacréon, ou l'Enfant chéri des dames*, vaud. 1 a., p. Dupeuty et de Courcy. — En 1839 : *La Belle Bourbonnaise*, vaud. 3 a., p. Dumersan et Carmouche. — En 1840 : *La Grisette romantique*, vaud. 1 a., p. Carmouche et Vanderburch. — *L'Argent, la gloire et les femmes*, vaud. 3 a., par Cogniard fr. et Mich. Delaporte. — En 1841 : *Les Amours de Psyché*, vaud. 3 a. et 10 tabl., p. Dupeuty et Delaporte. — En 1842 : *Amour et amourette*, dr. 5 a., mêlé de chant, p. d'Ennery et E. Grangé. — En 1843 : *La Chasse aux maris*, vaud. 3 a., p. de Leuven et Brunswick. — En 1844 : *Estelle et Némorin*, pastorale bouffonne 2 a., p. Delaporte et Ch. Potier. — En 1846 : *Paris au bal*, vaud. 4 tabl., p. Clairville et Bourdois. — *Le Fruit défendu*, vaud. 1 a., p. Boyer et Saint-Aguet. — *Les Trois amoureux de Mariette*, vaud. 3 a., p. Lubize et Brisebarre. — En 1847 : *La Reine Argot*, parodie en 7 tabl. et en v., p. Lubize, Guénée et Leprévost. — *Bal et bastringue*, vaud. 3 a., p. Brisebarre et Ch. Potier. — En 1851 : *Les Quenouilles de verre*, féerie-vaud. 3 a. et 8 tabl., p. Delaporte. — *La Chasse aux grisettes*, vaud. 2 a., p. Hipp. Cogniard, Counilhac et Bourdois. — En 1852 : *La Dame aux cabeaux*, parodie-vaud. en 3 a., p. Cogniard fr. et Bourdois. — En 1853 : *Le Carnaval des maris*, vaud. 3 a., p. Cormon et Grangé. — En 1854 : *L'Automne d'un farceur*, scènes de la vie conjugale en 1 a., p. Brisebarre et Eug. Nus. — En 1855 : *La Dame de Francboisy*, vaud., p. Siraudin et Choler. — *L'Amoureux d'en face*, vaud. 1 a., p. Thiboust et Bedeau. — En 1856 : *Amour et amour-propre*, vaud. 1 a., p. Boisselot. — En 1857 : *La Villa des amours*, vaud. 2 a., p. Bourdois et Delacour. — En 1858 : *Ninon et Ninette*, vaud. 1 a., p. Léon Beauvallet, de Jallais et Nouvière. — *Les Talismans de Rosine*, vaud. 2 a., p. de Jallais et Alex. Flan. — En 1860 : *A quoi tient l'amour !* vaud. 1 a., p. Chaigneau et Ch. Boverat.

DÉLASSEMENTS-COMIQUES. En 1844 : *Les Jolies femmes du Maroc*, vaud. 3 a., p. Léris, Guénée et Counilhac. — En 1847 : *Polkette et Bamboche*, vaud. 1 a., p. Delacour. — En 1849 : *Adrienne de Carotteville, ou la Reine de la fantaisie*, parodie du Juif-Errant, 1 a., p. Brisebarre, Potier et Nyon. — En 1851 : *Le Chemin des amoureux*, vaud. 2 a., p. J. Renard. — En 1852 : *Les Fourberies d'Arlequin et les indignités de Colombine*, folie-vaud. 1 a., p. Paul de Kock. — *Chérubin, ou la Journée aux aventures*, com. en 6 tabl., p. J. Renard. — En 1854 : *L'Antichambre en amour*, vaud. 1 a., p. Avenel. — En 1855 : *La Dame aux trois maris*, vaud. 1 a., p. Potier et Guénée. — En 1856 : *Manon de Nivelle* (parodie de Manon Lescaut), vaud. 3 a., p. de Jallais, Thierry et Vulpian. — En 1858 : *L'Amour en ville*, vaud. 1 a., p. Chaigneau et Boverat. — *Les Amoureux de Claudine*, tabl. villageois 1 a., p. E. Montagne.

TH. BEAUMARCHAIS. En 1836 : *L'Amour et l'homœopathie*, vaud. 2 a., p. Henry, Ad. Jodin et Alphonse. — En 1839 : *Les Belles femmes de Paris*, vaud. 1 a., p. Angel et Eug. Vanel. — *La Reine Margot, ou Comment l'amour vient aux pages*, vaud. 1 a., p. Counilhac. — En 1840 : *L'Ile de Calypso*, folie-vaud. en 1 a., p. J. Augier et Ad. Salvat. — En 1856 : *Guerre au sexe*, vaud. 1 a., p. Jouhaud. — En 1860 : *L'Amour dans tous les pays*, vaud. 5 a., p. Masquelier et Thiboust.

TH. SAINT-MARCEL. En 1860 : *L'Amour*, légende (de Faust et Marguerite) en 7 tabl., p. Paulin Niboyet.

TH. DES FUNAMBULES. En 1847 : *Pierrot marié et Polichinelle célibataire*, épopée en 19 tabl., p. J. Viard.

TH. DU LUXEMBOURG. En 1842 : *Baigneurs et baigneuses*, folie-vaud. 1 a., p. Tournemine. — En 1845 : *L'Agent matrimonial*, vaud. 1 a., p. de Rennevïlle et Salvat. — En 1856 : *Fais la cour à ma femme*, vaud. 1 a., p. Ad. Huard et Turpin de Sansay. — En 1858 : *L'Amoureux transi*, vaud. 5 a., p. P. de Kock.

TH. DU PANTHÉON. En 1832 : *Zeline, ou le Peintre et la Courtisane*, vaud. 1 a., p. Théod. N. et Simonnin. — En 1836 : *Une Tombola de maris, ou l'Ile joyeuse*, vaud. 3 a., p. Paul de Kock. — *Le Pompier et l'écaillère*, vaud. 3 a., p. P. de Kock. — En 1839 : *Les Beaux Hommes de Paris*, vaud. 1 a., p. Jouhaud et Roger. — En 1842 : *Les Amours d'un rat*, vaud. 1 a., p. A. de Villeneuve et J. de Rieux.

PIÈCES jouées sur divers théâtres et pièces non jouées : *Les Amours de Vénus, ou le Siège de Cythère*, ballet-pant., p. Coindé et Petipa. Bruxelles, 1824, in-8. — *Amour et galanterie*, vaud. 1 a., p. Théod. Chambet (th. des Célestins, à Lyon). Paris, 1825, in-8. — *La Dame noire, ou le Tambour et la Grisette*, vaud. de carnaval en 2 a. et demi, p. M. H. (Théâtre-Français, à Bordeaux). Paris, 1828, in-8. — *L'Infidélité conjugale, ou École de médisance*, com. 5 a. pr., p. Châteauneuf. Paris, Delaunay, 1834. — *L'Amour et les champignons*, drame burlesque 1 a. v., p. Thibaud. Paris, 1835, in-8. — *Les Femmes trompées*, vaud. 1 a., p. Perchain et Bourain (Gymnase, à Marseille). Marseille, 1837, in-8. — *L'École des jeunes maris*, com. 5 a. v., p. Nouguier (Th. Montmartre).

Montpellier, 1855, in-8. — *Coqueluche, le beau dragon*, vaud. 1 a., p. Bernède (th. des Variétés, à Bordeaux). Bordeaux, 1845, in-8. — *Les Métamorphoses de l'amour*, com. 1 a., p. Mlle Augustine Brohan (hôtel Castellane). Paris, 1851, in-12. — *L'Amoureuse de Corinthe, ou le Cristal magique*, idylle 1 a. v., p. d'Arbaud. Marseille, 1854, in-16. — *L'Amour à la belle étoile, ou l'Auberge du Panier fleuri*, vaud. 1 a., p. Lagarrigue (Em. Mary). Toulouse, 1854, in-12. — *Brelan de dames*, op.-com. 1 a., p. de Clagny, mus. de Louis (th. de Versailles). Paris, 1854, in-8. — *Les Filles d'argile*, folie-vaud. 1 a., p. Dubacq et Ed. Jaloux (Gymnase, à Marseille). Marseille, 1855, in-12. — *Moralin, ou l'Oiseau prend l'oiseleur*, vaud. 2 a., p. Hortense Rolland. Aix, 1855, in-18. — *Le Courtier de mariage*, folie-vaud. 1 a., Châtillon-sur-Seine, 1855, in-12. — *Le Libre Amour*, vaud. 1 a., p. El. Jourdain. Paris, Tafide, 1856, in-12. — *La Belle Persane*, ballet 4 tabl., p. Adrien, mus. de L. Aubert (Gd-Théâtre, à Marseille). Marseille, 1858, in-8. — *Servante et maîtresse*, com. en 1 a. en v., p. F. de Finmauld. Paris, Castel, 1858, in-18. — *Qui femme a, guerre a*, proverbe, p. Augustine Brohan. Paris, 1859, in-18. — *Les Billets d'amour*, com. 1 a. v., p. Victor Lagoguée (École lyrique, rue de la Tour-d'Auvergne). Paris, 1860, in-8. — *Les Accents du mariage*, com. en 1 a., p. Georges Richard (joué à Bruxelles en 1856 et à Marseille en 1860). Marseille, 1860, in-16.

Scènes et proverbes, p. Oct. Feuillet. Paris, Lévy, 8e éd. en 1856, se réimp. à peu près tous les ans, in-12, 3 fr. Contient : le Fruit défendu ; la Crise ; Rédemption ; le Pour et le contre ; Alix ; la Partie de dames ; la Clef d'or.

PIÈCES EN PATOIS

La Tasse, comédie propre pour être exhibée au temps de Caresme-Prenant, en 5 a. et prol., en v. franç. et provençaux. S. l., imp. sous le quadre à la presse, s. d., pet. in-8 de 53 ff. ; Bolle, 71 fr. Une tasse d'argent est dérobée à la femme d'un jaloux par deux fripons ; le jaloux bat sa femme, et la femme s'en venge. Cette pièce singulière et très-spirituelle, analysée au catalogue Soleinne, n° 3897, est suivie de poésies fort libres en patois provençal.

L'Antiquité du triomphe de Béziers, contenant les plus rares histoires (en vers languedociens) représentées au jour de l'Ascension, etc. Béziers, 1628-1644, 2 parties in-12. Rar. complet. La Vallière, 50 fr. Ce recueil comprend : dans la 1re partie, les Mariages rabillés, pastorale, p. Michaille ; et, dans la 2e partie, la Colère de Pepesuc, les Aventures de Garetto, les Amours de la Guimbarde, Hist. du valet Guillaume et de la chambrière Antoigne, les Amours d'un sergent avec une villageoise, etc.

Pastorale du berger Célidor et de Florimonde, sa bergère, représ. sur le théâtre des marchands le jour de l'Ascension 1699. Béziers, J. Martel, s. d., in-12. Pièce rare et qui paraît devoir servir de complément au 1er vol. de l'Antiquité du triomphe de Béziers.

Pastorale de la constance de Philin et de Margoton, préc. d'un prologue (en patois de Grenoble, en vers), p. Jean Millet. Grenoble, 1635, in-4 de 142 pp. Rare.

Grizoulet, lou jalous attrapat, et los amours de Floridor et Olimpo, de Rosilas et Omelio et de Grizoulet et la Margot, coumedio (en 5 a. et en v.), en patois languedocien, p. Rousset. Sarlat, 1694, pet. in-8. Rare.

La Disputo de Bacus et de Priapus, comp. per lou Sr Rousset. Sarlat, 1694, pet in-8. C'est sans doute une esp. de com. en v. languedociens.

Daphnis et Alcimadure, pastorale languedocienne (avec la traduction littér. en franç.). Paris, 1754, in-8. Libri, 8 fr.

Leis Amours de Vanus, vo lou Paysan oou théatre, com. en patois marseillais. Marseille, 1817, et Toulon, 1856, in. in-8 ; Pierquin de Gembloux, 2 fr. 50.

Moluchon et gârcounière, comedie, qui le père dau père dau père d'ma mirène a vuse en son jeune tem d'sous l'ale de Paris et qu'ot été afistolée en patoé d'Jarnut, pour qu'a seije mée d'dan les pension de jeun da maisetie de tieu paye. Paris, imp. F. Didot, 1853, in-12 de 24 pp.

Li Galant di Tiercente, com. en 2 act., par André Delchef. 2e édit. Liége, 1859, in-16, 1 fr.

THÉÂTRE ITALIEN

La Mandragola, comédie de Nic. Machiavel ; les plus anciennes éditions, s. l. n. d. (vers 1500), pet. in-8, sont intitulées *Comedia di Callimaco et di Lucretia*. Ces éd. sont très-rares. — (Florence, 1533), in-8 de 28 ff. (commençant à la signature G, V. *la Calandra* de même date ; Gradenigo, 180 fr. — *La Mandragore* de Machiavel a été trad. p. Avenel, dans le *Théâtre européen*, Paris, 1835, par Guiraudet, et p. Périès, traducteurs des Œuvres de Machiavel. Cette pièce, fondée, dit-on, sur une aventure fort galante arrivée peu de temps auparavant à Florence, est comique, spirituelle, bien composée et bien écrite. La seule *Mandragore*, dit Voltaire, vaut peut-être mieux que toutes les pièces d'Aristophane.

La Calandra, com. ridiculosa (da B. Divizio da Bibiena, che fu poi cardinale). S. l. (Venise ou Florence), 1521, 1522, 1524, 1526, 1533, 1536, in-8. Il y a des éd., notamment celle de 1533, dans lesquelles la Calandra est suivie de la Mandragola de Machiavel. Libri, la Calandra seulement, 80 fr. — Florence, les Juntes, 1558, 1559, in-8; Libri, 8 fr. — Venise, 1562, 1569, 1586, in-8; etc. Pièce célèbre contenant nombre de détails plus que gais et qui n'ont pas encore été traduits en français. La trad. de Th. Muret, dans le *Théâtre européen*, Paris, 1835, a modifié les passages libres et supprimé entièrement quelques plaisanteries.

Comedia di Lod. Ariosto intit. gli Suppositi (5 a. et prol. pr.). S. l. (Venise), 1525, et Venise, 1538, in-8. Rare. — *La Comédie des Supposez de L. Arioste*, en it. et en franç. (trad. p. J.-P. de Mesmes); Paris, Est. Groulleau, 1552, in-8 de 154 pp. Trad. plus exacte que celle de J. Bourgeois qui l'avait précédée (en 1545), et que celle de Th. Muret (Théâtre européen). Ce dernier a fait des *adoucissements* pour le public du XIXe siècle, plus chatouilleux que celui du XVIe, lequel ne reculait pas devant la crudité des idées et des expressions.

La Perugina, com. (5 a. et prol. pr.) de Agost. de gli Pennocchi; cum gratia. (Vinegia, Gr. Stampone, 1529) in-8 de 56 pp. Très-rare; seule éd. connue de cette pièce licencieuse. Aventure galante entre un noble romain et une dame de Pérouse. Jamais les tours joués aux maris n'ont été plus librement exposés au public.

Comedie di Pietro Aretino, cioè: Il Marescalco, la Cortegiana, la Talanta, l'Hipocrito (toutes en 5 a. et prol. pr.). Venise, 1542, pet. in-8. Rare. — S. l., 1560, 1588, pet. in-8; Libri, 25 fr. — Œuvres choisies de P. Arétin, trad. de l'it. pour la 1re fois, av. des notes p. P. L. (Paul Lacroix). Paris, Gosselin, 1845, in-12. Ce vol. ne contient que la trad. de trois comédies: le Philosophe, la Courtisane, la Talanta; c'est, jusqu'à présent, la seule traduction franç. qui en ait été faite. — *Il Marescalco*, S. l., 1533, éd. orig.; très-rare. Réimp. (Venise), en 1535 et 1536, in-8; Libri, 35 fr. Un duc de Mantoue avait un maréchal qui regardait les femmes de travers: ce duc feint de vouloir le marier et offre 400 ducats pour dot de la future, mais ce projet de mariage n'est qu'une plaisanterie, et le maréchal le reconnaît bientôt avec joie. — *La Cortigiana*; Venise, 1534, pet. in-4; rare. — Venise, 1535, s. d., 1545, 1550, 1588, pet. in-8; éd. peu communes. — *La Talanta*; Venise, 1542, 1553, in-8; éd. rares. La Talanta est une courtisane romaine. — *Lo Hipocrito*, S. l. (Venise), 1542, in-8; Libri, 15 fr. — *Il Filosofo*; Venise, 1546, 1549, in-8; Nodier, 38 fr. Toutes ces pièces sont licencieuses, ainsi que l'étaient, du reste, les autres comédies du temps; elles sont diffuses et compliquées, mais l'auteur s'y montre partout observateur, gai, spirituel, mordant et impie; souvent il rappelle Rabelais.

Amor costante, com. (5 a. et prol. pr.) di Stordito intronato (Al. Piccolomini). S. l. n. d., in-8 de 78 ff.; éd. de la fin de 1540 et qui paraît être la 1re; rare. — Venise, 1550, 1559, 1586, 1595, pet. in-8; Libri, 38 fr. 50. Pièce très-licencieuse et même cynique, bien qu'elle ait été jouée en 1536 devant la cour de Léon X, devant Charles Quint et devant toutes les dames de Sienne. Alex. Piccolomini devint un peu plus tard archevêque de Patras et coadjuteur de Sienne.

Il Marito, com. (5 a. et prol. v.) di Lod. Dolce. Venise, 1545, 1580, pet. in-8. Rare. Sujet analogue à l'Amphitryon; on fait croire à un mari, au retour de ses voyages, qu'un esprit a usurpé sa place et ses droits.

Comedie di Girol. Parabosco: La Notte; il Viluppo; I Contenti; l'Hermafrodito; il Pelegrino; il Marinaio (toutes en pr., excepté le Pelegrino). Venise, Giolito, 1560, in-12; Libri, 16 fr. Pièces fort gaies.

La Trinutia, com. (5 a. et prol. pr.) di Agn. Firenzuola. Fiorenza, 1549, in-8 de 44 ff. Pièce à triple intrigue, très-licencieuse, et qui a plus d'un rapport avec la *Calandra*. Nodier en admirait beaucoup le style (Mélanges, t. 1, p. 191): «Ces deux comédies sont, dit-il, des modèles achevés d'élégance et de véritables trésors pour l'intelligence des idiotismes de la langue toscane.»

Il Farfalla, com. dallo Stechito da Siena (A. M. Cartajo). Roma, 1549, in-8; Florence, 1572; Siena, 1551, 1572. En vers. Peu commun. Un paysan mène sa femme voir les curiosités de Rome et la perd en arrivant; celle-ci donne rendez-vous à un galant; le mari la retrouve enfin et *la dà per una cappa e rende*.

La Fanciulla, com. (5 a. pr.) di G. B. Mozzi. Bologna, s. d., in-8. Rare. Pièce un peu vive, bien que dédiée à un évêque.

L'Assiuolo, com. (5 a. et prol. pr.) di Gio. Maria Cecchi Fiorentino. — Vinegia, Gab. Giolito, 1550, in-12 de 46 ff. C'est la seule édit. connue, cette pièce n'étant pas comprise dans le théâtre de Cecchi, impr. chez les Juntes en 1585. C'est une des pièces les plus hardies de l'anc. théâtre italien. Ginguené regardait comme inconcevable qu'elle eût jamais pu être représentée. Cependant, lorsque Léon X fit en 1515 le voyage de Florence, ce fut cette comédie et la *Mandragore* de Machiavel qu'il fit jouer devant lui.

La Gelosia, comedia. Florence, 1551, 1568, in-8. Rare. Dans cette pièce, Grazzini tourne en ridicule les maris jaloux. Les éd. postérieures sont mutilées.

La Ruffiana, comédie (5 actes et prolog. pr.) di Hipp. Salviano. Roma, 1554, in-8 de 120 pages, 1re et rare édition. Réimp. à Rome et à Venise en 1554, 1564, 1568, 1584, 1595, 1606, 1627, in-12. Le contenu répond à l'étiquette de la pièce et l'on en peut voir une citation au cat. Soleinne, n° 4278.

La Floria, com. (3 a. et prol. pr.), dell' Arsiccio Intronato (Ant. Vignali). Florence, 1560, pet. in-8; Nodier, 29 fr. Réimpr. en 1567, etc. Comédie spirituelle et licencieuse.

Le Due Cortigiane, com. (5 a. et prol. pr.) di Lod. Domenichi. Fiorenza, 1563, et Venetia, 1567, in-8. Libri, 10 fr. Pièce très-libre et qui offre une imitation spirituelle des *Bacchides* de Plaute.

La Vedova, com. facetissima (5 a. et prol. pr.) di Nic. Buonaparte, cittadino fiorentino. Florence, 1568, 1583, 1592, in-8; Libri, 22 fr. — Paris, Molini, 1803, 1805, in-8. La cortigiania Hortensia et la ruffiana Papera remplissent les principaux rôles de cette pièce, dont on peut voir l'analyse dans l'*Analectabiblion*. L'auteur est, comme on sait, un des ancêtres de la famille Bonaparte. P. de Larivey en a fait une imitation française.

Afrodita, nova tragedia (5 a. v.) di Adr. Valerini. Verona, 1578, in 8; Potier, 30 fr. Éd. unique d'une trag. peu connue où figurent l'ombre d'Adonis, Cupidon et le roi Leconite. L'héroïne est la fille du prêtre Alcée. La scène est à Paphos.

La Emilia, com. (5 a. et prol. v.) di Luigi Groto, cieco di Hadria. Venise, 1583, in-12; rare. — *Emilie*, com. de L. Groto, trad. en franç. (p. Adrandat?); Paris, 1609, in-12; Nodier, 22 fr. Comédie très-vive. Argpago, l'un des personnages, y est désigné en toutes lettres sous ce nom mal sonnant que « les gens grossiers et surtout en province » osent seuls prononcer. Le traducteur a rendu scrupuleusement la crudité de l'original. Riccoboni mettait l'Emilie au rang des meilleures pièces italiennes, et l'a imitée dans ses *Fourberies de Scapin*.

Le Due Persilie, com. (5 a. et prol. pr.) di Gio. Fedini. Florence, 1583, in-8. Rare. Dans cette pièce, représentée devant les grandes princesses de Toscane (le titre en fait foi), on rencontre à chaque page de grandes obscénités. Les personnages mythologiques y figurent dans le costume traditionnel; Mercure, l'Amour, les Grâces, Vénus sont nus; mais le premier a son petit chapeau, et le 2e a des ailes.

Il Pastor fido, tragi-comedia pastorale (5 a. et prol. v.) di Batt. Guarini. Venetia, 1590, in-4; première éd.; rare. — Ferrare, 1590, pet. in-12; rare. — Venise, 1600, 1602, 1605, 1621, 1627, pet. in-4, avec jolies fig. en t. douce, qui manquent souvent; F. Didot, 25 fr. L'éd. de 1602 est marquée 27e *impressione* (la pièce a eu plus de 40 éd. du vivant de l'auteur, c.-à-d., avant 1612). — Éd. suivie de l'Aminte du Tasse et des *Rime* de Guarini; Roma, s. d. (1610), pet. in 12, av. 12 jol. vign.; Veinant, 10 fr. 50. — Amst., Elzev., s. d., 1640, 1654, 1563, 1678, pet. in-24 av. 6 jol. fig. de Séb. Leclerc; Libri, 17 fr. — Paris, Cramoisy, 1650, in-4; Libri, 7 fr. 25. — Le de, Elzév. 1659, pet. in-12 av. 6 fig. de P. Philippe; Bolle, 14 fr. 50. — Londra, 1718, 1728, 1736, in-4; l'éd. de 1718, av. fig., Amelot, 23 fr. — Edimb., 1724, in-12. — Parigi, 1729, pet. in-8; Debure, 32 fr. 50. — Cambridge, 1734, in-4. — Verona, 1735, in-4, fig. — Amst., 1736, in-4. — Glasgow, 1763, in-8. — Paris, Prault, 1768, pet. in-12. — Paris, Didot a., 1782, in-8. — Parme, Bodoni, 1793, in 4 et in-fol. — Londra, 1800, in-8. — Paris, 1821, 1835, in-32. — Il a été fait de nombreuses trad. françaises de cette pastorale; nous nous contenterons d'en citer deux. *Le Berger fidelle*, trad. en pr. et en v., par Roland Brisset, s. du Sardin. Tours, 1593, pet. in-12, fig. s. b.; Paris, 1610, 1622, pet. in-12, et Rouen, 1624, pet. in-12, fig. s. b.; toutes ces édit. sont rares. — *Le Berger fidèle*, trad. en vers (par l'abbé de Torche); Paris, Barbin, 1664-66, 5 part. in-12 se réunissant en un vol.; éd. orig. et rare. — Paris, Barbin (Holl., à la Sph.), 1665, 1672, pet. in-12; jolie éd., peu commune. — Cologne (Holl., Elzev.), 1671, 1677, 1680, 1686, pet. in-12, av. 6 fig. gr. p. Blotel. — Amst., 1689, pet. in-12 av. une jol. fig. — La Haye, 1702, in-12, fig. — Bruxelle, 1705, in-18, 6 fig. de Harrewyn. Traduction agréable et estimée.

Prigione d'amore, com. (5 a. av. 2 prol. pr.), del Sforza Oddi. Venise, 1591, in-12, fig. s. b. Comédie singulière et fort gaie, réimp. plus de 20 fois dans l'espace de 30 à 40 ans.

Discordia d'amore, com. (5 a. et prol. pr.), di G. Mercadanti. Bologna, 1601, pet. in-12. Bien que dédiée à un *monsignor*, cette pièce offre de grandes licences; la *ruffiana* Callidonia et la *cortigiana* Vittoria y tiennent les premiers rôles.

Il Vecchio geloso, com. (5 a. et prol. pr.), di Riccioli. Viterbe, 1605, pet. in-12. Rare. Pièce facétieuse: un des personnages se fait donner *il catalogo di tutte le puttane del bordello con il lor prezzo*. Le héros de la pièce, le vieux Demetrio, est un *becco*; sa femme Plautilla a deux amants, etc. Il y a aussi une éd. de Venise, 1606.

Filli di Sciro, past. (5 a. et prol. v.) del conte Guidubaldo de Bonarelli. Ferrare, 1607, in-4, fig. de Vallegrio; éd. orig. et peu commune. Ouvr. réimp. souvent; l'éd. elzévirienne, Amst., 1678, in 24, avec fig. de Séb. Leclerc, est la plus jolie; Renouard, 8 fr. — Il a été fait plusieurs traductions françaises intitulées: *la Philis de Scire*, p.

Lichon, en 1611; p. Du Clos, en 1647; p. l'abbé de Torche, en 1669; p. Dubois de Saint-Gelais, en 1707; celles de Ducros et de l'abbé de Torche sont assez estimées.

La Maddalena, sacra representatione (5 a. et prol. v.); da G. B. Andreini. Mantoue, 1617, in-4. Pièce rare et singulière : La Madeleine a trois amants, un page, un sommelier, un cuisinier, deux nains, trois vieilles de mauvaise réputation; elle ne s'occupe que d'amour, de galanterie et de bonne chère. Cependant, à la fin de la pièce, elle se repent, fait pénitence et est enlevée par des anges.

Messalina, di P. Ang. Zaguri. Venezia, 1656 : pièce rare et dans laquelle figure la fameuse épouse de l'empereur Claude. V. Soleinne, n° 1185.

Messalina, drama per musica (3 a. v.), del D. Piccioli. Venise, 1680, pet. in-12 de 72 pp. Rare. L'intrigue se noue au milieu d'un bal masqué où figure l'empereur Claude travesti en Persan; Messaline expose en ces termes ses idées sur l'emploi du temps :

> Voglio godere ogni hora
> Per non perdere un di
> Se già non può non ritorna
> Quel piacer, ch' un dì spari.

Le Peripezie della fortuna, o il Baiazetto, dramma in musica (6 a. en v.). Valenziena, Henry, 1710, in-8 de 56 pp., avec front. gr., repres. Tamerlan à table et caressant la femme de Bajazet, qui est là, enfermé dans une cage de fer. Quoique cette pièce, dans laquelle figurent 54 personnages, ait été faite pour amuser l'évêque de Liége, l'éditeur n'a pas cru devoir reproduire en entier tous les mots du manuscrit qu'on lui donnait à imprimer. Rare.

Le théâtre italien offrirait encore un très-grand nombre de pièces remarquables relatives à notre sujet, mais nous nous bornerons à citer quelques opéras bouffes qui ont été la plupart représentés à Paris : *Il Don Giovanni*, 2 a., mus. de Mozart. — *Lo Sposo di tre et marito di nessuna*, 2 a., mus. de Guecco. — *L'Astuta in amore*, 2 a., mus. de Fioravanti. — *Il Matrimonio secreto*, 2 a., mus. de Cimarosa. — *Le Astuzie feminili*, 3 a., mus. de Cimarosa. — *La Serva innamorata*, 3 a., mus. de Guglielmi. — *Un Avvertimento ai gelosi*, 1 a., mus. de Pavesi. — *Il Barbiere di Siviglia*, 2 a., mus. de Rossini. — *L'Elisir d'amore*, 2 a., mus. de Donizetti, etc.

THÉATRE ESPAGNOL.

Celestina, o Tragi-comedia de Calisto y Melibea (en pr.; div. en 16 actes dans la 1re éd. et en 21 actes dans les suivantes); por Juan de Mena, o Rodrigo de Cota, y Fernand de Rojas. S. l. (Burgos), 1499, in-4, goth. fig. sur bois. On ne connaît qu'un exempl. de cette éd. — S. l., 1500, très-rare. — Séville, 1501, in-4, goth.; 1 exempl. à la Bibl. impér. — Séville, 1502, in-4 goth., fig. sur b.; Heber, 3 liv. 3 sh. — Valencia, 1514, pet. in-4, goth., fig. sur b.; Nodier, 138 fr. — Séville, 1523, pet. in-8, goth., fig. sur b.; Heber, 1 liv. 8 sh. — Très-nombreuses réimp. à Séville, Tolède, Venise, Medina del Campo, Anvers, Saragosse, Alcala, Salamanque, Tarragone, Madrid, etc. — Traductions françaises : *Celestine, en laquelle est traicté des deceptions, etc., et des macquerelles envers les amoureux*. Paris, Galiot-Dupré (1527), pet. in-8 goth. de 183 ff., fig. sur b. Éd. très-rare et qui, depuis la vente du duc de La Vallière, n'a paru qu'à celle de Soleinne. Cette trad., qui est très-fidèle, était estimée de Cl. Marot et très-goûtée à la cour de François Ier. Réimp. en 1529 et en 1542; Nodier, 50 fr. — Une autre trad. anonyme publ. en 1633 et 1644 est peu commune; Veinant, 48 fr. — *La Célestine, fidèlement repurgée*, etc. (trad. p. Jacq. de Lavardin). Paris, s. d., 1578, 1598, pet. in-12; Duriez, 31 fr., trad. peu fidèle et très-repurgée, comme le titre l'annonce lui-même. — *La Célestine*, trad. p. Germond de Lavigne. Paris, 1841, 1844, in-12, 3 fr. 50. — Il y a de cette pièce une trad. latine faite par Gasp. de Barth, sous le titre : *Pornoboscodidascalus*. Francfort, 1624, in-8; elle est accompagnée d'un commentaire où l'on trouve des chansons espagnoles, des passages un peu vifs de l'Amadis, etc. Nodier en paya un ex. 37 fr. — *La Célestine* doit être complétée par les deux ouvrages suivants : *Secunda comedia* (40 scènes, pr.) *de la famosa Celestina y de los amores de Felides y Polandria* (p. Felic. de Silva, corr. p. D. de Gaztelu). Venise, 1536, pet. in-8, goth., fig. sur b.; Nodier, 66 fr. Réimp. à Anvers, s. d. (v. 1550), in-16; Nodier, 53 fr. Cette seconde Célestine est moins connue que la prem.; elle est cependant plus vive et plus hardie. On trouve notamment, scène 29, une historiette scandaleuse dans laquelle un moine est livré à la risée publique. — *Tragi-comedia de Lysandro y Roselia, llamada Elicia y tercera Celestina* (5 a. pr.). S. l. (probablement Madrid), 1542, pet. in-4 de 106 ff., semi-goth., fig. sur b. Pièce très-rare, très-peu connue, et qui ne paraît pas avoir eu d'autre édition; c'est un roman dialogué à dénoûment tragique. Les détails expliquent pourquoi l'auteur et l'imprimeur ne se sont point fait connaître. — Quant à *la Hija de Celestina*, voir aux romans espagnols.

Le théâtre espagnol a produit un grand nombre de pièces agréables; mais elles sont peu connues des Français, et n'ont jamais été traduites. Nous nous contenterons de mentionner l'ouvrage intitulé : *Théâtre espagnol*. Paris, Debure, 1770, 4 vol. in-12. Peu commun. C'est un recueil curieux de comédies espagnoles traduites en pr. franç. par Linguet. Tome Ier : *La Constance à l'épreuve* (la Esclava de su galan, de Lope de Vega), en 3 journées. — *Le Précepteur supposé*, du même. — *Les Caprices, ou la Fille délicate* (la Dama melindrosa), du même, 3 journées. — *Il y a du mieux*, de Calderon, 3 j. — Tome 2 : *le Viol puni*, de Calderon, 3 j. — *La Cloison* (el Escondido y la tapada), de Calderon, 3 j. — *Se défier des apparences* (Nunca lo peor es cierto), du même, 3 j. — *La Journée difficile*, du même, 3 j. — Tome 3 : *On ne badine point avec l'amour*, du même, 3 j. — *La Chose impossible* (Non puede ser), de don Aug. Moreto, 3 j. : la chose impossible est de garder une femme malgré elle. — *La Ressemblance*, du même, 3 j. — *L'Occasion fait le larron*, du même, 3 j. — Tome 4 : *Le Sage dans sa retraite*, de Fragoso. — *La Fidélité difficile* (el Duelo contra su dama), de Bandes y Candamo, 3 j. — *Le Fou incommode*, de D. Ant. de Solis, 3 j. — Le vol. est terminé par plusieurs intermèdes.

THÉATRE ANGLAIS

Traduction (en pr.) *du théâtre anglais, depuis son origine jusqu'à nos jours* (p. la bar. de Vasse et miss Wouters). Paris, 1784, 12 t. in-8, portr., contient : The Provoked Husband (le Mari poussé à bout); Miss in her teens (la Fille de quinze ans, de Garrick); The Bell's stratagem (la Belle Artificieuse, de Mrs Cowley); The School for scandal, etc.

Le Théâtre anglois (trad. en partie en pr. et en v., et en partie analysé ; p. de Laplace). Paris, 1745-49, 8 vol. in-12, portr. Contient entre autres pièces : les Femmes de bonne humeur, ou les Commères de Windsor, de Shakespeare ; la Pucelle, de Fletcher ; la Belle Pénitente, de Rowe ; Amour pour amour, de Congrève ; l'Adultère innocent, de Southern, etc.

A Collection of the most esteemed farces and entertainments performed in the british stage. Edinburg, 1786, 6 vol. in-12, fig.

Sodom, a play, by the earl of Rochester, 1658, et Anvers (Londres), 1684. Très rare ; de Soleinne possédait 2 trad. mss. de cet ouvr. fort obscène, nos 3885 et 3886 de son catalogue. La 1re était intit. : *Le Roi de Sodome*, trag. en pr. 5 a. En voici quelques phrases : « Ses yeux annoncent un tempérament « qui n'est pas de pâte d'argent... » — « Ne « voilà-t-il pas un grand casseur de noi- « settes? » — Sara dit à Abraham : « Si « toutes les servantes étaient sincères, on « verrait peut-être que toute leur habileté « se réduit à parler et à ne rien dire. » — Le 2e ms., format in-8, sur papier, écriture du XVIIIe siècle, est intit. : *Sodomie*, et porte la date de 1689. V. sur cet ouvr. le Dict. de Prosper Marchand, t. Ier, p. 164.

The Loves of Mars and Venus, a play set to music by Motteux. London, 1696, pet. in-4. Peu commun.

The Tender Husband, or the Accomplished fools, a comedy (5 a. pr.) by Farquhar. Plusieurs éd. ; celles qui ont suivi la mort de Farquhar, en 1707, sont expurgées pour le style.

Love makes a man, or the fop's fortune ; a comedy (5 a. prol. et épilogue en v.) by Colley Cibber. London, 1751, in-12, fig.

The Provok'd Husband, or a Journey to London ; a comedy (5 a. prol. et épil. v.) ; by J. Vanbrugh et C. Cibber. London, 1760, in-12, fig. — *Le Mari poussé à bout, ou le Voyage à Londres* (trad. en pr. p. P. Clément). Londres et Lausanne, 1761, in-12.

Love in a village, a comic opera. London, 1771, in-8. Facétieux.

The School for scandal, a com. in five acts, by Sheridan. Impr. souvent. — *L'École du scandale, ou les Mœurs du jour*, trad. en franç. (en pr.), p. Bunel-Delille. Londres, 1789, in-8.

THÉATRE ALLEMAND

Ein geistlich Spiel, von der gottfürchtigen und keuschen frawen Susannen... La Chaste Suzanne, comédie. Wittemberg, 1537, pet. in-8. Comédie singulière et fort rare, avec de la musique notée.

Monachopornomachia ; par Lemnius (en allemand). Comédie libre et très-rare, dirigée contre Luther. Lemnius, poëte latin, est mort en 1550. On peut voir, au sujet de cette pièce, Flogel, *Geschichte der Komischen literatur* ; t. III, p. 244.

THÉATRE ORIENTAL

Tchao-mei-hiang, ou les Intrigues d'une soubrette, com. en pr. et en v., trad. du chinois, avec des notes ; par Bazin aîné. Paris, Impr. royale, 1835, in-8.

ROMANS GRECS

Scriptores erotici græci : Achilles Tatius, Heliodorus, Longus et Xenophon Ephesius, gr. et lat., cur. Mitscherlich. Biponti, 1792-94, 4 vol. in-8. Du Roure, 6 fr.

Erotici scriptores. Parthenius, Achilles Tatius, Longus, Xenophon Ephesius, Heliodorus, Chariton Aphrodisiensis, Antonius Diogenes,

Iamblicus, ex nova recensione G.-A. Hirschig. — *Eumathius*, ex recensione P. Le Bas. — *Apoll. Tyrii historia*, etc. — *Nicetas Eugenianus*, etc. — En grec et en latin. Paris, Didot, 1856, gr. in-8., à 2 col. de 17 fl. 15 fr. (*Scriptorum græc. bibl.*, t. XLV).

Coll. des romans grecs, trad. en franç., av. des notes, p. Courier, Larcher, etc.; préc. d'un *Essai sur les romans grecs*, p. Villemain. Paris, Merlin, 1822 et ann. suiv., 15 vol. in-16, fig. Jolie collection.

Romans grecs. — *Daphnis et Chloé*, de Longus, trad. d'Amyot. — *Théagènes et Chariclée*, d'Héliodore, trad. d'Amyot. — *L'Ane*, de Lucius de Patras, trad. de Denne Baron. — *L'Eubéenne, ou le Chasseur*, de Dion Chrysostome, trad. de F. Allan. Paris, Lefèvre, 1841, in-12.

Romans grecs, trad. en fr. p. Zevort. Paris, Charpentier, 2 v. in-12, 7 fr. cont. *Daphnis et Chloé*; *Leucippe et Clitophon*; *Anthia et Abrocome*; *Hist. véritable* (de Lucien); *Théagène et Chariclée*; *Lucius, ou l'Ane*; *Hist. eubéenne, ou le Chasseur*.

PARTHÉNIUS, texte grec. Ovide, dans ses *Tristes*, parle de romanciers grecs anciens, et notamment d'Aristide et de Sisenna, qui avaient fait des recueils de contes milésiens, contes dont la licence était connue; mais leurs ouvrages sont aujourd'hui perdus, et Parthénius, né à Nicée 70 ans avant J.-C. et mort 20 ans après, est probablement le romancier le plus ancien dont les ouvrages nous soient parvenus. Pour égayer la cour d'Auguste, il recueillit en 36 chapitres assez courts autant d'histoires amoureuses plus ou moins historiques. L'éd. de Bâle, 1531, pet. in-8, est estimée; Guiffard, 12 fr. — Cur. Heyne; Gottingue, 1798, in-8; etc. Ce petit recueil a été traduit en franç. p. J. Fornier ou Fournier, sous le titre de : *Les Affections d'amour* (ou *les Affections de divers amants*), *de Parthénius; suivies des Narrations d'amour, de Plutarche*. Lyon et Paris, Sertenas, 1555, in-12; Potier, 35 fr. — Souvent réimp.; Veinant, 5 fr. L'éd. de Rouen, 1597. L'éd. de l'an V, in-18, est enrichie d'un mémoire de Mercier, abbé de Saint-Léger.

XÉNOPHON *d'Éphèse*, dans le 1er siècle avant J.-C.; *Ephesiacorum libri V*, grec et latin : Londres, 1726, in-4. — Vindobonæ, 1796, in-4; édition estimée; Fournier, 15 fr. La première édition de ce roman assez agréable a paru en italien, trad. de Ant. Salvini, sous le titre de : *Gli Amori di Abrocome e d'Anzia*. Londra (Firenze), 1723, in-12; réimp. en 1757 (Libri, 8 fr.). On y trouve à la suite une *Cicalata* très-amusante et fort libre *sopra una curiosa statuetta* (Priapo). Ce roman a été trad. en franç., en 1736, p. Jourdan, de Marseille, in-12, et par un anonyme dans la collection de Merlin (1823, tom. XI).

LUCIUS *de Patras*, auteur, au comm. du 2e siècle, du conte de l'*Ane d'or*, dont Lucien, écrivain grec de la fin du même siècle, a donné un extrait sous le titre de : *Lucius, ou la Métamorphose*, et Apulée, écrivain du même siècle, une excellente imitation latine. Traduction française : *La Luciade, ou l'Ane de Lucius de Patras*, trad. p. P.-L. Courier (av. notes et le texte grec); Paris, 1818, in-12. Viollet-Leduc possédait un ex. contenant, p. 27, un passage laissé en blanc comme trop libre dans les autres. Réimpr. en 1828, tom. XII de la *Coll. des rom. grecs*.

ACHILLES TATIUS, évêque d'Alexandrie au 3e siècle. Son roman des *Amours de Clitophon et Leucippe* est agréable et expose bien les mœurs antiques; Héliodore en a repris avec succès plusieurs situations; mais, comme les traducteurs modernes, il les a adoucies et exposées plus modestement. Texte : Ex offic. Commeliana, 1601, in-8; Lemarié, 7 fr. 50. — Lugd.-Bat. (Elzev.), 1640, pet. in-12, jolie éd. donnée p. Saumaise; de Lalen, 18 fr.; Tech., 8 fr. — Cum not. divers. Lipsiæ, 1776, in-8; Guiffard, 19 fr. Traductions : *Les Devis amoureux*, etc. Traduction par Claude Collet des fragments alors connus du roman d'Achilles Tatius. Paris, G. Corrozet, 1545, pet. in-8 de 52 ff. Nodier, 40 fr. — *Les Quatre derniers livres des Propos amoureux*, cont., etc. (trad. p. J. de Rochemaure). Lyon, 1556, in-16; assez rare. — *Les Amours de Clitophon et de Leucippe*, trad. p. B. Comingeois (trad. attrib. à Fr. Belleforest). Paris, 1568, 1575, in-8.

Les mêmes, trad. de J. Baudoin; Paris, 1634, 1635, in-8, fig. de Rabel; Guignal, 12 fr. — Les mêmes, trad. de Duperron de Castéra; Amst., 1733; La Haye, 1735, in-12, fig.; Paris, 1796, in-18, 4 fig. — La trad. de J.-M.-B. Clément. Paris, an VIII, in-12; etc.

HÉLIODORE, évêque de Tricca, en Thessalie, au 4e siècle. Il écrivit, dans sa jeunesse, les *Amours de Théagènes et de Chariclée*, roman compliqué et un peu froid. Racine en faisait beaucoup de cas, et l'avait lu si souvent qu'il le savait par cœur. Les principales éd. du texte sont : l'éd. princeps, Bâle, 1534, in-4; éd. J. Bourdelot, Paris, 1619, in-8 (Guiffard, 15 fr.); cum notis Coray, Paris, 1804, 2 vol. in-8. Nombreuses traductions; la plus ancienne est celle d'Amyot, qui débuta par elle dans la carrière littéraire et obtint pour récompense l'abbaye de Bellozane; elle est intit. : *Histoire æthiopique, traitant des loyales et pudicques amours de Théagènes et Chariclée*. Paris, 1547, in-fol. Tech. 280 fr.; idem, 1549, 1559, in-fol. (3e éd. meilleure, mais moins rare et beaucoup moins chère que la 1re); autres éd.

in-16 en 1570, 1575, 1584, 1588, 1589, 1612, 1616, se vendant de 10 à 20 fr.; éd. rev. et corr. p. Trognon, Paris, 1822, 2 vol. in-8; éd. av. notes, p. P.-L. Courier, Paris, 1823, 4 vol. in-16. — *Les Amours de Théagènes et de Chariclée*, trad. de J. de Montlyard, Paris, 1620, 1622, 1623, 1626, 1633, in-8 av. 52 gr. de Lasne, Crispin de Pas, etc.; Potier, 26 fr. — *Les Adventures amoureuses de Théagènes*, etc., décrites et représ. par figures, p. Pierre Vallet; Paris, 1613, in-8, av. 120 eaux fortes très-remarquables; rare. — *Les Amours de Théagènes*, etc., trad. de l'abbé de Fontenu; Amst., 1726, 1727, in-12; Londres (Paris, Coustelier), 1743, 1748, 2 tom. pet. in-8, fig.; Renouard, 20 fr.; Veimant, 13 fr. 50; Genève (Cazin), 1782, 2 v. in-18; Paris, an IV, 2 vol. in-18, etc. — Il y a encore d'autres traductions, par Alex. Hardy, Malnoury, Quenneville, etc.; mais peu estimées.

LONGUS, romancier grec du 4e ou 5e siècle, fameux par son roman intitulé: *Pastorales*, contenant *les Amours de Daphnis et Chloé*. Texte: 1re éd. Florence, les Juntes, 1598, in-4 de 108 pp.; Caillard, 27 fr. — Gr. et lat., cum notis P. Moll, Franckeræ, 1660, pet. in-4, belle éd. — Ed. J. Bernard, Lutetiæ, 1754, in-4, av. les 29 pl. du régent et des vignettes et fleurons gr. p. Cochin, d'apr. Eisen, etc. Askew, 3 liv. 5 sh. — Cum *Paciaudi Prologuio de libris eroticis antiquorum*; Parme, Bodoni, 1786, in-4. — Recens. Coray; Paris, P. Didot, 1802, in-4 et in-fol. av. 9 grav. d'apr. Gérard et Prudhon. — E codd. mss. duobus italicis primum gr. integra ed. P.-L. Courier, cur. L. de Sinner; Paris, 1829, in-8. — Traductions: *Les Amours pastorales de Daphnis et Chloé*, trad. p. Jacq. Amyot, évêque d'Auxerre. Cette traduction énergique, naïve et gracieuse, est préférée aux autres encore aujourd'hui. Paris, 1559, pet. in-8, 1re et très-rare édition. — Paris, 1578, in-16; éd. rare, cont. le *Débat de Folie et d'Amour*, de Louise Labé. — Éd. rev. et retouchées par Ant. Dubreuil; Paris, 1594, 1596, 1609, pet. in-12, jolies fig. s. b.; on y trouve les *Gayetez champestres* de Gauchet, poésies assez libres; peu commun. — Amst. et Paris, 1716, 1717, 1722, 1731, in-12, av. 6 fig. de Scotin. — Av. notes de Lancelot; s. l. (Paris, Quillau), 1718, pet. in-8 av. front. gr. et 28 fig. gr. p. Ben. Audran, d'apr. les dess. du Régent. Cette éd., qui n'a été tirée qu'à 250 ex. et qui a été contrefaite en changeant les titres des éd. postérieures, n'est rare et recherchée que lorsqu'on y a ajouté une 29e fig. gravée en 1728 par le Cte de Caylus, et appelée *la Conclusion du roman* ou *les Petits Pieds*. F. Didot, 144 fr.; Méon, 150 fr.; Renouard, 105 fr.; Nodier, 201 fr.; Garcia, 132 fr. — La même éd., réimpressions de 1731, 1745, 1764, 1772, 1776, 1777, 1779, 1780, 1792, 1796, pet. in-8, av. les mêmes fig., mais plus ou moins usées et retouchées: peu de valeur. — Double traduction d'Amyot et d'un anonyme (Ant. Le Camus), mises en parallèle; Paris (Amst.), 1757, pet. in-4, fig. du Régent, front. de Coypel, vign. et fleurons, gr. p. Fokke et Cochin, d'ap. Eisen. Lamy, 19 fr. — Trad. d'Amyot: Lille, 1792, in-16, av. jolies fig. gr. p. Vidal; Grasset, 5 fr. — Idem, Paris, P. Didot, 1798, 1800, gr. in-4, av. 9 pl. d'apr. Gérard et Prudhon. — Paris, P. Didot, an VIII, in-12, fig.; éd. dite de Bleuet. — Paris, Renouard, in-12, portr. et fig. d'apr. Prudhon. — Éd. rev. et complétée d'après un ms., etc., p. P.-L. Courier; Florence, 1810, in-8; Paris, 1813, in-12 ou in-8; 1825, in-18; 1834, Renouard, in-12. — La traduction de P. Marcassus, Paris, 1625, 1626, in-8, est moins estimée que celle d'Amyot; mais il a rendu intégralement plusieurs passages que celui-ci n'avait pas osé traduire. — La trad. faite p. l'abbé Mulot, Mitylène (Paris, Cazin), 1783, in-24 et in-8, est peu commune. Celle de Debure de Saint-Fauxbin, Paris, impr. de Monsieur, 1787, gr. in-4 av. 29 pl. au bistre, gr. p. Martini, d'apr. le Régent, est assez recherchée. — Enfin, une trad. faite p. P. Blanchard, Paris, an VI, in-12, a l'avantage d'avoir 4 jolies fig. dess. p. Monsiau.

CHARITON, auteur d'un roman grec très-intéressant, supposé avoir vécu vers la fin du 5e siècle. Texte: *Charitonis de Chærea et Callirrhoe...* libri VIII; cum notis J.-P. d'Orville, etc. Amst., Mortier, 1750, 2 tom. in-4; éd. estimée, de la coll. des *Diversorum*. — Av. les mêmes notes; Leipzig, 1783, in-8. Traductions: La plus ancienne et l'une des meilleures, intit. *Aventures amoureuses de Chéréa et de Callirhoé*, Genève, 1763, in-8, est de Jacq.-Phil. d'Orville; elle est rare. — La 2e: *Hist. des amours de Chéréas*, etc., de Larcher, a eu plusieurs éd. Paris, 1763, 1795, 1797, 1823, en 2 vol. pet. in-8 ou in-18. — Celle de Fallet, de Langres: *Aventures de Chéréas*, etc., est mieux écrite que celle de Larcher, mais elle est réputée moins fidèle; Paris, 1775, in-8, fig.; 1784, 2 vol. in-12.

PRODROME (Théodore), né vers le milieu du 11e siècle, florissait à Constantinople. Prêtre, poëte, philosophe et médecin tout à la fois, le plus connu de ses ouvrages est *les Amours de Rhodante et de Dosiclès*, assez pauvre composition en mauvais vers. Le texte en a été publié à Paris, en 1625, in-8; Askew, 13 sh. — Il en a été fait deux traductions: l'une, p. Godard de Beauchamps, Paris, 1746, 1756, in-8, et 1797, in-18; l'autre, p. Trognon, Paris, 1823, in-16.

EUMATHE ou *Eustathe Macrembolite*. On suppose que cet auteur vivait au 12e siècle. Son ouvrage, *les Aventures ou Amours d'Is-*

mène et d'Ismenias, malgré quelques tableaux libres, est fastidieux et sans esprit. Texte : Paris, 1617, 1618, in-8 ; Tech., 36 fr. — Lugd. Bat., Elzev., 1634, 1644, in-12. — Leipzig, 1792, in-8. Traductions : *les Amours d'Ismenius...*, trad. p. J. Louveau ; Lyon, 1559, in-8. — Les mêmes, trad. p. Jér. d'Avost ; Paris, 1582, in-16. — Les mêmes, p. Guill. Colletet ; Paris, 1625, in-8. — Les mêmes, p. G. de Beauchamps ; Paris, 1729, 1739, 1743, 1780, in-12, fig. ; 1780, 1782, 1783, 1797, in-18 (ce dern. tiré in-12 et in-4 av. fig. col.). — Les mêmes, trad. p. Ph. Lebas ; Paris, 1828, in-16 (*Coll. des rom. grecs*).

ROMANS LATINS

Pétrone, Apulée, Aulu-Gelle : œuvres complètes, avec la trad. en français (p. MM. Baillard, Aulard, Jacquinet et Fabre). Paris, Dubochet, 1842, 1850, in-8 de 41 feuilles, 15 fr. (16e vol. de la coll. Nisard). Cont. 1° le Satyricon ; 2° les Florides, le Dieu de Socrate, etc., et la Métamorphose ; 3° les Nuits attiques.

T. Petronii Arbitri Satyricon. Venise, 1499, in-4 de 20 ff. Éd. princeps, de Meyzieu, 98 fr. — Anvers, 1565. — Lyon, 1575, in-12. — Paris, 1577, 1587, in-12 ; Renouard, 10 fr. — Lugd.-Bat., 1585, in-8, et 1618, in-12. Etc. Les éditions les plus estimées sont les suivantes : Cum notis Variorum ; Amst., Blaeu, 1669-71, 2 part. in-8. Éd. belle et correcte ; la Vallière, 36 fr. ; Rosny, 59 fr. 50. — Cum notis Boschii ; Amst., 1677, 2 part. in-24 ; la 2me partie, qui manque quelquefois, doit avoir 134 pp. ; Méon, 24 fr. — Cum notis Variorum, cur. Burmanno ; Amst., 1743, 2 vol. in-4, front. ; éd. très-estimée ; de Cotte, 105 fr. — Traductions françaises. Celle de l'abbé de Marolles, en 1667, est peu estimée. Celle de Boispréaux (Dujardin) : *Satyre de Pétrone* ; La Haye, ou Londres (Paris), 1742, 2 part. in-12, fig. ; est peu commune ; Tripier, 20 fr. — *Pétrone latin et français*, trad. entière suivant le ms. trouvé à Belgrade en 1688, etc. (p. Nodot) ; Col. et s. l. (Paris), 1694, 1698, 1709 ; Amst., 1713, 1756, 2 vol. in-12, fig. de Sénicourt, 30 fr. ; Paris, Gide, an VII, 2 vol. in-8, fig. — *Histoire secrète de Néron, ou le Festin de Trimalcion*, trad. p. de Lavaur ; Paris, 1726, 1728, 2 tom. in-12 ; Baron, 24 fr. — *Satire de Pétrone* (trad. p. Durand), suivie de considérations sur la Matrone d'Éphèse et d'un conte chinois sur le même sujet. Paris, 1803, 2 vol. in-8. Trad. peu estimée. — *Le Satyricon de Pétrone*, traduction nouv. p. C. H. D. G., avec les imitations en vers de de Guerle. Paris, Panckoucke, 1834, 1835, 2 vol. in-8 (B. lat.-franç.). — L'ouvrage de Pétrone est ordinairement classé dans les Satires ; mais, outre qu'il n'est nullement prouvé que ce soit réellement une allusion à Néron, la fable qui s'y déroule et les curieux détails d'usages et de mœurs qu'on y rencontre nous paraissent devoir faire considérer ce livre comme un roman, qui sera un roman satirique, si on y tient absolument. — *Fragmentum Petronii, ex bibliothecæ S. Galli antiq. ms. excerptum...* gallice vertit ac notis illustravit Lallemandus. S. l. (Bâle, Schoell), 1800, pet. in-8 de 75 pp. ; Renouard, 19 fr. Quelques amis, réunis à Bâle en 1800, voulant faire imprimer cinq notes sur des sujets érotiques, Marchena fabriqua ce texte, qui, s'adaptant parfaitement à un passage de Pétrone, semblait y combler une lacune. Pour détromper grand nombre de savants qui y furent pris, il ne fallut rien moins qu'une déclaration publique du libraire-éditeur.

Matrona Ephesia, sive Lusus serius de amore in T. Petronii Arbitri Matronam Ephesiam ; huic adjiciuntur, etc., a G. Charletono angl. conscripta et lat. donata per B. Harrisium. Londres, 1665, in-12 ; abbé de Rothelin, 48 fr. ; Mac Carthy, 62 fr. La Matrone d'Éphèse, mise en vers par La Fontaine en France, l'avait été auparavant en Italie. On la trouve dans Pétrone, qui l'avait prise des Grecs ; mais les Grecs ne l'avaient-ils pas prise eux-mêmes aux conteurs arabes, et les conteurs arabes ne l'auraient-ils pas reçue de la Chine ? On la trouve dans des contes chinois, trad. p. le P. Dentrecoles et recueillis par le P. du Halde.

APULÉE. *L. Apuleii Metamorphoseon libri XI* (et alia opera). Rome, 1469, in-fol. 1re éd., seule entière et non tronquée. La Vallière, 1520 fr. ; Loménie de Brienne, 850 fr. — Rome, 1472 ; Venise, 1473, Vicence, 1488 ; éd. in-fol. et très-rares. — Florence, 1512, 1522, in-8. — Venise, Alde, 1521 ; Bull. du biblioph., juil. 1853, 78 fr. — Cum Beroaldi comment., Basileæ (1560), 2 vol. in-8. — Lugd., 1614, 2 vol. in-8. — Francof., 1621, 2 vol. in-8. — Amst., 1624, in-16. — Goudæ, 1650, in-8 ; La Vallière, 42 fr. Cette éd. se joint à la coll. des *Variorum*. — Ad usum Delphini, Paris, 1688, 2 vol. in-4. — Biponti (Strasb., Treuttel et Würtz), 1788, 2 vol. in-8. — Altenburgi, 1778-80, 2 vol. in-12. — Lugd. Bat., 1786, in-4 ; F. Didot, 66 fr. — Paris, Renouard, an IV, 3 vol. in-18. — Traductions : *L. Apulée. De l'Asne dore*, translaté de lat. en franç. (p. G. Michel, de Tours). Paris, Galiot du Pré, 1518, in-fol. gothique. Rare. — *L. Apulée. De l'Asne doré*, 11 livres ; trad. en franç. p. J. Louveau. Lyon, 1553, 1570, et Paris, 1586, 1602, in-16, fig. s. b. ; Chorel, 37 fr. — *Les Métamorphoses, ou l'Asne d'Apulée* (trad. p. de Montlyard). Paris, 1623, 1631, 1633, 1648, 2 part. in-8, fig. de Crispin de Pas ; Potier, 10 fr. ; les anc. éd. sont les plus recherchées, Labédoyère, éd. de 1693, 40 fr. — Même trad., retouchée par Bastien. Paris, 1787, 2 vol. in-8, fig.; Potier, 15 fr. — Même ouvrage, trad. par l'abbé Compain de Saint-Martin; Paris, 1707, 1736, 1745, 2 vol. in-12; fig.; traduction peu exacte et tronquée dans les endroits libres. Peu de valeur. — *L'Ane d'or d'Apulée*, nouv. trad. p. Maury (texte en regard). Paris, 1822, 2 vol. in-8, av. 42 fig. — Nouv. éd. rev., corr., etc. Paris, Didier, 1844, 2 vol. in-18, 2 fig. — *Apulée* (*l'Ane d'or*, etc.). Trad. nouv. p. Bétolaud (texte en regard). Paris, Panckoucke, 1835-38, 4 vol. in-8, 28 fr. (B. lat.-franç.). — On connaît l'excellent roman d'Apulée, et il est inutile de l'apprécier; mais l'esprit satirique qui y domine a décidé beaucoup d'auteurs ou de traducteurs modernes à se borner à imiter ou à traduire la fable de Psyché; voici les principaux ouvrages parus sur ce sujet: *L'Amour de Cupido et de Psiché, mère de Volupté* (trad. en v., p. J. Maugin): Paris, 1546, 1557, in-16, fig. s. b., et 1586, in-4 et in-8, av. 34 très-jolies fig. en taille douce, gr. p. Gaultier, d'apr. Raphaël; La Vallière, 20 fr. — *La Fable de Psyché* (trad. p. Brugières de Barante): Paris, 1695, et Rouen, 1719, in-12; rare. Réimp. par P. Didot, en 1802, gr. in-4, avec 32 fig. gr. au trait d'apr. Raphaël; Rosny, 12 fr. — *Psyché et Cupidon* (trad. p. Blanvillain): Paris, 1791, in-8. — *Les Amours de Psyché et de Cupidon* (trad. p. L.-F. Feuillet); Paris, P. Didot, 1809, pet. in-fol., 32 fig. gr. au trait p. Lebas, d'apr. Raphaël. — *Les Amours de Psyché et de Cupidon* (imitation en pr. et non trad., p. La Fontaine); éd. orig. Paris, 1669, pet. in-8; Tech., 28 fr. Très-nombreuses réimp.; les seules qui aient de la valeur sont les suivantes. Paris, imp. Didot j^e, 1791, gr. in-4, av. fig. impr. en coul. d'apr. les tableaux de Schall; Didot j^e, 14 fr. 75. — Paris, Saugrain, an III, in-fol. et in-4, av. portr. p. Audoin, d'apr. Rigaud, et 8 vign. de Moreau jeune; Renouard, 49 fr. — Paris, Didot a., an V, in-4, av. 5 gr. de Tardieu, d'apr. Gérard; la Bédoyère, 25 fr. — Paris, Saugrain, an V, 2 vol. in-12 et in-18, fig. d'apr. celles de Moreau; Potier, 12 fr. — Paris, Bleuet, imp. de Didot a., an VIII, 2 vol. in-12 de 221 et 284 pp. av. 9 grav. copiées d'apr. les dess. de Moreau. — Un ex. de l'éd. de l'an III de la bibl. Tripier était orné de 127 figures: les 32 de l'histoire de Psyché gr. p. Marc Antoine et autres d'apr. Raphaël (s. l. n. d.), les 5 gr. d'apr. Gérard, et div. grav. et vign. d'apr. Jules Romain, Titien, les Carrache, Lesueur, Netscher, Boucher, Cochin, Reynolds, Canova, Girodet, Bourdon, Rouillard et Desrone. Il y a encore des estampes sur le même sujet: par Bartolozzi (d'après Cipriani et d'autres); p. Desnoyers, d'apr. Carolle; p. E. Lasalle, d'ap. Caraud; par Carrnave, d'après l'antique (l'Amour et Psyché); p. Potrelle, d'apr. David; 24 sujets lith. p. Devéria; 12 sujets lith. p. Zwinger et par Mlle Negelen d'apr. A. Fragonard; p. Godefroy et p. Aubry-Lecomte, d'apr. Gérard; p. Bardet, d'apr. Picot; p. Muller et p. Aubry-Lecomte, d'apr. Prudhon; etc. La suite de sujets peints par Raphaël a été publiée plusieurs fois et notamment à Rome, 1693, in-fol.; à Paris, 1825, in-fol. (la Bédoyère, 26 fr.), et Paris, 1842, in-8, av. 36 pl. grav. p. Réveil, et, pour texte, une nouvelle histoire de Psyché (en franç. et en angl.) p. Lemolt-Phalary.

Æneæ Sylvii (Piccolomini, depuis Pie II) *poetæ senensis, De duobus amantibus Eurialo et Lucretiâ opusculum*. S. l. n. d. (Cologne, Ulric Zell, vers 1470?), in-4 de 16 ff., 27 lignes à la page. Éd. très-rare et la première connue; la Vallière, 126 fr. Réimp. plusieurs fois; toutes les éd. sont rares et recherchées. — Traductions françaises: *L'Histoire de Eurialus et de Lucrèce, vrais amoureux*, etc. (trad. en v., attrib. à Oct. de Saint-Gelais). Paris, A. Vérard, 1493, in-fol. goth. de 93 ff.; éd. très-rare. Réimp. s. l. n. d. (Paris, v. 1500), in-fol. goth.; B. Mazarine; éd. également rare. — *L'Hist. de deux vrais amants, Eurial et la belle Lucresse* (trad. en v. p. Antitus, chapelain, etc.) Lyon, s. d. (v. 1500), in-4 goth. de 32 ff.; éd. rare; réimp. Paris et s. l. n. d., in-4, et 1537, in-16. — *Les Amants de Sienne, ou les Femmes font mieux l'amour que les veuves et les filles*; p. F. de Louvencourt, seign. de Vauchelles. Suiv. la cop. imp. de Paris, Leyde, 1706, in-12. Rare. Cette nouvelle, écrite en latin avec pureté et élégance, fut composée par Piccolomini à Vienne en 1444, c'est-à-dire 14 ans avant d'être élu pape; elle était tirée d'un événement arrivé à Sienne dix ans auparavant. Le sujet en est une intrigue habilement menée entre deux amants, Euryale et Lucrèce. Ménélas, mari de Lucrèce, est dupé, et pendant longtemps, malgré sa jalousie. Pie II, qui, arrivé à la tiare, désavoua ses doctrines libérales, ne désavoua jamais ce roman. Il est compris dans le recueil de ses œuvres, dont la meilleure éd. est de 1700, in-fol. On trouve l'analyse de cet ouvr. dans la B. des romans, août 1777. On peut aussi consulter un art. de M. Delécluze, *Revue des Deux-Mondes*, du 1er septembre 1833.

ROMANS FRANÇAIS

Histoire du noble et vaillant chevalier Pierre de Provence et de la belle princesse Maguelonne, fille du roy de Naples. Lyon, B. Buyer, 1478, éd. très-rare. — S. l., 1490, in-4 goth.; Filheul, 29 fr. Paris, 1492, in-4 goth.; la Vallière, 36 fr. — Paris, Vve J. Bonfons, s. d., in-4 goth.; Tripier, 240 fr. — Réimp.

très-souvent in-4 et in-8 à Paris, à Lyon, à Rouen, à Avignon, à Anvers, à Troyes, etc.; Cailhava, éd. de Lyon, 1630, in-8, 23 fr. 50. — Réimp. en car. goth. faite d'apr. l'éd. de 1528. Paris, Silvestre, imp. Crapelet, 1835, in-16 de 82 pp.

Hist. du très-vaillant chevalier Paris et de la belle Vienne, fille du Dauphin (trad. du provençal en franç. p. Pierre de la Sippade). Anvers, Gér. Leu, 1487, in-fol. goth., fig. en b.; la Vallière, 84 fr. — Paris, J. Trepperel, s. d. (v. 1500), in-4 goth., fig. s. b.; Bolle, 125 fr. — Lyon, s. d., pet. in-4 goth., fig.; Cailhava, 149 fr. — Plusieurs autres éd., toujours rares et recherchées; la dernière, publiée d'apr. les mss. de la Bibl. royale et préc. d'un prélim. bibliogr. par Al. de Terrebasse, Paris et Lyon, gr. in-8, tiré à 100 ex.; Aubry, 8 fr. Roman dont le premier auteur est resté inconnu. On suppose que le texte provençal a été publié en 1481. La première traduction en a été faite en italien : *Comincia la eccgania e bella historia de li nobilissimi amanti Paris et Viena*, Venise, 1486, in-4; Potier, 100 fr. La belle Vienne portait le nom de la capitale de son père, Vienne en Dauphiné, et Pâris était un simple chevalier de la ville de Grenoble; leurs amours obtiennent un dénoûment heureux. L'épisode, qui n'est pas supposé historique, est placé vers le commencement du XIVe siècle.

La Plaisante et amoureuse Histoire du chevalier aux armes dorées et de la pucelle la belle Néronde, surnommée Cœur d'acier. Paris, s. d. (de 1480 à 1490), in-4 goth.; très-rare. — Lyon, 1542, in-8 de 91 ff.; Heber, 3 liv. 9 sh. — Lyon, 1570, 1577, in-16 de 176 ff., lettres rondes, fig. s. b. Roman singulier et rare.

La Conqueste qu'ung chevalier surnommé le Cuer d'amour épris fit d'une dame appelée Doulce-Mercy (roman mêlé de pr. et de v., par René d'Anjou, m. en 1480). S. l., 1503, in-4 goth. Extrêmement rare.

L'Histoire du vaillant chevalier Beufves de Hantonne et de la belle Josienne, sa mye. Paris, s. d., in-fol. goth.; très-rare. — Paris, s. d. et 1502, in-4 goth.; Aimé-Martin, 150 fr.

Histoire de Cleriadus et de la belle Meliadice. Paris, 1514, in-4. Très-rare.

Histoire et plaisante chronicque du Petit Jehan de Saintré et de la jeune dame des Belles Cousines, sans aultre nom nommer, etc. (p. Ant. de La Salle). Paris, Lenoir, 1517, 1523, pet. in-fol. goth., de 80 ff., fig. s. b.; Hibbert, 10 liv. 10 sh. — Paris, J. Trepperel, s. d. pet. in-4 goth. de 198 ff., 1 fig. sur b.; Révoil, 450 fr. — Paris, J. Bonfons (en 1553), pet. in-4 goth.; en 1841, 152 fr. — Éd. avec notes par Gueulette, Paris, 1724, 3 tom. pet. in-12; Loch., 12 fr. — Paris, Didot jeune, 1791, in-12 et in-18, fig. de Moreau jeune. — Paris, F. Didot, 1830, in-8 goth. av. vign. s. b. color.; Potier, 25 fr. — Éd. collationnée sur les mss. de la B. royale, p. Guichard; Paris, Gosselin, 1843, in-12, 3 fr. 50. Ant. de La Salle était secrétaire de René d'Anjou; il écrivit ce livre en Brabant en 1459, c'est-à-dire, environ un siècle après l'événement, car on croit que, sous le nom de la Dame des Belles Cousines, c'est la sœur du roi Jean qu'il a voulu désigner.

Histoire de très-noble et chevaleureux prince Gérard, comte de Nevers, et de la Belle Euriant de Savoye, sa mie. Paris, Leleste, 1520, in-4 goth., fig. s. b. Rare. — Paris, 1526, in-4 goth.; Potier, 250 fr. — Éd. donnée p. Gueulette; Paris, 1725, 1727, in-8. — Paris, Didot jeune, 1792, in-8 et in-12, fig. de Moreau jeune; Tripier, 10 fr. — *Roman de la Violette, ou de Gérard de Nevers*, en vers, du XIIIe siècle, p. Gibert de Montreuil; publ. p. Francisque Michel; Paris, 1834, gr. in-8 de 25 feuilles et demi, plus 1 lith. et 9 fac-sim.; Gorlay, 96 fr. — Ce roman n'a rien d'historique. Planard en a tiré un op.-com. intit. : *La Violette*.

Histoire de Guy de Warwick, chevalier d'Angleterre, et de la belle fille Félice, sa mye. Paris, 1525, 1526, in-4 goth.; Duplay, 10 fr.

Les Angoysses douloureuses qui procèdent d'amours, comp. p. dame Helisenne (de Crenne). Paris, s. d., in-4, et 1538, s. d. (1540), 1541, in-8, fig. s. b.; Tripier, 100 fr. — *Les Œuvres de madame Helisenne de Crenne, à sçavoir les Angoysses douloureuses*, etc. Paris, 1543, 1544, 1551, 1553, 1556, 1560, in-16; Crozet, 29 fr. Toutes les éditions sont recherchées.

Histoire de Philandre, surnommé le gentilhomme, prince de Marcelle, et de Passerose, fille du roy de Naples; Lyon, 1544, pet. in-8 de 222 pp.; La Vallière, 10 fr. Très-rare.

La Vie et actes triomphans de damoiselle Catherine des Bas-Souhaits; p. Jean de la Roche, baron de Florigny. Impr. sur la copie de Nic. Paris, ment. à Troyes, 1546, in-8 de 80 pp.; La Vallière, 22 fr. C'est une histoire des aventures galantes de la femme d'un conseiller au parlement de Bordeaux, nommé Jean de Laborne. On ne retrouve ce livre sur aucun catalogue moderne. M. Hubaud de Marseille en parle dans une dissertation sur les nouvelles de la reine de Navarre, 1850, p. 15. On peut voir aussi La Croix du Maine, t. I, p. 583, et, quant à la prétendue édit. de Troyes, l'art. Roger (Collin) au Manuel. Le nom de Catherine des Bas-Souhaits paraît provenir de la *Folastrie de P. Ronsard à Catin du Bas-Souhait*. A été réimprimé, avec quelques différences, sous le titre suivant : *La Contiuance bonde-*

loire. Paris, Dubreuil, 1599, in-12. C'est également très-rare.

L'Histoire du noble, preux et vaillant chevalier Guillaume de Palerne et de la belle Melior. Paris, Nic. Bonfons, s. d., pet. in-4 goth., fig. s. b.; Crozet, 200 fr. — Lyon, 1552, in-4 goth., fig. s. b. Rare.

Histoire de Melicello et de l'inconstante Copa, etc., p. J. Maugin, dit le Petit Angevin, Paris, 1556, in-8. Rare.

L'Ame toujours impassible dans toutes les positions de la vie, fors une seule qui est la grande (cette grande situation est l'amour). Paris, chez Jean Morel, 1558. Jean Morel est non-seulement l'imprimeur, mais encore l'auteur de ce joli roman, l'un des premiers de la langue française qui ait été débarrassé des exploits de chevaliers et qui aient essayé l'analyse du cœur humain. L'action se passe sous le règne de François Ier.

Mythistoire barragouine de Fanfreluche et Gaudichon, etc.) par Guill. des Autelz). Lyon, 1559, 1560, 1574, 1578, in-16 de 78 ou 64 ff.; Tripier, 150 fr. encore cet ex., rogné et raccommodé, laissait-il beaucoup à désirer. Réimp. en 1850 par Caquelet, in-16 de 72 ff., fig. s. b.; tiré à 62 ex. Livre gaillard, facétieux et satirique, fait à l'imitation de Rabelais.

Histoire pitoyable du prince Erastus, fils de Dioclétien, empereur de Rome, etc. Trad. en franç. de l'esp. d'Ant. de Guévare, lequel l'avait traduite lui-même de l'italien, et l'auteur italien l'avait tirée d'un ancien roman français intitulé *Dolopathos, ou les Sept Sages de Rome.* V. Duverdier, p. 328). Lyon et Anvers, 1568, in-16. — Paris, 1570, 1572, 1579, 1584, 1587, in-16. — Lyon, 1585, 1604, et Rouen, 1616, in-16. — Les anciennes éd. sont, en moyenne, à 40 ou 50 fr. et les dernières à 10 ou 15 fr. — Une traduction plus récente, Paris, 1709, in-12, a été faite par le chev. de Mailly; elle n'a pas une grande valeur. Histoire dans le genre de Joseph et de Putiphar, et dont l'héroïne est l'impératrice Aphrodisia, mais fort ennuyeusement écrite.

Les Amours de Graxinde, p. J. de la Gessée. Paris, 1578, in-8. Roman très-rare.

Les Prémices de la Flore, ou les Amours de J. Godard. Paris, 1585, in-12. Roman très-rare (cat. Pigel, n° 3375).

Les Bergeries de Juliette, etc., par Ollenix du Mont-Sacré (p. Nic. de Montreux), 5 parties dont la 1re a été publiée à Paris en 1588, in-8. — 2e éd. Paris et Tours, 1592-98, 5 vol. in-12; Dulay, 30 fr. — *L'Arcadie françoise, tirée des Bergeries de Juliette* (par le même). Paris, 1625, in-8: Cte de Verrue, 12 fr. Ouvrages cont. des vers et de la prose, et se classant tantôt dans la poésie, tantôt dans les romans. Montreux, malgré son anagramme, était un pitoyable auteur et qui ne put jamais briller sur le *sacré mont.* Il est encore auteur des deux romans suivants qui sont fort rares: *Les Amours de Criniton et de Lydie:* Paris, 1595, in-8. — *Amours de Cléandre et de Domiphile:* Paris, 1597, 1598, pet. in-12.

Les Amours de la belle du Luc, où est demonstrée la vengeance d'amour envers ceux qui medisent de l'honneur des dames (p. J. Prevost, S. de Goutier). Rouen, s. d., 1597, 1613; Paris, 1598; Lyon, 1598, 1606, 1625, pet. in-12. Peu commun. Récit intéressant d'un événement qui eut lieu sous le règne de Henri III et fit alors beaucoup de bruit.

Les Amours d'Armide; p. P. Joulet de Chastillon. Rouen, 1597, 1605, 1614; Paris, 1608; Lyon, 1606, pet. in-12. Peu commun; en moyenne, 12 à 15 fr. Petit roman dont le sujet est tiré de l'épisode qui a fait tout le succès de la Jérusalem délivrée.

La Naissance d'un bel amour. Paris, 1602, in-12. Rare.

Les Véritables amours de MM. de Grandlieu et de Mlle de Bonneval (p. Jean Martin). Paris, 1603, in-12. Rare.

Le Martyre de la fidélité, p. Jean d'Intras. Paris, 1609. On trouve à la fin de ce roman une énigme libertine dont le mot doit être sans doute une terrible gaillardise. V. Bull. du biblioph. de 1857, p. 342.

L'Astrée, p. Honoré d'Urfé (m. en 1625; l'ouv. a été terminé p. Baro, secrétaire de d'Urfé). 1re éd. Paris, 1610-24, 5 vol., les 2 premiers in-4 et les derniers in-8; Potier, 150 fr. — Paris, 1624-32, 1633, 1637, 1643, 1647, 5 vol. in-8; duc d'Aumont, 25 fr. — Paris, Witte et Didot, 1733, 10 vol. in-12, fig. Pastorale pleine de talents pivotant, pendant 5 énormes volumes, sur un malentendu facile à détruire en quatre mots. La scène est aux environs de Lyon, au Ve siècle. Un berger, nommé Céladon, banni de la présence de sa maîtresse, Astrée, qu'un jaloux a persuadée de l'infidélité de son amant, se précipite dans les eaux du Lignon, affluent de la Loire, pour y trouver la mort; mais la nymphe Galatée le sauve et en devient amoureuse. Il fuit au fond des forêts, etc. Enfin le tout finit par un dénoûment heureux. D'Urfé, comme le fit plus tard Mlle de Scudéry, mettait en scène sous des noms d'emprunt les personnages de son temps, temps auquel on voyait poindre les précieuses. Ch. Sorel a fait de l'Astrée une parodie intitulée: *Le Berger extravagant, où parmi les fantaisies amoureuses, on voit les impertinences des romans;* Paris, 1627, 1628, 1633, 1639, 1653, 3 vol. pet. in-8, fig. Rare.

Histoire des amours volages de ce temps, où, sous des noms empruntez, sont contenus les amours de plusieurs princes, etc., qui ont trompé leurs maîtresses ou qui ont été trompés d'elles; par Fr. de Rosset. Paris, 1617, 1619, 1623, 1631, et Rouen, 1633, in-8; Tech., 12 fr.

Les Bergeries de Vesper, ou les Amours d'Antonin Floritle et autres bergers et bergères de Placemont et de Beauséjour; p. Guill. Coste. Paris, 1618, in-12; comtesse de Verrue, 16 fr.

Carité, ou la Cyprienne amoureuse (attrib. à Pierre de Caseneuve, ou à de Gomberville). Tolose, 1621, in-8. Rare.

La Cythérée, par Marin Leroy de Gomberville. Paris, 1621, 1630, 1642, 1643, 1644, 1662, 4 vol. in-8; duc d'Aumont, 19 fr. Roman cont., sous des noms supposés, des anecdotes du temps.

Mélanthe, amoureuses aventures du temps, divisé en 12 livres; p. le S. Videl. Paris, 1624, 2 part. pet. in 8; vendu à Lyon, en 1849, 16 fr.

L'Endymion, par Gombauld. Paris, 1624, 1626, in-8, 17 fig. gr. p. Crispin de Pas, Léonard Gaultier et J. Picart. Rare.

Aventures intrigues de Florinde, habitant la basse région de la lune. S. l., 1625, in-8 de 212 pp. Roman très-libre, en pr. mêlée de vers. Potier, 25 fr.

Les Amours d'Anaxandre et d'Orasie, p. de Boisrobert. Paris, 1629, in-8. Tech., 28 fr.

Les Amours folastres et récréatives du Filou et de Robinette, dédié aux amoureux de ce temps. Bourg-en-Bresse, 1629, pet. in-12 de 84 pp.; Nodier, 62 fr.

Ariane, p. J. Desmarets de Saint-Sorlin. Paris, 1632, 2 vol. in-8; 1639, 1643, 1647, in-4, fig. de Bosse; 1666, 2 v. in-12; 1724, 3 vol. in-12; Leyde, Elzev., 1644, 2 vol. pet. in-12, figures. Roman peu commun et assez estimé; il s'y trouve des situations assez libres.

Le Roman de l'infidèle Lucrine. Paris, 1634, in-8. Rare.

Les Heureuses infortunes de Céliante et de Marilinde, veuves pucelles (p. des Fontaines). Paris, 1636, 1646, 1662, in-8. Les Deux veuves pucelles sont Mesd. de Chatuy et de Morigny; Louis XIII est désigné sous le nom de *Cambises*, M. le Prince sous celui de *Protasilas*, etc. — *L'Inceste innocent*, p. le même. Paris, 1638, 1643, 1644, in-8. Comtesse de Verrue, avec l'ouvr. précéd., 10 fr. « ... Le Grand Barrière, la Terreur « des Turcs, se trouva, sans le savoir, le « père et le mari de sa sœur. On laissa leur « ignorance aux deux époux, et le fait ne « fut révélé qu'après leur mort; etc. »

Antiope, par Guérin. Paris, 1644, 4 vol. in-8. Rare.

Les Amours véritables d'Alisperant et Iraginte. Jouxte la copie impr. à Liége, 1651, in-12. Roman très-rare et curieux par sa niaise et grotesque stupidité. (Note du catal. de Renouard, 1819, t. III, p. 204.)

Clélie, p. Mlle de Scudéry. Paris, 1656, 1660, 1666, 1731, 10 vol. in-8, fig.; Potier, 40 fr. C'est dans le tome Ier que se trouve la description du *pays de Tendre*, si spirituellement critiquée par Boileau dans les *Héros de roman*; les afféteries de cet ouvr. paraissent d'autant plus ridicules que la scène en est chez les Romains du temps de Tarquin.

L'Heure du berger, demi-roman comique, ou roman demi-comique; p. Cl. Le Petit. Paris, 1662, 1664, in-12. Ouvr. rare et quelque peu licencieux.

Histoire du royaume des amants, avec leur origine du pays des Amadis; p. le Sr de Bussons. Tolose, 1666, in-12. Rare.

La Cour d'amour, ou les Bergers galans, p. Dupeeret. Paris, 1667, 2 vol. pet. in 8, fig. de Seb. Leclerc; comtesse de Verrue, 14 fr.

Lupanie, histoire amoureuse de ce temps (p. Corneille Blessebois). Il y a 2 éd. s. d., qui paraissent être les plus anciennes, pet. in-12; Tripier, 30 fr. — Cologne (Holl., Elzev.), 1668, 1669, pet. in 12; Renouard, 43 fr. 60. Le roman de Lupanie (louve) est une satire contre une Mme de P. qui avait trompé l'auteur; il a été réimp. dans les Amours des dames illustres, sous le titre de *Alosie, ou les Amours de Mme de M. T. P.*, et séparément sous le titre de *Saint-Germain*, etc.

Le Chien de Boulogne, ou l'Amant fidèle, nouv. gal. (p. l'abbé de Torche). Paris, 1668, 1679 et Cologne (Holl., à la Sph.), 1669, pet. in-12; Potier, l'Elzev., 25 fr. Roman qui a dû donner l'idée du Petit Pompée et même du Sopha.

L'Amoureux Africain, ou Nouvelle galanterie, p. le Sr B. M. Cologne (Holl., à la Sph.) et Amst., 1671, 1676, 1678, 1681, pet. in-12; Potier, 15 fr.

Les Avantures ou Memoires de la vie de Henriette Sylvie de Molière (attrib. à d'Alègre ou à Mme de Villedieu). Paris, 1671, 2 t. in 12. — Paris, 1672, 1695; et s. l. (Amst., à la Sph.), 1672, 1695, 1700, 1707, 6 part. pet. in-12 en 1 vol. Prix très-divers, depuis 4 fr., Grasset, jusqu'à 100 fr., Morel-Vindé.

Le Double Cocu, histoire du temps; p. le Sr Brémond. Paris (Holl.), 1678, 1679, pet. in-12; Garcia, 16 fr. — Amst., 1703, pet. in-12. Peu commun.

Le Courier d'amour, par Mme Gillot de Beaucour. Paris, 1679, pet. in-8. Rare. — *Les Caprices d'amour*, p. le même auteur. Paris, 1681, 2 t. in-12; Alvarès, 5 fr. 50.

La Demoiselle à cœur ouvert, ou l'Hypocrisie découverte. Cologne, 1682, in-12; Mme Cathy, 4 fr.

Le Ravissement de l'Hébé d'Amsterdam, cont. des accidents étranges arrivez à une demoiselle d'Amsterdam en plusieurs endroits du monde. Amst., 1684, in-12, fig.; Rosse, Ne catal., 10 fr. 50.

La Galante Hermaphrodite, nouvelle amoureuse, p. de Chavigny. Amst. (à la Sph.), 1683, 1687, pet. in-12. Un amateur de Paris, 39 fr.

Ève ressuscitée, ou la Belle sans chemise. Cologne (Holl., à la Sph.), 1683, pet. in-12; Nodier, 50 fr. Réimp. en 1798, in-18, fig. sous le titre : *La Belle sans chemise.* Il y a aussi une trad. allemande : *Die Geschichte der Angelica*, 1. L'Histoire d'Angélique, ou la Belle sans chemise, 1791, in-12. Cette nouvelle Ève ne se trouve sans chemise qu'à la dernière ligne du volume, et tout ce qui compose ce singulier dénoûment se compose d'aventures assez peu décentes, mais exprimées en termes décents.

L'Amour en fureur, ou les Excès de la jalousie italienne. Cologne, 1684, 1690, 1698, 1698, 1700, 1715, pet. in-12; Potier, 15 fr. Roman singulier par le rôle qu'y joue un cadenas de sûreté. *L'École des maris jaloux, ou les Fureurs de l'amour jaloux.* Neufchâtel, 1698, in-12, 1 fig. repres. le cadenas, baron d'Heiss, 12 fr., en est sans doute une réimpression.

Les Esprits, ou le Mary fourbé, nouvelle galante. Liége, 1686, in-12; Aimé-Martin, 13 fr.

L'Enfant gâté, ou le Débauché de La Haye. Delft, 1692, in-12. Rare.

Les Amours d'une belle Angloise, ou la Vie et les aventures de la jeune Olinde. Cologne, 1695 et Amst., 1696, pet. in-12, 1 fig.; Crozet, 16 fr. 50. Roman par lettres.

L'Amour à la mode (attrib. à Chilliat, ou à Mme de Pringy). Amst. et Paris, 1695, 1698, 1699, 1706, pet. in-12, front. gr. et 1 fig.; Tech., 12 fr. Critique amusante et spirituelle.

Le Zombi du Grand-Pérou, ou la Comtesse de Cocagne. S. l., 1697, pet. in-12 de 145 pp. non compris le titre et le faux titre. Nodier, 61 fr. Roman libre et qui a été probablement imprimé dans une colonie française. L'auteur en est inconnu, quoique Nodier le supposât très-gratuitement être Corneille Blessebois. La comtesse de Cocagne, créole, dont « la beauté n'est point ornée de chasteté, de pudeur ni de modestie, » vient trouver M. de C., qu'elle croit expert en l'art de magie, et le prie de faire revenir à elle le marquis du *Grand-Pérou*, habitation tout comme dans une des possessions françaises des Antilles où se passe la scène. M. de C. consent, fait croire à la comtesse qu'elle est devenue invisible, et sous l'apparence de Zombi (en patois créole, un esprit, un fantôme, un sorcier) elle vient jeter le trouble dans la maison du marquis. La comtesse, pour récompenser M. de C., l'invite à souper :

Le Dieu de la volupté
[illegible]
[illegible]
[illegible]
Quand, éloigné de la [illegible],
[illegible]
[illegible]
[illegible]
[illegible]
[illegible]
[illegible]
[illegible]
Et je fus [illegible] dompté
[illegible]
[illegible]
Elle avait parfumé le lit
De fleurs d'orange et de la Chine,
[illegible]
[illegible]
[illegible]

On voit que l'auteur n'était pas très-fort en poésie. Voici quelques strophes du portrait de la comtesse de Cocagne, morceau qui paraît manquer à l'exempl. de Nodier :

Elle avait la taille assez belle,
[illegible]
[illegible]
[illegible]
[illegible]
Elle a fort peu de cheveux à la tête ;
[illegible]
[illegible]
Mais elle en a beaucoup ailleurs
[illegible]
[illegible]
[illegible]
[illegible]
[illegible]
[illegible]
C'est un [illegible]

Les Aventures galantes du chev. de Thémicourt (p. Mad. Catherine Durand de Bédacier). Paris, 1702; Lyon et Bruxelles, 1706, pet. in-12.

La Nouvelle Talestris, hist. galante; p. Mlle D. Amst., 1700, 1721, 1735, pet. in-12, fig. Peu commun.

Histoire véritable de M. Duprat et de Mlle Angélique, p. Mlle Daunois. La Haye, 1703, pet. in-12. Rare.

Les Bains d'Aix, ou Amours secrètes des dames qui vont prendre les eaux à Aix-la-Chapelle. La Haye, 1704, pet. in-12. Potier, 15 fr.

Aventures galantes de M. Lenoble. Amst., 1703, 1706, 1707, 1710, pet. in-12. Assez comique, mais d'un mauvais style.

L'Égyptienne, ou les Amours de don Juan de Carcame et de dona Constance d'Acevedo. Bruxelles, 1706, in-12; comtesse de Verrue, 8 fr.

Amours libres des deux frères, hist. galante. Cologne, 1709, in-12. Rare.

Les Victoires de l'Amour, ou Histoire de Zaïde, de Léonor et de la marquise de Vico. Amst., 1714, pet. in-12, 10 jolies fig. en taille-douce. Tech., 24 fr.

Mémoires de Versorand, ou le Libertin devenu philosophe. Amst., sans nom et s. d., 4 vol.

in-12. Rare. — Londres, an III, 6 vol. in-18; Scheible, 12 fr. Roman écrit sous la Régence, un peu licencieux et instructif.

Le Temple de Gnide, roman pastoral en prose poétique; p. Ch. de Secondat, baron de la Brède et de Montesquieu. Paris, 1725, in-12; éd. orig.; Lech, 8 fr. — Paris, 1772, gr. in-8, texte gravé et 10 fig. et. p. Lemire d'après Eisen; Potier, 40 fr. — Beaucoup d'autres éd., mais peu importantes. Publié après les *Lettres persanes* et *l'Esprit des lois*, deux ouvrages qui firent fureur et que personne ne lit plus depuis longtemps, le Temple de Gnide est le seul ouvrage de l'auteur qui conserve quelque intérêt.

*La Vie de Marianne, ou les Aventures de Mad. la comtesse de **** (p. Marivaux). Paris, 1731, 1741, 1746, 1755, 1756, ordinairement 4 vol. in-12. — Amst., 1736, 1778, 4 vol. in-12. — La Haye, 1750 et Francfort, 1745, 1742, 1744, 12 part. in-12, fig. — Londres (Cazin), 1782, 4 v. in-18, fig. — Paris, 1826, 3 vol. in-32, 1829, 2 vol. in-12; et avec une not. de J. Janin, 1842 (Charpentier), in-12. Roman déparé par un style affecté, mais présentant une image assez fidèle des mœurs de l'époque.

Tanzai et Néadarné (les 1res éd. étaient intit. : *L'Écumoire, histoire japonaise*); p. Crébillon fils. Pékin, 1733; Amst., 1734; Londres, 1735; Pékin, 1740, 1743, 1758, 1781; Maestricht, 1779; Londres (Cazin), 1785; 2 vol. pet. in-12 ou in-18, 6 à 8 fr.; l'éd. de 1740, recherchée pour ses jol. grav., env. 20 fr. Roman licencieux et satirique dirigé contre le card. de Rohan et la duchesse du Maine; l'auteur fut mis pendant quelque temps à la Bastille pour l'avoir publié.

Le Sopha, conte moral; p. Crébillon fils. Gaznah, Pékin, Genève, Francfort, Amst., Maestricht, Londres (Paris), s. d., 1745, 1749, 1751, 1763, 1764, 1770, 1773, 1774, 1779, 1781, 2 vol. pet. in-12 ou in-18; en moyenne, 7 à 8 fr. — Paris, 1835, 2 vol. in-18 et 1851, in-4 avec illustration par E. Frère. Ce conte moral est, comme on sait, au moins fort libre.

Collection complète des Œuvres de Crébillon fils. Londres ou Maestricht (Paris), 1772, 1774, 1776, 1777, 1779, 14 tom. en 7 vol. in-12. Du Roure, 30 fr.; Tripier, 40 fr.

La Jouet de l'amour, ou Histoire de M. de Grandpuis, garçon malgré lui. Paris, 1733, 2 vol. in-12. Rare.

Histoire de Manon Lescaut et du chevalier des Grieux, p. l'abbé Prévost. Les 1res éd. sont intitulées : *Suite des Mémoires et Aventures d'un homme de qualité*. — *Aventures* (ou *Histoire*) *du chev. des Grieux et de Manon Lescaut*. La 1re éd. est de 1733, 2 vol. in-12; elle a été réimp. Londres, 1734, in-12; Rostan, 6 fr. et Amst., 1737, 2 part. in-12. Elle est moins complète que les éd. suivantes. Amst. (Paris), 1753, 1756, 2 vol. pet. in-12, fig. de Pasquier; Bignon, 11 fr. 50; Tripier, 140 fr. Réimprimé un très-grand nombre de fois; voici les éd. principales : Paris, Bleuet, (P. Didot l'aîné), an V, 2 tom. in-12 et in-18, 8 fig. gr. p. Coiny d'après Lefebvre; Du Roure, 26 fr. — Paris, Froment, 1829, in-32 (class. en miniature). — Éd. ill. p. E. Johannot et not. p. J. Janin; Paris, Bourdin, 1838, 1853, gr. in-8 avec 100 fig. — Avec not. p. Sainte-Beuve; Paris, Charpentier, 1839, 1846, 1851, 1852, 1856, 1857, 1859, in-12, 3 fr. 50. — Avec une Étude p. J. Lemoinne, Paris, M. Lévy fr., 1860, in-12, 1 fr. — Paris, Alph. Leclère, 1860, 2 vol. in-18, tiré à 100 exempl., gravures, 20 fr. On sait combien ce roman est émouvant. La passion et la vérité qui se trouvent dans cette histoire d'une jeune fille entretenue et d'un chevalier d'industrie en font non-seulement le chef-d'œuvre de l'auteur (de qui c'est un peu la propre histoire), mais un des meilleurs ouvrages de la littérature ancienne et moderne.

Les Caprices de l'amour et de la fortune, ou les Aventures de la signora Rosalina, p. le marquis d'Argens. La Haye, 1737, pet. in-12. — Londres (Cazin), 1782, in-18.

Mémoires de Mlle Bontemps, ou la Comtesse de Marlou, histoire véritable; p. Gueulette. Amst., 1738, 1739, 2 vol. pet. in-12; Labéd., 15 fr. — Londres, 1771, 2 vol. pet. in-8. — Londres (Cazin), 1781, 1782, 2 vol. in-18.

Mille et une faveurs, contes de cour tirés de l'ancien gaulois, etc. (p. le chev. de Mouhy). Londres, 1740, 8 part. in-12 et 1783, 5 vol. in-12. On dit qu'il y a des exempl. avec une clef imprimée; en ce cas, ce seroit l'édition condamnée par la cour royale de Paris, en 1827, comme outrageant les bonnes mœurs, car les anagrammes des noms propres sont terribles, et on ne sauroit les citer ici. Roman, du reste, fort ennuyeux.

Le Canapé couleur de feu (p. Fougeret de Monbron). Amst., 1741 et La Haye, s. d., pet. in-12. Rare.

Nocrion, conte allobroge (p. le comte de Caylus). S. l. (Paris, 1742, 1747, in-12.) Crozet, 6 fr. 50. Petit conte très-libre, écrit en français ancien; Diderot peut en avoir pris l'idée des Bijoux indiscrets. L'anagramme de Nocrion est du même genre que celles des Mille et une faveurs.

Le Cousin de Mahomet, histoire plus que galante (p. Fromaget). Leide, 1742, 2 part. pet. in-12. — Constantinople (Paris), s. d., 1750, 1751, 1770, 1781, 1786, 1801, 2 vol. in-18, fig. En moyenne, 7 à 8 fr.

L'Anti-Paméla, ou la Fausse innocence, etc. (p. de Mauvillon ou p. Villaret). Londres, 1742, 1743, in-12; Amst., 1743, in-12. Rare. Réimpr. sous le titre : *La Facile Angloise, ou Mémoires de Mlle Anti-Paméla*. Londres, 1763, in-12.

Mémoires turcs, ou Histoire galante de deux Turcs pendant leur séjour en France (p. Godart-Daucourt). La Haye, 1743; Paris, 1748, 1776; Francfort, 1750; Amst., 1758, 1776; Londres (Cazin), 1782, 1785, 1796, 2 vol. in-12 ou in-18, fig.

*La Noviciat du marquis de ***, ou l'Apprenti devenu maître*. Cythère, 1744, 1746, 1747, 2 t. pet. in-12.

L'Emblème, ou le Gourluchon; histoire galante. Cythère, 1744, in-12.

Thémidore (p. Godard d'Aucour). La Haye (Paris), 1745, 1760, 1775, 1776, in-12. — *Thémidore, ou Mon Histoire et celle de ma maîtresse*. Londres (Cazin), 1782, 1783, in-18. — Paris, 1792, 1797, in-18. Peu commun.

La Belle Allemande, ou les Galanteries de Thérèse (p. Bret, ou p. Cl. Villaret). Amst., 1745; Paris, 1755, 1758, 1774; Strasb., 1763, 1776, in-12. Peu commun.

Angola, histoire indienne (p. le chevalier de la Morlière). Agra (Paris), 1746, 1747, 1748, 1749, 1751, 1763, 1770, 1775, 1777, 1778, 2 part. pet. in-12. — Suivi d'*Acajou et Zirphile* : Londres (Cazin), 1782, 1786, 2 vol. in-18. En moyenne, 6 à 7 fr. Roman galant tiré, dit-on, des papiers du duc de la Trémouille. Le langage des ruelles y est parfaitement reproduit; les expressions nouvelles alors y sont imprimées en caractères italiques et il est étonnant de voir combien il nous en est resté dans l'usage moderne. Le XVIIIe siècle se reconnaissait dans ce miroir; mais, si les costumes étaient rajeunis, nous pourrions encore nous y reconnaître aujourd'hui.

Gaudriole, conte (en pr.). La Haye, 1746, in-12 de 198 pp. Rare.

Thérèse philosophe, ou Mémoires pour servir à l'histoire de D. Dirrag et de Mlle Eradice (le père Girard et la Dlle Cadière), *avec l'histoire de Mme Bois-Laurier* (d'après les notes de Van Thol, le marq. de Sade dans la Nouvelle Justine, Holl., 1797, tom. VII, p. 97, dit que l'auteur de Thérèse est le marq. d'Argens; mais Barbier incline pour de Montigni, commissaire des guerres, qui, selon l'abbé Sepher, aurait été mis huit mois à la Bastille à cause de cet ouvrage). La Haye, s. 1748, 2 part. in-8, avec fig. obscènes gravées, dit-on, par le comte de Caylus. Édit. extrêmement rare. — Glasgow, 1773, in-24, caractères très-fins, sans fig.; éd. très-rare, ainsi que plusieurs autres faites dans le même temps. — 6e éd., plus correcte et plus compl. que les précédentes. Paphos, chez les frères Cupidon, etc., 1775, pet. in-12; édit. très-rare et qui a été contrefaite à une époque plus récente. — Londres, 1785, 1796, 1797, 2 vol. pet. in-12, avec 20 fig. Peu commun. Réimpressions modernes, portant les rubriques Londres, Paris, Bruxelles, 2 vol. in-18 avec une vingtaine de fig. mal gravées; sans valeur. Il y a eu une condamnation en 1826. Le style de ce petit roman est fort médiocre, mais la fable est assez attachante. L'Histoire de la Bois-Laurier, qui tient presque toute la 2e partie, offre des tableaux fort licencieux; il en est un au moins assez bien imaginé. On peut citer comme relatifs à Thérèse philosophe les ouvrages suivants : *L'Anti-Thérèse, ou Juliette philosophe* ; par M. de T***. La Haye, 1750, 1751, in-12; Scheible, 3 fl. 36 kr. — *Apparition de Thérèse philosophe à Saint-Cloud, ou le Triomphe de la volupté*, ouvrage volé dans la poche d'un aristocrate. A Saint-Cloud, chez la Mère des Grâces, 1790, in-12 (Cat. de la Bibl. impér., tom. II, p. 615). — *Thérèse rentrante*; p. Mad. de Saint-Venant, 1802, 2 vol. in-12.

Les Bijoux indiscrets, roman érotique et satirique (p. Diderot). Pékin (Paris), 1748, 1756, 2 tom. in-12, fig., et Amst., 1772, in-12, fig. Éd. rare. — Au Monomotapa, s. d. (Paris, Cazin, 1785), 2 vol. in-18; Tech., 10 fr. — Paris, 1833, pet. in-8, fig. Le Génie Cucufa donne à Mangogul, roi de Congo, un anneau magique qui, lorsqu'on l'a au doigt, fait parler les *bijoux* des femmes. Diderot a trouvé dans ce conte leste des situations et des détails comiques, mais il a quelquefois des digressions un peu longues et qui manquent de gaieté. Cond. insérée au *Moniteur* du 7 août 1835.

Pamphion, ou la Courtisane de Smyrne, fragment érotique, trad. du grec de Musæus (comp. p. de Querlon). Londres, 1748, 1797, in-12, 1 fig. Peu commun. Roman de galanterie musquée; c'est l'histoire d'une courtisane, racontée par elle-même.

*Le B***, Histoire bavarde* (a paru aussi sous le titre : *le Bidet*, et sous celui de : *Histoire bavarde*. Cet ouvr. a été attrib. à Chevrier et à Bret). S. l. n. d. et Londres (Paris), 1749, in-12 de 176 pp. Conte imité du *Sopha*. Cyparide est l'amant heureux de la belle Urgande; la fée Grossepède, furieuse de jalousie, arrache à Cyparide certaine partie qu'elle transforme en une éponge, et le change lui-même en un de ces meubles que la propreté a consacré chez les Françaises. Le charme ne sera rompu que si ce meuble sert à l'innocence la plus pure; mais toutes les épreuves possibles sont faites en pure perte. Enfin le destin s'apaise, et Cyparide retrouve sa forme, mais il est incomplet, car l'éponge est entre les mains de l'abbé Leblanc. Cette intervention d'un contemporain réel dans l'ouvrage fit mettre l'auteur à Vincrimes, afin de lui apprendre à bavarder plus prudemment.

*Les Sonnettes, ou Mémoires du marquis d'**** (p. Guiard de Servigné). Utrecht, 1749, in-12. Rare. — Berg-op-Zoom, 1751, in-12, jolies fig. en taille douce. Rare. — Éd. avec *l'Histoire d'une Comédienne et Nocrion, ou l'Origine des Bijoux indiscrets*. Londres (Cazin), 1781, pet. in-18 de 212 pp. Peu commun. Le duc de *** (Richelieu), voluptueux et libertin, avait épuisé ses facultés de bonne heure, et, pour les ranimer dans les bras de ses nouvelles maîtresses, il avait imaginé, dans un vaste château où il attirait la plus fringante jeunesse des deux sexes, de pourvoir tous les lits de ressorts et de fils qui faisaient mouvoir des sonnettes placées tout autour de l'appartement du duc, chacune avec son étiquette portant le nom des dames qui occupaient les chambres. L'auteur du livre fut mis à la Bastille.

Margot la ravaudeuse et ses aventures galantes; p. M. de M*** (Fougeret de Montbron, m. en 1761). Hambourg, 1750, 1772, 1774, 1774 à 1775, 1776, 1784, 1793, 1800, in-12 de 146 pp., avec le portr. de Margot dans son tonneau. En moyenne, 6 à 8 fr. Cond. insérée au *Moniteur* du 26 mars 1825.

L'Aimable Petit-Maître, ou Mémoires militaires et galants de M. le comte de G. P. (Grand-Pré). Cythère, 1750, in-12. Peu commun.

Les Plaisirs secrets d'Angélique, ou ses Voyages au bout du monde. Londres, P. Conbolk, à la Poule plumée, 1751, 1755, 2 part. in-12 : la 1re partie, 134 pp.; la 2e, 180 pp. Rare.

Histoire et Amours de la baronne Gogo. Tunis, 1752, in-8. Rare.

*Les Faux Pas de la beauté, ou Mémoires vrais ou vraisemblables de la baronne de ****, trad. du breton. Deux-Ponts et Paris, 1755, 2 vol. in-12. Petit roman érotique, peu commun; réimp. dans la Bibliothèque de campagne, t. XIV.

Les Égarements de Julie. Amst., 1756, pet. in-8; Londres, 1763, 1772, pet. in-8; Londres (Cazin), 1782, 1795, 2 vol. in-18, fig. Roman peu commun, dans le genre de Crébillon fils, galant et non obscène. On l'a attribué à Perrin, avocat, et à Dorat, mais ce dernier n'avait que 22 ans en 1756. Ce roman a été cond. en 1826, comme outrageant les mœurs.

Confession générale du chevalier de Wilfort. Amst., 1759, in-8. Rare. — Londres (Cazin), 1781, in-18. Les Confessions du chevalier de Wilfort ont été réimp. sous le titre de *Caroline et Belval*, Avignon, an V et Paris, an VI, 2 vol. in-18. Ce roman a été l'objet d'une cond. en 1828, comme outrageant les bonnes mœurs.

Candide, ou l'Optimisme; trad. de l'all. du docteur Ralph (comp. p. Voltaire). S. l. (Genève), 1759, in-12. L'éd. orig. ne contient que la première partie; mais, la même année, il est paru une 2e éd. orig. cont. 2 parties, ensemble 296 pp. Il y a eu plusieurs réimp. avec cette 2e partie, laquelle, un peu plus licencieuse que la 1re, a été attribuée à M. de Champignenles, mais est de Voltaire, selon toute apparence. L'éd. de Berlin, 1778, in-12, a des fig. de Chodowiecki.

L'Heureuse Victime, ou le Triomphe du plaisir (p. des Biès?). La Haye et Paris, 1760, 1761, in-12.

Les Amours de Mirtil (p. Fontenelle). Constantinople et Paris, 1761, in-12, front. et 6 pl. grav. d'après Gravelot. Peu commun.

Julie, ou la Nouvelle Héloïse, ou Lettres de deux amants habitants d'une petite ville au pied des Alpes, recueillies et publiées (composées) par J.-J. Rousseau. Amst., Marc Michel Rey, 1761, 6 vol. in-12, fig. de Gravelot; éd. originale; peu commune. Nombreuses réimp. dont voici les principales : Paris, P. Didot, 1806, 1812, 4 vol. in-18 et in-12; Potter, 20 fr. — Av. *les Amours d'Éd. Bomston*; Avignon, 1816; 4 vol. in-18. — Éd. illustrée p. T. Johannot, Em. Wattier, etc. Paris, imp. Lacrampe, 1844, 2 vol. gr. in-8, 25 fr. Roman sentimental, bien écrit et dans lequel, sans aventures romanesques, sans épisodes tragiques, l'intérêt, concentré sur trois personnes, se soutient jusqu'à la fin de l'ouvrage. Son succès, lors de sa première publication, fut excessif. Les libraires ne pouvaient suffire aux demandes, et on le donnait en lecture à raison de douze sous l'heure. Aujourd'hui, quoique cette fougue d'admiration nous paraisse ridicule, la Nouvelle Héloïse est demeurée un livre qui ne saurait être omis dans une bibliothèque un peu complète. L'intention de Rousseau paraît avoir été de critiquer d'une manière mordante les mœurs de ses protecteurs : les d'Épinay, les d'Houdetot, etc., en composant cette histoire d'une jeune personne faible avant d'être mariée, mais qui, lorsqu'elle l'est, résiste à son amant, bien que leur passion ne soit pas éteinte. On peut encore supposer que Rousseau, qui avait tonné contre les livres efféminés qui respiraient l'amour et la mollesse, voulut prouver qu'il saurait écrire aussi un livre de ce genre; mais sous ce rapport il aurait échoué, car son livre ne se lit plus, tandis que *le Sopha, les Bijoux indiscrets, Candide, Manon*, etc., se lisent toujours. Nous citerons quelques publications relatives à cet ouvrage : d'abord une facétie piquante de Grimm, satirisant, en 5 à 6 pages, le roman et son auteur, et intit. *Prédiction tirée d'un vieux manuscrit*.

Osaureus (anagramme de Rousseau), *ou le Nouvel Abailard*, com. 2 a. pr., trad. de l'all. (comp. p. Cailleau); Paris, 1761, in-12; Potier, 3 fr. — *Les Amours et aven-*

tures d'Edouard Bomston, pour servir de suite à la Nouvelle Héloïse (traduction de l'original allemand, de F.-A.-C. Werthes, paru à Altenbourg (en 1782?), attribuée à Mme Marie-Elisabeth de Polier, chanoinesse); Liége, 1781; Lausanne, 1789; Avignon, 1793; in-12.

Le Pythagore moderne, ou les Aventures du Ch...... ouvr. dédié aux dames philosophes; p. V. C., avocat. S. l., 1762, in-12. Veinant, 7 fr. 50.

Alzarac, ou la Nécessité d'être inconstant (p. Mme de Puisieux). Cologne et Paris, 1762, in-16. Joli roman, peu commun.

Relation d'une revendeuse de pois qui, par sa beauté, son esprit et sa sagesse, est devenue dame de qualité. S. l., 1763, in-4. Peu commun.

La Belle Étrangère, ou les Aventures de la marq. de Forcal. Londres, chez le grand éditeur Jean Nourse, 1765, 2 tom. pet. in-8. Scheible, 4 fl.

Lucette, ou les Progrès du libertinage (p. Nougaret). Londres, 1765, 3 vol. in-12. Roman mal écrit et qui a été réimp. sous les titres suivants : *Suzette et Perrin, ou les Dangers de la séduction.* — *Juliette, ou les Malheurs d'une vie coupable.* — *Les Dangers de la séduction et les faux pas de la beauté, ou Aventures d'une villageoise et de son amant.* Très-peu de valeur.

Les Deux Matrones, ou les Infidélités démasquées, p. Fréron. Paris, 1766, 1776, 1784, in-8, 1 fig. Peu de valeur.

*Minutes perdues, ou Hist. amoureuse et galante du marq. de ***.* A Vénépole, 1766. Scheible, 5 fr.

Le Compère Mathieu, ou les Bigarrures de l'esprit humain (p. l'abbé Dulaurens). Londres ou Malte (Holl.), 1766, 1770, 1771, 1772, 1773, 1776, 1777, 3 vol. in-12; éd. peu commune. — Malte, 1780, 4 vol. in-18, av. 12 fig. — Paris, 1793, 1795, 1801, 1831, 1834, 4 vol. in-18. — Blois, an II, 3 vol. in-8. — Paris, 1796, 3 vol. in-8 ou in-12 (l'in-8, pap. vél., est la plus belle éd.), fig. d'après Chasselat; Pixerécourt, 73 fr. — Avignon, 1843, 4 vol. in-18. — Il y a 8 fig. grav. d'apr. Horace Vernet, qui devaient servir en 1821, puis en 1824; mais l'édit. n'a pu paraître. Il y a aussi une douzaine de fig. obscènes qui se joignent à quelques éd. in-18. Roman licencieux, d'une philosophie très-hardie et même paradoxale. Cond. en septembre 1851, comme outrageant la morale publ. et religieuse.

La Nouvelle Paméla, ou les Véritables Mémoires de Maria. Londres, 1767, 2 tom. in-8. Peu commun.

Je suis pucelle, hist. véritable (p. l'abbé Dulaurens). La Haye, 1767, 2 t. in-12. Peu commun.

Kitophar, anecdote babylonienne pour servir à l'hist. des plaisirs. Amst., 1768, in-8. Peu commun.

— *Princesse de Babylone* p. Voltaire. (Genève) 1768, in-8. Éd. orig.; peu chère.

Azoils, histoire qui n'est point morale. Amst. et Paris, 1768, in-12. Peu commun.

Lucile, ou les Progrès de la vertu, par un mousquetaire (p. Rétif de la Bretonne). Paris, 1768, in-18; rare. Réimp. sous les titres suivants : *La Fille enlevée, prostituée et vertueuse, ou les Progrès, etc.* La Haye et Paris, 1774, in-18. — *L'Innocence en danger, ou les Événements extraordinaires*; Liége, 1779, in-12. — *Zoé, ou les Mœurs de Paris*, par Malençon; Paris, an VI, 2 vol. in-12. Cette Zoé est la Lucile, mot pour mot, avec les noms travestis.

Ainsi va le monde, (p. Nougaret). Amst. (Paris), 1769, petit in-12. Réimp. sous le titre : *Les Jolis Péchés d'une marchande de modes*; Paris, 1801, in-18; en 1858, 4 fr. 50.

Les Écarts d'une jolie femme (p. Françoise de la Martinière, dame Benoît). Bruxelles et Paris, 1771, 2 part. in-12. Réimp. en 1781 et 1782, sous le titre : *Erreurs d'une jolie femme.*

Vénus en rut, ou la Vie d'une célèbre libertine. À Luxurville, 1771, 2 vol. in-18, fig. Rare.

Les Amours de l'ange Lure et de la fée Lure (p. le marq. de Bièvre). Cythère, l'an des amours (1772), in-32. Rare.

La Pariséide, ou Paris dans les Gaules (en pr., p. Godard d'Aucourt). Paris, 1773, in-8, fig.; Potier, 10 fr. — *La Pariséide, ou Amours d'un jeune patriote et d'une belle aristocrate*; Paris, 1790, in-8; Jannet, 5 fr.

*La Nouvelle Académie des dames, ou Hist. de Mlle R***.* Cythère, 1774, pet. in-8 de 92 pp., av. 4 grav. libres, et 1776, in-18. Rare.

Imirce, ou la Fille de la nature (p. l'abbé Dulaurens). Berlin (Holl.), 1765, in-12. — Londres, 1774, 1776, in-12, et 1782 (Cazin), 2 vol. in-18. Rare.

Félicia, ou Mes Fredaines (p. le chev. Andréa de Nerciat). Londres, 1775, 1776, 1778, et s. d., 1782 (Cazin), 4 vol. in-18, av. 12 fig. — Amst., s. d., 1780, 1793, 2 vol. in-12, sans fig. — Il y a des éd. modernes avec plus de 20 fig. obscènes. Cond. en 1825 et en 1843. — *Monrose, ou le Libertin par fatalité*; suite de Félicia (p. le même auteur; cependant, comme il y a des différences dans le style et dans la composition, Wolff ne croit pas que ce dernier ouvr. soit de Nerciat). S. l., 1792, 1795, 1797, 4 vol. in-18, fig. Cond. en 1839 et en 1852. Rare, ainsi que les éd. ci-dessus de Félicia.

Hist. nouvelle de Margot des Pelotons, ou la Galanterie naturelle. Genève, 1775, 1776, in-8; Scheible, 3 fl.

Le Paysan perverti, ou les Dangers de la ville (p. Rétif de la Bretonne), S. l., ou La Haye et Paris, 1775, 1776, 1780, 4 vol. in-12. — *Le Paysan et la paysanne pervertis*; La Haye et Paris, 1784 (1787), 8 vol. in-12, auxquels on ajoute une *Explication des 74 figures*, s. d., in-12. Cette éd. est plus diffuse et moins estimée que les 2 ouvrages distincts et auxquels on joint les gravures. — *La Paysanne pervertie*; La Haye, 1785, 4 vol. in-12, 36 fig. — Paris, 1786, 4 vol. in-12, fig. Elle a été aussi réimp. sous le titre: *Les Dangers de la ville, ou Hist. d'Ursule R****. Ces deux ouvr. sont les meilleurs de Rétif, et on y trouve une vive peinture du libertinage des grandes villes; mais le mauvais style et l'orthographe ridicule de l'auteur en rendent la lecture fatigante. Les estampes sont dessinées par Binet; elles sont jolies et exagèrent les grâces des femmes et les ridicules de leurs costumes. Elles sont recherchées en belles épreuves.

Romans et contes de Voltaire. Bouillon, 1778, 3 vol. in-8 av. 57 fig. et 14 fleurons de Monnet; éd. peu commune. Réimp. très-souvent, nous ne citerons que l'éd. de Didot aîné, 1821, 3 vol. in-8, 13 fr. 50, 22 fr. 50, et pap. vél. 45 fr. On peut y joindre 27 gravures de Moreau.

L'Odalisque, roman libre, trad. du turc, p. Voltaire. Constantinople, 1779, pet. in-8 de 85 pp.; éd. rare. — Constantinople, 1796, in-12 de 75 pp. av. 4 grav. — Paris, 1797, in-18 de 108 pp. avec 2 grav. érotiques grossièrement exécutées. Selon Du Croisy, l'auteur de ce roman serait Pigeon de Sainte-Paterne, bibliothécaire de l'abbaye de Saint-Victor. Quant à l'opinion de M. Ch. Monselet qui attribue cet ouvrage à Mayeur de Saint-Paul, elle est peu probable; car Mayeur en 1779 n'avait que 21 ans, et il était bien jeune pour commettre une telle supercherie. Le sujet de ce livre est l'histoire des amours d'un eunuque, nommé Zulphicara, avec une odalisque appelée Zéni, très-jeune fille que l'on élève pour la couche du sultan. C'est traité d'une manière fort libre, et, quoi qu'en dise M. Monselet, cela ne manque pas d'intérêt. On a reproduit une portion de ce volume sous le titre suivant: *Zulphicara, hist. turque*. Paris, 1797, in-18 de 33 pp., fig. Rare.

Point de lendemain, conte en pr. de Dorat, inséré dans les *Mélanges littéraires et coup d'œil sur la littérature*, 1780, tom. II, p. 227. Il a été d'abord réimp. dans le tom. 1er des *Mille et une nouvelles*; puis reproduit sous le titre suivant: *La Nuit merveilleuse, ou le Nec plus ultra du plaisir, avec figures analogues* (les figures ne se rapportent pas au texte). Partout et nulle part, s. d., in-18, 3 pl. Dans ce vol., les passages érotiques du conte de Dorat sont amplifiés par des détails plus que libres. Rare. — Balzac a reproduit ce conte dans la *Physiologie du mariage*, mais en supprimant les détails érotiques. (V. le Bull. du bouquiniste du 1er avril 1857.) Enfin, Vivant Denon en a fait une réimpr. presque textuelle: *Point de lendemain*; Paris, imp. Didot l'aîné, 1812, in-18 de 28 ff., tiré à quelques ex. seulement; Veinant, 23 fr. Une suite inédite figure au Catalogue des autographes Pixerécourt, nº 198. — Le même sujet a été traité au théâtre dans *Madame Duchâtelet et le Plastron*.

Le Petit Fils d'Hercule. S. l., 1701 (1781), in-18 de 166 pp. Cont. une dédicace *aux femmes plus aimables que sensibles*, signée Hercule; un récit des aventures galantes d'un homme doué d'une vigueur extraordinaire, qui, après bien des intrigues à Paris, va en Allemagne et en Russie; quelques pièces de vers, pp. 57 à 64, le Chirurgien du village; le Goût bizarre; p. 67, Réponse d'un amateur, etc. Il est question, dans cet ouvr., de Polignac, de Calonne, etc. Réimp. sous le titre le *Lutteur*, 1787, in-18 de 153 pp. av. un front. non libre et 8 jolies grav. libres; — et sous le titre *Encyclopédie de la nature*, in-18, 4 pl. Rare.

Voyage sentimental de Sterne, augmenté de l'Histoire de deux filles très-célèbres dans le monde (hist. de mad. de R..., appelée ci-devant la comtesse de L..., et hist. de Justine) Londres (Cazin), 1786, 2 vol. pet. in-18. Les deux hist. forment à peu près la moitié du 2e volume. Le Voyage sentimental ne ressort pas de notre bibliographie, bien que l'anecdote de la petite marchande de gants soit réelle, et qu'elle ait même été poussée beaucoup plus loin que Sterne ne juge à propos de le dire dans son livre.

Les Liaisons dangereuses, lettres recueillies dans une société (comp. p. Choderlos de Laclos), Amst. et Paris, 1782, 4 tom. in-12; Neufchâtel, 1782, 2 vol. in-8; Genève, 1784, 1786, 1792, 4 vol. in-18, Paris, 1793, 1794, 4 vol. in-12 ou in-18, av. 8 gr. d'ap. Lebarbier (Bozerian, 60 fr.); Londres (Paris), 1796, 2 vol. in-8, av. 14 pl. d'apr. Monnet et Mlle Gérard. C'est la belle édit. de cet ouvrage; La Bédoyère, 67 fr. Il y a une contrefaçon portant la même date et dans laquelle les fig. ont l'indication des pp. auxquelles elles appartiennent; elle a une valeur moindre. — Paris, Dupont, 1812, 4 vol. in-18; Paris, Bossange, 1820, 2 vol. in-12 et in-8, fig.; Paris, Constant-Chantpie, 1823, 2 vol. in-12, fig.; réimp. en 1828, 1833, etc. Condamnation le 29 janvier 1823; on met cet ouvrage à l'index dans les ventes la plupart du temps. Livre qui doit tout son succès à sa brutalité: loin de déguiser le vice, il l'exagère, le peint des plus noires couleurs, ne voit rien autre chose. Ce roman parut en 1782. L'auteur, d'un caractère bilieux et partisan de Rousseau, voulut faire peur à la France de la légèreté galante et de la facilité de mœurs qui avaient jusqu'alors régné, et il traça cet horrible tableau, cet atroce commentaire des contes voluptueux, gazés ou sentimentaux à la mode jusqu'alors. Ce choc fut un de ceux qui contribuèrent le plus à jeter notre société polie dans l'abîme révolutionnaire.

Rosalie, ou le Triomphe de l'inconstance, 1783, in-12. Rare.

Les Équipées de l'amour, ou les Aventures d'Abus-Tendon, hist. morale et de tous les temps. Cosmopolis et Paris, 1783, in-12. Alvarès, en 1858, 5 fr.

Caroline de Saint-Hilaire, ou les Putains du Palais-Royal. Londres, 1785, 2 vol. in-18, fig.; Paris, an VIII, 2 vol. in-18, av. 10 ou 12 gravures obscènes. Réimp. v. 1865 (av. la date de l'an VIII), avec 6 lith. obsc. Cond. en 1851. Peu commun.

Le Libertin de qualité, ou Ma Conversion; confidences d'un prisonnier au château de Vincennes (p. le comte de Mirabeau). Londres (Paris), 1783, pet. in-8. Rare. — Stamboul ou Francfort, 1784, in-8, fig. — 1796, in-18, av. 5 pl. — Paris, 1801, 2 vol. in-18, av. 6 fig. Cond. en 1839 et en 1853. Cet ouvrage offre, dit la Biographie universelle, art. Mirabeau, une série de tableaux tout à fait dignes de l'Arétin. — *Le Rideau levé, ou l'Éducation de Laure* (attrib. au même). Cythère, 1786, 1790, an V, 1800, 2 vol. in-12 ou in-18, fig. Rare. A été réimp. v. 1830. Cond. insérée au *Moniteur* du 9 juin 1839.

Les Amours et galanteries du chevalier de Faublas, p. J.-B. Louvet de Couvray (de l'Institut). Londres (Paris), 1787-90, 13 tom. ou parties pet. in-12, avec 17 fig.; éd. réimp. en 1791-92. — Nouv. éd. corr. et augm.; Paris, 1793, 13 vol. in-18, fig. — Paris, an VI (1798), 4 vol. in-8, 27 fig.; Du Rome, 46 fr. — Paris, 1813, 1816, 1821, 1834, 1836, 1838, 8 vol. in-18, fig. — Paris, 1819, 1831, 4 vol. in-18. — Av. une not. p. H. Delatouche, Paris, Tardieu, imp. F. Didot, 1820, 1825, 4 vol. in-8, av. 8 belles gr. d'ap. Collin; c'est la plus belle des nombreuses éd. de ce roman; on y joint les 27 fig. de l'éd. de l'an VI; Pixerécourt, 77 fr. 50; en 1823, 154 fr. — Av. considérations, etc., p. P. Chasles, Paris, Bossange, 1822, 4 vol. in-32, 8 gr. av. — Paris, Lavigne, 1836, 2 vol. in-8, fig. et s. d. (1839), in-12, av. 20 vign. gr. p. Blanchard, Fauchery, etc., d'ap. les dess. de Marckl et C. Rogier. — Paris, Laisné, 1834, 2 vol. in-8 et 3 gr. — Av. not. p. Philipon de la Madeleine, Paris, Mallet, 1842, 2 vol. in-8, av. 300 dess., port., etc., 25 fr. — Paris, Havard, 1859, in-4, av. ill. par Staal. Condamnations en 1822, 1825, 1838 et 1839. Tableau des mœurs débauchées qui régnaient avant la révolution; ce roman, lestement raconté, est lu encore aujourd'hui avec un vif intérêt. L'épisode de Lodoïska contraste par sa sensiblerie et son ton larmoyant avec le reste de l'ouvrage.

Les Amours et les aventures du lord Fox, trad. de l'anglais. Genève et Londres, 1785, 1786, 1790, 1791, 2 parties in-18, av. 2 fig. Rare et assez libre. Connaissance peu exacte de l'Angleterre et qui semble établir que ce n'est pas l'ouvrage d'un Anglais.

Le Doctorat impromptu (p. Andréa de Nerciat). S. l., 1788, in-32 de 120 pp., avec 2 gr. Rare. Ce sont deux lettres adressées par une jeune dame, nommée Érosie, à son amie Juliette et datées de Fontainebleau. En allant rejoindre à la cour le vieux baron de Roqueval, auquel sa main est promise, Érosie raconte de quelle façon elle a fait la rencontre et la conquête du petit vicomte de Sabange, jouvenceau *chaste* qui voyage accompagné de son pédagogue. Cet ouvr. est écrit d'un style facile comme tous ceux de son auteur.

Les Progrès du libertinage, hist. trouvée dans le portefeuille d'un carme réformé. Londres, 1788, in-12, fig. libres et s. l., 1794, in-18, fig. Peu commun. Cond. insérée au *Moniteur* du 15 déc. 1843.

Les Amours et les malheurs de Louise. Paris, 1790, 2 part. in-18, fig.

Julien, ou les Délices du libertinage, à Cythère, 1792, in-12. Rare.

Mon Noviciat, ou les Joies de Lolotte, p. le chev. Andréa de Nerciat. Il y en a eu plusieurs éd. dont l'une est de 1792, 2 vol. in-18, fig. Un ex. a été vendu, en 1860, 150 fr. On trouve une trad. en all. de ce pet. roman très-rare dans les *Priapische Romane* (Romans priapiques); Rom. bei Seraph. Carrovadra (Berlin), 1791-95, 3 vol. in-12; réimp. à Leipzig v. 1810. Ce recueil contient aussi des trad. en all. du Meursius et de la Woman of pleasure.

Justine, ou les Malheurs de la vertu. — *Juliette, ou le Triomphe du vice*; suite de Justine (p. le marq. de Sade). Le 1er ouvrage: Holl., chez les libraires associés, 1791, 2 vol. in-8; le 2e ouvrage: 1796, 4 vol. in-8. Belle édition, très-rare et sans fig. — S. l. n. d. (Holl., 1797), 4 vol. in-18, av. front. et 40 fig. pour Justine et 6 vol. in-18, avec 60 fig. pour Juliette. Ces figures sont gravées avec soin. Les exemplaires se vendent en Hollande, en Belgique et en Allemagne, au prix d'environ 150 fr. lorsqu'ils sont en bon état. Cette seconde éd. est intitulée: *La Nouvelle Justine, ou les Malheurs de la vertu, et Juliette, ou les Prospérités du vice.* Condamnation insérée au *Moniteur* du 15 décembre 1843. Justine est un récit d'atrocités et de folies sanguinaires beaucoup plus qu'érotiques; la difficulté de comprendre le motif qui avait pu dicter cet ouvrage a fait quelquefois supposer la folie chez son auteur. Cependant plusieurs personnages ont pu lui servir de modèle, et notamment le maréchal de Retz, étranglé sous Louis XI, et qui avait exécuté une partie de ce que de Sade a décrit. Justine et Juliette réunies deviennent une thèse philosophique un peu plus discutable, et cependant, chose singulière, Juliette est plus rare que Justine. On peut lire sur ce sujet, dans les *Catacombes* de J. Janin, un art. qui avait déjà paru dans la *Revue de Paris* et qui a été trad. en all., Leipzig, 1835, in-8.

L'É[illegible], ou l'Histoire d'une élève [illegible] et [illegible], 179?, 2 vol. in-18, fig. Rare.

Aline et Valcour, ou le Roman philosophique, écrit à la Bastille un an avant la révolution de France (p. le marquis de Sade). Paris, 1795, 8 vol. pet. in-12, figures. Roman épistolaire dans lequel on retrouve, parmi quelques scènes libres, les personnages à goûts cruels ou dépravés qui figurent dans Justine. Peu de valeur. Il y a eu une cond. en 1815 ou en 1825.

Hortense, ou la Jolie Courtisane. Paris, 1796, 3 vol. in-12.

La Jolie Tribade, ou Confessions d'une jeune fille, 1797, in-18, fig.

Adeline, ou la Belle Strasbourgeoise. Lyon, 1797, in-12, et 1803, in-18 fig.

L'Enfant du carnaval, par Pigault-Lebrun. Paris, 1797, 2 vol. in-8. — 14e éd. en 1818; réimp. depuis en 1843, in-12, et en 1850, in-4 illustré. Roman d'une gaîté folle dans la 1re partie et hardiment philosophique dans la seconde. Il a été cond. en 1825, en 1827 et en 1852.

Pauliska, ou la Perversité moderne, mémoires d'une Polonaise (p. le bar. Révéroni Saint-Cyr). An VI, an VII, 2 vol. in-12, fig. V. le Bull. du bibliophile, 1851, p. 426.

Un Mois d'hiver d'Alphonse, ou Campagnes d'hiver d'un hussard français, p. J. C. d'Ognon. Paris, an VII, 2 vol. in-12, fig.

La Folie espagnole, p. Pigault-Lebrun. Paris, 1799, 4 vol. in-12. — 4e éd. en 1820, — 5e en 1837. Réimp. aussi dans le format in-4 illustré. Roman très-libre. Une cinquantaine d'ex. furent saisis pour la forme et pour apaiser les criailleries des bigots de l'époque.

Éléonore, ou l'Heureuse Personne. Paris, an VII, pet. in-18 de 210 pp., av. front. et 2 grav. Un sylphe accorde à une jeune fille la faculté d'être tour à tour homme et femme; il en résulte des aventures nombreuses. Style facile et assez gracieux.

Illyrine, ou l'Écueil de l'inexpérience (par Mme Suzanne Giroux de Morency). Paris, an VII, 3 vol. in-8, port. — Réimp. s. l. n. d. en 2 vol. in-18. Histoire un peu scandaleuse d'une femme de 28 ans, écrite par l'héroïne elle-même; il y figure des personnages historiques.

Mon Oncle Thomas, p. Pigault-Lebrun. Paris, 1799, 4 vol. in-12. Plusieurs réimp.; les dernières en 1840 et en 1843. Aventures grivoises et amusantes.

[illegible], ou l'Enfant du plaisir; conte qui n'en est pas un. Paris, an VII, in-18 de 108 pp., dont les 14 dernières sont occupées par des poésies et des contes en vers; 4 fig. libres mal gravées et se rapportant aux pp. 11, 16, 39 et 78. Peu commun.

Le Nouveau Faublas, ou les Aventures de Florbelle, p. Mimault. Paris, an VII, 4 vol. in-12.

Ma Tante Geneviève, ou Je l'ai échappé belle; p. Dorvigny. Paris, Barba, 1800, 1803, 4 vol. in-18, av. fig. assez libres. Aventures singulières d'une jeune fille d'un tempérament ardent; cependant le vers de Parny: « Et l'on connaît ce péché si charmant, » ne peut pas lui être appliqué, grâce à la surveillance providentielle d'une vieille tante, fille comme elle. C'est, en un mot, le même sujet que la Pucelle de Belleville de Paul de Kock, mais traité plus lestement. Rare. Cond. en 1828.

Les Nouvelles Vierges, ou la Nuit aux aventures. Paris, s. d. (v. 1800), in-12. Réimp. plus. fois, notamment en 1814 et en 1821, in-18.

L'Enfant du bordel. Londres, 1800, pet. in-12, av. 12 fig. libres; Paris, 1801, 2 vol. in-18, av. 6 fig. Peu commun. Condamnation en 1839, peut-être d'une éd. moderne.

Les Amours et aventures de sir N[illegible] et de Colombine; par C.-F.-A. Gil[illegible]. Paris, 1800, 2 vol. in-12. Rare.

Les Amants comme il y en a peu, ou les Délices du sentiment; p. F. Pagès. Paris, an IX, 2 vol. in-12, 2 fig.

Les Amants du faubourg St-Marceau, ou Aventures de Madelon Friquet et de Colin Tampon; p. Dorvigny. Paris, 1801, 4 vol. in-18, 4 fig. Rare.

L'Amoureux des onze mille vierges, roman sérieux, comique et moral; par l'auteur de l'Enfant de trente-six pères (Nogaret, 3 vol. in-12, fig.). Paris, 1801, 2 vol. in-12, 2 fig.

Lucien, ou les Folies d'amour. Paris, 1801, 2 vol. in-12, fig.

Amour et galanterie (p. Bins de Saint-Victor). Paris, 1801, 2 vol. in-12, 2 fig. Roman dans le genre de Faublas.

La Première Nuit de mes noces, trad. du [illegible], etc.; p. Sewrin. Paris, 1802, 2 tom. in-12, fig.

Pauline, ou le Moyen de rendre les femmes heureuses (p. P. Legay). Paris, 1802, 2 vol. in-12. Ouvr. libre.

L'Enfant du mardi-gras, roman rempli de vérités; par un menteur. 1802, in-12, fig. Cond. en 1828.

Le Faublas militaire, ou Aventures d'un bâtard Chambertand; publ. p. Victor Sans-Gêne. Paris, 1802, 4 tom. in-12. Peu commun.

Les Mœurs du temps, ou Mém. de Rosalie de Terval, etc.; p. Nougaret. 1802, 4 vol. in-12, fig.

Le Roman pris par la queue; par un officier de dragons. Paris, 1803, 2 vol. in-12. C'est probabl. le même ouvr. qui a été réimp. sous le titre : *Ma Vie de garçon, aventures galantes d'un officier de dragons*, in-12, fig. et qui a été cond. en 1828.

Le Diable au corps, œuvre posthume du très-recommandable docteur Cazzone, membre extraordinaire de la joyeuse faculté phallo-coïro-pygo-glottonomique (p. le chev. Andréa de Nerciat). S. l., 1803, 3 vol. in-8 et 6 vol. in-18, avec (152) figures (encadrées et avant la lettre dans l'in-8). Tiré à petit nombre et rare. Roman entremêlé de dialogues et avec des expressions obscènes. Cond. en 1852.

L'Enfant du plaisir, ou les Délices de la jouissance. Paris, 1803, in-18 de 160 pp. av. 3 fig. [1]. et réimp. probabl. v. 1831, in-18 av. 6 lith. obsc. mal faites. Cond. en 1825. On dit que ce petit roman libre est une reprod. textuelle de Zéphyrin (de l'an VII); d'autres personnes disent le contraire.

Histoire d'une demoiselle depuis l'âge de 18 ans à celui de 30, ses égarements, ses amours. Paris, an XII, in-12.

Les Amours de Manon la ravaudeuse et de Michel Zéphir, par Anagramme Dannon et Ien Hemion. Paris, Mme Cavanagh, s. d., in-18, av. le portr. de Brunet en danseur de l'Opéra.

Cécile, ou la Nouvelle Félicia. Paris, 1806, 2 vol. in-12. Rare; a été réimp. in-18. Cond. en 1827 et en 1828.

Zéphira et Fidgella, ou les Débutantes dans le monde; p. Mme Olympe de Morency. Paris, 1806, 3 vol. in-12, av. portr. de l'aut.

Églai, ou Amour et plaisir (p. P. Legay). Paris, 1806, 1807, 2 vol. in-12, et 1820, 4 tom. in-12. — *L'Enfant de l'amour* (p. le même). Paris, 1808, 4 vol. in-12, fig.

Julie, ou J'ai sauvé ma rose (p. Mme Guyot, publ. par Rougemont). Paris, 1807, 2 vol. in-12. Roman assez libre et qui a été attrib. à tort à Mme de Choiseul-Meuse. Cond. en 1828.

Entre Chien et Loup; par l'aut. de Julie, ou J'ai sauvé ma rose (p. la comtesse de Choiseul-Meuse, et non par Mme de Guyot, qui est le véritable aut. de Julie). Paris, 1808, 2 vol. in-12.

Éléonore, ou la Belle Blanchisseuse; p. Mme de Guénard. Paris, 1808, 2 vol. in-12.

D'Ételeau, ou l'Avocat des femmes; p. Rouergue. Paris, 1808, 3 vol. in-12, fig. Roman à tiroir, où l'aut. fait paraître des femmes de toutes les conditions. D'Ételeau, le héros du roman, défend toujours les femmes, même lorsqu'il est victime de leurs perfidies. Il agit comme un roué et parle comme un niais.

Amélie de Saint-Phar, ou la Fatale Erreur; par Mme de C*** (p. Mme de Guyot, et non par Mme de Choiseul, à qui on l'attribuait). Hambourg et Paris, 1808, 2 vol. in-12. Roman licencieux et peu commun.

Les Perfidies à la mode, ou l'École du monde (par Nougaret). Paris, 1808, 3 vol. in-12. Le héros du roman adresse ses premiers hommages à une jeune fille de 15 ans élevée dans un couvent; mais, ne sachant pas profiter des situations, il se fait bientôt éconduire. Il s'adresse ensuite à la maîtresse d'un grand seigneur; elle prend sa montre et son argent, et le congédie ensuite. Il voyage et devient amoureux d'une femme de distinction qui veut par jalousie le faire assassiner. Revenu à Paris, il est sur le point d'épouser la comtesse de Montfort, quand il la surprend dans les douleurs de l'enfantement; en un mot, quelles que soient les femmes auxquelles il s'adresse, toutes, bien que différentes de caractère et de condition, ont entre elles un point de ressemblance, l'inconstance et la perfidie.

Mémoires d'un vieillard de 25 ans (p. Rougemont). Paris, 1809, 6 vol. in-12. Roman fort libre et peu commun.

*Le Masque tombé, ou Aventures amoureuses du chev. de *** et de la belle inconnue*. Paris, 1810, in-18 de 108 pp.

Miss Lovely de Macclesfield, ou le Domino noir; par Mme de Renneville. Paris, 1811, 3 vol. in-12. Miss Lovely, mariée à 15 ans, est veuve à 18. Elle vient chez une de ses parentes à Paris, où l'on mène joyeuse vie; là elle est courtisée, enlevée et dix fois presque violée; heureusement un domino noir qui veille sur elle l'en préserve. Elle devient éperdument amoureuse de ce domino, en qui elle finit par reconnaître un prétendu qu'elle épouse.

Hist. des compagnes de Maria, ou Épisodes de la vie d'une jolie femme; p. Rétif de la Bretonne. Paris, 1811, 3 vol. in-12. Ouvr. posthume, publié par Cubières-Palmézeaux, qui consacre tout un vol. à la vie curieuse de l'auteur. Monselet pense que c'est un choix d'épisodes extraits de l'*Année des dames nationales*.

[illegible], ou les Passions d'une jeune Italienne ; p. R.-J. Durdent. Paris, 1812, 3 v. in-12.

L'Enfant du Marché-Neuf, ou les Aventures du duc de *** ; p. Mme de S. M. Paris, 1812, 4 vol. in-12, fig.

Eugénie, ou N'est pas femme de bien qui veut (par Mme la comtesse de Choiseul-Meuse). Paris, 1814, 2 vol. in-12, fig. Eugénie est aimante, elle ne sait pas résister ; elle a des aventures diverses et variées. Les personnages sont bien peints.

ROMANS PUBLIÉS DEPUIS 1815.

ANONYMES : *Les Matinées du Palais-Royal, ou Amours secrètes de Mlle Julie R***, devenue comtesse de l'Empire*. Paris, 1815, in-18, fig. ; réimp. en 1833. — *Confessions de Clémentine, écrites par elle-même ; suivies d'Osmin et Azema*. Paris, 1817, 2 vol. in-12 ; a été réimp. Cond. insérée au *Moniteur* du 26 mars 1825. — *L'Amour au grand trot, ou la Gaudriole en diligence ; manuel portatif, offrant une série de voyages galants en France et à l'étranger* ; p. M. Velocifere. Paris, 1820, in-18. — *Les Malheurs d'un amant heureux, ou Mém. d'une jeune aide de camp de Napoléon*. Paris, imp. F. Didot, 1823, 3 vol. in-8 ; réimp. en 1828, 4 vol. in-12. — *La Prima Donna et le garçon boucher*. Paris, 1831, in-8. — *Deux Modistes* ; p. l'aut. de la Prima Donna. Paris, Souverain, 1835, in-8. — *Les Amours de garnison, ou les Fureurs insatiables du Mans* ; manuscrit trouvé dans le portefeuille d'un vieux capitaine de dragons. Aux Invalides, s. d. (Paris (v. 1831), in-18, av. 6 lith. érotiques très-mauvaises. Récit obscène et nullement spirituel de fredaines d'officiers en garnison au Mans avec des dames de cette ville. — *Les Amours secrètes de M. Mayeux, écrites par lui-même*. Bruxelles, 1832, in-18 de 36 pp. av. 12 fig. les plus mauvaises qu'on puisse imaginer et curieuses même sous ce rapport. Hist. licencieuse, racontée dans un style faubourien. Cond. en 1844. — *Mémoires d'une célèbre courtisane des environs du Palais-Royal, ou Vie et aventures de Mlle Pauline, surnommée la Veuve de la grande armée*. Paris, 1833, in-8 de 408 pp., 1 lith. ; peu commun. — *La Belle Cauchoise, ou Mémoires d'une jolie Normande, devenue courtisane célèbre* ; à Libidinos, chez Sensualité, 10308070, in-18 de 170 pp., 5 fig. érot. Il en a été fait une mauvaise réimp. en 1846. Cond. en 1852. — *Les Confessions d'une jeune fille*, mises en lumière, p. un clerc d'avoué. Paris, Baudouin, 1846, in-18 de 108 pp. — *Victorine, hist. très-véridique d'une jolie femme du quartier Bréda* (en v. et en pr.). Paris, imp. Caron-Noel, 1854, in-12 de 198 pp.

ACHARD (Am.) : *Les Petits Fils de Lovelace*. Paris, 3 vol. in-8, 22 fr. 50 ; Bruxelles, 1854, 2 vol. in-8 ; Paris, 1855, in-12, 3 fr. 50 c. ; 1858, in-12, 1 fr.

ARAGO (Jacques) : *Mémoires d'un petit banc de l'Opéra*. Paris, 1844, in-18 de 9 feuilles.

ARNAUD (Mme A.) : *Coralie l'inconstante*. Paris, 1844, 2 vol. in-8.

ASSELINE (A.) : *L'Enlèvement d'Hélène* (roman). Paris, Dentu, 1857, in-12, 2 fr.

BALZAC (Hon. de) : *Mémoires de deux jeunes mariées*. Paris, Souverain, 1842, 2 vol. in-8, 16 fr. Plusieurs réimpressions, et notamment l'éd. suivie d'*Une fille d'Ève* (par le même), Paris, Libr. nouv., 1856, in-16, 1 fr. — *Splendeurs et misères des courtisanes* (Esther heureuse. — A combien l'amour revient aux vieillards. — Où mènent les mauvais chemins). Paris, 1844, 3 vol. in-8, 22 fr. 50 ; Paris, Marescq, 1852, 1859, 1860, in-4 illustré ; Paris, libr. nouv., 1856, 1858, 1859, in-16 de 400 pp. 1 fr.

BAST (Am. de) : *La Courtisane de Paris*. Paris, 1840, 4 vol., in-12. — *La Petite-Nièce de Ninon*. Paris, 1859, 4 vol. in-12.

BAUCHERY (Roland) : *Les Bohémiennes de Paris. Les Figurantes*. Paris, 1844, 2 vol. in-8, 15 fr.

BORDEAUX (Fr.-M.-J.) : *Justine, ou les Malheurs de la vertu* ; av. une préface, par le marq. de Sade (ou plutôt un extrait de la préf. mise p. de Sade à son fameux ouvrage). Paris, Olivier, imp. de Malteste, 1835, 2 vol. in-8. Cond. par arrêt du 15 mars 1836 ; les passages cond. sont indiqués au *Moniteur* du 26 juin 1836. V. aussi une note du *Moniteur du commerce* du 7 déc. 1835.

BOURSIER (Ad.) : *Le Danger de suivre les jeunes filles*. Paris, Chappe, 1856, in-8, 7 fr. 50.

BROT (Alph.) : *La Sirène de Paris*. Lécrivain et Toubon, 1860, in-4, 50 c.

CARMONTELLE (N.) : *Les Femmes*, roman dialogué ; av. un avant-propos, p. Picard. Paris, 1825, 3 vol. in-12.

CHABRILLAN (Comtesse de) : *Miss Pewel*. Paris, Bourdilliat, 1859, in-12, 3 fr.

CHAMPFLEURY : *Les Aventures de Mariette*. Paris, 1853, 1856, 1857, 1859, gr. in-18, 1 fr.

CHOISEUL-MEUSE (comtesse de) : *Amour et gloire, ou Aventures galantes et militaires du chev. de C**** ; p. l'aut. de Julie, etc. (Indication fausse, cet aut. étant Mme Guyot). Paris, 1817, 4 vol. in-12, 1 fig. — *Les Amants de Charenton*. 1818, 4 vol. in-12.

COUAILHAC (L.) : *Scènes de la vie de théâtre. Les Mères d'actrices*, roman de mœurs. Paris, 1843, 3 vol. in-8.

CUISIN : *Clémentine orpheline androgyne, ou les Caprices de la nature et de la fortune.* Paris, 1819, 2 vol. in-12, figures.

DASH (Cesse) : *Les Bals masqués.* Paris, 1842, 2 vol. in-8; Lévy fr., 1857, in-12, 1 fr. — *La Belle Aurore.* Paris, Cadot, 1857, 6 vol. in-8. — *La Belle aux yeux d'or.* Paris, de Potter, 1860, 3 vol. in-8.

DESLYS (Ch.) : *La Marchande de plaisirs.* Paris, Cadot, 1860, 2 vol. in-8.

DUCANGE (Victor) : *Thélène, ou l'Amour et la guerre.* Paris, 1823, 4 vol. in-12, et 1833, 5 vol. in-12. Cond. en 1824, comme outrageant la morale.

DULORNY (Ch.) : *Le Petit Neveu du compère Mathieu.* Paris, 1842, 5 vol. in-12.

DUMAS (Alex., père) : *Filles, Lorettes et Courtisanes.* Paris, 1841, gr. in-8, fig. de Gavarni; réimp. en 1843, in-8.

DUMAS (Alex., fils) : *La Dame aux camélias.* Paris, 1848, 2 vol. in-8; 1851, 1855, 1856, 1857, 1858, 1859, 1860, in-12, 1 fr. — Éd. ill. p. Gavarni. Paris, Havard, 1858, gr. in-8, 10 fr. — *Le Roman d'une femme.* Paris, 1849, 4 vol. in-8, et 1855, 1857, 1859, in-16, 1 fr. — *Diane de Lys.* Paris, 1851, 3 vol. in-8, et 1855, 1856, 1859, in-16, 1 fr. — *Sophie Printems.* Paris, 1853, in-4; 1854, 2 vol. in-8; 1857, 1859, in-16, 1 fr. — *La Dame aux perles.* Paris, 1853, 4 vol. in-8; 1854, 1857, 1859, in-16, 1 fr.

DURDENT (R.-J.) : *Clémentina, ou la [illegible].* Paris, 1817, 2 vol. in-12.

FÉVAL (P.) : *Les Amours de Paris.* Paris, 1845, 6 vol. in-8; 1850, in-12, et 1855, 1856, 1858, 1860, in-4, 2 fr. 90 c. — *Les Belles de nuit.* Paris, 1850, 8 v., in-8, et 1859, in-4. — *Une Pécheresse.* Paris, 1855, 1856, gr. in-8, illustré, 1 fr. 50. — *La Fabrique de mariages.* Paris, 1858, gr. in-8, et Cadot, 1859, 8 vol. in-8.

FEYDEAU (Ern.) : *Fanny*, étude; av. préf. p. J. Janin. Paris, Amyot, 1858, in-12, 3 fr. 50. Réimp. très-souvent, 20e éd. à la fin de 1860; il y a une éd. gr. in-8, tirée à 100 ex., 10 fr. — *Catherine d'Overmeire.* Paris, Dentu, 1860, 2 v. in-12. Réimp. plusieurs fois.

FOUDRAS (Marq. de) : *Diane et Vénus.* Paris, 1852, 4 v. in-8.

FRADELLE (Eug.) : *Les deux Grisettes, ou la Manon Lescaut du Marais.* Paris, 1840, 2 v. in-8.

GAUTIER (Théoph.) : *Mademoiselle de Maupin*, double amour. Paris, 1835, 2 v. in-8, et 1845, 1851, 1857, 1859, in-12, 3 fr. 50.

GONDRECOURT (A. de) : *Mém. d'un vieux garçon. Victoires et conquêtes. Expiation.* Paris, 1855, 4 v. in-8. — *Une Vraie Femme.* Paris, de Potter, 1856, 3 v. in-8.

GONZALEZ (Emm.) : *L'Heure du berger.* Paris, 1859, 2 v. in-8.

GRILLE : *[illegible], ou Mém. de Mme de***.* Paris, 1843, in-12, ouvr. spirituel et peu commun.

GUÉNARD (Mad. de, conn. le plus souvent de de Faverolles) : *La Folie sans remède.* Paris, 1818, 2 v. in-12.

GUÉRIN (E.-L.) : *Juliette, ou Une Bonne Fille.* Paris, 1849, 2 v. in-8. — *L'Abbé et les Mousquetaires*, chron. galante du château de Saint-Germain. Paris, 1850, 2 v. in-8.

HOUSSAYE (Ars.) : *La Pécheresse.* Paris, 1843, 2 vol. in-8, roman du genre ironique, assez hardi peut-être pour être le chef-d'œuvre de l'auteur. — *Les Aventures galantes de Margot.* Paris, 1842, in-8; titre piquant, mais peu juste, car on ne trouve dans l'ouv. ni galanteries ni aventures. — *Les Onze Maîtresses délaissées.* Paris, 1840, 2 v. in-8. — *La Vertu de Rosine*, roman philosophique; Paris, 1852, in-32; réimp. plus. fois. — *L'Amour comme il est.* Paris, Lévy, 1858, 1860, in-12, 1 fr.

HYÉVAL (N.) : *Emma, ou la Nuit des noces.* Paris, 1801, in-12, 1 fig.

JULLEMIER (Alex.) : *Mém. authentiques d'une sage femme.* Paris, 1835, 2 vol. in-8.

KOCK (Paul de) : *La Pucelle de Belleville.* Paris, 1834, 2 vol. in-8; souv. réimp. Pastiche un peu décoloré de Ma tante Geneviève. — *Le Cocu.* Paris, 1835, 4 vol. in-12; réimp. plus. fois. Sujet traité d'une manière un peu mélancolique et mélodramatique. — *L'Amoureux transi.* Paris, 1843, 4 vol. in-8; 1845, 8 v. in-12, et 1855, in-4, 1 fr. 10 c. — *Une Gaillarde.* Paris, 1849, 6 v. in-8, 45 fr.; réimp. en 1857, in-4, fig. s. b., 1 fr. 80. — *La Femme, le Mari et l'Amant*, 1860, in-4, fig. s. b. de Bertall, 1 fr. 10 c.

KOCK (Henri de) : *Lorettes et gentilshommes.* Paris, 1857, 4 v. in-8; réimp. in-4, 30 c. — *Brin d'amour.* Paris, 1850, 3 vol. in-8; 1857, in-18, 1 fr. — *Les Femmes honnêtes. Lydie.* Paris, 1855, 3 v. in-8; 1860, in-12, 1 fr. — *Minette.* — Paris, 1858, in-12, 1 fr. — *La Belle Créole.* Paris, 1858, 4 v. in-8. — *La Dame aux émeraudes.* Paris, 1859, 4 v. in-8, 16 fr.

LACROIX (Jules) : *Les Folles nuits. L'Alcôve.* Paris, 1853, 2 vol. in-8.

LACROIX (Paul, dit le Bibliophile Jacob) : *Le Bon vieux Temps.* Paris, 1835, 2 v. in-8. Dix nouvelles, dont deux, *la [illegible]*, qui occupe un volume presque entier, et *la Pipée*, sont assez égrillardes. — *Mémoires de Gabrielle d'Estrées.* Paris, 1829, 4 v. in-8. — *Mém. de Roquelaure.* Paris, 1836, 4 v. in-8.

LA LANDELLE (G. de) : *Les Jeunes Filles*, Paris, 1851, 2 v. in-8.

LAMOTHE-LANGON (le baron de) : *La Cour d'un prince régnant, ou les Deux Maîtresses*, Paris, 1827, 4 vol. in-12. — *Monsieur et Madame*, Paris, 1832, 2 vol. in-8. Tableau d'un ménage composé de deux époux libertins et peu susceptibles. (En société avec Touchard-Lafosse.) — *Les Jolies Filles*, Paris, 1834, 2 vol. in-8.

LA ROUNAT (Ch. de) : *La Comédie de l'amour*, Paris, Lévy, 1852, in-12, 1 fr.

LEMERCIER (Népomucène) : *Alcanti, ou le Mariage sacrilége*, Paris, 1833, 2 vol. in-8. Un père qui n'a pas, comme Lot, l'excuse de l'ivresse, aime charnellement sa fille et en fait sa femme; cependant, à la fin, sa conscience opère un retour en lui. Ce roman a des prétentions de moralité et de philosophie.

LEBNE (Emm. de) : *Les Sociétés lionnes*, Paris, 1854, in-12, 9 petites nouvelles.

MALLEFILLE (Félic. de) : *Mémoires de don Juan*, Paris, 1852, 4 v. in-8.

MALOT (Hector) : *Les Victimes de l'amour*, Paris, 1859, in-12, 3 fr. — *Les Amours de Jacques*, Paris, Lévy, 1860, in-12, 1 fr.

MÉRY : *Ursule*, Paris, Bourdilliat, 1860, in-12, 3 fr.

MILHOT (Hug.) : *Le Troubadour en demence, ou les Folies amoureuses de Gaspard Langarozo*, Paris, 1824, 4 vol. in-12, 4 fig.

MONTÉPIN (Xav. de) : *Les Chevaliers du lansquenet* (*les Pécheresses*; Pivoine; Mignonne, ou la Vie dorée, etc.), Paris, Cadot, 1848-51, 6 vol. in-8; en 1858, 2 v. in-12, 2 fr. — *Les Amours d'un fou*, Paris, 1849, 4 vol. in-8; 1857, 1858, in-12, 1 fr. — *Brelan de dames*, Paris, 1850, 4 v. in-8, et 1859, in-12, 1 fr. — *Les Viveurs de Paris* (Un roi de la mode; le Club des hirondelles; un Fils de famille; le Fil d'Ariane), Paris, 1852-53, 11 vol. in-8, et 1856, 4 vol. in-12, 4 fr. — *Les Valets de cœur*, Paris, 1853, 3 vol. in-8 et 2 vol. in-12. — *La Perle du Palais-Royal*, Paris, 1855, 3 vol. in-8 et 2 vol. in-12. — *Les Filles de plâtre*, Paris, 1855, 7 vol. in-8. Ouvr. cond. comme outrageant la morale. — *Les Amours de Vénus*, Paris, 1855, 4 vol. in-8. — *La Sirène*, Paris, 1856, 2 vol. in-8 et 1 vol. in-12. — *Les Viveurs de province*, Paris, de Potter, 1859-60, 10 vol. in-8, 50 fr. — *Une aventure galante*, Paris, Lécrivain et Toubon, 1860, gr. in-8, 60 c. — *La Fille du maître d'école*, Paris, Cadot, 1860, 3 vol. in-8. — *Les Marionnettes du diable* (Mlle de Kerven), Paris, de Potter, 1860, 8 vol. in-8.

MURGER (Henri) : *Les Vacances de Camille*, Paris, Lévy, 1857, 1858, in-12, 1 fr.

MUSSET (attribué à Alfr. de) : *Gamiani, ou Deux Nuits d'excès* par Alcide, baron de M***, Venise, 1835, 2 part. in-12 ou in-4, 12 fig. libres. Très-rare.

NIBOYET (Paulin) : *Les Amours d'un poète*, Paris, Pagnerre, 1859, in-8 de 192 pp., 3 fr. 50.

NODIER (Ch.) : *Souvenirs de jeunesse, extraits des Mémoires de Maxime Odin*, Paris, 1832, 1833, in-8, et 1850, in-12. Six chapitres : Séraphine; Thérèse; Clémentine; Amélie; Lucrèce; Jeannette. Séraphine est un souvenir d'enfance, un amour fougueux; Amélie, un amour sentimental; les deux derniers sont des amours sensuels.

PAUL (Adrien) : *Une Vierge aux enchères*, Paris, 1842, 2 vol. in-8.

PAUL (L.-Ch., dit Paul de Saint-Germain) : *Les Deux Courtisanes, ou les Deux Destinées*, Paris, 1848, 2 v. in-8.

PÉCATIER (A.-J.) : *Soirées amoureuses des jeunes filles*, 1840, in-18, pour le colportage; souvent réimp. — *L'Amour dans les bois, ou le Premier péché de Jeannette*, 1845, in-18. — *Hist. et aventures du postillon de Longjumeau*, 1853, in-18.

PERRET (Paul) : *Hist. d'une jolie femme*, Paris, Lévy, 1860, in-12, 1 fr.

PERRIN (Max) : *L'Avocat de ma femme*, Paris, 1838, 2 vol. in-8. — *Vierge et modiste!* 1840, 2 v. in-8. — *La Domina rosa, ou la Maîtresse invisible; roman gai*, 1841, 2 v. in-8. — *Le Bambocheur*, 1841, 2 v. in-8. — *Mém. d'une lorette*, 1843, 5 v. in-8. — *La Reine des carabines*, 1844, 2 v. in-8. — *L'Enfant de trente-six pères*, 1844, 2 v. in-8. — *La Belle de nuit*, 1849, 2 v. in-8. — *Ce qui plaît aux filles*, 1849, 2 v. in-8. — *Le Sultan du quartier*, 1853, 2 v. in-8. — *Riche d'amour*, 1855, 2 v. in-8. — *L'Amour à l'aveuglette*, 1857, 2 v. in-8. — *Turlurette*, 1857, 2 v. in-8. — *Un Ami de ma femme*, 1858, 3 v. in-8. — *Marié trop jeune*, 1858, 2 v. in-8. — *Les Coureurs d'amourettes*, 1859, 3 v. in-8. — *Le Mari d'une jolie femme*, 1859, 2 vol. in-8. — *Mlle Colombe, ou Une nouvelle Rigolboche*, Paris, de Potter, 1860, 4 vol. in-8. — *Une fille à marier*, Paris, Chappe, 1860, 2 v. in-8. — *Manon la ravaudeuse*, Paris, Cadot, 1860, 2 vol. in-8. — *Les Mariages d'inclination*, Paris, Cadot, 1860, 2 v. in-8.

RABAN : *Les Deux Eugène, ou Dix-sept pères pour un enfant*, Paris, 1819, 3 vol. in-12, fig. — *L'Époux parisien, ou le Bonhomme*, 1820, 3 vol. in-12. — *Mon Cousin Mathieu*, cond. en 1825, comme outrageant la morale. — *La Vie d'une jolie femme*, 1831, 4 vol. in-12. — *Dix ans de la vie d'une femme*, 1839, in-18; souv. réimp.; cond. en 1844. — *La Vie d'un soldat*, 183-

1833, 4 vol. Cond. en 1843. — *Victoires, conquêtes et revers d'une femme de qualité.* 1833, 4 vol. in-12. — *La Vie d'un garçon.* 1835, 3 vol in-12 — *La Fille d'amour, ou les Péchés mignons d'une jolie femme.* 1839, 1841, 1850, in-18. — *Victoires, conquêtes et revers d'une jolie femme.* 1845, 1851, 1857, in-18. Cond. au *Moniteur* du 5 mai 1860. — *Amours secrètes, ou les Fourberies d'une jolie femme.* 1849, 2 vol. in-18. — *Comme l'esprit vient aux filles.* 1849, 2 tom. in-18.

RAISSON (Horace) : *Une Blonde.* Paris, 1833, in-8, 1 vign.

RATIER (de) : *Le Ballet des chérubines.* Paris, 1853, in-12.

RÉGNIER-DESTOURBETS : *Louisa, ou les Douleurs d'une fille de joie*; p. M. l'abbé Tiberge (pseudonyme). Paris, 1830, 2 part. in-18; Saint-Mauris, 3 fr. 50.

REVERONI SAINT-CYR (le bar.) : *Le Torrent des passions, ou les Dangers de la galanterie; aventures du général-major comte de G****. Paris, 1819, 2 vol. in-12.

RICARD (Ad.) : *L'Amoureux des onze mille vierges.* Paris, 2 vol. in-8.

ROSSI (Ed.) : *Amélie, ou la Grisette de province.* Paris, 1832, 3 vol. in-12.

SAINT-FÉLIX (Jules) : *Vierges et Courtisanes.* Paris, 1837, 2 vol. in 8.

SAINTE-BEUVE : *Volupté.* Paris, 1834, 2 vol. in-8, et 1840, 1845, 1855, in-12, 3 fr. 50.

SECOND (Albéric) : *A quoi tient l'amour*, fantaisies parisiennes. Paris, 1856, in-12, 1 fr.

SÉNANCOURT (Mlle V. de) : *La Conquêtomanie, ou Aventures burlesques du grand Barnabé.* Paris, 1827, 2 vol. in-12.

SORR (Angelo de) : *Les Filles de Paris.* Paris, 1848, 3 vol. in-8.

SOULIÉ (Fréd.) : *Le Conseiller d'État.* Paris, 1841, in-12; réimp. très-souvent. — *Un Rêve d'amour.* Paris, 1840, in-8, et 1859, in-12, 1 fr.

TOUCHARD-LAFOSSE (et Dufouquet) : *Les Amours d'un poëte.* Paris, 1835, 2 vol. in-8.

VALLÉE (H.) : *La Figurante.* Paris, 1831, 4 vol. in-12. — *Le Bigame.* Paris, 1834, 4 vol. in-12.

VALLORY (Mme Louise) : *Madame Hilaire*, préc. d'une réponse à *l'Amour de M. Michelet.* Paris, 1829, in-12. Réimp. plus. fois.

VOIART (Mme Élise) : *Le Mariage et l'Amour*, anecdote contemporaine. Paris, 1834, in-8.

ROMANS ITALIENS.

Fr. Florii liber de amore Camilli et Æmiliæ; accedit libellus De duobus amantibus Guiscardo et Sigismunda Tancredi filia, ex Boccaccio transfig. in lat. per Leon. Aretinum. Turonis, 1467 (Paris, v. 1476), in-4 de 40 ff.; Lauraguais, 124 fr. — *La Historia de Guiscardo et di Gismonda.* Trévise, 1630, in-4 de 4 ff., fig. s. b.; Libri, 18 fr. 50. Version en ottava rima de la 1re nouv. de la 3e journée du Décaméron. — *Le Livre* (ou *le Traicte*) *des deus amans Guiscard et la belle Sigismonde*, etc. (trad. en v. franç. p. J. Fleury). Paris, M. Lenoir, s. d., in-4 goth. de 14 ff.; Tech., 225 fr. — Rouen, s. d., in-4; la Vallière, 15 fr. — Rouen, s. d., pet. in-8 goth.; on n'en connaît d'autre ex. que celui de la bibl. d'Aix, ex. sur lequel on a fait à Aix, en 1834, une réimp. in-12 de 44 pp., tiré à 67 ex.; Veinant, 9 fr.

L'Amorosa Fiametta, di G. Boccaccio. Patavii, 1472, in-4; très-rare. — S. l. n. d. (v. 1475), pet. in-fol.; Libri, 40 fr. — 1480 et Venise, 1481, 1491, in-4; Libri, 23 fr. — Florence, 1517 (Renouard, 36 fr.), 1524 (Renouard, 13 fr.), 1533, 1594, pet. in-8. — Venise, 1518 (Renouard, 33 fr.), 1540, 1565, 1592, 1599, 1652, etc. — *La Fiammette amoureuse de J. Boccace* (trad. en franç. p. Gabr. Chapuis). Paris, 1585, 1609, pet. in-12; L. R. D., 12 fr.

Hypnerotomachia Poliphili; auct. Fr. Columna. Venise, Alde, 1499, in-fol., av. gr. et belles fig. sur bois, entre autres, au 6e f. du cahier M, le Sacrifice à Priape. Riva, 226 fr. — *Hypnérotomachie, ou Discours du songe de Poliphile*, trad. (imité) de Columna par un chev. de Malte. Paris, 1546, in-fol., fig. s. b. attrib. soit à J. Goujon, soit à J. Cousin. Rare, ainsi que 2 réimp., mêmes lieu et format, 1554 et 1561. — *Le Tableau des riches inventions... représentées dans le Songe de Poliphile* (traduction de Beroalde de Verville). Paris, 1600, 1620, in-4, fig. en b. (celles des pp. 88 et 120 sont quelquefois maculées). — *Le Songe de Poliphile*, trad. libre de l'It., p. J.-G. Legrand. Paris, F. Didot l'aîné, 1804, 2 vol. in-12; Veinant, 16 fr. — Parme, Bodoni, 1811, 2 tom. gr. in-4, tiré à 125 ex. Ouvr. singulier et gracieux dont Mirabeau a tiré un conte fort intéressant.

Il Congresso di Citera del conte Algarotti. Amst., 1746; Potsdam, 1751. Paris, 1768, pet. in-12. — *Le Congrès de Citère* (trad. en pr., p. Duport-Dutertre). Citère, 1749, 12. — *L'Assemblée de Cythère* (trad. p. B.-P. Maciet). Cythère, 1753, 1782, 1785, in-12, fig. — Idem, trad. de Mlle de Menon. Paris, 1758, 2 tom. in-12. — *Le Congrès de Cythère*, trad. anonyme. Pise, 1789, in-12. — Idem, trad. p. C. P***. Paris, 1814, in-18. — Idem, trad. p. Mme d'A... de B... Paris, 1815, in-18.

ROMANS ESPAGNOLS.

Carcel de amor, compuesto por Diego Hernandez de San Pedro. Burgos, 1496, in-4; Saragosse, 1523, in-8 (Nodier, 25 fr.); Séville, 1525, in-4; Venise, 1553, in-12; Lyon, 1583, in-12. Etc. Roman plein de galimatias métaphorique, mais fondé, dit-on, sur une anecdote véritable qui eut lieu à Naples sous les règnes de Ferdinand et d'Isabelle. Le titre, Prison d'amour, signifie un esclavage moral; cette nouvelle finit d'une manière tragique. — *La Prison d'amour*, etc. (trad. p. G. Corrozet). Paris, 1526, 1527, 1594, 1604, 1616, etc., in-8, fig. s. b.

Los Quatro Libros del cavallero Amadis de Gaula (l'auteur et le traducteur en espagnol de ces quatre premiers livres n'est pas connu; mais l'auteur du 5e vol., Garcias Ordoñez de Montalbo, qui les fit réimprimer avec le *Quinto Libro de Amadis*, les a corrigés et mis en meilleur espagnol. Le *Sexto Libro de Amadis* a pour auteur Pelage de Ribera. L'auteur du 7e n'est point connu. Enfin les auteurs des suivants sont : Jean Diaz, Feliciano de Silva, etc.). Séville, 1526, in-fol. Le 5e livre a paru à Séville en 1526, in-fol.; le sixième avait déjà paru à Salamanque en 1510, in-fol. (ce qui annonce également d'anciennes éditions des premiers livres) : le 7e, Séville, 1525, in-fol. — Le 8e, Séville, 1526, in-fol. — Le 9e, Burgos, 1535. — Le 10e, Valladolid, 1532; le 11e, Séville, 1538, etc. Collection rare. — *Amadis de Gaule*, roman de chevalerie, trad. d'esp. en franç. par Nic. de Herberay, s. des Essarts, Gilles Boileau, Cl. Colet, Jacq. Gohorry, G. Aubert de Poitiers, etc. C'est en 1541, sous le règne de François Ier, que cette trad. commença à paraître, et, de ce moment, les différents livres traduits par différents auteurs parurent successivement. Il y a même en quelques-uns de ces livres dont il a été fait une seconde traduction. Ce roman eut une grande vogue, et même aujourd'hui, malgré le vieux langage dans lequel il est écrit, il est encore regardé comme le meilleur et le plus amusant de tous les livres de chevalerie, surtout les premiers volumes traduits par des Essarts. Paris, 1541 et années suivantes, 12 vol. in-fol. 1543 et ann. suiv., 14 vol. in-8. — 1561-74, 15 vol. in-4, fig. en bois; Tech., 250 fr. — 1575-1615, 26 vol. (Aimé-Martin, 102 fr.); cette coll. est ainsi composée : Lyon et Paris, 1575 et ann. suiv., 21 vol. in-16; Paris, 1615, 3 vol. in-8, et Lyon, 1606, 2 vol. in-16, intitulés : *Trésor des Amadis* (ce trésor est une espèce de table et un recueil des lettres et des harangues contenues dans les autres volumes; en tout, 26 vol. C'est l'éd. la plus complète; elle est extrêmement rare, surtout en bon état. La Vallière, 267 fr. On peut voir, sur le caractère licencieux du roman d'Amadis, un art. de Loménie, *Revue des Deux-Mondes*, 1er déc. 1857, p. 615. Dans la trad. des cinq premiers livres faite par le comte de Tressan, les peintures libres ont été adoucies.

Le Jugement d'amour, auquel est racomptée l'hist. d'Aurelio et d'Isabelle, fille du roy d'Escosse; trad. de l'esp. de Juan de Florès en franç. (en pr.; p. G. Corrozet). S. l., 1530, pet. in-8 de 41 ff.; Aimé-Martin, 35 fr. — Lyon, 1532, 1552, 1555 (Veinant, 80 fr.). 1574 (Tech., 9 fr.), in-16. — Paris, s. d., 1533, 1547, 1548, 1553, in-16. — Bruxelles, 1608, pet. in-8.

La Diana enamorada (en 7 livres, par George de Montemayor, mort en 1562). L'éd. orig. doit avoir paru v. 1560; les plus anciennes qui nous restent sont : Valence, 1564; Anvers, 1567, 1570, 1575, 1580; Venise, 1574; Madrid, 1585, 1595, etc. pet. in-8. Ces éditions, toutes rares, mais d'une assez faible valeur, sont suivies des compléments faits à cet ouv. par Alf. Perez (8 livres) et par Gil. Polo (5 livres). La Diane est un roman pastoral ennuyeux et qui a servi de modèle à l'Astrée. Comme pour ce dernier ouvrage, on a dit que ces bergers représentaient de grands personnages du temps. Il en a été fait cinq ou six trad. franç.; nous ne citerons que la 1re et la dernière : celle de Nic. Colin; Reims et Anvers, 1578, et Tours, 1598, in-16; Amelot, 18 fr. — et celle de Mad. Gillot de Saintonge; Paris, 1696, 1699, 1733, 2 vol. in-12. Il en existe aussi une trad. lat. recherchée : *C. Barthii Erotodidascalus, sive Nemoralium libri* V. Hanovre, 1625, pet. in-8, av. fig. singulières; Potier, 10 fr.

Selva de aventuras... amores que un cav. de Sevilla llamado Luzman tuvo con una doncella Arbolea (por Ger. de Contreras). Alcala, 1588, 1590; Cuenca et Saragoça, 1615, in-8. — *Les Aventures amoureuses de Luzman, chevalier esp., et d'Arbolea, sa maîtresse*; trad. de l'esp. (p. Gabr. Chappuis). Lyon, 1580; Paris, 1587, Rouen, 1598, in-16. Roman d'amour et ouvr. édifiant tout ensemble. Peu de valeur.

La Picara Justina, por Fr. de Ubeda (attrib. à André Perez, relig. dominicain). Medina del Campo et Barcelone, 1605, pet. in-4 et in-8. — Bruxelles, 1608, pet. in-8; Nodier, 31 fr. Réimp. très-souvent. La Justina est une espèce de Guzman d'Alfarache femelle; le *Manuel*, IV, 535, dit ce roman très-libre; mais cette expression est exagérée. — *La Narquoise Justine* (traducteur inconnu); Paris, 1635, 1636, pet. in-8; Tripier, 36 fr.

La Hija de Celestina (ou *la Ingeniosa Elena, hija de Celestina*); per Alonso Geronimo de Salas Barvadillo. Saragosse et Lerida, 1612 (Nodier, 39 fr.); Milan, s. d., 1616 (Gol ier, 12 fr.); Madrid, 1614, 1637, in-12. L'éditeur de la Celestina de Madrid, 1822, dit que le seul mérite de cet ouvr. est dans sa lubricité. A-t-il quelque rapport avec le suivant: *La Escuela de Celestina, y el hidalgo presumido?* Madrid, 1620, pet. in-4; ouvr. très-rare et fort lubrique. V. Soleinne, no 4820.

Engaños deste siglo; par Loubayssin de la Marca. Il y a, de cet ouvr., deux trad. françaises et une imitation. *Les Abus du Monde* (trad. de Fr. de Rosset); Paris, 1618, in-12. — *Les Tromperies de ce siècle*, trad. de l'esp. p. le S. Deganes, Paris, 1639, pet. in-8. — *Histoire des coeurs*; Constantinople, 1741, et La Haye, 1746, in-16; Duriez, 12 fr.

La Garduña de Sevilla y anzuelo de las bolsas; p. Al. de Castillo Solorzano. Madrid, 1642, 1661 et Barcelone, 1644, in-8. — *La Fouyne de Séville, ou l'Hameçon des bourses* (et, dans les éd. suiv., *Hist. et avantures de dona Rufine, fameuse courtisane de Séville*, trad. p. Ant. le Métel, S. d'Ouville). Paris, 1661, pet. in-8; Amst., 1723, 1731, 2 tom. in-12, fig.; Paris, 1724, 1731, et La Haye (Paris), 1743, 2 tom. in-12, fig. En moyenne, Nodier, 16 fr. 50.

ROMANS ANGLAIS.

Dirty dogs for dirty puddings, or Memoirs of the luscious amours of several persones of both sexes of quality and distinction. London, 1732, in-8. Cat. des livres légués par l'archéologue Douce à la bibl. publ. d'Oxford.

Memoirs of the life of the celebrated Fanny Hill, with numerous elegant amourous engravings (by Cleland). London, 1745, in-8, c'est probabl. le même ouvr. que le suivant.

Memoirs of a woman of pleasure (by J. Cleland). London, 1749-50, 2 vol. in-12. — *La Fille de joie, ouvr. quintessencié de l'angl. cont. les aventures de Mlle Fanny* (intit., dans les éd. suiv., *La Fille de joie*, et *Apologie de la fine galanterie de Mlle Françoise de la Montagne*) (trad. p. Lambert); la 1re éd. est de 1751; elle est très-rare. Lampsaque, 1762, in-18, av. 4 grav. érot.; Cologne, s. d., in-12; Todion, 1756, pet. in-8, etc. — *Nouvelle traduction de Woman of pleasure, ou la Fille de joie.* Londres, 1776, 2 vol. in-18, av. 8 pl. érot.; il y a aussi une éd. avec 15 grav. de Merlot. Toutes ces éd. sont rares.

Memoirs of a man of pleasure, or the Amours, intrigues and adventures of sir Ch. Manly, suivi de *Wanton waiting maid*, la Servante folâtre. Londres, s. d., in-18, av. beaucoup de jol. fig. coloriées (cat. Armbruster, Leipzig, 1853).

Memoirs of a Coxcomb (Mém. d'un fat). 1751, in-12. Ouvr. de Cleland, dans le genre de la Woman of pleasure, mais moins libre. Grässe.

The School for husbands, written by a lady. London, 1771, 2 vol. in-12.

L'Élève du plaisir; trad. de l'angl. de Pratt (p. Lemierre d'Argy). 1787, 2 vol. in-12.

Le Champion de la vertu, ou le Vieux Baron anglais; hist. gothique, trad. de l'angl. Paris, 1787, in-8. Mis à l'index à la vente Bergeret, en 1859.

Don Juan in the army. The amours and exploits of a young soldier of rank in the fields of Mars and Venus; minutely detailing the amourous and valorous history of the chevalier d'Oransay, an old man at twenty five. S. l. n. d., in-8, av. beaucoup de fig. color. cat. Armbruste, à Leipzig, en 1853.

ROMANS ALLEMANDS.

Der Politische Feuermäuerkehrer... le Ramoneur politique, ou Aventures d'une femme aujourd'hui tout à fait perdue, par A. Caminero. Strasbourg, 1682, in-18. Ouvrage érotique. Le titre est intraduisible; il signifie quelqu'un qui balaye les conduits par où sort le feu, et fait allusion aux parties génitales des deux sexes. Rare.

Amor am Hofe... L'Amour à la cour, ou Jeux de l'amour chez les grands. Leipzig, 1710, in-8.

Amor aus Universitäten... L'amour aux universités, ou Diverses intrigues amoureuses, etc. p. Sarcandern. Cologne, 1710, in-8.

Der Irr im Garten der Liebe... Le Cavalier égaré dans le labyrinthe d'amour, voyages et amours d'un gentilhomme allemand. Warnungstadt, 1738, 1740, 1763, pet. in-8; s. l., 1757, 1793; Kyffhäuser, 1830, 2 vol. in-8. Dans cette dernière éd., le style a été rajeuni et le nombre des passages libres augmenté.

Laidion (par J.-J.-G. Heinse, m. en 1803). 1774. Le titre de cet ouvrage, qui expose la philosophie des filles de joie et des maisons de plaisir, paraît venir du nom de la célèbre Laïs. Heinse montra toujours un penchant décidé pour les jouissances physiques. Dans son principal ouvr., le roman d'*Ardinghello* (1787), il développa la doctrine de l'émancipation de la chair, comme Gutzkow l'a fait plus tard dans son roman de Wally; mais Heinse a plus de poésie et de sentiment. On lui doit aussi les *Aventures d'Encolpius*, d'après Pétrone (1773); *les Contes pour les jeunes dames* (1775), empreints d'une frivolité immorale; etc.

Die Galante Familie. 1790, 2 vol. in-8. Scheible, 7 fl.

Der Schöne Eduard... Édouard et Émilie, ou les Badinages de l'amour. Cythère, s. d. et Magdebourg, 1790, in-12.

Ernst und Minette. Cythère, 1791, in-12, 8 fig. érot. Un jeune garçon et une jeune fille s'aiment, se le prouvent, et ils finissent par s'épouser. Tableaux fort libres et beaucoup de discussions philosophiques.

Juliette... Juliette, ou Hist. secrète d'une femme de tact et connaissant le monde. Altona, 1791, 2 tom. in-12.

Laura, oder der Kuss... Laura, ou un Baiser et toutes ses conséquences. Berlin, 1792, in-12, figures.

Leben der madame Schuwitz. Cythère, 1792, in-12.

Die Feier der Liebe (La Fête de l'Amour, tiré d'un manuscrit du grand prêtre à Paphos). Berlin, 1795, 2 tom. av. front et vignettes.

Elise oder Bekentniss einer Buhlerin (Elise, ou Confession d'une fille galante). Cöln, s. d., in-8.

Tausend und eine Tollheit, etc. (Mille et une folies, ou Voyages d'un négociant de Brême à travers les promenades de l'amour et le labyrinthe du mariage.) Brême, 1803, in-12, av. 1 fig.

Jeannettens Spekulationen... (Les Spéculations de Jeannette, ou la Fille comme elle ne devrait pas être). Ronneburg, 1807, in-12.

Henriette, Leben einer deutschen Buhlerin (Henriette, vie d'une Allemande coquette). Hamb., 1808, in-12.

Casanova des Zweiten... (le Second Casanova, appelé le comte Alphonse, ses amours et aventures en France et en Italie). Leipzig, 1833, 2 vol in-12.

Die Reizenden Verkäuferinnen... (les Jolies Marchandes, ou Aventures galantes de Juliette et de Jenny à la foire de Leipzig). Baltimore (Allemagne), 1850, 2 tom. in-8, av. 6 grav. érot., ouvr. fort libre.

Amors Abenteuer... (Aventures de Cupidon dans l'empire d'amour). Leipzig, 1854, in-18, avec 25 gravures.

ROMANS ORIENTAUX.

Les Amours d'Anas Eloujoud et de Ouardi, conte trad. de l'arabe (p. Savary). Bagdad et Paris, Didot jeune, 1789, in-18.

Iu-kiao-li, ou les Deux Cousines, roman chinois, trad. par Abel Rémusat. Paris, 1826, 4 tom. in-12, fig. La trad. est précédée d'un parallèle entre les romans de la Chine et ceux de l'Europe. Ce roman, très-bien conduit, est comparable aux productions des Cervantes, des Le Sage, des Fielding. Le jeune Iee-Yeoupe réussit, après bien des traverses, à plaire aux deux cousines et à les épouser, ce qui, en Chine, n'offre rien de choquant.

Tsse hioung hioung ti, c'est-à-dire, les Deux Frères de sexe différent; nouvelle trad. du chinois, par Stanislas Julien. In-8, de 62 pp.

Kin Ping Mei (ce titre fait allusion aux trois principales héroïnes du roman). Éd. impr. en Chine, 4 vol. in-4, av. 100 doubles grav. (une à chaque livre) représentant les principales scènes du roman. Klaproth, 116 fr. Sous le rapport littéraire, les Chinois regardent le Kin Ping Mei comme un chef-d'œuvre. C'est l'histoire d'un riche droguiste et de ses intrigues amoureuses. Toute une compagnie d'hommes et de femmes y est présentée dans les différents rapports qui naissent de la vie sociale, et on les voit passer successivement par toutes les situations que l'homme civilisé peut parcourir. La traduction d'un pareil livre rendrait superflu tout autre ouvrage sur les habitudes des Chinois; malheureusement il renferme trop de passages licencieux pour que nos savants osent l'entreprendre. Les scènes qui y sont décrites sont d'une nature telle que l'empereur Khang Hi lança un décret de prohibition contre l'ouvrage lorsqu'il parut pour la première fois en 1695, circonstance qui, du reste, n'a fait qu'accroître sa célébrité et le faire rechercher davantage. Le frère même de l'empereur qui venait de lancer ce décret, en fit une traduction en langue mantchoue (*Gin Phink Mei bithke*), trad. qui, pour la beauté du style, ne le cède en rien, dit-on, à l'ouvr. original.

NOUVELLES, ANECDOTES, CONTES A RIRE, EN LATIN.

Fr. Poggii Bracciolini facetiarum liber. Éd. orig. s. l. n. d. (avant 1470), in-4; La Vallière, 100 fr. — S. l. n. d. (v. 1470), pet. in-fol.; Gaignat, 70 fr. — (Nuremberg, 1472) in-fol.; Potier, 130 fr. — S. l. n. d. (v. 1480) in-4; La Vallière, 31 fr. Milan, 1481, in-4; Libri, 169 fr. — Paris, s. d., in-4; de Gaignat, 16 fr. — Anvers, 1487, in-8; Picart, 15 fr. — Bâle, 1488, in-4. Argentinæ, 1513, pet. in-fol.; Libri, 13 fr. 50. — Trad. ad Rhenum, 1797, et Londini (Holl.), 1798, 2 tom. in-24 (Éd. publ. p. Fr. Noël); Potier, 30 fr. Né en 1380, le Pogge est un des plus anciens conteurs. Il fut secrétaire du pape sous 8 papes successifs. A l'âge de 72 ans, il se retira à Florence, sa patrie, et y mourut en 1459. La 1re éd. de ses facéties, composées au Vatican, fut imprimée à Rome. C'est une suite de récits très-libres et quelquefois satiriques, même contre la cour de Rome. Le conte d'Hans Carvel de La Fontaine en est tiré. — *Les Facéties de Pogge*, translatées en français. Paris, 1549, in-4. Traduction libre, assez piquante. — *Contes facétieux et joyeuses récréations du Pogge.* Lyon, 1600, 1602; Paris, 1605, et Amst., 1712, pet. in-12, fig. Cette dernière éd. est préférée à cause des réflexions libres et satiriques qui accompagnent le texte et que l'on attribue à David Durand ou à Lenglet-Dufresnoy. Tripier, 40 fr.

H. Morlini Novellæ, fabulæ et comœdiæ. Naples, 1520, in-4 de 116 ff.; de Boisset, 901 fr. Recueil de 81 nouvelles, 20 fables et 1 com. en v. latin, pleines d'obscénités grossières et écrites en très-mauvais style. Malgré le privilége qu'il avait obtenu, ce recueil fut sévèrement défendu, et il n'y en a pas eu d'autre éd. jusqu'à la réimp. de Caron, en 1799 (*Opus Morlini*, etc.), pet. in-8.

Joci ac sales festivi. Recueil de contes, dont quelques-uns très-licencieux, par Luscinius (traduction lat. du mot all. *Nachtigall*, qui était le nom du compilateur de ces *joci*). Aug. Vind. 1524, in-8.

NOUVELLES, ANECDOTES, CONTES A RIRE, EN FRANÇAIS.

Les Vieux Conteurs français, contenant : les Cent Nouvelles nouvelles du roi Louis XI; les Contes et joyeux devis de Bonaventure Desperriers; l'Heptaméron de Marguerite, reine de Navarre; et le Moyen de parvenir, par Béroalde de Verville; revus et corrigés sur les édit. orig., accomp. de notes explicatives du vieux langage et préc. de not. historiques, par Paul-L. Jacob, bibliophile. Paris, 1840-41, gr. in-8 (coll. du Panthéon littéraire).

Nouvelles françaises en prose, du XIIIe *et* XIVe *siècle,* publ. p. L. Moland et C. d'Héricault. Paris, Jannet, 1856-58, 2 vol. in-16. 1er vol.: Contes de l'empereur Constant, d'Amis et Amile, du roi Flore et de la belle Jehanne, de la comtesse de Ponthieu, et Amours d'Aucassin et Nicolette. 2e vol.: Hist. d'Asseneth, fille de Putiphar et femme de Joseph; Vie de Foulques Fitz-Warin, baron anglo-normand; le Livre de Troïlus, par de Beauvau. Cette dernière nouvelle avait déjà été traitée par Chaucer, en anglais; par Boccace dans le Filostrato; par Guido delle Colonne, en latin; par Benoît de Saint-Maur, trouvère du XIIe siècle et auteur du poëme la Guerre de Troie, et remonte jusqu'à l'Iliade d'Homère. Briséide, malgré de grandes protestations de tendresse, trompe, au bout de quelques jours d'absence, Troïlus, son amant désolé, pour le vaillant capitaine Diomède.

Les Cent Nouvelles nouvelles (comp. p. le roi Louis XI, lorsqu'il n'était encore que Dauphin, et par les seigneurs de sa cour). Paris, s. d. (Roxburghe, 13 liv. 13 sh.), 1486 (Solar, 6001 fr.), 1505, (Roscoe, 10 liv.), in-fol. goth., fig. s. b. à chaque nouvelle. — Paris, J. Trepperel, s. d., et Lyon, s. d. (v. 1530), in-4, fig. s. b. Aimé Martin, 163 fr. — Cologne (Amst.), 1701, 2 vol. pet. in-8, fig. de Rom. de Hooghe; Tripier, 70 fr.; éd. réimp. en 1732 et en 1736; Du Roure, 20 fr. — av. une Introduction, p. Leroux de Lincy, Paris, 1841, 1855, 2 vol. in-12. — av. une introd. p. P.-L. Jacob, Paris, Delahays, 1858, in-16, 5 fr. — av. une introd. p. Th. Wright, Jannet, 1858, 2 vol. in-16, 10 fr.

Les Facétieux Devis des Cent Nouvelles nouvelles, etc.; p. Lamotte-Roulland. Paris, 1549, pet. in-8; Crozet, 51 fr. 50. Ces nouvelles sont, à quelques-unes près, les mêmes que les Cent Nouvelles nouvelles du roi Louis XI; le style en est rajeuni.

Contes et discours d'Eutrapel; par Noël du Fail, s. de la Hérissaye. Rennes, 1585, pet. in-8. — *Baliverneries*, p. le même. Paris, 1548, pet. in-12. — *Discours d'aucuns propos rustiques*, etc. Paris, 1548, pet. in-12. Ces trois ouvr. ont été plusieurs fois réimp.; ils sont réunis tous trois dans le vol. suivant : *Propos rustiques, baliverneries, contes et discours d'Eutrapel.* Ed. av. Essai sur N. Dufail, p. J. M. Guichard; Paris, 1842, 1856, in-12, 3 fr. 50.

Contes amoureux, par Mad. Jeanne Flore. Lyon, s. d., pet. in-8 de 84 ff.; Nodier, 105 fr. — Paris, 1532, 1543, 1555, et Lyon, 1574, pet. in-8. Éd. rares. Contes assez bien écrits.

Les Contes du monde adventureux, etc. trad. en franç. p. A. D. S. D. Paris, 1555, 1560, 1566, 1572, 1582, et Lyon, 1595, in-16. Tripier, 20 fr. 54 nouvelles, dont 19 sont tirées du *Novellino* de Masuccio.

Les Nouvelles Récréations et joyeux devis de Bonaventure Despériers (et autres : J. Lepelletier, Denizot, etc.). Lyon, 1568, pet. in-4 de 108 ff. Éd. orig. et qui ne contient que 90 nouvelles au lieu de 129. Potier, 250 fr. Recueil d'hist. facétieuses et de bons mots très-souvent réimp.; nous n'en citerons que trois éditions modernes : *Les Contes, ou les Nouvelles Récréations et joyeux devis de Bonaventure Despériers* (éd. av. notes, p. La Monnoye), Amst. Châtelain (Paris, Piget), 1735, 3 vol. pet. in-12, front. gr. La plupart des ex. ont été cartonnés à cause des passages libres que contenaient les notes; on en trouve cependant qui n'ont subi aucune mutilation, ou dont les 38 ff. supprimés ont été ajoutés à la fin du volume. Pixerécourt, 59 fr. — *Contes, ou Nouv. Récréations*, etc., av. not. p. Nodier, notes de La Monnoye, de Saint-Hyacinthe et de P.-L. Jacob. Paris, 1841, 1843, in-12. Dans cette éd., l'orthographe est rajeunie. — *Le Cymbalum mundi* (de Despériers), *préc. des Nouvelle Récréations*, etc., av. notes et une notice, p. P.-L. Jacob. Paris, Delahays, 1858, in-12.

L'Heptaméron des nouvelles de Marguerite de Valois, reine de Navarre, ou Histoire des amants fortunez. Paris, 1558, in-4 (Heber, 2 liv. 10 sh.); 1re éd.; elle ne contient que 67 contes. — Paris, 1559, in-4 (J.-J. de Bure, 600 fr.); éd. renfermant 72 nouvelles. — Paris, 1560, in-4; Potier, 90 fr. — Paris, 1560, 1561, 1567, 1571, 1574, 1581, in-16; en moyenne, Potier, 60 fr. Lyon, 1561, 1572, 1578, 1581, in-16. — Rouen, 1598, in-16. Sur l'imprimé (Holl.), 1615, in-12 et 1698, 2 vol. pet. in-12; ce dernier, Nodier, 40 fr. — Éd. av. une préf. et retouchée p. J. R. de Sinner, Berne, 1780-81, 3 vol. in 8, av. 72 fig. dess. p. Freudenberg et gr. p. Longueil, Halbou et Dunker (il y a des ex. av. la date de 1792; les fig. sont moins estimées). Gorlay, 75 fr. — Éd. av. une not. p. P.-L. Jacob, Paris, 1841, 1858, 1860, in-12. — Éd. publ. p. la Soc. des bibliophiles français, av. un Essai sur Marguerite, p. Leroux de Lincy; Paris, 1853-55, 3 vol. gr. in-16, portr.; Potier, 36 fr. Les Contes de la reine de Navarre ont été bien réellement composés par elle; elle les écrivait même pendant ses voyages en litière. Ce sont des aventures amoureuses de son temps, racontées naïvement, et non, comme on l'a dit trop souvent, avec licence. Elle voulait écrire cent nouvelles, elle n'en a pu faire que 72, recueil auquel on a donné le nom impropre de Heptaméron. La Fontaine en a tiré le conte de la Servante justifiée. En 1698, on a rajeuni de style ce recueil, en supprimant les intermèdes intéressants où les interlocuteurs commentent mutuellement leurs récits : *Contes et Nouvelles de Marguerite de Valois, reine de Navarre, mis en beau langage, au goût de ce temps.* Amst., 1698, 2 vol. pet. in-8, av. fig. attrib. à Rom. de Hooghe, à mi-page, mal gravées, mais assez expressives; Pixerécourt, 76 fr. — Amst., 1699, 1700, 2 vol. pet. in-8, mêmes fig.; Lacour, 40 fr. — Amst., 1708, 2 vol. pet. in-8, av. titre gr. et fig. de Harrewyn; Tripier, 60 fr. — La Haye, 1733, 1775, 2 vol. pet. 12. — Paris, 1740, 2 vol. in-12, fig.; Potier, 100 fr. — Londres (Paris), 1744, 2 vol. pet. in-12. Londres (Paris), 1781, 8 vol. in-8 av. 80 fig. de Freudenberg. — Londres (Paris), 1787, 8 vol. in-18. — Paris, Dauthereau, 1828, 5 vol. in-32.

Le Printemps d'Yver, cont. 5 hist. discourues par cinq journées en une noble compagnie (au château du Printemps); par Jacq. Yver, seign. de Plaisance, etc. (Paris, 1572), pet. in-12. Réimp. assez souvent. Hist. amusantes et qui seraient encore agréables aujourd'hui si l'on pouvait en élaguer des longueurs et en rajeunir quelques expressions.

Les Neuf Matinées du seigneur de Cholières. Paris, 1585, 1586, pet. in-8; Crozet, 40 fr. — *Les Après-dînées du seign. de Cholières.* Paris, 1587, 1588, pet. in-8; Crozet, fr. — *Contes et discours bizarres du Sr de Cholières, déduits en 9 matinées et après-dînées de carnaval.* Paris, 1610, 1611, 2 vol. pet. in-12. Contes récréatifs et gaillards.

Le Moyen de parvenir, œuvre cont. la raison de tout ce qui a été, est, ou sera, etc. (attrib. à Béroalde de Verville. M. P. Lacroix pense qu'il est seulement l'arrangeur de cet ouvrage, dont la source se retrouverait dans les manuscrits licencieux de Rabelais, cont. les *Lucianistées* et les *Feuillistées*, mss. qui ont été perdus). S. l. n. d. (v. 1610?), pet. in-12 de 617 pp.; L. R. D., 15 fr. 50 c. — S. l. n. d. (v. 1610?), in-12 de 623 pp.; Potier, 80 fr. — S. l. n. d., pet. in-12 de 432 pp.; Potier, 20 fr. — S. l. n. d. (Holl., Elzev., v. 166.), pet. in-12 de 439 pp.; la meilleure et la plus rare des éd. elzéviriennes; Bérard, 75 fr. — S. l. n. d. (Holl., Elzev., v. 1698), pet. in-12 de 348 pp.; Caillhava, 42 fr. — Chinon, s. d. (Holl., commencement du XVIIIe siècle), 2 tom. très-pet. in-12; charmante éd.; Nodier, 60 fr. — Éd. préc. d'une dissert. de La Monnoye; Nulle part (Holl.), 1732, 1738, 1739, 1747, 1754, 2 vol. pet. in-12; Nodier, 38 fr. — Éd. publ. par Lenglet-Dufresnoy, s. l. (Paris, Grangé), 1757, 1773, 2 vol. pet. in-12, fig., charmante éd.; Veinant, 23 fr. — Londres (Paris, Cazin), 1781, 3 vol. pet. in-18; éd. peu commune. — Éd. av. notes de P.-L. Jacob, Paris, 1841 (et 1851), in-12; 50 ex. ont été tirés en 2 vol. in-8; on y a joint une dissert. inédite de M. Paulin Paris; Bolle, 14 fr. — Cet ouvr. a aussi été publié sous les titres : *Le Coupeeu de la mélancolie, ou Vénus en belle humeur*; Paris (Holl., à la Sph.), 1698, pet. in-12; Saint-Mauris, 29 fr.; — et *le Salmigondis, ou le Manège du genre humain*; Liége (à la Sph.), 1698, pet. in-12, Potier, 40 fr. Ce dernier titre lui convient parfaitement, car c'est un véritable Salmigondis de contes plaisants et de coq-à-l'âne licencieux.

Amours diverses; p. le S. de Nerveze. Paris, 1611, 1618; Lyon, 1615; Rouen, 1621, in-12. Potier, 45 fr. 10 nouvelles fort médiocres.

Facétieux Devis et plaisants contes; par de Mardinet. Paris (1612), in 16; peu commun. Réimp. en 1829 et tiré à 76 ex.

Contes et discours facétieux (ou *Facétieuses Journées*, ou *Plaisantes Journées*); par le sieur Favoral. Paris, 1615, 1618, 1626, 1644, in-12; Nodier, 31 fr.

Tableau historique des ruses et subtilitez des femmes, où, etc., par L. S. R. (le sieur Rolet). Paris, 1623, in-12; Potier, 15 fr. Ce vol. doit avoir beaucoup de rapports avec le suivant: *Tableau des piperies des femmes mondaines, où, par plusieurs hist., se voient les ruses,* etc. Paris, 1632, 1633 (Morover, 15 fr.), et Cologne (Holl., à la Sph.), 1685, in-12; Nodier, 49 fr.

Les Amours, intrigues et caballes des domestiques des grandes maisons. Paris, 1633, pet. in-8, fig.; Bignon, 15 fr.

La Gibecière de Mome. Paris, 1644, in-8, fig.; Nodier, 32 fr. C'est un rec. de facéties.

Les Contes d'Ant. Le Métel, sieur d'Ouville (ou *Contes aux heures perdues,* ou *Élite des contes*). Paris, 1644, 2 v. in-8. — Paris, 1664, 4 vol. in-8; Tripier, 120 fr. — Paris, 1661; Rouen, 1680, 1699; La Haye, 1703; Amst., 1732, 2 vol. in-12. Quelques bons contes étouffés par beaucoup de mauvaises plaisanteries. La Gibecière de Mome et les contes d'Ouville paraissent avoir donné naissance aux innombrables éditions de *Contes à rire,* qui ont toutes des différences dans leur contenu et qui sont généralement portées à un assez haut prix dans les ventes. Ces diverses éd. sont aussi très-variées de titres; voici les principaux dans leur ordre chronologique:

Les Divertissements curieux, Lyon, 1650, 1654; cont. de pet. contes piquants et quelquefois assez libres (Crozet, 41 fr.). — *Les Récréations françoises, ou Nouveaux Contes à rire;* Paris, 1658; Lyon, 1662; Rouen, 1665; Utopie (Holl., à la Sph.), 1681 (Potier, 20 fr.), 1705; Amst., 1765, in-12. — *Les Agréables Divertissements,* cont., etc. Paris, 1669, in-12; Tripier, 36 fr. — *Nouv. Rec. de contes à rire;* Paris, 1669, in-12; Tripier, 25 fr. — *Contes facétieux,* etc.; Paris, 1670, in-12; Nodier, 26 fr. — *Recueil curieux de contes à rire,* etc.; Utopie (à la Sph.), 1681, in-12; Garcia, 80 fr. — *Nouveaux Contes à rire,* etc.; Paris, 1692; Amst., 1699, et Cologne, 1702, 1709, 1721, 1722 (ces 5 éd. avec 52 fig. de Schoonebeck; Nodier, 60 fr.), pet. in-8; Amst., 1741, 1763, 1768, 3 tom. in-12. — *Passe-temps joyeux, contes à rire,* etc.; Paris, 1717, in-12. — *Contes à rire, ou Récréations françoises;* Paris, 1749, 1762, 1769, 1781, 3 tom. in-12; Grassot, 12 fr. 50.

L'Amour échappé, ou les Diverses Manières d'aimer, contenues en 40 histoires. Paris, 1669, 3 tom. pet. in-12. Cte de Verrue, 15 fr.

Roger Bontemps en belle humeur; par M. le duc de Roquelaure (pseudonyme). Cologne, P. Marteau (Holl., à la Sph.), 1670, pet. in-12; Crozet, 80 fr. — Autres éd. de Hollande, s. d., 1708, 1709, 1731, 1732, 1734, 1746, 1750, 1752, 2 tom. in-12; Veinant, 16 fr. 50. — Amst. (Rouen), 1756, 2 tom. in-12, et Paris, 1797, 3 part. in-18. Assez bon recueil, quoique, parmi ces anecdotes, tout ne soit pas spirituel. À la fin de la deuxième partie, on trouve 22 aventures assez libres.

Rec. de div. pièces comiques, gaillardes et amoureuses. Paris (et Bruxelles, D. Elzev.), 1671 (Nodier, 30 fr.), et Leide, 1699, in-12. Les Amans trompés; le Praticien amoureux; l'Assemblée des filous et des filles de joye, etc.

La Compagnie agréable, cont. toutes sortes *d'hist. galantes,* etc. Paris, 1676, 1685, pet. in-12, joli front. de Rom. de Hooghe; Nodier, 46 fr.

Académie galante, cont., etc. Paris, 1682, 1684; s. l. (Holl., à la Sph.), 1682; Amst., 1708, 1710, 1711, 1712, 1732, 1740, 1790, 2 part. pet. in-12. Cadre ingénieux et dont on aurait pu tirer un meilleur parti que l'auteur (inconnu) de cet ouvrage. Une société de 7 personnes, y compris la maîtresse de la maison, 3 demoiselles et 4 cavaliers, se rassemble à Paris chez Mlle d'Orinilly et se constitue en une académie ayant pour objet de décider de tout ce qui ressort de la galanterie et de lire et d'examiner les ouvrages galants. Malheureusement, les statuts de cette académie sont ridicules, et les histoires qui y sont racontées ne sont guère intéressantes. Dans sa préface, l'auteur avertit le lecteur que l'Académie d'amour n'est point une facétie, et que les personnages qui en ont dressé les statuts sont dessinés d'après nature.

Le Gage touché, histoires galantes et comiques. Paris, 1698, 1711, 1716, 1718, Amst., 1700, 1824; la Haye, 1712, in-12. Recueil assez agréable et peu commun.

Cupidon dans le bain, ou Aventures amoureuses de personnages de qualité; p. Mme D***. La Haye, 1698, pet. in-12. Alvarez, 8 fr. 50.

Le Siècle d'or de Cupidon, ou les Heureuses Aventures d'amour. Cologne (Holl., à la Sph.), s. d., et 1712, in-12. Nodier, 18 fr. 50; Renouard, 41 fr. Nouvelles fort galantes.

Les Plaisirs de l'amour, ou Recueil de contes, histoires et poëmes galants. Chez Apollon, au Mont Parnasse, 1782, 3 tom., in-12, av. jolies fig. Peu commun.

Les Solitaires en belle humeur. Paris, 1725, et Utrecht, 1741, 3 vol. in-12, fig. Peu commun. Anecdotes et récits un peu libres.

Les Étrennes de la St-Jean. — *Les Écosseuses, ou les Œufs de Pâques,* suivi de *l'Hist. du porteur d'eau, ou les Amours de la Ravaudeuse,* comédie (et. dans les éd. de 1745 et suiv., de la *Relation galante et funeste de l'histoire d'une demoiselle qui a glissé pour être épousée, l'hiver du mois de décembre*

1749). Troyes, Paris), 1759, in-12. Souv. réimp. Facéties comp. par le Cte de Caylus, le Cte de Maurepas, Vadé, la comtesse de Verrue, le prés. de Montesquieu, Moncrif, de Crébillon fils, Sallé, la Chaussée, Duclos, d'Arménonville et l'abbé de Voisenon.

Le Tribunal de l'Amour, ou les Causes célèbres de Cythère. Cythère, 1749, 2 vol. in 12. Peu commun.

Honny soit qui mal y pense, ou Hist. des Filles célèbres du XVIIIe siècle (par Desboulmiers). Londres (Holl.), 1760, 1761, 1766, 1768, 1772, 1775, 1786, 1792; 2 vol. pet. in-12. Peu commun.

Romans et contes de l'abbé de Voisenon. Londres, 1767, 5 part. pet. in-12; Paris, an VI, 3 vol. in-18 ou 2 vol. pet. in 12; Paris, 1818, 4 vol. in-18. Cont. le Sultan Misapouf et la princesse Grisemine; l'Hist. de la félicité; Zelmis et Zelmaïde; Tant mieux pour elle; etc.

Nouvelles amoureuses, ou le deux Sexe abusé. Cythère, 1760, 1775, pet. in-8 de 160 pp. Rec. licencieux et peu commun.

Le Temple de Vénus. Londres (Paris), pet. in-8. Rec. d'épisodes libres pris dans Thémidore, dans la Confession de Wilfort et autres romans de ce genre. Rare.

Rec. de contes (p. le Cte de Mirabeau). Londres, 1780, 2 part. in 8. Peu commun. Réimp. sous le titre : Contes et nouvelles adressées du donjon de Vincennes à Sophie Ruffey, etc. Tours, an IV, in-8 de 388 pp. Cont. : le Filet de Vulcain, ou les Am. de Mars et Vénus, imitation abrégée de la *Rete di Vulcano* de Pallavicino. — Lucéide, ou les Neronales (fêtes religieuses et débauchées tout à la fois, instituées par Néron). — Diane et Endymion, imit. d'un épisode de *la Secchia rapita.* — Amasillis et Mysiclée. — Larisse, imit. d'un conte lat. de Théophile Viaud. — L'Ile des pêcheurs. — Nouvelle, extraite (et abrégée) des Journées de J. Yver. — Nouvelle, tirée d'un ouvr. esp. — Eurynome et Dosiclès. — Euphrosie. — Songe de Poliphile, tiré de l'Hypnérotomachie. — Charmus, Elise et Thersandre. — Les Amours de Théogène et de Charide, d'après Athénagoras. — Les Hommes de Prométhée. — Armide et Renaud, épisodes de la Jérusalem délivrée. — Déiphire (d'Alberti), dialogue de Polimacre et de Philarque.

Les Contemporaines, ou Aventures des plus jolies femmes de l'âge présent (par Rétif de la Bretonne). Leipzig ou Paris, 1780-85, 42 vol. in-12 (en y comprenant les Parisiennes, 2 volumes, et la Philosophie de M. Nicolas, 3 vol.), av. une grav. à ch. nouvelle, ce qui forme un total de plus de 300 gravures. Un ex. avec de bonnes épreuves a beaucoup de prix en librairie. Il y a, dans ces 42 vol., une mine de sujets pour les romanciers et les auteurs dramatiques. Ces histoires, dont la lecture est amusante, sont très-variées et presque toutes vraies au fond. On a reproché à l'auteur d'avoir mêlé à des noms inconnus ceux de plusieurs femmes que des erreurs de jeunesse n'empêchaient pas d'être estimables. — *Les Parisiennes* ont eu une 2e éd. en 1787. Paris, 4 vol. in-12, 20 fig. dont la dernière représente le Jugement de Pâris : Vénus est nue, avec une paire de bas, et elle est en grande coiffure poudrée. — *Les Françaises, ou 34 Exemples choisis dans les mœurs actuelles* (p. le même). Paris, 1786, 4 vol. in-12, av. 34 fig. — *Les Nuits de Paris, ou le Spectateur nocturne* (p. le même). Londres (Paris), 1788-94, 16 part. en 8 vol. in-12, av. 18 grav. Recueil d'anecdotes scandaleuses; les premiers vol. sont plus estimés que les suivants. La 15e partie, intitulée : *La Semaine nocturne, ou Histoire du jardin du Palais-Royal*, est encore un peu plus libre que le reste. — *L'Année des dames nationales, ou Histoire, jour par jour, d'une femme de France* (p. le même). Genève et Paris, 1791-94, 12 vol. in-12, av. 42 grav. Suite un peu décolorée des Contemporaines. Quelques ex. s. d. portent ce titre (fait vers 1798) : *Les Provinciales, ou Hist. des filles et femmes*, etc. — *Les Nouvelles Contemporaines*, par Rétif de la Bretonne : Paris, 1802, 2 vol. sont un rec. d'histoires libres, choisies dans les œuvres de cet auteur.

Jacques le fataliste et son maître; p. Diderot. Paris, an V, 2 vol. in-8 ou 3 vol. in-12; 1822, in-18; 1830, in-12; 1849, in-4 illustré. Cond. insérée au *Moniteur* du 6 août 1826. Recueil de contes guillerets entremêlés de raisonnements philosophiques.

Les Décrets des sens sanctionnés par la volupté. S. l. n. d. (v. 1790), in-8, av. fig. à mi-page assez jolies. Rec. d'hist. fort libres en v. et en pr. Parmi les personnages qui y figurent, on trouve le docteur Guillotin, la cantatrice Saint-Huberti, etc. Réimp. in-18, av. 6 fig. sous le titre : *Histoires lubriques.* Rare.

Almanach du Trou-madame, jeu très-ancien et très-connu et la cause de presque toutes les révolutions. Paris, 1791, in-18 de 148 pp. Tripier, 25 fr. Rec. de 12 histoires, une pour ch. mois. Le Trou-madame est un ancien jeu français, cité par Rabelais dans une énumération des jeux de son temps.

Les Costumes théâtrals, ou Scènes secrettes des foyers, petit recueil de contes ornés de couplets, dédiés aux jeunes gens des deux sexes qui se destinent aux théâtres, enrichis de dix gravures (par Carrey).

> Que dire à cet essai sans conséquence :
> Que fou serait celui qui mal y pense.

De l'imprimerie de Crispinaille, 1793, in-18. Voici les titres des contes qui composent ce volume; ils sont en prose, mêlés de très-mauvais vers : *Crispin pourvoyeur ; les Acteurs surpris ; le Sultan à l'ouvrage ; Finissez donc, beau militaire ; le Temps bien employé ; le Fumiste adroit ; les Amants heureux ; De tout on fait usage*. Les grav. des contes I et IX, représentant des actrices en toilette du temps, peuvent se montrer à tous les regards et sont d'un burin fini et soigné.

La Galerie des femmes, collection incomplète de huit tableaux, recueillis par un amateur (par V.-Jos.-Ét. de Jouy). Épigraphe : *L'amour est le roman du cœur, et le plaisir en est l'histoire*. Hambourg (Paris), 1799, 2 vol. in-12 de 170 et 154 pp. Ces deux vol., qui n'ont pas été réimprimés dans les œuvres de l'auteur, contiennent les 8 nouvelles suivantes : *Adèle, ou l'Innocente*. — *Elisa, ou la Femme sensible*. — *Corinne, ou la Femme à tempérament*. — *Zulmé, ou la Femme voluptueuse*. — *Eulalie, ou la Coquette*. — *Deidamie, ou la Femme savante*. — *Sapho, ou les Lesbiennes*. — *Sophie, ou l'Amour*. Très-rare, l'auteur ayant plus tard retiré cet ouvrage avec le plus grand soin. Dières, avocat, avait fait un ouvr. intitulé : *Les Trois Ages de l'amour, ou Portefeuille d'un petit-maître*. Paphos, 1769, in-12 ; M. de Jouy en fit une nouv. éd. en l'augmentant, afin qu'elle pût servir de suite à la Galerie des femmes ; Amst. (Paris), 1802, 2 vol. in-12 de 345 et 178 pp., avec 2 grav. Rare.

Grivoisiana, ou Recueil facétieux ; par Martainville. Paris, an XI, in-18, fig. Rec. spirituel et fort leste.

L'Amour et ses caprices, suivi de la Jalousie, etc. Recueil d'aventures et anecdotes historiques, etc. ; p. C. D. (Cousin d'Avallon). Paris, 1822, in-12, 1 fig. ; peu commun. Mis à l'index à la vente Bergeret.

Les Cent Contes drôlatiques, colligez... pour l'esbattement des pantagruelistes et non aultres (p. Hon. de Balzac). Paris, 1832-37, 3 vol. in-8 ; 1853, 1855, 1859, in-12, av. 425 dess. de Gust. Doré, 12 fr.

Nouvelles d'Alfr. de Musset. (Les Deux Maîtresses ; Emmeline ; le Fils du Titien ; Frédéric et Bernerette ; Croisilles ; Margot). Paris, 1850, 1855, 1857, in-12. — *Contes* ; par le même (la Mouche ; Pierre et Camille ; Mlle Mimi Pinson ; le Secret de Javotte ; le Merle blanc). Paris, 1854, 1858, 1860, in-12.

Les Filles d'Ève ; p. Ars. Houssaye. Paris, 1852, in-12. Les Trois Sœurs ; la Bouquetière de Florence ; Jenny ; Hist. de Mme de Marcy.

Le Roman de toutes les femmes (suivi de 5 autres nouvelles), p. Henri Murger. Paris, 1854, 1858, in-16, 1 fr.

Contes et nouvelles ; p. Méry. Paris, 1855, 1856, in-16. Hist. amoureuse des éléphants ; Un amour au sérail ; Un amour au séminaire ; etc.

Nouvelles et proverbes ; p. Eug. Scribe. Paris, 1850, 1858, in-12, 1 fr. Judith, ou la Loge d'opéra ; le Tête-à-tête, ou 30 lieues en poste ; Potemkin, ou Un caprice impérial ; le Jeune docteur, ou le Moyen de parvenir ; etc.

L'Amour en voyage ; p. Louis Enault. Paris, 1860, in-16, 2 fr. Carine ; Rose ; la Bourgeoise de Prague.

NOUVELLES, ANECDOTES, ETC.,

EN LANGUES ÉTRANGÈRES.

Traduction (française) *de la 20e méamé de Hariri intitulée : El Ghoumoud, ou le Heros au cercueil* (par Venture). De l'imp. franç. de Constantinople, s. d., in-4 de 7 pp. ; Langlès, 12 fr. Pièce dont le sujet est libre. Hariri est mort en 1121.

Les Mille et une Nuits, contes arabes, trad. par Galland. Paris, 1704-17, 12 vol. pet. in-12 ; éd. orig., très-rare. — Trad. rev. et continuée p. Caussin de Perceval. Paris, 1806, 9 vol. in-8 ; c'est l'éd. la meilleure et la plus complète que l'on ait de ces contes. — Éd. av. nouveaux contes trad. p. Gauttier. Paris, imp. F. Didot, 1822-23, 7 vol. in-8, av. 21 belles grav. — Éd. av. nouv. contes trad. p. Destains. Paris, imp. Crapelet, 1822-25, 6 vol. in-8, av. grav. A l'exception des Aventures de Mazem, les nouv. contes trad. p. Destains ne sont guère que des variantes des anciens. — *Contes inédits des Mille et une Nuits*, extraits de l'original arabe, p. Jos. de Hammer, trad. en franç. p. G.-S. Trébutien ; ouvr. faisant suite aux div. éd. des Mille et une Nuits. Paris, 1828, 3 vol. in-8, fig. Le texte arabe des Mille et une Nuits a droit à figurer parmi les livres licencieux ; les traductions en langues européennes n'en donnent qu'une idée très fausse. On lit dans un Voyage en Afrique du lieutenant Burton, cité dans la *Revue britannique*, septembre 1856, qu'un cinquième au moins de l'ouvrage est absolument impossible à traduire, et que l'orientaliste le plus audacieux n'oserait rendre littéralement les trois quarts du reste. On voit les dames de Bagdad s'asseyant sur les genoux d'un portefaix et se livrant à des plaisanteries devant lesquelles eût reculé l'Arétin. Galland a tiré sa trad. des mss. arabes qui sont encore à la Bibliothèque impériale ; il n'a traduit que le quart environ du recueil qui porte le titre de Mille et une Nuits ; mais il y a joint quelques hist. étrangères, entr'autres celle de Sindbad le marin. Il n'a pas traduit les contes les plus libres et qui rentrent dans la classe des livres obscènes. On dit que la traduction allemande de Weil, Stuttgard, 1837, est la plus intégrale de toutes celles qui aient été faites jusqu'aujourd'hui. La publication intégrale du texte arabe a été interdite il y a quelques années à Saint-Pétersbourg. On peut consulter un Mémoire de Silvestre de Sacy sur l'Origine des 1001 Nuits dans les Mém. de l'Acad. des Inscriptions, nouv. série, tom. X, ainsi que dans la *Revue de Paris*, 1re série, tom. 5.

Hist. de la sultane de Perse et des quarante visirs, contes turcs, comp. en langue turque, par Cheik-Zadé et trad. en français (par Galland et p. Petis de la Croix). Amst., 1707, in-12 (Éd. orig., mais incomplète.— 1717, 2 vol. in-12. Sujet qui a des rapports avec l'hist. du prince Erastus et celle de Phèdre et Hippolyte. La sultane raconte 40 histoires tendant à accuser le fils du sultan, les visirs racontent 40 hist. tendant à accuser les femmes. Une nouv. trad. faite par Belletête a paru sous le titre: *Contes turcs*; Paris, 1812, in-4. Ouvr. peu commun.

Il Decamerone, di M. Gio. Boccaccio. S. l. (Venise), Chr. Valdarfer, 1471, in-fol.; 1re éd. connue de cet ouvr.; l'ex. du duc de Roxburghe a été adjugé au marq. de Blandford, lord Spencer, 2260 liv. (56,500 fr.).— Mantoue, 1472; Milan, 1476; Bologne, 1476 (de Gaignat, 360 fr.); Vicence, 1478; Venise, 1481, 1484, 1492, in-fol.; éd. très-rares.— S. l. n. d. (impr. à Florence, par les religieuses du couvent de Ripoli, v. 1483), in-fol. Le texte de cette éd. est très-estimé. On n'en connaît que 3 ex.: celui de lord Spencer, celui du prince Corsini à Rome et celui de Libri, vendu (en 1847) 1600 fr. Le moine Savonarola, ardent républicain, ordonna, quelques années après son impression, des visites domiciliaires pour détruire les *mauvais livres* et les peintures trop libres. Les historiens racontent qu'on livra aux flammes, à plusieurs reprises, un nombre très-considérable de livres imprimés et manuscrits d'un très-grand prix, ainsi que les peintures et sculptures les plus précieuses. Les éditions du Decamerone des XVIe, XVIIe, XVIIIe et XIXe siècles sont si nombreuses qu'il faudrait une bibliographie spéciale pour les détailler, nous l'entreprendrons d'autant moins que presque toutes ces éditions de ce livre très-gai, admirablement écrit, mais qui a été à plusieurs époques sévèrement défendu par l'Église, ont été plus ou moins mutilées, châtrées ou châtiées, ce qui revient toujours à peu près au même. Traducteurs français.— *Boccace des cent nouvelles, ou le Livre Decamerone, autrement surnommé le prince Galliot*, qui contient etc.; trad. en franç. p. Laurens du Premier-Faict. Paris, Ant. Vérard, s. d. (La Vallière, 360 fr.), 1485, Mich. Lenoir, 1521 (Crozet, 85 fr.), in-fol. goth.; Paris, 1534, 1540, 1541, in-8, goth.; Dufay, 21 fr.— *Le Decameron, ou le Prince Galliot*, trad. par ordre de Marguerite, reine de Navarre, p. Ant. Le Maçon. Paris, 1540, 1543, 1545 (Dufay, 30 fr.), in-fol.; Paris, 1548, 1551, 1565, 1556, 1569, in-8, fig. s. b.; Lyon, 1552 (Nodier, 125 fr.), 1558, 1560, 1597, in-16, fig. s. b. du Petit-Bernard; Paris, 1569, 1578, in-16, fig. s. b.; Veinant, 50 fr.; Rotterdam, 1597, 2 tom. in-16, fig. s. b.; Rouen, 1645, 2 tom. in-8; Paris, 1662, in-8; Rouen, 1670, 2 vol. pet. in-12 (Crozet, 10 fr.); Londres (Paris), 1757, 5 vol. in-8, av. 100 fig. d'apr. Eisen, Boucher, Gravelot, etc., plus une suite de 20 planches intit. *Estampes galantes* (libres) de Boccace. Caillhava, 77 fr. Sans les pl. libres, la valeur est beaucoup moindre. La trad. de Le Maçon, spirituelle, assez exacte, est estimée de ceux qui aiment l'ancien français.— *Contes et nouvelles de Boccace, trad. libre, accommodée au goût de ce temps* (traduction anonyme et dont le style est également assez libre). Amst., 1697 (Crozet, 54 fr. 50); Col., 1702 (A. Fl., 20 fr.), 1712, 1732, 2 vol. in-12, av. 86 fig. d'apr. Rom. de Hooghe.— *Contes de Boccace* (trad. p. l'abbé Sabatier, de Castres). Londres (Paris), 1777, 1779, 10 vol. in-8 et in-12 av. les fig. d'Eisen et de Gravelot, 11 vol. dans ch. vol.; 1783, 1791, 10 vol. in-18; Paris, 1801, réimp. de l'éd. de 1777; Paris, 1842, 1844, 1846, 1858, 1860, in-12, 3 fr. 50; Paris, 1847, 1850, in-8, 10 vig.; Paris, Marescq, 1849, 1851, in-4 illustré.— *Nouvelles de J. Boccace*, trad. libre p. Mirabeau. Paris, 1802, 4 vol. in-8 (Lacour, 35 fr.) et 1803, 8 vol. in-12, av. fig. d'apr. Marillier.— *Contes de Boccace*, trad. p. A. Barbier. Paris, 1845, 1847, gr. in-8 illustré p. T. Johannot, Baron, Laville, Granville et Nanteuil.— *Contes de Boccace*, trad. p. Rastoin-Brémond. Paris, 1835, 1838, 1842, 1848, 2 vol. in-8, av. 22 fig. en taille-douce.

Il Novellino (50 novelle intit.), par Masuccio; la 1re éd. est de Naples, 1476, in-fol. Réimp. très-souvent; les éd. les plus récentes ont été fort retouchées. Ces nouvelles sont dirigées contre les mœurs des moines, des religieuses, des prêtres et des dames italiennes. La 4e et dernière partie cont. des nouv. tragiques. Le Bandello a tiré de Masuccio ses *novelle* les plus libres; les Contes du Monde aventureux présentent la trad. de quelques-unes en français.

Le Novelle (ou *Prose*) di Agn. Firenzuola. Venetia, s. d.; Fiorenza, 1548, 1552, pet. in-8; Nodier, 36 fr. 10 nouvelles dont les héros sont souvent des moines et des religieuses, très-bien écrites et fort gaillardes, quoique sorties de la plume d'un abbé.

Le Piacevoli Notti di Straparola. Venise, 1551, 2 part. in-8; très-souvent réimp. On recherche les plus anc. éd. parce qu'elles ne sont pas châtrées.— *Les Facétieuses Nuits de seigneur Straparole*, trad. de l'It. p. J. Louveau et P. de Larivey. Lyon, 1560-72, 1576, 1596, 1611, 2 part. in-16; Paris, 1576, 1585, 1615, 2 part. in-16 (de Lalen, 16 fr.); Rouen, 1601, 2 v. in-16 (Potier, 16 fr.); Amst., 1725, 3 v. in-12; éd. av. préf. p. B. de La Monnoye, s. l. (Paris), 1726, 2 v. in-12 (Bolle, 25 fr.); Paris, Jannet, 1857, 2 vol. in-16, 10 fr.

Le Amorose Novelle (da G. Nelli). S. l. n. d. (XVIe siècle), pet. in-8, de 24 ff.; Crevenna, 15 fl. Réimp. (Livourne) 1798, in-8; 12 ex. de cette éd. ont été impr. sur pap. bleu et sans mutilation.

Novelle di M. Bandello. Lucca, 1554, in-4; éd. orig.; pour la compléter, il faut y ajouter la Quarta Parte de le novelle, Lyon, 1573, in-8, et il Terzo Volume delle novelle, etc. Milan, 1560, pet. in-8. Ex. ainsi complet, Libri, 805 fr. Le détail est dans la Bibliographie de Debure, tom. 2 des Belles-Lettres, pp. 80 à 88. Ces contes libres ont été réimp. souvent, mais toujours tronqués, excepté l'éd. de Londres, Harding, 1740, 4 vol. in-4; Potier, 90 fr. — *Histoires tragiques de Bandel*, trad. p. P. Boistuau et par Fr. de Belleforest. Paris, 1568-1603, 7 tom. in-16; comte de Hoym, 40 fr. — Lyon, 1574-1616, 7 tom. in-16, plus un 8e tome même format, cont. 28 nouvelles hist. trouvées, dit le trad., après la mort de Bandel; ce 8e vol. est fort rare.

L'Hore di ricreatione, di Lod. Guicciardini. Venise, 1586, pet. in-12. Rare. *Les Heures de récréation et après-disnées de Loys Guicciardin*, trad. en franç., p. Fr. de Belleforest. Paris, 1571, 1594, 1610, 1624 et Anvers, 1605, in-16; Nodier, 12 fr. 50. — *Contes et Histoires divertissantes tirées de Guichardin*; p. le s. Pompe. Paris, 1688, 1693, in-12.

La Prima et la Seconda Cena (ou *Le Novelle*, par Ant. Fr. Grazzini, dit le Lasca, m. en 1583). Stambul, dell' Egira 122 (Florence, v. 1743), in-8 de 220 pp.; Éd. orig.; rare. Libri, 23 fr. 50. — Londra (Paris), 1756, in-8 ou in-4; 1re éd. complète; Libri, 39 fr. — Milano, 1815, 3 vol. in-16. — *Les Nouvelles de Grazzini* (trad. p. Lefebvre de Villebrune). Berlin (Paris), 1776, 2 tom. pet. in-8; Tech., 10 fr. Le ms de Grazzini ayant été égaré après sa mort, il ne fut retrouvé que vers 1740, en partie, et le reste plus tard; il existe cependant encore quelques lacunes. L'ouvrage forme 3 soirées de 10 nouvelles, dont quelques-unes sont assez lestes et mises dans la bouche de femmes honnêtes.

Le Otto Giornate del Fuggilozio, di Tom. Costo, ove da otto gentilhuomini e due donne si ragiona delle malizie di femine e trascuragini di mariti. Venise, 1600, 1601, 1604, 1605, 1613, 1620, 1655, 1688, pet. in-8; Nodier, 17 fr.

Sucessos y prodigios de amor, etc., por Peter de Montalvan. Bruxelles, 1626, in-12; Sevilla, 1633, in-4; etc. Souvent réimprimé. — *La Semaine de Montalban, ou les Mariages mal assortis*, contenus en 8 nouvelles, etc., trad. de l'esp. (p. Vanel.). Suiv. la cop. imp. à Paris (à la Sph.), 1685, 1686, in-12; Nodier, 29 fr.

La Lucerna di Eureta Misoscolo (fr. Pona), *con la Messalina di Scipio Glareano* (di fr. Pona). Venise, 1628, in-4. Bolle, 53 fr. Anecdotes très-libres, racontées en 4 soirées dont la 2e est une imitation des dialogues de l'Arétin. Dans la Messalina, on trouve des tableaux licencieux. Il y en a une trad.: *La Messaline*; s. l., 1761, in-12; Alvarez, 5 fr. 50.

Novelas amorosas de dona Maria de Zayas y Sotomayor. Saragosse, 1637-47, 2 part. pet. in-4; éd. orig. et rare; souv. réimp.; la dernière éd. est de Paris, Baudry, 1847, in-8, 7 fr. 50. — *Les Nouvelles amoureuses et exemplaires, comp. en esp. par cette merveille de son sexe, doña Maria de Zayas y Sotto Maior*; trad. en notre langue p. Ant. Le Métel, s. d'Ouville. Paris, 1656, 1658, in-8, et 1680, in-12. 5 nouvelles qui ne manquent pas d'intérêt: La Précaution inutile; S'aventurer en perdant; La Belle invisible, ou la Constance éprouvée; L'Amour se paye avec l'amour; La Vengeance d'Aminte affrontée.

Universidad de amor y escuela de el interes, p. Antolinez di Piedrabuena. Saragosse, 1640, 1642, 1664, pet. in-8. — *L'Ecole de l'intérêt et l'université d'amour*, galanterie morale, image de la vie humaine, etc.; trad. d'esp. p. C. Le Petit. Paris, 1662, pet. in-12. Nodier, 15 fr. Livre curieux, comique et dont quelques chapitres sont au moins fort libres.

Cento Novelle amorose dei signori accademici Incogniti; publ. da F. Carmeni. Venise, 1651, 3 part. in-4; Libri, 49 fr. La 1re part. était parue en 1641.

Bizarrie accademiche, di G. Fr. Loredano. Venise, 1643-46, 2 vol. in-24. Rares questions facétieuses en pr., relatives la plupart à l'amour et aux femmes; trad. p. le s. Breton (ou du Breton) sous le titre suivant: *L'Amour dans son thrône, ou Nouvelles amoureuses de Loredano*; Paris, 1646, pet. in-8. Peu commun.

Erotopaignion, or the Cyprian Academy; by Robert Baron. London, 1647, in-8. Cat. des livres légués par Douce à la bibl. publ. d'Oxford.

L'Arcadia in Brenta, overo la Malinconia sbandita, di Ginnesio Gavardo Vacalerio (G. Sagredo). Colonia (Bologne), 1667, 1673, 1674, 1680, 1681, 1693, in-12. Libri, 7 fr.

50. Rec. en pr. et en v. de nouvelles et de facéties assez libres et dites en bon style.

La Grillaia, curiosità erudite di Scip. Glareano (par le père Ang. Aprosio de Ventimiglia). Napoli, 1668, in-12; Tech., 15 fr. Réimp. en 1673, mais mutilé. Livre singulier et facétieux; le Grillo 21 contient des nouvelles amoureuses.

Artige und kurzweilige Begebenheiten... Aventures galantes et badines, etc. Nürnberg, 1676, in-12.

Love in its empire, illustrated in seven novels; by P. Chamberlin. London, 1721, in-8. Cat. des livres légués par Douce à la bibl. publ. d'Oxford.

Die lachende Schule... l'École joyeuse, choix d'histoires rares, divertissantes, inédites; par G. C. Ruckard. 1736, in-18. Facéties et contes érotiques.

Das Frauenzimmer... (Le Boudoir, ou Badinages de Vénus, aventures à la mode). Amst., 1761, in-8.

The Bon-ton Magazine, or Microscope of fashion and folly. London, 1791-92, 2 vol. in-8, fig. Caricatures curieuses, parmi lesquelles il y a des figures libres. Bignon, 15 fr.

Raritäten von Berlin... Curiosités de Berlin. Histoires remarquables de quelques-unes des filles de joie de Berlin. Berlin, 1792, 5 vol. in-8.

Novellen aus dem Reiche der Liebe... Nouvelles de l'empire de l'Amour. Halle, 1795, 2 vol.

Galanterien aus dem gelobten Lande. (Galanteries de la terre promise.) Bethulien, 1770, in-12, front.

Bibliothèque choisie de contes, de facéties et de bons mots, trad. du grec, de l'arabe, du persan, par Langlès; de l'italien, p. Simon; de l'anglais, etc. Paris, 1786-90, 12 vol. in-8, fig. Coll. rare complète. Tripier, 8 vol. seulement, 60 fr.

Burlesken und sotadische Erzählungen (Contes burlesques et gaillards). Rome, 1800, in-8.

The Fanny Jester in amorous Joe Miller, being an completest collection of facetious jokes, droll anecdotes, merry stories, etc., illustrating the universal passion with appropriate plates. London, in-8. Cat. Armbruste (Leipzig, 1853).

Il Convito Borghesiano, opera di M. Grappolino (Grappùto). Londra (Milan), 1800, in-8; Libri, 11 fr. Rec. de 10 nouv. très-libres. — *Masetto e Agnoletta* (p. le même). Milan, 1806, in-8, tiré à 62 ex. — *Gnazio e la Nencia*. Udine, 1827, tiré à 75 ex.

Cölestinens Strumpfbänder (les Jarretières de Célestine, livre d'anecdotes secrètes). Berlin, 1801, in-12.

Galanterien der grossen Welt... (Galanteries du grand monde, etc.) Leipzig, 1804, in-12, 1 pl.

Dosenstücke (Couvercles de tabatières); par Christian Alehing (p. C.-A. Fischer). Zolingen, Joseph Kreutzenach, 1802, pet. in-8 de 208 pages. Ce volume contient 15 contes en prose (en allemand): Deux Femmes pour un homme. — La Nuit aux extravagances. — La Cigogne. — Le Cottage par antithèse. — Le Conseil de l'amour. — Saint Isidro. — La Femme de chambre. — La Colique. — La Gondole. — Le Capitaine de navire. — Le Fidèle Serviteur. — Le Duel. — Les Culottes de saint Bernard. — L'Étrangère. — Le Coffre. Contes au moins libres.

Gynæceum, Gynécée, ou Galerie de tableaux satiriques. Stuttgard, 1811, in-12 de 18 ff. Ces tableaux sont au nombre de 56; ce sont des caractères de femmes, dessinés d'après nature.

Neue Gemälde der Liebe (Nouveaux Tableaux de l'amour). Leipzig, 1814, 2 part. in-12.

Contes chinois, trad. par MM. Davis, Thoms, etc., et publ. par Abel Rémusat. Paris, 1827, 3 vol. in-18, av. figures. Saint-Mauris, 8 fr. 25.

Sämmtl. erotische Schriften... Recueil d'écrits érotiques: Mémoires secrets d'une chanteuse; le Pape en déshabillé; Soupirs sous les rideaux de Rosa; Amours secrets des dames de la cour, à Paris; la Conjuration à Berlin. Par J. W. Brucklbräu. Stuttgard, 1832, 10 part. in-8. Scheible, 13 fl. 30 kr.

Alte gute Schwaenke. (Anciennes bonnes Facéties, éditées par Keller). Leipzig, 1847, in-12. Contes libres, traduits de l'ancien allemand.

FACÉTIES ET DISSERTATIONS SINGULIÈRES

SUR L'AMOUR, ETC. EN LATIN.

H. C. Agrippa de nobilitate et præcellentia fœminei sexus expostulatio, etc. Anvers, 1529, in-8; Libri, 11 fr. — *De la Noblesse et préexcellence du sexe féminin* (trad. anonyme). Paris, s. d., et Anvers, 1530, in-8 goth.; Tross, 35 fr. — Trad. de Gueudeville: Paris, 1713, in-12, et Leyde, 1726, in-12, fig.; Pixerécourt, 25 fr. — Trad. et comment. de Fr. Peyrard: Paris, 1801, in-12 de 132 pp.; Crozet, 7 fr.

Facetiæ facetiarum, hoc est, Joco-seriorum fasciculus novus. Francof., 1615, et Pathopoli, 1645, 1657, pet. in-12. Peu commun. 18 pièces: *Disputatio de Jure*, suite d'équivoques peu chastes; *Disputatio de Cornelio*, où il est question des malheurs des maris, etc.

Disputatio perjucunda qua anonymus probare nititur mulieres homines non esse (per Val.

Acidalium). Hagæ-Comitis, 1638, 1644, et Paris, 1693, pet. in-12; Nodier, 40 fr. Acidalius refuse d'admettre les femmes dans l'humanité; son livre est plein de citations curieuses; on y remarque surtout une discussion du concile de Mâcon où cette singulière question fut sérieusement traitée. — *Paradoxe sur les femmes, où l'on tâche de prouver qu'elles ne sont pas de l'espèce humaine* (trad. d'Acidalius, p. Ch. Clapiès). Cracovie (Paris), 1766, in-12; peu commun. — *Problème sur les femmes*, etc. (trad. de Querlon). Amst., 1744, pet. in-8; Potier, 5 fr.

Cupido triumphans, vel Ratio cur sexus muliebris omni honore et amore sit dignissimus. Rheno-Trajecti, 1644, in-16. Abbé de Rothelin, 10 fr. Rare.

Hippolytus redivivus, id est remedium contemnendi sexum muliebrem; auct. S. I. E. D. V. M. W. A. S. Sans nom de lieu (Holl.), 1644, très-pet. in-12; Tech., 15 fr. Plaidoyer satirique en faveur de l'onanisme.

P. Godefredi, de Amoribus libri III. Lugd. Batt., 1648, pet. in-12.

De Osculis, aut. J. F. Hekelio. Lipsiæ, in-12.

FACÉTIES ET DISSERTATIONS SINGULIÈRES

SUR L'AMOUR ET LA GALANTERIE.

Joyeusetez, facécies et folastres imaginations de Caresme-prenant, Gaultier-Garguille, Guillot-Gorju, Roger Bontemps, etc. Paris, Techener, 1829-37, 20 vol. in-16, tiré à 76 ex. Veinant, 295 fr. Le *Manuel du libraire* indique les pièces qui composent cette collection. Parmi ces pièces nous distinguerons, dans le tome 1er, les Évangiles des connoilles; tom. 2, les Facétieux Devis du s. du Moulinet; t. 3, la Fleur de toute joyeuseté; tom. 4, le Caquet et les Ruses et finesses des chambrières, etc.; tom. 5, les Complaintes de Trop tost marié et du nouveau marié, la Consolation des mal mariez, les Ténèbres de mariage, le Débat de l'homme et de la femme, etc.; tom. 6, la Fleur des chansons nouvelles (Lyon, 1586); tom. 9, les Songes de la pucelle, avec la Fontaine d'amours, etc.; tom. 10, Formulaire de Bredin le Cocu; tom. 11, les Adevineaux amoureux; tom. 14, le Valet à tout faire, p. Jacq. Corbin, etc.; le Blason des danses, de Paradin; tom. 15, la Querelle de Tabarin et de Franrisquine, les Amours de Tabarin et d'Isabelle; les Quinze Joies du mariage, 1837, 2 vol. in-16. Cette publication avait été annoncée par un prospectus de 28 pp. donnant le détail des pièces qui devaient être publiées et qui auraient formé au moins 50 vol.; mais les réimpressions faites concurremment par différents éditeurs et amateurs en ont réduit le nombre à 20 volumes.

Le Livre des Connoilles (ou *les Évangiles des Quenouilles*, traditions populaires et quolibets recueillis par Foucart de Cambray, Ant. Duval et Jean d'Arras, dit Caron). Éd. sans nom de lieu et sans date (Bruges, Colard Mansion, v. 1475), pet. in-fol. goth. de 21 ff.; Lyon, 1493; Rouen, s. d., in-4 goth.; s. l. n. d., pet. in-4 goth. de 38 ff. (Gaillava, 35 fr.); s. l. n. d. (v. 1530), pet. in-8 goth. de 32 ff. av. 1 vign.; le Puis Saint-Patrice, 260 fr. Réimp. dans les Joyeusetez sur l'éd. de 1493. — Nouv. éd. rev. sur les éd. anc. et sur les mss., av. préface, glossaire, etc. Paris, Jannet, 1855, in-16 de 134 pp.

Les Adevineaux amoureux. S. l. n. d. (Bruges, Colard Mansion, v. 1477), pet. in-fol. goth. de 26 ff. (3 part., la 1re en pr., 3 ff.; la 2e pr. et v., 14 ff.; la dernière, 4 ff.) On ne connaît d'autre ex. que celui de la B. impériale. Réimp. dans les Joyeusetez (tom. XI).

Le Jardin amoureux, contenant toutes les règles d'amour, avec plusieurs lettres missives tant de l'amant comme de l'amye (ouvrage mêlé de pr. et de v.); p. de Barronso. Paris, s. d. (v. 1535), pet. in-8 goth. de 44 ff., 2 vign.; Heber, 4 liv. 18 sh. — Lyon, s. d. pet. in-8 goth. de 30 ff., grav. en b. sur le titre; La Vallière, 15 fr. Ces deux livrets très-rares sont les plus anciens *Jardins d'amour* connus. Voici les titres des principaux recueils de ce genre qui les ont suivis : *Le Jardin d'amour, où est enseignée la méthode pour bien entretenir une maîtresse*, etc. Paris, J. Leclerc, s. d., pet. in-8; Rouen, Besongne, s. d., in-12 de 36 pp. — *Le Nouveau Jardin d'amour, cont. la méthode*, etc. Paris, s. d., in-18 (cat. Hope, n° 316). — *La Chasse aux filles, ou Jardin d'amour réformé dans lequel est enseignée la manière*, etc. Autun, s. d. (fin du XVIIe siècle), pet. in-12 de 36 pp., fig. en bois sur le titre; Nodier, 30 fr., etc. Voici les plus modernes : *Le Jardin de l'amour et les roses du plaisir, cont. la manière dont on faisait la cour au temps jadis et comment on la pratique à présent.* Paris, Renaud, 1842, 1846, 1847, 1848, in-18. — *Nouveau Jardin d'amour, ou l'art de réussir en amour*, etc., par M. Julliereur. Paris, Lebailly, 1839, 1843, 1849, 1851, 1856, 1859, in-18.

Œuvres de Rabelais. Rabelais est un auteur facétieux et souvent licencieux, mais on ne peut guère trouver de galanteries dans ses ouvrages. Sa première publication, intitulée : Gargantua, a paru à Lyon, v. 1534, in-16 goth. — La meilleure éd. des Œuvres complètes est l'édition *variorum*, augm. de pièces inédites, etc. et d'un comment. par Esmangart et Johanneau; Paris, Dalibon, 1823-26, 9 vol. in-8, av. 12 fig. et 120 caricatures des *Songes drôlatiques de Pantagruel*, dernière œuvre de Rabelais. — Éd. publ. par M. de l'Aulnaye (suivie d'un glossaire érotique français, intitulé : *Erotica verba*); Paris, Th. Desoer, 1826, 3 vol in-18, av. 7 fig. s. b.; Potier, 60 fr.

Le Monophile, avec quelques autres œuvres d'amour; p. Estienne Pasquier. Paris, 1554, 1555, 1566, 1578, 1610, pet. in-8; Crozet, 17 fr. 50 c. Contes, nouvelles, lettres amoureuses, chansons, etc.

Contramours. L'Anteros ou Contre amour; p. J.-B. Fulgose. Paris, 1581, pet. in-4; Potier, 15 fr.

La Guerre des masles contre les femelles, en 3 dialogues; p. de Chollières. Paris, 1588, 1614. pet. in-12; Bignon, 30 fr. 50 c.

Formulaire fort récréatif de tous contrats, donations, testaments, etc., faict par Bredin le Cocu, notaire rural, etc. (p. Benoît du Troncy). Paris, 1590, 1615; Lyon, 1591, 1594, 1602, 1603, 1610, 1617, 1618, 1627, in-16; Nodier, 76 fr. — Réimp. p. M. Breghot du Lut, à Lyon, en 1846, gr. in-12, tiré à 50 ex. Facétie amusante et spirituelle. On trouve dans ce volume une espèce de farce intitulée : *Colloque de l'origine et naturel des femmes*, auquel sont introduits Me Jean Coquillard, Me Pierre Lesage et Me Franç. Baudichon, tous trois notaires ruraux au royaume d'Utopie. Coquillard est veuf; mais, bien qu'il vive avec une *mercenaire étrangère*, il préfère une femme légitime et veut se remarier. Baudichon et Lesage cherchent à l'en détourner et lui débitent force lieux communs contre les femmes. Coquillard avoue qu'on lui dit *de grandes choses*; mais il a son parti pris et veut se remarier. Les autres le quittent en se moquant de lui.

Harangue faite en la défense de l'inconstance. Paris, A. l'Angelier, 1598, pet. in-12. Rare.

Procez et amples examinations sur la vie de Caresme-prenant. Paris, 1605. — *Traicté de mariage entre Julian Peoger et Jacqueline Papinet*. Lyon, 1611. — *La Source et origine des c… sauvages et la manière de les apprivoiser*, etc.; *plus la cruelle rencontre de messer Bid-ault Culbute et ses compagnons contre Mouflard le Baveux, ses aliez et confédérez*. Lyon, 1610. — *Copie d'un bail et ferme faict par une jeune dame*; etc. Paris, P. Viart, 1609. — *La Raison pourquoi les femmes ne portent barbe au menton*. Paris, 1601. — *La Source du gros fessier des nourrices et la raison pourquoi elles sont si fendues entre les jambes, avec la complainte de M. le Cul contre les inventeurs des vertugalles*, etc. Rouen, Yves Bomont, s. d. — *Sermon joyeux d'un dépucelleur de nourrices*. Huit pièces de format petit in-8 ou in-18 de 70 pp., av. 2 fig. libres bien gravées, réimprimées deux fois dans le XVIIIe siècle; elles se vendent ordinairement de 25 à 30 fr. et, en y ajoutant *le Dict des pays joyeulx*, réimp. plus récemment, de 30 à 40 fr.

Les Secrettes Ruses d'Amour, où est monstré le vray moyen de faire les approches et entrer aux plus fortes places de son empire. Rouen, 1610, et Paris, 1611, pet. in-12. 1re part. Secrètes Ruses, 34 fr.; 2e part. Paradoxes d'amour, p. de la Valletrye, 25 fr.; 3e part. Dialogue de l'Arétin où sont desduites les vies, mœurs, etc., de Lais et de Lamia, courtisanes de Rome, 72 fr. Veinant, 43 fr. Réimp. à Rouen, 1618, pet. in-12, sous le titre : *Le Cabinet des secrètes ruses d'amour*; ce vol. est augmenté de la Messagère d'amour; Bolle, 60 fr. — *Les Ruses d'amour pour rendre ses favoris contents*. Villefranche (Holl.), 1679, 1681, pet. in-12 de 514 pp., 1 fig. Quoiqu'on lise à la fin du vol., fin de la 1re partie, il n'a rien paru de plus. Nodier, 19 fr.

Le Réveil du chat qui dort, par la connoissance de la perte du pucelage des chambrières de Paris, avec le moyen de le recouvrer, etc. Paris, jouxte la cop. imp. p. P. le Roux, 1616, pet. in-8 de 16 pp. Cette facétie a été réimp. sous le titre : *Rapport fait des pucelages estropiez*… 1617. Les deux éd. sont fort rares.

Les Privilèges et fidélité des chastrez, etc. — *Arrest contre les chastrez, avec deffense à eux*, etc. — *Le Remerciem… les servantes faict à celuy qui a donné l'ar… est contre les chastrez*; 3 pièces imp. à Paris, pet. in-8 de quelques pages chaque, de 1619 à 1622. Rares.

Quinze Marques approuvées pour connoître les faux c… d'avec les légitimes, etc. S. l. (Paris), 1628, pet. in-8. Rare.

L'Académie des philosophes sur l'amour; par P. Laspeirères. Paris, 1642, in-12. 3 part. : les Racines d'amour; la Tige d'amour; les Branches et les rameaux d'amour.

Les Loix de la galanterie. S. l., 1644, in-12. Réimp. Paris, de Sercy, 1658, 1659, av. *la Loterie d'amour, la Carte du royaume d'amour*, etc., et seul, en 1855, par Aubry, av. introd. p. L. Lalanne, pet. in-8 de 40 pp., 2 fr. 50.

L'Amour divisé, discours académique, où il est prouvé qu'on peut aimer plusieurs personnes en même temps également et parfaitement. Dédié aux dames (par Dalibray). Paris, 1653, pet. in-8.

L'Astrologue amoureux (roman). D'autres ex. des mêmes lieu, date et éditeur, sont intitulés : *L'Astrologue d'amour, cont. la façon de cultiver, planter et recueillir tout ce qui se sème en amour*, etc.) Paris, Est. Loyson, 1657, pet. in-12, front. gr.; Veinant, 34 fr.

Le Grand Almanach de l'amour. Paris, 1659, in-8; Bignon, 2 fr. 50.

Le Royaume de la galanterie, cont. les provinces de l'opulence, du jeu, de la bonne chère et de l'amour, et la Promenade des amants au royaume de l'amour. Paris, 1669, in-12. Rare.

Le Jaloux par force et le bonheur des femmes qui ont des maris jaloux, adjoutée la Chambre de justice de l'amour (en vers), 1663, in-12. — Ed. suivie de *la Revue des troupes d'amour* (déjà parue en 1667). Fribourg (à la Sph.), 1668, 1695, pet. in-12; Potier, 15 fr.

Almanach d'amour, pour l'an de grâce 1665, par le grand Ovide Cypriot, spéculateur des éphémérides amoureuses. S. l., in-12.

Traité des combats que l'Amour a eus contre la Raison et la Jalousie; par Fr. Joyeux. Paris, 1667, pet. in-12, titre gr.; Tech., 6 fr. 50.

La Boussole des amans (p. de Serey). Cologne, (à la Sph.), 1668, 1669, 1670, 1678, pet. in-12; Bérard, 15 fr. Mélange de pr. et de vers.

Morale galante, ou l'Art de bien aimer (p. Le Boulanger). Paris, 1668, 1669, et à la Sph., Elzev., 1669, 2 part. pet. in-12. Cette dern. éd., Tech., 18 fr.

La Toilette galante de l'amour (p. l'abbé de Torche); Paris, 1669, 1670, in-12, avec 1 vign. curieuse.

Filon réduit à mettre cinq contre un, amusement de la jeunesse (p. de Blesschols). Leyde (Elz.), 1676 et s. l. n. d. (Holl., Elzev., v. 1676), pet. in-12 de 26 pp. Pièce rare et ignoble, dit P. Lacroix, mais spirituelle. C'est un dial. entre Filon, Mirène, Lisette, Catin, Marote, Alise, Jeanneton et Isabelle.

La Science et l'école des amans, ou Nouvelles découvertes des moyens infaillibles de triompher en amour, par Fr. Savinien d'Alquié. Amst., H. et Théod. Boom, 1677, 1679, 1693, pet. in-12, front. gr. Potier, 15 fr.

Almanach perpétuel d'amour, par Joly Passionné. A l'Isle d'Adonis, etc. (Holl.), 1681, in-16, front.; Tripier, 40 fr.

Les Libertins en campagne, mémoires tirés du P. La Joye, anc. aumônier de la reine d'Yvetot. Au Quartier-Royal (Holl., à la Sph.), 1710, 1717, 1744, 1745, pet. in-12, 1 fig.; Veinant, 17 fr. 50.

Le Je ne sais quoi, ou Mélanges curieux (par Cartier de Saint-Philippe). La Haye, 1723, 1724, in-12. Cont.: Du Cocuage; la Belle Hollandoise; Remède contre les attraits des brunettes, etc. Peu commun.

Anecdotes pour servir à l'hist. secrète des Ébugores. Medoso (Holl., 1733), in-12. Rare. Vendu p. l'Alliance des Arts, en 1846, 50 fr. (V. la note de ce Cat., n° 661).

Almanach de Priape, pour l'année 1741, in-24, texte gr. Rare.

Étrennes libertines pour l'année 1743, cont. le Libertin puni, com. (en v., p. Legrand); la Femme forcée, conte; la Fille imbécile, conte; les Regrets superflus; le Cocu, etc. Cythère, s. d., in-8 de 32 pp. av. fig. libres.

Code de Cythère, ou Lit de justice d'amour; av. le bordereau des dépenses et recettes (p. P. Moet). Erotopolis (Paris, 1746), in-12. Peu commun.

Cléon, rhéteur cyrénéen, ou Apologie d'une partie de l'histoire naturelle; trad. de l'it. (comp. p. Thorel de Campigneul). Amst., 1750, 1759, 1770, pet. in-12. Tripier, 12 fr. C'est un ouvr. à clef: Nazizalo, la raison; Montegia, le jugement, etc. Le sujet est libre, mais le style est ennuyeux. V. Viollet-Leduc, tom. II, p. 201.

Les Filles femmes et les Femmes filles, ou le Monde changé, conte qui n'en est pas un (p. Simon de Boissy). Londres, 1751, in-12 de 88 pp. Satire très-libre des mœurs du temps. Elle est ordinairement suivie de: *Quinze Minutes, ou le Temps bien employé*, conte, 1751, in-12. Bignon, les deux ouvr., 30 fr.

L'Art de jouir, poëme en pr. (p. La Métrie). Cythère, 1751, 1761, in-16. Rare.

L'Isle de France, ou la Nouvelle Colonie de Vénus (p. Thomas). Amst. (Paris, Duchesne), 1752, 1753, et Col., 1756, 1757, in-12, 1 fig. Potier, 8 fr.

Les Dégoûts du plaisir, frivolité; par M. de la B***. Lampsaque, 1752, in-12. Petit ouvrage (plus que frivole) dédié à Mlle Auguste, danseuse de l'Opéra.

La Trentaine de Cythère (p. J.-Fr. de Bastide). Londres, 1753, 1763, in-12. Peu commun. Conte dans le genre de Crébillon fils.

Poissardiana, ou les Amours de Royal-Vilain et de Mlle Javotte (par Caillean). S. l. (Paris), 1756, in-12.

*Complaisances amoureuses faites à Mme la comtesse de G** par le comte de S**.* S. l., aux dépens du beau sexe, 1758, pet. in-12. Rare.

L'Amour décent et délicat, ou le Beau de la galanterie (p. l'abbé Chr. Choyer). A la tendresse, chez les amants, 1760, 1768, pet. in-8; Tech., 5 fr.

Almanach de l'année galante. Paris, Ve Duchesne, 1765, in-24. Sous les mêmes date et adresse, cet almanach a été publié avec beaucoup de titres différents: *Almanach des oracles de l'amour*; *Alm. de ce qui plaît aux dames*; *Alm. du plaisir*; *Alm. du beau sexe*; *Alm. des loisirs de l'amour*, etc. Tous sont rares.

Étrennes de ces messieurs pour ces demoiselles. S. l., 1771, in-18. Rare.

Almanach, ou le Petit Séducteur; Paris, 1775, in-24. — *Alm. de la galanterie sans apprêts*; Paris, 1775, in-24. — *Alm. des plaisirs*; Paris, 1775, in-16. Rares.

Journée de l'amour, ou Heures de Cythère (p. la Cte de Turpin, Guillard, Favart et l'abbé de Voisenon). Gnide et Paris, 1776, in-8 av. jolies vign. Petit rec. de mièvreries d'une soc. littéraire dite l'Ordre de la Table-Ronde. Peu cher.

Almanach. Les Vœux de la nature, ou l'Hommage que l'on doit aux jolies femmes. Paris, 1777, in-24, orné de 4 fig.

Manuel des amateurs, à l'usage de ces messieurs qui sont un peu coquins, et de ces dames qui ne sont pas trop bégueules. A Démérari, 1780, in-12; Bignon, 10 fr.

Essai sur l'amour (p. Dreux du Radier). Amst. (Paris), 1783; Paris, an VII, ou X, in-18, fig.

Erotika Biblion (p. le comte de Mirabeau). Rome (Holl. ou Suisse), 1783, in-8; Crozet, 11 fr. — Rome, 1783, in-18. — Paris, Lejay, 1792, in-8; Du Roure, 7 fr. — Paris, Vatar, 1801, pet. in-12, av. portr. Cond. en septembre 1826.

Mélanges érotiques et historiques, ou les Œuvres posthumes d'un inconnu, publiées par un chapelain de Paphos. A Salamine, 1784, in-12.

Almanach nouveau de l'an passé, ou Almanach pucé. Genève (Paris, 1785-86), 2 vol. in-18. Rec. de facéties satiriques et un peu libres en pr. et en v. Bignon, 11 fr.

Manuel des boudoirs, ou Essais érotiques sur les demoiselles d'Athènes (p. Mercier de Compiègne). Cythère (Paris, 1787), 4 vol. in-18, fig. Saint-Mauris, 44 fr. 50.

Étrennes aux amateurs de Vénus. Paphos, 1787, in-18, texte gr., av. 12 fig. libres. Réimp. en 1806. Cond. en 1815.

Le Lit de noces, ou les Nuits du docteur Pyrico-Proto-Patouphlet. S. l. (Paris), 1791, in-8; Bignon, 3 fr. Ne serait-ce pas le même ouvr. que le suivant? — *Les Lits babillards.* Paris, imp. Dautel, rue Pavée, 1797, in-18 de 73 pp., av. 2 grav. très-mauvaises et non libres. Imitation peu spirituelle du genre des contes de Voltaire. L'auteur, qui se cache sous le nom de Patouphlet, raconte que, s'étant livré aux sciences occultes, il obtint le talent de faire parler les bois de lit. Ils lui racontèrent quelques historiettes gaillardes. Il parcourut l'Italie et une partie de l'Europe; fait prisonnier par des Algériens, il fut conduit au Maroc, où on le réduisit à l'état d'eunuque, etc.

La Philosophie dans le boudoir, œuvre posthume de l'aut. de Justine. La mère en prescrira la lecture à sa fille. Londres, 1795, 2 part. pet. in-12, 190 et 216 pp., avec 5 grav. Ouvr. attribué à de Sade, qui en fait d'ailleurs mention dans Justine; c'est son style et ce sont toujours ses idées de cruauté. Réimp. v. 1830, en 2 vol. in-18, av. de mauvaises lith.

Almanach des voluptueux, ou les 24 heures d'un sybarite. Paris, an XII, 1806, in-18 de 126 pp. et 1 fig. représ. une femme nue à mi-corps. Peu commun. Tableaux un peu libres, mais point obscènes.

Jugement arbitral entre très-intéressante et très-jolie demoiselle Désirée de M., demeurant à Marly, et très-aimable sieur F. P., demeurant à Paris; v. Pillon-Duchemin. Paris, 1808, in-8. Jannet (2687), 4 fr.

Galanteriana, ou Choix de propos joyeux et d'anecdotes galantes anc. et mod.; par un ancien capitaine de dragons. Paris, 1814, 2 vol. in-12, fig.

Les Amours de la Bourbonnaise avec maître Blaise le savetier, chez la mère Radis; publiées par M. Bobèche témoin oculaire et auriculaire. (Paris, 1816), in-8 de 4 pp. Jannet, 4 fr.

Paris, les Femmes et l'Amour. Paris, 1816, in-12 de 264 pp., 1 fig.

Code des boudoirs, moyens adroits de faire des conquêtes, de devenir bientôt heureux en amour et d'acquérir un certain aplomb auprès des femmes; par un jurisconsulte de Cythère. Ouvrage indispensable aux novices. Paris, Bréauté, 1829, in-18 de 72 pp., 1 fr. Il a paru, à la même époque, plusieurs codes de ce genre: *Code des amants, ou l'Art de faire une connaissance honnête,* p. Lamy. 1829, in-18, fig. — *Code galant, ou Art de conter fleurette;* p. Hor. Raisson, 1829, in-18, fig. — *Code de l'amour, ou Cours complet de définitions,* etc., p. H. Demolière, 1829, in-18, fig.

D'une punition divinement envoyée aux hommes et aux femmes pour leurs paillardises et incontinences désordonnées, en 1493, av. notes amples, etc., par P. Stephen Balliger (comp. par Peignot). A Naples et en France (Paris, Tech.). 1836, pet. in-8 de 76 pp.; Du Roure, 6 fr.

Les Bambochez amoureuses des grisettes de Paris. Paris, imp. Bouchard-Huzard, 1840, in-18 de 108 pp. Opuscule de colportage.

Physiologie de l'amour, par Du Fayel. Paris, Charpentier, 1841, in-8 de 21 feuilles, 6 fr. Il a paru la même année beaucoup de *physiologies,* in-32: *du Séducteur,* par Victor Doinet; *des Amoureux,* p. de Neufville avec illustr. de Gavarni; *de l'Homme à bonnes fortunes,* par Ed. Lemoine; *de l'Opéra, du carnaval, du cancan et de la cachucha,* par un vilain masque; *de l'Amant de cœur,* p. Marc Constantin; *du Débardeur,* p. Maurice Alhoy.

Vie, amours et galanteries des étudiants, commis marchands, etc. et des jolies grisettes, etc. Paris, Terry, 1843, 1846, in-18 de 286 pp., fig., 2 fr. 50.

Almanach des amoureux; par Marc Constantin. Paris, 1846, 1847, in-18. — Nous citeions aussi l'*Almanach des amants*, Nancy, 1849, 1850, in-8 ; et l'*Almanach des amours*, Paris, Pourreau, 1850, in-16.

Les Ruses, malices et cachotteries des amoureux. Paris, 1847, in-18 de 108 pp.

Le Treizième Arrondissement, p. L. Lurine, Paris, 1850, in-8, fig. 5 fr. On sait que ce 13e arrondissement était celui des mariages morganatiques ou de main gauche.

Théorie de l'amour et de la jalousie; par P.-J. Stahl (Hetzel). Paris, et Bruxelles, 1853, in-18 de 84 pp.

A quoi tient l'amour, fantaisies parisiennes p. Alb. Second. Paris, 1856, in-12, 1 fr.

FACÉTIES ET DISSERTATIONS SINGULIÈRES

SUR LES FEMMES.

Les Singeries des femmes de ce temps descouvertes et particulièrement d'aucunes bourgeoises de Paris. S. l., 1623, in-8, de 8 ff.; Potier, 40 fr. Pièce satirique et facétieuse.

Prognostication des c... sauvaiges, avec la manière de les apprivoiser. S. l. n. d. (v. 1530), pet. in-8, goth. de 4 ff.; Heber, 44 fr. 50. — Rouen, Yves Gomont, in-8 goth. de 10 pp. Rare.

Discours des champs faez (ou *Discours amoureux faictz*) *à l'honneur et exaltation de l'amour et des dames* (p. Cl. de Taillemont). Lyon, 1553, pet. in-8, portr.; Potier, 36 fr. — Paris, 1571, 1595, in-16.

Le Fort inexpugnable de l'honneur du sexe féminin, construit par Fr. de Billon. Paris, 1555, in-4, av. portr. de l'aut. et fig. s. b. bien faites. J. G., 16 fr. Assez curieux.

De la Bonté et mauvaistié des femmes; p. J. de Marconville. Paris, 1564, 1565, 1571, 1573, et Troyes, 1616, pet. in-8 de 152 pp.; Nodier, 23 fr.

De la Beauté, discours divers,... avec la Paulegraphie, ou Description des beautez d'une dame tholozaine, nommée la Belle Paule; par Gabr. de Minut, baron de Castelnau. Lyon, 1587, pet. in-8; Crozet, 141 fr. Paule de Viguier était si belle, dit son biographe, que sa présence dans les rues de la ville causait une émeute, tout le peuple s'empressait pour la voir. Ce livre, publié du vivant de la personne qu'il concerne, inspire des doutes sur sa vertu ; car toutes les perfections de son corps, sans en excepter une seule, y sont minutieusement décrites. Ainsi, parlant des tetons de Paule, il dit, d'après *celles* qui les ont vus, qu'ils étaient plus beaux que ceux de la courtisane Flora. Il consacre un chapitre au nombril, un à la *porte de sortie des enfants*; il donne trois pages aux fesses. Parlant d'une femme, selon lui, très-chaste, il affronte sans ménagement des détails très-scabreux. On a peine à comprendre comment ce livre a eu pour éditeur la sœur de celui qui l'avait composé, Charlotte de Minut, abbesse du monastère de Sainte-Claire de Toulouse, qui l'a dédié à la reine Catherine de Médicis.

Le Plaisant Discours et advertissement aux nouvelles mariées pour se bien et proprement comporter la 1re nuit de leurs nopces, etc. Lyon, s. d., in-8 goth., et 1606, pet. in-8; Nodier, 41 fr. Facétie en vers, réimp. à Paris, chez Guiraudet, 1829, in-16 de 12 pp., sous le titre *Discours joyeux pour advertir*, etc., et à Strasb., en 1851, pet. in-8 de 16 pp., tiré à 99 ex.

Alphabet de l'imperfection et malice des femmes; p. Jacq. Olivier,... dédié à la plus mauvaise du monde. Paris, 1617, 1619, 1623, 1626, 1631, 1636, 1638, 1643; Rouen, 1638, 1683, 1685; Lyon, 1648, in-12. Crozet, 14 fr. 50. Toutes les éditions ont de la valeur. On a fait à cette diatribe plusieurs réponses : *Défense des femmes contre l'Alphabet de leur prétendue malice et imperfection*; p. le s. Vigoureux. Paris, 1617, pet. in-12. J.-G., 7 fr. 50. — *Apologie contre le livre intit. Alphabet de la méchanceté des femmes*; p. le s. Bernier. Paris, 1618, pet. in-12. — *Le Champion des femmes, qui soutient qu'elles sont plus nobles, plus parfaites, etc., que les hommes*; p. le chev. de l'Escale. Paris, 1618, pet. in-12; Giraud, 13 fr. Réimp. à Paris, en 1631, pet. in-12, sous le titre : *Alphabet de la perfection et de l'excellence des femmes contre l'infâme Alphabet de leur imperfection et malice*. J. G., 23 fr. — Voici maintenant deux répliques : *Réponse aux impertinences de l'aposté capitaine Vigoureux*; par Jacq. Olivier. Paris, 1617, pet. in-12. — *Réplique à l'anti-malice, ou Défense des femmes du sieur Vigoureux*; par de La Bruyère. Paris, 1617, pet. in-12; Potier, 15 fr. — Enfin un nouvel adversaire des dames : *Cacogynie, ou Méchanceté des femmes*; p. le s. Fiefville. Caen, 1617; Paris, 1618, 1619, et Lyon, 1660, pet. in-12; Bignon, 10 fr.

Le Voyage raccourci de trois bourgeoises de Paris, avec leurs ruses et finesses nouvellement découvertes par leurs maris. Paris, (v. 1618), in-8, de 24 ff. Lambert, 15 fr.

Recueil général des caquets de l'accouchée, ou Discours facétieux où se voient les mœurs, etc. (Paris), 1623, 1624, (Crozet, 61 fr.); Poitiers, 1630, (Bignon, 30 fr.); Troyes, s. d. (Potier, 12 fr.); pet. in-8. Réimp. à Metz, en 1847, in-16 tiré à 76 ex.; Veinant, 15 fr. 50. — et à Paris, Jannet, 1855, in-16, 5 fr. Cette éd. a une introd. de Leroux de Lincy et est annotée p. Ed. Fournier. Ces diverses éditions contiennent de 9 à 12 pièces, mais il en est paru bien davantage en 1622 et 1623. Un recueil de 18 pièces a été vendu Labédoyère, 296 fr. Voici les titres de quel quès-unes : Le Caquet de l'accouchée; la 2e Après-dînée; la 3e Après-dînée; la Réponse aux trois caquets; l'Anti-caquet; le Relèvement de l'accouchée; Réponse des dames et bourgeoises au caquet; le Passe-partout du caquet des caquets; la Dernière Après-dînée; les Essais de Mathurine; Sentence par corps obtenue par plusieurs femmes de Paris contre l'auteur des caquets; les Commentaires de César; le Caquet des femmes du faubourg Montmartre avec la Réponse des filles du faubourg Saint-Marceau; le Caquet des poissonnières; la Réjouissance des harengères; la Grande Division arrivée entre les femmes et les filles de Montpellier; etc.

Compromis, ou Contrat d'association passé entre deux garces de Paris qui ont promis et juré l'une à l'autre de faire moitié de tout. S. l. n. d. (vers 1631), in-8 de 8 pp. Opuscule très-rare qui a sa place à côté du *Contenu de l'assemblée des dames de la confrairie du grand Habitavit* et de la *Blanque des filles d'amour*, 1631. Il ex. une autre éd. du *Compromis*, qui n'a que 7 pp. et en caract. plus petits. J.-G., en 1844, 30 fr.; Tripier, 60 fr.

Les Fantasies (sic) *de Bruscambille* (le comédien Des Lauriers). Paris, Florent Lambert (La Haye), 1668, pet. in-12 de 286 pp. Dans cette éd. assez médiocre et qui n'est qu'une copie de celles de Paris, on a ajouté les *Bonnes Mœurs des femmes*, morceau fort libre qui occupe 2 pp. à la fin du volume. Se joint à la coll. des Elzévirs. Nodier, 41 fr. 60; La Bédoy., 99 fr.

L'Imperfection des femmes, tirée de l'Écriture sainte et de plusieurs auteurs. A Ménage, s. d., chez Trop tôt marié, et Amst., 1697, in-32. — *Réfutation du livre précédent, interjetté contre l'auteur de leurs calomnies, composé par Tircis, intendant de la province des Dames.* En province, 1699. — *Le Caractère des femmes; optima fœmina rarior phœnice.* 3 part. en 1 vol. pet. in-8, fig. Tech., 18 fr.

La Meschanceté des filles, où sont décrits plusieurs exemples des ruses et finesses, etc. Rouen, Besongne, s. d. (1703) et Troyes, s. d. et 1715, 1 pet. in-12 de 24 pp.; Crozet, 6 fr. 25 c. On a fait aussi la *Malice des femmes, cont. les ruses et finesses*, etc. Les anciennes éd. en sont rares. Nous ne parlons pas de nombreuses impressions mod. sous ces titres ou sous des titres analogues, parce qu'elles n'ont que très-peu de valeur et nulle importance.

L'Apothéose du beau sexe. Londres (Amst.), 1712, 1741, 1761, in-12, front. gr. Tech., 4 fr. 50 c. Livre curieux et libre.

L'Art de rendre les femmes fidèles. Paris, 1713, in-12; Genève et Paris, 1779, 1783, 2 part. in-12; Paris, an XI, 2 part. in-12, et 1860, gr. in-8 de 47 pp. à 2 col. Ce livre a fait naître une critique assez spirituelle : *L'Art de corriger et de rendre les hommes constants*; p. la bar. de Vasse. Londres et Paris, 1783, 1789, in-12 de 248 pp. Peu commun.

Les Yeux, le nez et les tetons, ouvrages curieux, galants et badins; p. J.-B.-N. du C., dit V. (Nic. Du Commun, dit Véron). Amst., 1716-20, 1734-36, 1740, 1760, 1770, 3 part. pet. in-8; Nodier, 30 fr. Les Tetons ont été réimp. plusieurs fois sous le titre : *Éloges des tetons.* Francf., 1746, in-12; Col., 1759, 1764, 1775, in-12. Éd. peu communes. Mercier de Compiègne les a aussi réimprimés, avec des augmentations : *Éloge du sein des femmes, ouvr. où l'on examine s'il doit être découvert, s'il est permis de le toucher*, etc. Paris, 1800, 1801, 1803, in-18, figures; A. Fl., 17 fr.

L'Art de connaître les femmes, avec une dissertation sur l'adultère; par le chev. de Plante-amour (Fr. Bruys). La Haye, 1730, et Amst., 1749, in-12 de 252 pp.; Bignon, 14 fr. Ce pet. ouvr. a été réimp. en 1820, en 1821, in-12, et en 1860, gr. in-8, à 2 col.

Le Triomphe du beau sexe, ouvr. dans lequel on démontre que les femmes sont en tout égales aux hommes et on examine quel doit être l'amour réciproque des deux sexes (p. l'abbé Dinouart). Amst. (Arras), 1749, in-12 de 94 pp. Livret estimé et peu commun.

Opuscule d'un célèbre auteur égyptien, cont. l'histoire d'Orphée, par laquelle on pourrait soupçonner qu'il est peu de femmes fidèles (par le chev. de Mouhy). Londres (Paris), 1752, 1753, pet. in-12; Crozet, 4 fr. 75.

Les Rêveries d'un amateur du Colysée, ou les femmes sans dot. Londres (Paris), 1776, in-8. Peu commun.

Avis intéressant concernant les jolies filles à marier. Paris, 1780, in-8. Peu commun.

Confession naïve de Victorine, tendant à la réforme du sexe. Paris, an IV, in-18. Peu commun.

Projet d'une loi portant défense d'apprendre à lire aux femmes; p. Sylvain Maréchal. Paris, an IX, in-8. Réimp. à Paris, en 1853, in-18.

Fémininéana, rec. des ruses, bons mots, naïvetés du beau sexe, p. Cousin d'Avallon. Paris, 1801, in-12, fig. Peu commun. — *Muliériana, ou Rec. d'anecdotes sur le beau sexe.* Lille, 1811, in-32 de 130 pp., front. — *Muliérana, trésors des anecdotes, bons mots, etc., sur les femmes, suivi de Fémininéana*, revers de la médaille; publ. p. A. Blismon. Paris, 1858, in-32, 1 fr.

L'Espion des boudoirs, ou la Nouvelle Liste des plus jolies femmes, etc. 1802, in-18. — *Nouvelle Liste des jolies femmes de Paris, leurs noms, leurs demeures; ou le Petit Labrieu.* Au Palais des plaisirs, 1805, 1808, in-12, fig.

Almanach des filles à marier. Paris, 1812, in-24 de 48 pp. *Alm. des amants*; mêmes lieu, date et format.

Un An de la vie d'une jeune fille, lithographié par Watier, en 17 chapitres. Chez Sazerac, 1823. — *Un An de la vie et des amours d'une jeune fille*, roman en couplets; par Mlle Alexandrine, tiré des lithograph. de M. Wattier. Paris, 1826, in-32 de 16 pp.

Les Amours des grisettes, leurs aventures extraordinaires, détails intéressants sur les brodeuses, les blanchisseuses, les chamarreuses, les brocheuses, les brunisseuses, les danseuses, les modistes, les fleuristes, les passementières, les mercières, les culottières, les cuisinières, les lingères et les couturières; les noms des endroits où elles se réunissent, le tout écrit avec l'encre de la Petite Vertu. — *Histoire des jolies femmes de Paris : épicières, boulangères, fruitières, écaillères, dames de la Halle, actrices, figurantes de l'Opéra, de la Porte-Saint-Martin, de l'Ambigu et des principaux théâtres de Paris ; les limonadières, les charcutières et les filles de portières.* — *Aventures extraordinaires d'une marchande de modes de la rue Vivienne (mademoiselle Félicité-Bernard). Sa première connaissance, sa deuxième et troisième connaissance; visites chez mon oncle, etc.* Tels sont les titres de trois canards impr. à Paris en 1831 et en 1832 et réimp. plusieurs fois; les deux premiers ont chacun 8 pp. in-12; le dernier a 4 pp. in-8; ils sont sans doute tous trois assez rares aujourd'hui.

Les Cascades du beau sexe, rec. complet des ruses des femmes, espiègleries, etc. Paris, 1838, in-32 de 5 feuilles, 6 grav. 2 fr.

Physiologie de la femme entretenue... par moi (p. Jacq. Arago); Paris, 1840, in-32, 1 fig.; peu commun. Cette spirituelle facétie, réimp. une seconde fois la même année, fit naître, en 1841, les physiologies suivantes : *du Protecteur* (par Jacq. Arago); *de la Lorette*, p. Maurice Alhoy; *de la Grisette*, p. Louis Huart; *de la Parisienne*, p. Taxile Delort; *de la Femme honnête*, p. Ch. Marchal; *de la Fille sans nom*, p. le même; *de la Femme*, p. Et. de Neuville, av. illustr. de Gavarni.

Les Vésuviennes, ou la Constitution politique des femmes, par une société de Françaises. Paris, imp. de Boutruche, 1848, in-18 de 36 pp., 25 c.

Les Maîtresses à Paris. Ce que c'est qu'une Parisienne; p. Léon Gozlan. Paris, 1852, 1853, in-18 de 96 pp. 1 fr.

La Lorette; p. Edm. et Jules de Goncourt. Paris, Dentu, 1853, 1854, 1855, 1856, in-32 de 64 pp.

Ce que c'est qu'une actrice, p. le bar. de Reilfenberg fils. Paris, 1855, in-8 de 76 pp.

Le Bien qu'on dit des femmes. — *Le Mal qu'on dit des femmes*; p. Em. Deschanel. Bruxelles, 1855, 2 part. in 32.

Les Andalouses bordelaises, redowa en prose; p. P. Ern. de Ratier. Bordeaux, 1856, in-16 de 132 pp.

Les Parisiennes à Paris (cont. : *Ce que c'est qu'une Parisienne et les Maîtresses à Paris*, par L. Gozlan; *Philosophie de la vie conjugale à Paris*, p. de Balzac; *la Semaine de l'ouvrière*, p. Taxile Delort; *Mademoiselle Mimi Pinson*, p. Alfred de Musset; *Ce que c'est que l'amour*, p. Stahl; *Où va une femme qui sort*, p. Laurent Jan; *les Veuves du diable*, p. Guinot; *Conseils à une Parisienne*, p. A. de Musset). Paris, M. Lévy fr., 1857, in-12 de 284 pp., 1 fr.

La Femme jugée par l'homme, documents pour servir, etc.; par L. J. Larcher. Nouv. éd. Paris, Garnier, 1858, in-12, 3 fr. 50.

Almanach de la Crinoline, pour 1859. Paris, 1858, in-16 de 128 pp.

L'Art de rendre les femmes fidèles; par Aurélien Scholl. Paris, Bourdilliat, 1860, in-32 de 44 pp. C'est un opuscule nouveau, et ce n'est pas l'ancien ouvr. qui porte le même titre.

FACÉTIES ET DISSERTATIONS SINGULIÈRES

SUR LES FILLES PUBLIQUES ET LES COURTISANES

Le Pot aux roses découvert, ou le Rabais des filles d'amour. Paris, 1615, pet. in-8. Dialogue entre la courtisane Jacqueline et sa mère Cardine; réimp. la même année, à Paris, sous le titre suivant : *La Blanque des filles d'amour, dialogue où la courtisane Myrthale et sa mère Philire devisent du rabais de leur mestier*, pet. in-8 de 14 pp. — Réimp. aussi à Paris, en 1625, sous les 2 titres suivants : *La Chasse des dames d'amour avec la réformation des filles.* — Et *le Mécontentement arrivé aux dames d'amour suivant la cour*; in-16 de 16 pp. Toutes ces éd. sont très-rares et recherchées.

La Découverte du style impudique des courtisanes de Normandie, envoyé pour étrennes à celles de Paris. Paris, 1618, in-8. Pièce très-rare, réimp. dans les *Variétés hist. et litt.*, 1855. Il y a encore, du même temps : *Les Regrets des filles de joye de Paris sur le subject de leur bannissement.* Paris (1619), pet. in-8 de 7 pp. — Et *l'Infortune des filles de joye* (par Adrien de Montluc). S. l., 1624, pet. in-8. Facéties rares.

Le Putanisme d'Amsterdam, livre cont. les tours et les ruses dont se servent les putains et les maquereaux, etc. Amst., 1681, pet. in-12, fig; très-rare.

La Courtisane philosophe, ou l'Apologie du putanisme. Cologne (Paris), 1748, pet. in-12. Très-rare. V. Leber n° 2683.

Lettres de la Fillon (par Coustellier). Cologne, Pierre Marteau (Paris), 1751, 1753, in-12. Peu commun.

Les Canevas de Paris, ou Mémoires pour servir à l'hist. de l'hôtel du Roule. A la porte Chaillot, s. d. (v. 1755), in-8. Peu commun.

Les Femmes de plaisir, ou Représentations à M. le lieutenant de police sur les courtisanes à la mode et les demoiselles du bon ton. Paris, 1760, 1772, pet. in-8, av. 3 pl. Le but de ce livre peu commun est tout à fait moral.

Complainte des filles auxquelles on vient d'interdire l'entrée des Tuilleries à la brune (p. J.-B. Marchand). S. l. n. d. (1768), pet. in-8 de 8 ff. Rare.

Arrêt de la cour de parlement, concernant les filles et femmes de joie. 1776, in-4. Peu commun.

Portefeuille d'un dragon, ou Recueil galant à l'usage des filles de la rue Saint-Honoré, dédié à madame d'Éricourt, mère du sérail militaire de Paris. Londres, 1781, in-18. Rare.

Correspondance de madame Gourdan, dite la Comtesse; avec un Recueil de chansons à l'usage des soupers de chez madame Gourdan. Londres, J. Nourse, 1784, pet. in-12, fig. (C'est une 2e édit.; elle est augmentée du *Portefeuille de madame Gourdan*, qui avait déjà paru en 1783, Spa (Londres), in-12). Rare. Attrib. à Thévenot de Morande.

Correspondance d'Eulalie, ou Tableau du libertinage de Paris; avec la vie de plusieurs filles célèbres de ce siècle. Londres (Paris), 1785, in-18. Rare.

La Nouvelle Rosine, ou la Vie d'une courtisane, pot-pourri. Amst., 1785, in-18. Jannet, 5 fr.

Les Nouvelles de Cythère, ou Petites Affiches du Palais-Royal. Paris, 1788, in-12. Peu commun.

Anandria, ou Confession de Mlle Sapho, élève de la Gourdan, sur sa réception dans la secte anandrine. En Grèce, 1789, in-18, fig. Rare. Réimp. sous le titre : *La Nouvelle Sapho, ou Hist. de la secte anandrine.* Paris, an II; un ex. unique impr. sur vél. et avec les dess. orig., a passé à la vente Chardin, en 1831. Nous pensons que cet ouvr. est la réimpression d'une facétie insérée dans le 10e vol. de l'*Espion anglais : Apologie de la secte anandrine, ou Exhortation à une jeune tribade*, par Mlle de Raucourt, prononcée le 28 mars 1778.

Les Veillées du couvent, ou le Noviciat d'amour, poëme eroti-satyrique en pr. (p. Mercier de Compiègne). Lutipolis (Paris), 1793, 1796, in-18, fig.; Jannet, 7 fr. Il y en a eu d'autres réimpr.; c'est un ouvr. libre.

Aventures galantes de Rosalie, fille de joie, suivies du portr. de quelques jolies femmes de Paris, ouvr. trad. de l'angl. Londres, 1796, in-18 de 150 pp., 1 fig. Rare.

Les Sérails de Paris, ou Vies et portraits des dames Paris, Gourdan, Montigni et autres appareilleuses; ouvr. cont. la description de leurs sérails, etc. Paris, 1802, 3 tom. in-18, portraits; Scheible, 4 flor. 48 kr.

Les Nymphes du Palais-Royal, leurs mœurs, leurs expressions d'argot, leur élévation, retraite et décadence, par P. Cuisin. Paris, 1815, in-18 de 144 pp., avec une fig., 2 fr. Impr. aussi la même année sous le titre : *La Volupté prise sur le fait, ou les Nuits de Paris.*

Le Palais-Royal, ou les Filles en bonne fortune (p. Déterville). Paris, 1815, in-18, 1 fig. Plusieurs éd.

L'Amour à l'encan, ou la Tactique de la galanterie, revue semi-morale, semi-folâtre des sérails de la capitale. Paris, 1820, 1829, in-18, 1 fig. 21 tableaux assez amusants et originaux.

Les Femmes entretenues dévoilées dans leurs fourberies galantes, ou le Fléau des familles et des fortunes. Paris, 1821, 2 vol. in-8, fig. Scheible, 4 fl. 48 kr.

Biographie des Nymphes du Palais-Royal et autres quartiers de Paris; p. Modeste Agnès, l'une d'elles. Paris (1823), in-18 de 6 feuilles et demie, 1 fig. col.

Dictionnaire anecdotique des Nymphes du Palais-Royal; par Lepage. Paris, 1826, in-18. Rare, l'autorité l'ayant détruit par accord avec l'auteur.

Amours et intrigues des grisettes de Paris, ou Revue des belles dites de la Petite Vertu; p. J.-B. Ambs-Dalès. Paris, 1828, 1829, 1830, in-18 de 180 pp., 2 fig.

Les Veillées des maisons de prostitution, nouv. lanterne magique plus que galante, en 12 tableaux. G......polis (Paris, av. 1830), in-18 de 66 pp., 12 fig. érot.

Les Dames de maison et les Filles d'amour. Cour de la Sainte-Chapelle, chez le concierge (av. 1830), pet. in-12, av. 4 pl. érot. Rare. C'est une notice sur les différents bordels et maisons de passe de Paris.

Nouvelles Amours et intrigues des marchandes de modes, des grisettes et des filles de joie; par un praticien. Paris, 1830, in-18, avec 1 pl.

Code des mœurs, ou la Prostitution régénérée, suivi d'un Projet d'une maison de refuge pour les femmes publiques dans leur intérêt personnel et celui de la société, soumis aux Chambres par un patriote. Paris, 1830, in-8 de 16 pp., 1 fr.

Les Filles en cage, ou Déguerpissons; par un abonné au cachet des maisons de plaisir de la capitale. Paris, 1830, in-8 de 8 ff. Dialogue en pr. relatif à l'ordonnance du Préfet de police qui interdisait aux filles publiques de sortir le soir. Les brochures suivantes, relatives au même incident, ont également paru en 1830 : *Plainte et révélations nouvellement adressées par les filles de joie de*

Paris à la congrégation contre l'ordonnance de M. Mangin, qui leur défend de circuler dans les rues, etc.; par une matrone, jurisconsulte de ces dames. In-8, 40 pp. — *Le Tocsin de ces demoiselles, ou Mémoire à consulter adressé à tous les barreaux de France*, etc. In-8 de 16 pp. — *Les Filles publiques en révolution, ou Conspiration de ces demoiselles contre leur juge interrogateur.* Paris, 1830, in-8. — *La Paulinade, grande conspiration de la fameuse Pauline et des 25,000 filles publiques de Paris contre M. Mangin et ses agents*; poëme romantique en trois chants. In-8 de 16 pp. — *Doléances des filles de joie de Paris, à l'occasion de l'ordonnance qui leur défend de se montrer en public, arrangées en complainte par l'une d'elles, enrichies de notes et adressées aux nymphes des départements par le cousin de Pauline (cuirassier).* In-8 de 8 pp. Il y a eu 3 ou 4 complaintes différentes. — *Prière romantique de Laure, dite la Séduisante, à tous les amateurs des prêtresses de Vénus et aux augustes défenseurs de Thémis au sujet de l'ordonnance qui défend aux charmantes déesses de Paphos de sortir de leurs temples*; publiée par un amoureux en délire. In-8, 8 pp. — *Le Vrai Motif de la captivité des femmes soumises, et leurs plus grands ennemis dévoilés*; dialogue sur les brochures faites au sujet de l'ordonnance qui défend aux prostituées de sortir de chez elles, etc.; par Frédéric L. G. D. In-8, 8 pp. — *Projet d'un nouveau règlement concernant les filles publiques et les maisons de prostitution, tendant à en diminuer le nombre sans employer la rigueur et sans atténuer la liberté des prostituées*, soumis à M. le Préfet de police; par un ami de la Charte. In-8, 8 pp. — *Pétition des filles publiques de Paris à M. le Préfet de police, au sujet de l'ordonnance qu'il vient de rendre contre elles, leur interdisant la circulation dans les rues et promenades publiques*, etc.; rédigée p. Mlle Pauline et apostillée par MM. les épiciers, cabaretiers, etc. In-8, 8 pp. — *Deuxième pétition adressée à M. le Préfet de police par les filles publiques de Paris, la 1re, à cause de sa nullité, étant restée sans réponse*, etc.; par une maîtresse de maison. In-8, 16 pp. — *Aux Ministres!!! Nouvelle Pétition des filles publiques de Paris, tendant à obtenir de LL. EExc. la révocation de l'ordonnance attentatoire à leur liberté, rendue contre elles par M. le Préfet de police, basée sur des motifs non encore énoncés*; rédigée par Mlle Elisa C...., approuvée et signée par près de trois cents de ses compagnes. In-8, 16 pp. — *Observations soumises par une fille de joie à M. le Préfet de police sur le danger que les hommes et les honnêtes femmes ont à craindre des effets de son ordonnance, le tort qu'elle fait au commerce, et sur les moyens de réparer tant de maux sans nuire aux bonnes mœurs*; p. Rosine, dite la Gracieuse. — *Réponse de M. le Préfet à toutes les pétitions et réclamations des filles publiques de Paris.* In-8, 16 pp. — *A Messieurs les Députés : Projet de pétition sur la liberté individuelle*; par un Spartiate de ceux que vulgairement on nomme voleurs, et à l'appui de la pétition des filles publiques, ouvrage où il est démontré jusqu'à l'évidence : 1° que la prostitution est loin d'être contraire aux mœurs; etc. Le tout rédigé par l'homme à la longue barbe. In-8, 16 pp. — *Épître à M. Mangin, au sujet de l'ordonnance attentatoire à la liberté des femmes*; par M. J. M. (en vers). In-8, 16 pp. — *Grande pétition adressée à l'autorité par Mlles Constance Barbichon, Léonore Lerouge et Fanny La Pudeur, femmes sensibles, en faveur de 30,000 camarades dans la débine et contre les ordonnances de police qui attaquent leur liberté.* In-8, 4 pp. (en 1831). — *Pétition qui doit être adressée à la Chambre des députés par 50,000 jolies femmes de Paris, demandant la révocation des ordonnances qui leur défendent de sortir*, etc. Paris, 1834, in-4 de 2 pp. Nous en passons.

Honneur et respect aux légions de Vénus (morceau de prose, suivi de quelques couplets). Lyon, 1832, in-8 de 4 pp.

Fastes, ruses et intrigues de la galanterie (p. P. Cuisin). Paris, 1834, in-18 de 138 pp., 1 fig. Description anecdotique et amusante du 113, fameux tripot et maison de plaisir du Palais-Royal. Cond. en 1835.

Histoire d'une Fille publique. Paris, imp. Petit, 1835, in-18 de 36 pp.

Jolis Péchés des nymphes du Palais-Royal, rues et faubourgs de Paris, ou Confessions curieuses et galantes de ces demoiselles (par Baudoin). 2e éd., Paris, Terry, 1839, in-18, 1 fig.

Les Dangers du nouveau débarqué dans Paris en face des demoiselles et dames au doux regard, etc. Paris, 1847, in-18 de 108 pp., fig. s. b.

Le Pays Bréda (dans un tirage, la dédicace est signée : O. Vitteuil; dans un autre, elle est signée : Dupré). Paris, Lévy, 1853, in-12, 2 fr.

Les Petits Chiens de ces dames (physiologie des amants de cœur des lorettes); p. Henri de Kock. Paris, 1856, gr. in-18 de 288 pp., 1 fr.

Les Marchandes de plaisir; par Auguez, av. préf. p. le baron de Reiffemberg fils. Paris, Dentu, 1856, in-18 de 108 pp., 1 fr. 50.

Histoire authentique et morale d'une fille de marbre; par un adorateur du soleil. Paris, 1859, in-18 de 105 pp.

La Fille (cont. Origines des filles; les Femmes galantes, les Femmes à parties, la Lorette, la Grisette, l'Actrice; Angélina; les Maisons de tolérance; Location des vêtements; Défauts et qualités des filles; les Souteneurs; les Hôpitaux; la Prison). Paris, Mortlinon, 1860, in-32, 1 fr.

FACÉTIES ET DISSERTATIONS SINGULIÈRES

SUR LE MARIAGE.

Les Quinze Joyes de mariage (attrib. à Ant. de la Salle). S. l. n. d. (Lyon, de 1480 à 1490), in-fol. goth. de 48 ff. Il y en a 1 ex. à la Bibl. impér. Nombreuses éd. anciennes; Nodier, un ex. de Rouen, 1606, in-12, 55 fr. Editions mises en lumière (c'est-à-dire retouchées assez maladroitement) par Fr. de Rosset; Paris, 1620, 1621, in-12; Leblanc, 7 fr. — Ed. retouchée p. de Rosset, suivie du *Blason des fausses amours*, etc., et accomp. de remarques de Le Duchat; La Haye, 1726, in-12; Potier, 12 fr. — Editions av. les variantes: Paris, Tech., 1837, 2 part. in-16, fig. s. b. (Coll. des *Joyeusetez*). — Paris, Jannet, 1853, 1857, in-16 de 168 pp., 3 fr. — *Les Quinze Joies du mariage*, étude satirique du XVIe siècle, traduite par Gaston de Paray. Marseille et Paris, Dentu, in-12 de VII-131 pp.

Lettres nouvelles contenantes le privilége d'avoir deux femmes. S. l., 1536. Facétie très-rare, réimp. dans les *Joyeusetez*; 10 pages.

Traité de l'heur et malheur du mariage; par Jean de Marconville. Paris, 1571, in-8. Rare.

Le Monde des cornuz, où par discours plaisants et agreables est amplement traité de l'origine des cornes, etc. (par Franç. Chappuis, Tourangeau). S. l. n. d., pet. in-8 de 264 pp. Ce vol., qui se termine par la com. des *Cornus* ou de l'*Avare cornu*, est ordinairement ajouté comme 2e partie aux *Mondes célestes, terrestres*, etc. Lyon, 1580 et 1583. L'*Avare cornu* est une com. en 5 a. et en v., avec mol. Un vieillard fait la cour à Cybèle et l'epouse en financant; entre les actes, sont des intermèdes en prose assez plaisants et roulant toujours sur les cornes.

Les Espines du mariage pour retirer les jeunes gens des folles et précipitées amours et éviter les périls du mariage; par Varin. Paris, 1604, in-8 de 67 pp. La Vallière, 10 fr. Opuscule assez amusant.

Avertissement salutaire aux confrères de la haute et basse, etc., confrairie des martyrs persécutés par leurs femmes. A Souffrance (v. 1610), pet. in-8; pièce rare, vendue, avec l'Ordre de chevalerie des cocus et autres opuscules, 9 fr., Bonnier.

L'Ordre de chevalerie des cocus réformez nouvellement établis à Paris, les statuts de leur ordre, etc. Paris, s. d., 1623, 1624, pet. in-8 de 16 pp. Veinant, avec deux autres pièces, 36 fr. — *Lettre d'un gentilhomme de la Valteline, signée Denis Tibi, envoyée au grand maistre des cocus réformés nouvellement establis à Paris pour savoir comment il se doit gouverner et la règle qu'il doit tenir pour le grand nombre qui est en son pays.* — S. l., 1624, pet. in-8 de 14 pp. Rare.

Plaisant contract de mariage passé nouvellement à Aubervilliers, le 35 de février 1333, entre Nicolas Grandjean et Guillemette Ventrue. Ensuite le festin dudit mariage apresté à la plaine de Long Boyau, etc. Paris, s. d., 1627, pet. in-8, fig. s. b.; Nodier, 33 fr. — Réimprimé en 1833, pour Duplessis, par Garnier, à Chartres, in-16 de 16 pp., tiré à 50 ex., et, en 1839, pour Delattre, par Blocquel, à Lille, in-12 de 48 pp., tiré à 50 ex. (Les 25 dernières pages contiennent l'*Hist. de l'ordre de la boisson*). Facétie plus gaie que décente.

Le Tableau du mariage, représenté au naturel; par Paul Caillet. Orange, 1635, in-12; L. R. D., 20 fr.

Les Abus du mariage, où sont clairement représentées les subtilitez deshonnêtes, tant des femmes que des hommes, pour se tromper l'un l'autre. (en franç., angl., all. et holl.). Amst., 1641, in-4 obl., front. gr., titre impr., 3 ff. prél., 25 pl. grav. p. Crispin de Pas, présentant chacune 2 portr. et 8 ff. de texte av. 1 pl. Duriez, av. *les Vrais Pourtraicts* (v. à l'hist. d'Allemagne) et *le Miroir des courtisanes*, 50 fr.; irait plus haut aujourd'hui.

Les Privilèges du cocuage, ouvrage utile et nécessaire tant aux cornards actuels qu'aux cocus en herbe. Cologne, 1644, pet. in-12. Rare. — A Vicon, chez Jean Cornichon (Holl., à la Sph.), 1682, 1712, 1722, pet. in-12 av. front. singulier et qui manque quelquefois; Nodier, 18 fr. — Cologne (Holl.), 1694, 1698, 1708, pet. in 12; Gorlay, 19 fr. Dialogue spirituel et gai entre un jaloux et un mari qui n'a plus rien à craindre, qui en a pris son parti et s'en trouve bien.

Traité de l'excellence du mariage, de sa nécessité et des moyens d'y vivre heureux; p. Jacq. Chaussé. Paris, 1670, 1685, 1691, et Ams., s. d., et 1685, pet. in-12; Veinant, 16 fr.

Sermon en faveur des cocus (ou *pour la consolation des cocus*). Cologne, 1697 (av. d'autres sermons récréatifs), 1704, 1706, 1741; Amboise, Jean Coiffon, 1751, éd. renouvelée, p. Grozet, v. 1910; à Romene, chez Dom. Vendu (Paris, Lemoine, 1832), pet. in-12. Prix très-variés, de 3 fr. à 40 fr.; toutes les éd. sont recherchées.

Almanach du mariage ; par un philosophe garçon. Paris, 1738, av. une fig. initt. *Magasin de cornes*, et la carte de l'Isle du mariage. Rare, ayant été saisi à cause de la figure. Veinant, 25 fr.

Almanach des cocus, ou Amusements pour le beau sexe. Constantinople (Paris), 1741-1743, 3 vol. pet. in-12, fig. Ne se trouvent jamais réunis ; le dernier marqué : Pékin, J. Cornar, est le plus rare ; Nodier, en 1827, 19 fr. 50.

Conte à dormir debout, ou l'Art d'ennuyer ses lecteurs, ouvrage très-curieux et fort à la mode. A Cornu, chez Jendors le Petit, 1746, in-12 ; Techener, 6 fr.

Éloge du cocuage, pour servir de suite à l'Éloge de la folie, par Erasme. A Cythère (Bâle), S. D. (1750), pet. in-8. Peu commun.

Le Livre jaune. Brochure à la mode, bien dessinée, bien peinte. A Cocupole, l'an du cocuage d'Adam 5759 (1759), pet. in-12 imp. en encre jaune. Clozet, 7 fr.

La Gamologie, ou De l'Éducation des filles destinées au mariage, ouvrage dans lequel on traite de l'excellence du mariage, etc. ; par de Cerl-Vol. Paris, 1772, 2 v. in-18. Ouvr. sérieux où sont examinés le pour et le contre de diverses situations.

Dissertation sur les cornes antiques et modernes, ouvrage philosophique (p. Ch. Fr. Viel). Paris, s. d. 1785, in-8. Paraît être le même ouvr. que le suivant : *Antidote contre les cocus, ou Dissertation sur les cornes anc. et mod.*) p. J.-Fr.-Marie Vielh de Boisjolin, m. en 1832). Paris, s. d. (1786), in-8 ; Saint-Mauris, 7 fr.

Le Cocu consolateur (car on en a besoin), facétie ancienne (comp. p. P.-Sim. Caron). S. l. (Paris), 5789 (1789), 5810 (1810), in-12 de 18 pp. tiré à pet. nombre. Tech., 5 fr.

Le Coq d'or, fragment hist., pour servir de supplément à l'hist. ecclésiastique, trad. de l'all. S. l., 1789, in-8. Hist. singulière sur les cocus.

L'Art de rendre les ménages heureux. Paris, 1790, in-8 de 18 pp. Peu commun. Écrit en faveur du divorce.

Courtisaniana, ou la Malice des femmes, recueil de contes publié par Jean Cornard, de la Société des cocus, et dédié à tous ses confrères. A Cornouailles, chez Boissac. 1817, in-32, av. 1 gr.

Grammaire conjugale, ou Principes généraux à l'aide desquels on peut dresser la femme, la faire marcher au doigt et à l'œil, et la rendre aussi douce qu'un mouton ; par un petit cousin des Lovelaces. Paris, Breauté, 1827, 1828, 1829, in-18 de 72 pp. Reparu en 1836 chez Terry sous le titre de : *Nouv. grammaire*, etc.

Almanach matrimonial de M. Brunet, homme d'affaires, avec un aperçu sur les avantages du mariage ainsi que sur les moyens délicats et secrets que l'auteur emploie pour marier les personnes qui l'honorent de leur confiance. Paris, 1827, in-18 de 84 pp.

La Consolation des cocus, ou Bonnes Raisons aux maris pour, etc. ; par un membre de la plus anc. et la plus nombreuse confrérie de tous les royaumes, lord Witmolett, fils naturel de, etc. Trad. fidèl. de l'angl. et augm. par C*** G***. Paris, Chassaignon, 1833, in-18 de 108 pp., 1 pl.

Physiologie du mariage, ou Méditations de philosophie éclectique sur le bonheur et le malheur conjugal ; (p. Hon. de Balzac). Paris, 1828, 1834, 2 vol. in-8 ; 1838, 1840-1847, 1853, in-12 ; 1852, in-4 illustré, 1859, in-16, 1 fr. Macédoine mordante et drôlatique, à laquelle il ne faut pas demander de conclusions.

Manuel consolateur des cocus, code pacifique des ménages, etc. ; par le baron Commode, Cornopolis, imp. de l'Encorné (Lille, Blocquel). S. d. (1833), in-18 de 108 pp., av. fig. coloriées représentant Chilpéric, roi cocu, Vulcain, dieu cocu ; S...., magistrat cocu.

Hist. authentique et complète des cocus pendant l'année 1833. Paris, 1834, in-16 de 16 pp. sur pap. jaune. — *Hist. complète et authentique des femmes sensibles, innocentes et persécutées*, pour faire suite à l'Hist. des cocus. Paris, 1834, in-16, 16 pp.

Dissertation étymologique, historique et critique, sur les diverses origines du mot cocu, avec notes et pièces justificatives ; par un membre de l'Académie de Blois (par de Pétigny). Blois, 1835, in-16 de 52 pp. tiré à 71 ex. dont 21 sur pap. jaune. Tripier (647), 10 fr.

Code moral du mariage, ou les Secrets de la félicité conjugale ; p. Jacomy-Régnier. Paris, 1839, in-8.

Physiologie du prédestiné, considérations biscornues ; par une bête sans cornes. Paris, 1841, in-24 de 128 pp. av. fig. s. bois de J. Gagniet. Recueil d'historiettes de cocuage spirituellement contées et entremêlées de dessins spirituellement touchés. — *Physiologie du cocu ;* par un vieux célibataire. Paris, 1841, in-32 de 128 pp. — *Physiologie de la vie conjugale et des maris au 13e ;* p. A. de Saint-Luc et P. Aymès. Paris, 1842, 1843, in-18 de 104 pp., fig. — *Physiologie de la première nuit des noces ;* par Oct. de Saint-Ernest et Morel de Rubempré. Paris, 1842, 1843, 1846, 1856, in-18 de 108 pp., 1 fig.

Petites Misères de la vie conjugale ; p. de Balzac. Paris, 1845, 1855, gr. in-8, av. 310 fig. p. Bertall, dont 50 tirées à part du texte. — Paris, Bourdilliat, 1859, in-16, 1 fr.

Paris marié, philosophie de la vie conjugale; par H. de Balzac. Paris, 1846, 1851, in-8 de 82 pp. 60 fig. de Gavarni, dont 20 tirées à part.

L'École des célibataires, Histoire complétement vraie de la conduite réciproque de deux époux, etc. destinée à l'instruction de ceux qui songent au mariage. Par un mari trompé (la dédicace est signée : J.). Paris, René, 1844, in-32 de 128 pp., 1 fr.

Almanach des cocus; par un homme grave, membre de l'Académie des sciences morales... de Château-Chinon. Paris, Labitte, 1847, in-18 de 36 pp.

Le Harem, feuille des boudoirs; journal mensuel affecté uniquement aux mariages et placements. Paris, rue Cadet, 34 (imp. Delacombe), 1847 (1er no en août 1847), in-4 de 4 pp.; par an 6 fr.

Almanach des mystères de l'amour conjugal; p. Parent-Aubert. Paris, 1850-1851, 2 vol. in-18 de 108 pp. ch.

Manuel des maris, ou Philosophie du mariage; p. Th. Revel. Paris, A. Leclère, 1859, in-18 de 188 pp., 1 fr. Petit dictionnaire original et assez amusant.

FACÉTIES ET DISSERTATIONS SINGULIÈRES

SUR L'AMOUR, ETC. EN LANGUES ÉTRANGÈRES.

Invectiva di M. Gio. Boccaccio contra una malvagia donna, detto Laberinto d'amore et altrimenti il Corbaccio. S. l. n. d., in-4 de 42 ff.; Libri, 76 fr. — Il Corbaccio, o Laberinto d'amore, Florence, 1847, in-4, lettres rondes; éd. très-rare. — Le même ouvr. S. l. n. d., (comm. du XVIe), pet. in-8 de 68 ff. (Crozet, 11 fr.); Paganino, 1515, in-32; Florence, 1516, 1525, 1594, pet. in-8 (Renouard, 16 fr.); Bologne, 1516, in-32; Venise, 1525, 1529, 1532, 1536, 1563, 1586, 1611, pet. in 8 et pet. in-12 (Du Roure, 6 fr.); Paris, 1569, in-8, éd. estimée (Libri, 30 fr.). Satire fort libre, considérée comme une des plus élégantes productions de Boccace. — *Le Labyrinthe d'amour, autrement Invective contre une mauvaise femme*; trad. p. F. de Belleforest. Paris, 1571, 1573, pet. in-12; Nodier, 29 fr. — *Le Songe de Boccace* (trad. fort. libre, pr. et v., du Labyrinthe d'amour, p. de Prémont). Amst. (au Quérendo), 1702, pet. in-12.

Opus praeclarum in amoris remedio. — *De amore liber optimus* (p. L.-B. Alberti.) S. l. (Venise), 1471, 2 part. pet. in-4 de 20 ff. ch., lettres rondes; La Vallière, 100 fr.; S....olf, 40 fr. Ces deux jolies dissertations sur l'amour et ses peines, sur les femmes, etc. ont été trad. en it. et en franç. sous les titres suivants : *Deiphira ne laquale se insegna amare temperatamente.* Venise, 1534, in-8. — *La Deiphire, laquelle enseigne l'art d'éviter l'amour mal commencé.* Paris (v. 1547), in-16; Tech., 48 fr. — *Ecatomphila, nella quale insegna a le fanciulle la bella arte d'amare.* Venise, 1491, 1524, 1528, in-8; Renouard, av. la Deiphira, 43 fr. — *Hécatomphile, signifiant centième amour appropriée à la dame ayant en elle autant d'amours que cent autres dames en pourroient comprendre.* Paris, 1534, 1536, 1540, pet. in-8 ou in-16. La Vallière, 6 fr.; Bourdillon, 250 fr. Cette trad. est suivie de poésies fort libres et de *blasons* du corps féminin reprís. par des fig. en bois.

Ob einen manne sey zu... S'il convient de prendre femme (par Albrecht von Eyb). Nuremberg, 1472, in-fol. de 58 ff. et in-4 de 119 ff.; Augsbourg, 1472, 1474, in-fol. de 62 ff. et 1517, in-4, av. 2 gr. s. b. Dissertation rare et piquante; l'auteur conclut en faveur du mariage.

La Cazzaria, dell' Arsiccio Intronato (p. Ant. Vignali di Buonagiunta). Napoli (de 1530 à 1540), pet. in-8 de 142 pp.; Leblond, 200 fr. — Réimp. s. l. n. d., in-8 de 91 pp.; Leblond, 150 fr. Ces facéties, qui furent supprimées très-sévèrement, sont un recueil de 51 problèmes la plupart licencieux. L'ouvr. impr. étant rare, il en a été fait plusieurs copies mss.; une d'elles s'est vendue, Nodier, 112 fr. Le *Perché* est une imitation en vers d'une partie de la Cazzaria.

Dialogue très-élégant, intit. le Pérégrin, traictant de l'honneste et pudicq amour, etc.; trad. de l'it. (de J. Caviceo), par F. Dassy. Paris, 1527, in-4; 1528, in-8; Lyon, 1529, in-4 (Solar, 140 fr.). — Éd. rev. p. J. Martin; Paris, 1535, in-8; L. R. D., 31 fr.

Angitia, cortigiana. Della Natura del cortigiano. Rome, 1540, pet. in-4. Nodier, 45 fr. Angitia, courtisane, est un pseudonyme; le véritable auteur est C. M. A. Biondo. On trouve dans ce volume une liste et une biographie des plus célèbres courtisanes du temps et des détails curieux sur leur faste et leur influence.

Cicalamenti del grappa intorno al sonetto « Poi che mia speme è lunga a venir troppo, » etc. Mantoue, 1545, in-8 de 28 ff. Bolle, 52 fr. Ouvrage facétieux et libre. L'auteur, qu'on suppose être P. Aretino, recherche si la belle Laure n'a pas donné à Pétrarque *il mal francese*; etc. Il y a un pendant, même lieu, même année, qui se rencontre très-rarement : *Commento nella canzone del Firenzuola in lode della Salsiccia.*

La Nobilità delle donne, etc., di Lod. Domenichi. Venise, 1551, 1554, in-8.

Difesa delle donne, di Dom. Bruni. Florence, 1552, et Milan, 1559, pet. in-8. Nodier, 21 fr.

La Bella et dotta Difesa delle donne; da Luigi Dardano. Venise, 1554, pet. in-8 de 155 ff. L. R. D., 20 fr. Anecdotes, etc. en v. et en pr.; le portr. de l'aut. est au front. et à la dern. page.

Il Libro della bella donna, da Fed. Luigino. Venise, 1554, in-8. Libri, 10 fr. 50 c. Historiettes sur les qualités que doit posséder une belle femme.

Il Convito di M. G. B. Modio, overo del Peso della moglie, dove ragionando si conchiude che non può la donna dishonesta far vergogna a l'huomo. Roma, 1554, in-8 (Libri, 9 fr.). Milano, 1558, pet. in-8. Cette éd. est plus rare que la 1re; on y trouve le proverbe ou conte fort libre int. *Anzi corna che croci*. Libri, 38 fr.

Indovinelli, riboboli, passerotti e farfalloni..., con alcune ricalate di donne, etc. Florence, 1558 (Libri, 75 fr.), 1566 (Libri, 33 fr.) et s. l. n. d. (Sienne), Libri, 23 fr. 50, pet. in-4 de 8 ff., jolies fig. en b. Facéties et quolibets assez libres, en pr. et en vers.

Il Flagello delle meretrici e la nobiltà donnesca, nei figliuoli del Gio. Ant. Massinoni. Venise, 1599-1605, pet. in-4 de 16 ff.

La Vittoria delle donne, nella quale si scuopre la grandezza donnesca, e la bassezza virile; da Lucr. Bursati. Venetia, 1621, pet. in-8; Sandrus, 7 fr.

Opere scelte di Ferrante Pallavicino. Villafranca (Holl., Elz.), 1673, pet. in-12; Libri, 40 fr. La Rettorica delle puttane manque quelquefois dans le volume. — Éditions séparées des ouvr. de Pallavicino: *La Pudicitia schernita*. Venise, 1638; Villafranca, 1673, pet. in-12. — *La Rete di Vulcano*. Venise, 1641, Amst., 1650, Villafranca, 1660, 1666, 1773, pet. in-12. — *La Rettorica delle putane*. Cambrai (Holl., Elz.), 1642; Villafranca (Holl., Elz.), 1673, pet. in-12 de 124 pp. — *La Rhétorique des putains, ou la Fameuse Maquerelle*; ouvr. imité de l'Italien. Rome, 1771, in-18 de 320 pp., av. 3 fig. Cette trad. ou imitation est très-rare.

The Horn exalted, or Roome for cuckolds. London, 1661, in-8. A été réimp. Londres, 1674, sous le titre de: *Key for horn fair*. Graesse, Trésor.

Des Verliebten Frauenzimmers... (La Femme amoureuse est une malade en bonne santé; ce que les docteurs en droit et en médecine doivent faire pour la guérir; par Gallus et Galenus). Leipzig, 1683, pet. in-12, av. 1 pl.

The Whore's Almanack calculated to the meridian of London and conform to the rules of the art; in two dialogues. London, 1683, Cat. des livres légués par Douce à la Bibl. d'Oxford. Il y a une réimpression, Londres, 1836, tirée à 50 exempl. et enrichie d'une introduction, de notes et des portraits de 12 courtisanes.

Neueröffnetes Liebescabinet der galanten Frauenzimmers. (Le Cabinet de l'amour et de la galanterie féminine nouvellement ouvert). Leipzig, 1695, in-8.

Art of cuckoldom, or the Intrigues of the City wifes. London, 1697, in-8. Graesse, Trésor, 9e livr.

Die Hitzig Indianerin... (La Chaude Indienne, ou Description curieuse des femmes des Indes). Cologne, P. Marteau, 1709, in-18, une fig. érot. Ouvrage intéressant.

Entertainments of gallantry, or Remedies for love. London, 1712, in-8. (Cat. de Wynne, no 1716).

Der Lustige Weiber Procurator... (Le Facétieux Procureur des femmes). Cologne, Pierre Marteau, 1714, in-8.

Cuckoldom's Glory, or the Horns of the Righteous exalted, in a sermon; by M. Horner. London, s. d., in-8, fig.

Belustigung vor Frauenzimmer und Junggesellen. (Amusements des femmes et des garçons, par Sinnersberg). Rothenbourg, 1727, in-12.

The Garden of love and royal flower of fidelity; by Reynolds. 8e éd. London, 1733, in-8. Cat. des livres légués par l'archéologue Douce à la Bibl. publ. d'Oxford.

Tom K-g, or the Paphian Grove, with the humours of Covent-Garden. London, 1738.

Description of Merryland. 1741, in-8. Il est annoncé dans ce vol. la trad. franç. suivante. — *Description topographique, hist., critique et nouvelle du pays et des environs de la Forêt Noire, située dans la province du Merryland*. Traduction très-libre de l'anglais. A Bonkontativos, chez les veuves sulamites, aux petits appartements de Salomon, l'an du monde 100, 700, 700, 000. Pet. in-8, Taylor, no 1378. C'est sans doute une réimpression mod. qui a été cond. en 1822, sous le titre suivant: *A bon entendeur, salut. Description topographique*, etc. Paris, Corréard, 1820, in-8 de 16 pp.

Geschichte von hahnreyen (Histoire de cocus). S. l., 1748, in-12.

Das Von der Liebe... (Le poëme pastoral de l'amour pratique, à l'usage des amants et des époux; par J. G. Hallmann). Augsbourg, 1750, in-4, avec figures, par Thelot.

The Dictionary of love. London, 1753, in-18. Cat. Noel, n. 1011.

Von Leistung... (De l'Action d'effectuer le devoir conjugal; par J. Beck). Francf., 1756, in-4 de 264 pp.

Adultery anatomized in a select collection of trials. London, 1761, 2 vol. in-12.

Intrigue à la mode, or the Covent-Garden Atlantis containing the adventures of the most celebrated ladies of that neighbourhood. 1761, fig. — *New Covent-Garden register, or Memoirs of ladies.* S. d. Ce dernier ouvr. est peut-être une réimpr. du premier.

An Essay on woman (by John Wilkes), 1763, in-8. C'est une parodie, vers pour vers, de l'Essai sur l'homme de Pope. Le front., gr. en taille-d., renferme le titre du poëme avec une fig. obscène, et une inscription en grec signifiant : *Le Sauveur du monde.* Beaucoup de notes ont été fournies par Potter. On prétend qu'il n'a été tiré de ce livre qu'une douzaine d'ex. D'apr. une note insérée dans un catal. d'autographes vendus par Sotheby, à Londres, en juin 1829, le véritable auteur de cet *Essay* serait Cleland, l'auteur de *The Woman of pleasure.* V. J. Martin, *Catalogue of books privately printed*, p. 40. — *Essai sur la femme*, en trois épîtres, en angl. et en français. Londres (1763), in-8 de 40 pp. Bolle, 25 fr. 50. — *A genuine and succinct Narrative of a scandalous, obscene and exceedingly profane libel : Essay on woman, as also on other poetical pieces, etc.*; by Kidgell. Lond., 1763, pet. in-4.

Vom Zweck der Ehen... (Du But du mariage ; des châtrés et de la dissolution des mariages malheureux ; essai pour défendre l'honneur de quelques eunuques diffamés ; par A. W. Hupel). Riga, 1772, in-12.

Die Probenächte der deutschen Bauermädchen (Les Nuits d'épreuve des jeunes paysannes allemandes ; par F. C. J. Fischer. Reproduction exacte de l'éd. de 1780). Stuttgart, 1853, in-18.

The Blessings of polygamy displayed ; by R. Hill. London, 1781, in-8.

Cytherischer almanach (Almanach de Cythère, pour l'année 1782). Hymenopel, in-12.

Raritäten. Ein hinterlassenes Werk... (Curiosité. Œuvres (érotiques) du sacristain de Rummelsbourg, dédiées au pape, etc., par B. Schwarzbuckel). Berlin, 1785, 9 tom. in-8.

Kanthariden... Canthorides. Rome, chez Giov. Tasson, 1785, in-8, front. ouvr. érotique.

New School of love being the true art of courtship to which is added a choice collection of the newest and best love songs. Glasgow, 1786. Cat. des livres légués par Douce à la bibl. publ. d'Oxford.

Lo Scoglio dell' umanità, ossia avvertimento salutario alla gioventù, di D. Valdecio. Venise, plus. éd. — *La Difesa delle donne, ossia Riposta apologetica al libro detto lo Scoglio dell' umanità* : dalla marchesa di Sanival. Siena, 1786, in-18.

Anecdoten und Bemerk. über Wien... Anecdotes et remarques sur Vienne. Vienne, 1787, in-8 de 272 pp. Lettres cont. des détails sur la galanterie des séducteurs de filles, sur les intrigues des filles de la campagne, sur l'inconduite des dames, l'église des filles de joie, etc.

Harris's List of Covent-Garden Ladies, for the year 1788 ; in-12. Cat. Noël, nº 815.

A Tour to the isle of Love. London, 1788, in-8. De Wyone.

Liebe im Gallakleide und Négligé, oder... L'Amour en grande toilette et en négligé, ou Petite Chronique des amoureux. Leipzig, 1788.

Ueber die Mittel, etc. (Des Moyens de donner une direction innocente au désir de se multiplier ; par K. G. Bauer). Leipzig, 1791, in-8 de 498 pp.

Die Wollust im Lande der Venus. (Les Délices du pays de Vénus. Amérique, 1791). Ouvr. rare et curieux.

Erotische Tandeleien... Badinages érotiques ; p. Ch. Muehler. Leipzig, 1793, et Halberstatt, 1810, in-12.

Ehestandsvorbereitungen... (Préparations à l'état conjugal, ou l'Amour et l'hymen dans leur nudité). Breslau, 1794, in-12.

Erotische Schwanke... Facéties érotiques extraites du portefeuille de Cupidon. Rome et Paris, s. d., et Leipzig, 1797, 1799, 2 part. in-12, fig. — *Erotische Bravouren...* Exploits érotiques. Rome et Paris, s. d., in-12. — *Erotische Bildergallerie...* Galerie de tableaux érotiques ; par un amateur de l'art. New-York, pet. in-12 de 184 pp.

Wörterbuch der physischen... Dict. de l'amour physique et moral, publié à l'usage des amants, par Abélard Paphophile. Gnide, 1798, 2 part. in-8.

The Life and adventures of Silas Shovewell, written by himself. Londres, 1801, 2 vol. in-12, av. 20 fig. érotiques. Quoique nous mettions cet ouvr. à sa date, nous craignons bien que ce ne soit une public. faite à Paris vers 1830.

Das Unterröckchen... Le Cotillon tel qu'il devrait être, deux mots entre quatre yeux. Leipzig, s. d., in-18, 1 fig. — *Das Busenstück...* La Collerette, pour servir de pendant au Cotillon comme il devrait être. 1804, in-12, 1 fig. — *Die Freuden des Ehestandes...* Les Joies du mariage, par Arnim, pour servir de pendant au Cotillon. Leipzig, s. d., in-12, 1 fig. — *Pitt's Reise in's Ehebett...* Voyage de Pitt dans le lit conjugal ; p. l'aut. du Cotillon, etc. Leipzig, 1803, 1806, in-12.

Hahnen-reyers Triumph, etc. Le Triomphe du cocuage. Description du cortége des cocus encornés et couronnés. Hamburg, imprimé dans l'année où la fidélité féminine était chère. In-8, av. beaucoup de gravures.

Tagebuch einer Freudenmädchen (Journal d'une Fille de joie, ou Histoire d'Emilie Bery). Leipzig, 1804, in-8.

Die Mysterien der Liebe... (Les Mystères de l'amour et du plaisir, galerie de tableaux de cabinet, par des philosophes voluptueux). Philadelphie, 1805, in-8, 1 fig.

Plaudereien aus dem Briefe der Liebe... Caquets de la Cour d'amour. Weissenfels, 1806, in-12.

Die Heimlichkeiten der Frauenzimmer... Les Secrets de la chambre d'une femme; par le Dr Albrecht. Hambourg, 1809, in-12.

Ueber meinen Umgang... De mes Rapports avec les hommes dans la fleur de ma vie; par Emilie D***. Halle, 1812, in-12.

Streifzüge... Excursions sur le territoire de l'amour. St-Pétersbourg, 1814, in-12.

Das Buch der Liebe... Le Livre de l'amour, ou Art d'être heureux et de rendre heureux; par C. Heinreich. Ulm, 1824, in-18.

Die Lorette von Berlin. Berlin, in-12, 1 fig.

Das Militär oder zwischen-leinen Fieber... La Fièvre dite militaire, ou d'entre-deux-draps, du sexe féminin; p. F.-W. Bruckbrau. 1841, in-8.

Paraboles de Sendabar sur les ruses des femmes, trad. de l'hébreu et préc. d'une notice, par Carmoly. Paris, Jannet, 1849, pet. in-8.

Portraits of my married friends, or a Peep into hymen's kingdom; by uncle Ben. New-York, 1858, in-12, 8 sh. 6 d.

OUVRAGES ÉROTIQUES

Sotades, poëte grec du IIIe siècle av. J.-C., ancien poëte licencieux, d'où vient le mot *sotadique*. (Voir Grässe, *Lehrbuch*, t. Ier, p. 218). Il est question de cet aut. dans Athénée, l. XIV; — Plutarque, De puerorum educatione, c. XIV; — Quintilien, Instit., l. VIII; — et Pline le jeune, Epist. v. 3. Les fragments qui restent de lui ont été recueillis par Gaulmin (ad Theodorum Prodromum, p. 556), par Brunck (Poetae gnomici, p. 276) et surtout par Hermann (Elementa doctr. metricæ, Leipzig, 1816, in 8, p. 444). — Après cet auteur, on peut citer encore dans l'antiquité Eléphantis, femme poëte qui se rendit fameuse par ses compositions amoureuses. Elle mit en vers léonins une description de 12 postures inventées par la courtisane Cyrène, publiées par Philénis et Astinase, et que Tibère fit peindre ensuite autour d'une salle particulière.

Sonetti lussuriosi (ou *la Corona de' cazzi*), da Pietro Aretino. Les premières éditions de ces sonnets ont été détruites, à ce qu'il paraît, avec tant de soin que leur souvenir même en est aujourd'hui perdu. Nous ne reproduirons donc pas ici les recherches faites à ce sujet par M. Hubaud, de Marseille, recherches analysées déjà dans la nouvelle édition (1860) du *Manuel du Libraire*, et nous ne mentionnerons que l'éd. qui subsiste encore bien certainement, puisque, à la vente de Nodier, elle a été adjugée pour le prix de 41 fr. Venise, 1556, in-16 de 22 ff. imp. seulement au recto. On pense que cette éd. est simplement une contrefaçon faite en Suisse, dans le siècle dernier, d'une éd. orig. de ces lieu et date. — *Quattro libri de' Dubbii amorosi* (en vers). Venise, 1566, pet. in-8. — *XXVI Dubbii amorosi di M. Pietro Aretino, con XXVI sonetti del medesimo*. S. l. n. d. (v. 1600), in-8 de 19 ff., lettres italiques. — *Dubbii amorosi, altri dubbii e sonetti lussuriosi di M. Pietro Aretino*. (Paris, Grangé, v. 1757), pet. in-8 de 82 pp. et réimp. in-16 de 76 pp. (Cazin), 13 fr. — Même recueil (Paris, Girouard), 1792, in-18 de 78 pp. On ne croit pas que les Dubbii soient de l'Arétin. Quant aux sonnets, deux de ceux de la Corona ne sont pas dans l'éd. des Dubbii; mais, en revanche, cette éd. cont. 9 sonnets qui ne sont pas dans la Corona, et qui cependant pourraient bien être de l'Arétin. Les sonnets de la Corona de' cazzi et les Dubbii amorosi ont été réimp. dans le Rec. du Cosmopolite. — *L'Arétin français, par un membre de l'Académie des dames, avec 18 fig. par Giulio Romano*. Londres, 1787, in-16, av. 18 fig., plus le front. qui représente la Corona de' cazzi, seule composition, ou du moins seul motif qui semble être resté des fig. gravées par Marc-Antoine d'apr. les dess. de Jules Romain. Bozérian, 76 fr. Cette édition, qui est peut-être la première de l'Arétin français, est suivie des *Epices de Vénus, ou Pièces diverses*, par le même académicien. Dans ces Epices, on trouve une imitation en français des distiques latins que La Monnoye avait faits pour les sonnets de l'Arétin, et d'autres poésies obscènes assez mauvaises, des épigrammes d'après Martial, une parodie d'une scène de Zaïre, etc.; en tout, 53 pages. L'Arétin français a été réimp. Londres, 1803, in-18, av. 19 grav., et Bruxelles, 1830, in-32 de 64 pp., 19 grav. Cet ouvr. est une simple imitation des Sonetti de l'Arétin; cependant les 15e et 16e sonnets rendent assez le sens des sonnets correspondants de la Corona; il a motivé plusieurs condamnations; V. le *Moniteur* des 7 novembre 1856, 29 juin 1833 et 12 novembre 1842. — *L'Arétin d'Augustin Carrache, d'apr. les grav. à l'eau-forte de cet artiste célèbre, av. le texte explicatif des sujets* (p. Croze-Magnan). A la nouvelle Cythère (Paris, P. Didot), 1798, gr. in-4, av. 20 pl. gr. au burin par Coiny. D'après M. Hubeaud, ces 20 grav. seraient la reproduction de grav. de Petre de Jode, mentionnées par Florent-Lecomte, Cabinet des singularités, 1702, t. II, p. 183. On lit sur le front. : *Questo dell' Aretino son le posture*... Cet ouvr. a été réduit en pet. format sous le titre : *Les Amours des dieux payens.* Lampsaque, 1802, 1803, 2 vol. in-18 de 106 et 107 pp., av. 20 pl. Sous ce format, il a été l'objet d'une cond. en 1823. — Il y a une coll. de figures intitulée : *L'Arétin moderne en estampes, ou les Récréations des putains*, 20 pl. format in-4. — Il a aussi été vendu (Saint-Mauris, nº 16 des est.) une suite de 22 sujets érotiques gravés au trait d'apr. les compos. de Jules Romain, in-4. Est-ce la suite de P. de Jode? est-ce celle du graveur Boitard, mort vers 1715 et auteur d'une mauvaise suite de postures que bien des gens, par ignorance, ont cru être celle de Marc-Antoine? est-ce enfin celle de Rom. de Hooghe, qui aurait été banni d'Amsterdam pour avoir gravé ces figures, pour lesquelles même, disait-on, sa fille lui avait servi de modèle?

Amatus fornacius amator ineptus. Palladii, 1633, 1644, pet. in-12 : Bolle, 24 fr.; Gancia, 99 fr. On dit que cet ouvr. cont. le texte original de l'Alcibiade fanciullo. — *L'Alcibiade fanciullo a scola*, D. P. A. (di Pietro Aretino; malgré cette indication, l'aut. est inconnu). Oranges, 1652, pet. in-8 de 52 ff. On ne connaît que 3 ex. de cette éd., 1 à la B. impériale, 1 à celle de Grenoble, et le 3e a passé successivement aux ventes Mac-Carthy (301 fr.), Pixerécourt (198 fr.), Nodier (400 fr.) et Bolle (380 fr.). — Oranges, 1652, in-12 de forme allongée, 128 pp. Edition également très-rare. Libri, 257 fr. Dialogue obscène. Ce livre est le seul, à notre connaissance, qui s'occupe exclusivement de pédérastie.

Aloisiæ Sigeæ satira sotadica de arcanis Amoris et Veneris. Aloisia hispanice scripsit, latinitate donavit Joannes Meursius (attrib. à Nic. Chorier). S. l. n. d. (Grenoble, av. 1678), 2 part. pet. in-12, ens. 259 pp. Ed. rare, mais incomplète; elle n'a que 6 dialogues. — Ed. nova : accessit colloquium aute hac non editum *Fescennini*, ex. ms. recens reperto. Amst. (Genève), 1678, 3 part. ou 2 tom. pet. in-12, ens. 525 pp.; éd. fort incorrecte; un amateur de Paris, 60 fr. Il y a encore eu, vers 1678, au moins deux éditions sous le même titre; les éditions suivantes ont adopté un titre nouveau : *Joannis Meursii elegantiæ latini sermonis.* S. l. n. d. (Holl., v. 1680), in-12 de 238 pp.; éd. elzévirienne et probabl. la plus anc. sous le nouveau titre. S....off, 60 fr. — S. l. n. d., in-12 de 396 pp.; Bolle, 23 fr. 50. — S. l. n. d. (Holl., fin du XVIIe siècle), 2 part. in-12; la Puttana errante, d'Arétin, en 48 pp., y est réunie; Potier, 50 fr. — S. l. n. d. (v. 1740), 2 part. pet. in-8, front. gr.; Nodier, 50 fr. — P. Aretini Pornodidascalus, etc. S. l. n. d. (Hamb.? v. 1750), pet. in-8 de 430 pp.; Tech., 36 fr. — Adjunctis fragmentis quibusdam eroticis (ed. P. Moet); Lugd.-Bat., typis Elzev. (Paris, Grangé), 1757, 2 tom. pet. in-8, front. gr.; Bolle, 30 fr. — Birminghamiæ (Paris, Barbou), 1770, 1774, 2 tom. in-12, titres et front. gr.; Gellert, 14 fr. 50; éd. publ. p. Meunier de Querlon et cont. plusieurs pièces anciennes curieuses. — Lugd.-Bat. ou Londini (Paris, Cazin), 1774, 1781, 2 vol. in-18; Alvarès, 18 fr. — *Aloysia, ou Entretiens académiques des dames* (ou *les Sept Entretiens satyriques d'Aloysia*; ou *Aloysia, ou l'Académie des dames, en sept entretiens satyriques*; trad. attrib. à Nicolas, fils du libraire-éditeur de l'ouvr. latin). Venise, P. Arétin (Holl.), s. d. (1680), in-12 de 372 pp.; Cologne, 1681, 2 part. pet. in-12, 204 et 114 pp.; Nodier, 58 fr. Cologne, 1688, 1693, 1700, 1730, 2 part. in-12. Cette trad. ne rend ni l'élégance ni la délicatesse du texte latin. — *Nouvelle Traduction du Meursius, connu sous le nom d'Aloysia, ou de l'Académie des dames* (une Lettre dédicatoire de M. l'abbé de T*** à Mme l'abbesse de *** est signée du 26 janv. 1749). Cythère (Paris, Barbou), 1749, 2 part. pet. in-8. Solar, 365 fr. — *L'Académie des dames.* Venise, P. Arétin, s. d. (Holl. ou Liége, v. 1760), in-8 de 420 pp. av. front. et 35 grav. originales presque autant que lubriques, quelquefois coloriées. C'est la plus belle éd.; elle est fort rare et très-chère. Réimp. Cythère, 1774, 2 tom. in-12, fig. — *Le Meursius françois, ou l'Académie des dames.* A Cythère (Cazin), 1782, 2 tom. in-18, av. 6 fig. finement grav. Il y en a deux éd.; la plus belle est imp. en jolis caractères de Didot je, l'autre est d'un format plus grand; il y a eu des ex. tirés in-8. Bozérian, 62 fr. — *Nouvelle Traduct. du Meursius, connu, etc., revu, corr. et augm. de près de moitié par la restitution de tout ce qui avait été tronqué.* Cythère, 3 vol. in-18 (180 pp. et 5 fig. — 180 pp. et 4 fig. — et 196 pp. et 3 fig.), fig. obsc. et très-grossièrement gravées. Les titres sont encadrés; il n'y a pas de faux titres. Cette édit. de 1793 a été, selon Nodier, remaniée par Cam. Desmoulins de la trad. de l'abbé de T***. Des éd. mod. en 3 vol. in-18 av. 11 fig. ont été cond. à Paris en 1822, 1825, 1842 et 1852.

La Légende joyeuse, ou les Cent une leçons de Lampsaque. Londres, s. d., 1749-50, 1751, 1753, 2 vol. in-18, fig. et texte gravés; Bignon, 101 fr.; elle a été réimp. sous le titre : *Le Bijou de société, ou l'Amusement des Grâces.* Paphos, s. d., 2 vol. in-18, texte gr. et 101 fig. *piquantes*. Cond. en 1815. — *ou les 303 leçons de Lampsaque.* Londres, 1760, 1804, 2 vol. in-18; Tech., 15 fr. — Lampsaque, 1764, 3 part. in-18. C'est un rec. d'épigrammes et de petits morceaux érotiques de divers poëtes connus; il y a une éd. cont. 404 épigr. en 4 parties.

Tableaux des mœurs du temps dans les différents âges de la vie (en dialogues; par de La Popelinière). S. l. n. d., in-4, av. un grand nombre d'estampes gravées très-finement et 20 grandes miniatures de la plus grande fraîcheur et du plus beau faire, peintes par Caresme. Ces grav. et ces peintures représentent des sujets libres. Bachaumont dit qu'il n'en a été tiré que 3 ex., et qu'à la mort de M. de La Popelinière (en 1762), le ministre, M. de Saint-Florentin, s'empara de l'un d'eux pour Sa Majesté. Un autre, cat. J. G., nº 679, a été mis à prix à 5000 fr.; on le croit aujourd'hui en la possession de l'honorable président de la soc. des bibliophiles. On trouve dans l'Artiste du 16 septembre 1855 une analyse de cet ouvrage.

Les Aphrodites, ou Fragments thali-priapiques pour servir à l'histoire du plaisir; par l'auteur de *Félicia* et de *Monrose* (And. R. Andréa de Nerciat, né à Dijon en 1739, m. à Naples, v. 1800). Ouvr. licencieux. Les *Aphrodites* sont une association de personnes des deux sexes, association qui n'a d'autre but que le plaisir. Des femmes de la cour, des abbés, des princes, de riches étrangers, des ex-nonnes paradent dans ces tableaux, dans ces dialogues très-spirituellement écrits. C'est, en un mot, un des ouvrages les plus remarquables et les plus importants du genre érotique; mais il est peu connu, car il est presque introuvable et très-peu d'amateurs même l'ont vu. Il n'a paru, à notre connaissance, dans aucune vente. Lampsaque, 1793, 8 part. pet. in-8 de 88 pp. et 1 pl. chacune; ces 8 parties se relient en 1 ou 2 volumes. Les fig. sont obsc. et finement gravées. Un ex. a été cédé en 1860 pour le prix de 150 fr. Nous croyons qu'il a paru en Allemagne 4 vol. portant le même titre: *Les Aphrodites*, mais ce ne serait pas l'ouvr. de Nerciat, ce serait un recueil comprenant: Nocrion, Cléon, Margot la ravaudeuse, l'Hist. du prince Apprius, etc.

Œuvre priapique (p. le baron Dom. Vivant Denon). Paris, 1793, 23 pl. in-fol. grav. à l'eau forte. Rare. Il en est dit quelque chose dans Aliniuti, ou le Mariage sacrilége, de Lemercier.

Les Plaisirs de l'ancien régime (ou de tous les siècles) et de tous les âges; pour faire suite à l'Arétin. Londres, 1795, in-18, fig. Cont. l'Ode à Priape avec une fig. à ch. strophe et autres pièces aussi avec figures. Cond. probablement d'une réimp. intitulée: *Plaisirs de tous les âges*, en août 1842.

Les Extases de l'amour, œuvre philosophique. Philadelphy, s. d., pet. in-12, av. 1 front. et 19 pl. obsc. Un album in-8 obl. portant à peu près ce titre a été cond. en 1825.

L'Art de f.... en 40 manières, ou la Science pratique des filles du monde. Amst. 1780, 1789, 1833, in-18, av. 40 fig. sur 10 pl.

Cent Tableaux ou dessins chinois, représentant tous les jeux, inventions, postures et jouissances amoureuses. In-fol. — Rouleau chinois d'env. 12 pieds de longueur sur 1 pied de haut représentant 12 *tabl. de postures amoureuses.* — Rouleau cont. 12 tabl. représentant *les Actes d'amour des Chinois.* Articles contenus au Cat. Chardin, p. 145. On n'ignore pas que les peintures libres s'étalent en Chine sans qu'on s'en scandalise; les chambres destinées aux femmes sont ornées de beaucoup de dessins licencieux. — On montra à M. Yvan de magnifiques peintures sur satin blanc, auprès desquelles le tableau célèbre de Parrhasius, légué à Tibère, selon Suétone, par un sénateur romain, eût été une image presque décente. Quelques-uns de ces rouleaux coûtaient plus de 3000 fr. (*Canton, un Coin du céleste empire*, par le docteur Yvan, Paris, 1857).

PROVERBES, EMBLÈMES ET ALLÉGORIES

Origine delle volgari proverbi, di Al. Cintio degli Fabritii. Venise, 1526, 1527, in-fol.; Libri, 575 fr. Ouvr. dédié au pape Clément VII. L'auteur y explique, par des contes fort licencieux écrits en vers, l'origine de 45 proverbes. Renouard a dit et Ebert a répété que cet auteur avait été brûlé; mais on ne trouve aucun témoignage à l'appui de cette assertion. V. *Lettre de M. D. P. à M. D. L.*, 16 pp. impr. chez P. Dupont en 1856 et extraite de l'Esprit des journaux de sept. 1780. V. aussi *Jahrbuch für romanische und englische Literatur*, tom. 1, pp. 298 à 318.

Amorum Emblemata (en 3 langues: holl., lat. et franç., ou angl., lat. et ital.) Anvers, 1607, 1608 et Amst., 1611, in-4, obl., av. 247 fig. gr. p. Boel, d'apr. les dess. d'Otho Venius. Tross, 8ᵉ cat., 30 fr.

Thronus Cupidinis, sive Emblemata amatoria. S. l. n. d. et Amst., 1618, 1620, pet. in-12 obl. cont. 48 jol. grav. de Crispin de Pas, av. un texte en vers franç., un en lat. et un en holl.

Emblemata amatoria Georg. Camerarii. Venise, 1627, in-32 obl., av. 75 jol. grav. de Tozzi.

Devises et emblêmes d'amour moralisez, grav. p. Alb. Flamen, peintre. Paris, 1653 (ou 1658), 1672, pet. in-8, front. gr. et 100 jolies eaux-fortes; Nodier, 56 fr.

Le Centre de l'amour découvert soubs divers emblêmes galans et facétieux. Paris, chez Cupidon (Holl.), s. d., 1680, 1687, pet. in-4 obl. av. titre gr. et 92 fig. curieuses, ainsi que les vers qui en donnent l'explication; quelques-unes sont assez libres. Morel-Vindé, 49 fr.

Emblèmes d'amour, en 4 langues (fr., lat., angl. et italien); p. Ph. Ayres. Londres, s. d., 1683, 1686, pet. in-8, av. 44 fig. gr. p. Van Vianen. Potier, 8 fr. — Réimp. à Amst. en 1696, pet. in-4, sous le titre: *Devises et emblèmes d'amour, etc, en 4 langues.* Mac-Carthy, 9 fr.

Proverbes sur les femmes, l'amitié, l'amour et le mariage. Paris, Garnier, 1860, in-12, 3 fr. 50.

DIALOGUES

Dialogus de sene et juvene de amore disputantibus. Anvers, 1491, in-8. Très-rare, singulier et recherché.

Dialogus de Amore, ad amovendam juventutem à fallacibus plenisque periculi amorum illecebris. Ouvr. comp. par Bernardin Corio, vers 1502, et impr. par Minutianus, célèbre impr. de Milan, lequel y ajouta une épître dédicatoire de sa composition, adressée *ad amatores*. Depuis plusieurs siècles, aucun exemplaire n'a paru dans les ventes.

Gli Asolani di M. Pietro Bembo. Venise, Alde, 1505, pet. in-4; éd. orig., avec une épître dédicatoire à Lucrèce Borgia; cette pièce manque souvent. On sait que le card. Bembo a été un des nombreux adorateurs de la célèbre fille d'Alexandre VI. Libri, 39 fr. Nombreuses réimpressions. Dialogues en prose entremêlée de vers, supposés avoir eu lieu dans le château d'Asolo, entre 3 amants et leurs maîtresses qui discutent entre eux diverses questions relatives à l'amour. — *Les Azolains de Mgr Bembo. De la Nature d'amour*; trad. de l'it. p. J. Martin. Paris, 1545, 1547, pet. in-8; Potier, 60 fr. — Lyon, 1552 (Potier, 10 fr.), et Paris, 1553, 1555, 1556, 1576, in-16.

Question de amor de dos enamorados, etc. Valence, 1513, in-fol. goth.; Heber, 4 liv. 14 sh. — Zamora, 1539, in-fol. Heber, 5 liv. — Medina, 1545, pet. in-4. — Venise, 1553, pet. in-8; Mac-Carthy, 8 fr. — av. y Carcel de amor, Anvers, 1598, pet. in-12; Tech., 15 fr. — *Le Débat de deux gentilshommes espagnols sur le fait d'amour, l'un nommé Vasquiran, l'autre Flamyan*, etc. Paris, 1541, in-8. La Vallière, 5 fr. 50.

Dialogue apologétique excusant ou défendant le dévot sexe féminin, introduit par deux personnages, etc. Paris, 1516, in-4 goth.; Potier, 180 fr.

Ragionamento de la Nanna et de la Antonia, fatto in Roma sotto una ficaia, etc. (da P. Aretino). Parigi (Venise), 1534, pet. in-8 de 100 ff. Éd. orig. très-rare de la 1re partie des Ragionamenti. Mac-Carthy, 50 fr. — *Dialogo di M. Pietro Aretino, nel quale la Nanna il primo giorno insegna a la Pippa a esser puttana; nel secondo gli conta i tradimenti che fanno gli huomini a le meschine che gli credono; nel terzo*, etc. Torino (Venise), 1536, pet. in-8; éd. orig. très-rare de la 2e partie des Ragionamenti. C'est dans la dédicace de ce volume que l'Arétin ne craint pas de dire que son livre est plus nécessaire à l'humanité que les prédicateurs. Potier, 80 fr. — *Ragionamento del Zoppino, fatto frate, e Lodovico puttaniere, dove contiensi la vita e genealogia di tutte le cortigiane di Roma.* S. l. (Venise), 1539, in-8 de 20 ff. dont 1 blanc. Éd. orig., très-rare, d'un des ouvr. les plus licencieux de l'Arétin. Libri, 51 fr. Ces trois dialogues qui, sous le rapport du style, sont le meilleur ouvr. de leur auteur, ont été plusieurs fois réimp. séparément. Il y a aussi des dialogues sur la cour de Rome et les courtisans et sur le jeu et les joueurs, mais ils sont étrangers à notre objet. *Ragionamenti di M. Pietro Aretino.* Nella nobil città di Bengadi, 1584, 1589, 1624, 3 part. pet. in-8, lettres italiques. Réunion des 3 dial. précédents auxquels on a joint le *Commento delle fiche di ser Agresto*. Bolle, 8 fr. 50. — Éd. avec le *Commento di S. Agresto et la Puttana errante* d'Arétin, Cosmopoli (Amst., Elz.), 1660, 2 part. pet. in-8. Jolie éd., mais moins correcte que celle de 1584. Libri, 60 fr. — *Coloquio de las damas* (trad. en esp. des Ragionamenti de l'Arétin, p. F. Xuares). Medina del Campo et s. l., 1548, 1549, 1607, pet. in-8. Bolle, 21 fr. 50. Traduction fort mitigée. — *Tromperies dont usent les mieux affétées courtisanes*, etc. (ou, dans les éd. suivantes: *Hist. des amours faintes et dissimulées de Lais et Lamia*, etc.), trad. de l'it. en franç., plus la Vieille Courtisane de Joachim du Bellay. Paris, 1580 (J. G. 13 fr. 50); 1595, 1599, 1601, 1609, in-16 (Bignon, 15 fr.) Le texte de l'Arétin est tout à fait défiguré dans cette trad. faite sur la trad. esp. de Xuarès. — *Pornodidascalus, seu Colloquium muliebre P. Aretini* (trad. lat. de la 1re part. des Ragionamenti faite d'apr. l'esp. p. G. Barth). Francfort, etc. 1623, 1624, 1660. Cette dern. éd. contient un cat. des écrits de Barth.

La Puttana errante, dialogo di Maddalena e Giulia, di M. Pietro Aretino. On ne connaît pas les anciennes éditions qui doivent avoir été faites de ce dialogue. La 1re qui nous en reste est l'éd. en 48 ff. qui a été faite par les Elzev. en 1660 pour accompagner les Ragionamenti; c'est un pet. in-8 de 38 pp. Réimp. plusieurs fois pet. in-8 ou pet. in-12, en 38, 54, 62 et 84 pp. — *La Putain errante, ou Dialogue de Madelaine et de Julie*; par P. Arétin, fidèlement trad. en franç. par N. No S. l. n. d., pet. in-12 de

76 pp., marqué par Brunet valoir 6 à 9 fr.; en tout cas, très-rare. La même trad., réimp. sous le titre : *Entretiens de Madelon et de Julie, ou Hist. et vie de l'Arétin*, a été poursuivie; mais aucune cont. n'a été publ. On trouve aussi une trad. franç. de la Puttana dans la Bibliothèque d'Arétin. Il en a été fait une trad. holl., s. l. n. d., in-12 : *De dwaelende hoer*, et une trad. angl. : *The wandering Whore*, publ. à Londres v. 1660 et très-rare; un ex., indiqué comme unique, est porté à 16 guinées sur le cat. de la maison Longman pour 1818.

Dialogi piacevoli di Nic. Franco. Venise, 1541, 1542, 1545, 1554, 1559, pet. in-8; Bolle, 12 fr. Il y a une éd. de 1590, mais elle est mutilée. Dialogues assez amusants, dans lequel Franco décrit la beauté des femmes les plus célèbres de l'Italie. Il doit se trouver dans le vol. une lettre satirique contre la cour de Rome, adressée à Alb. del Carretto. *Les Plaisans Dialogues de Nic. Franco* (trad. p. Gabr. Chapuis). Lyon, 1579, in-16. Pixérécourt, 17 fr.

Dialogo dove si ragiona della bella creanza delle donne, dello Stordito intronato (par Al. Piccolomini). S. l. (Venise), 1539; Brovazzo, 1540 (Turgot, 12 fr.); s. l., 1541; Milan, 1558 (Nodier, 18 fr.); s. l., 1560; Venise, s. d., 1562 (Turgot, 15 fr.), 1574 (La Bédoyère, 19 fr. 50); Londra (Lugano), 1750, in-8 de 44 à 55 ff. C'est une satire libre et même licencieuse contre les femmes; une jeune femme y reçoit d'une autre plus âgée des préceptes de galanterie et finit par accepter l'amant qu'on lui propose. On pourrait regarder l'Aloisia comme une imitation de cet ouvrage; on place du moins parmi les traductions les productions suivantes : — *Instruction pour les jeunes dames, en forme de dialogue.... pour se bien gouverner en amour*. Lyon, s. d., 1573, et Paris, 1597, in-12. — *Notable Discours en forme de dialogue touchant la vraye et parfaicte amitié, mais dans lequel les dames sont duement informées du moyen... pour se gouverner en amour*. Lyon, 1577, in-16; Morel-Vindé, 11 fr. — *Dialogues et devis des damoiselles... cont... quelques hist. facétieuses et discours de la nature d'amour, etc.* Paris, 1581 (Morel-Vindé, 17 fr.), 1583, in-16. — *Les Devis amoureux de Mariende et Florimonde*. Paris, 1607, in-12. — *La Messagère d'amour, ou Instruction pour inciter les jeunes demoiselles à aymer*. Paris, 1612, pet. in-12 de 84 ff. Perret, 40 fr. Peut-être ces divers ouvr. sont-ils, sous différents titres, la même traduction qui est attribuée à Marie de Romieu, aut. d'un petit poème intit. : *Briefs Discours, que l'excellence de la femme surpasse l'homme*. Paris, 1581, in-12.

Dialogo piacevole di Lod. Dolce, nel quale M. P. Aretino parla in difesa d' i male aventurati mariti. (Venezia) 1542, in-8 de 20 ff. Libri, 30 fr. 50. Nouvelle fort libre.

I Capricci del Bottaio, cioè Ragionamenti di G. B. Gelli. Florence, 1546, in-4 (Roscoe, 3 liv. 4 sh.); Florence, 1548 (belle éd., av. le portr. de Gelli et plus complète que la 1re; Fournier, 36 fr.); Florence, 1549, 1551; Venise, 1550, 1605, 1619 (ces dern. éd. sont châtrées), in-8. Dix dialogues remplis de vivacités amoureuses un peu violentes, dit Lenglet-Dufresnoy. Trad. franç. sous le titre suivant, par Cl. de Kerquifinen : *Les Discours fantastiques de Justin, tonnelier*. Lyon, 1566, in-8, et Paris, 1575 (Chardin, 15 fr.) et 1597, in-16.

La Ruelle mal assortie, dialogue d'amour entre Marguerite de Valois et sa bête de somme. Paris, impr. Crapelet, 1842, in-8 de 16 pp. — Ou Entretien amoureux d'une dame éloquente avec un cavalier gascon plus beau de corps que d'esprit et qui a autant d'ignorance comme elle a de sçavoir; par Marguerite de Valois. Paris, Aubry, 1855, in-12 de 40 pp. tiré à 184 ex., 2 fr. 50 c. L'éd. origin. et très-rare de cet opuscule est de 1644. Le ms. in-4, sur vélin, intit. : *Débat d'amour*, s'est vendu La Vallière, 112 fr.

Coloquios matrimoniales en los quales se tracta como se han de aver entre si los casados y conservar la paz, criar sus hijos, y gobernar su casa, por Pedro de Luxan. Sevilla, 1552, pet. in-8 goth. Beaucoup d'autres éd. dans le *Manuel*; celle de Saragosse, 1555, La Serna, 11 fr.

Il Raccolta, dialogo di G. Betussi, nel qual si ragiona d'amore. Vinegia, 1562, pet. in-8. Tech., 16 fr.

La Camilletta, di N. Oulerry. — *La Priapeia*, du même. Paris, 1586, 2 part. séparées, in-8. Debure, les deux, 36 fr. Le 1er ouvrage est un entretien de plusieurs femmes sur l'amour, la galanterie; le 2e est une conversation entre 4 courtisanes vénitiennes dans le goût des Ragionamenti de l'Arétin.

L'École des filles, ou la Philosophie des dames (il y a des éd. intitulées : *L'École des filles, ou la Philosophie des femmes, leur indiquant le secret pour se faire aimer des hommes, quand même elles ne seraient pas belles, et le plus sûr moyen d'avoir du plaisir tout le temps de leur vie*); en deux dialogues, par A. D. P. (attrib. à un certain Hélot ou Hello, qui aurait été pendu en effigie et son livre brûlé au pied de la potence. V. les Lettres de Guy-Patin, éd. de 1718, tome 2, p. 123; le Carpenteriana, p. 80; Ébert, n. 6368 et Peignot, Dict. des livres cond. au feu, tome Ier, p. 155). Paris, 1656, av. un front. gr. p. Chauveau; 1re éd., introuvable. — Paris, Chambéry, Fribourg, Villefranche, Liége ou Cythère (Holl.), 1659,

1668, 1671, 1672, 1686, s. d., 1740, 1760, pet. in-12 de 152, 162, 172, 180 pp. Belle, 28 fr. Réimpr. dans la Bibliothèque d'Arétin et en formant la 1re part. sous le titre : *Cabinet d'amour et de Vénus*. Cologne, s. d.

Les Entretiens galans d'Aristippe et d'Axiane, cont. le langage des tétons et leur panégyrique..., avec plusieurs autres galanteries. S. l. n. d., et Paris, 1664, in-12 ; Bignon, 20 fr. 50. Livre singulier, mais qui n'a rien d'obscène.

Hist. coquette, ou l'Abrégé des galanteries de quatre soubrettes campagnardes, cont. etc. (par de Mareuil). Amst., 1669, pet. in-8 de 96 pp. La Vallière, 15 fr. Dialogue en prose, mêlé de quelques vers.

Les Prouesses du dieu Priape en dialogues ; par le sieur de La Treille. Paris, G. de Luynes, 1670, in-12. Livre très-rare, indiqué par de l'Aulnaye (dans le glossaire joint à son édition de Rabelais, art. *Crocuts*) et qui mériterait que des recherches actives et persévérantes fussent faites pour le retrouver.

Vénus dans le cloître, ou la Religieuse en chemise, entretiens curieux (p. l'abbé du Prat). Cologne, 1683 (Nodier, 35 fr.), 1686, 1692, 1696, pet. in-12 et 1793, in-18, fig. (Noël). Ouvr. érotique, réimpr. aussi sous le titre suivant : *Les Délices du cloître, ou la Religieuse éclairée* ; Amst., s. d. (v. 1720), 1747, 1760, 1761, 1774, in-12. Il y a une contrefaçon de l'éd. de 1774 (Paris, v. 1831, 2 part. in-18, av. 10 mauvaises lith. érotiques). L'éd. de 1760 se trouve ord. jointe aux Lauriers ecclésiastiques, même date.

Les Entretiens curieux de Tartuffe et de Rabelais sur les femmes ; p. de la Dailhière. Cologne, s. d. (Cioret, 30 fr. 50) et Middelbourg, 1688 (Nodier, 36 fr.), in-12 de 51 ff.

La Nuit et le moment, ou les Matines de Cythère (dialogue, p. Crébillon fils). Londres (Paris), 1755, 1756, 1762, 1779, pet. in-12, fig. ; et (Cazin), s. d., 1782 et 1786, pet. in-18, fig. Peu commun.

Le Hasard du coin du feu, dial. moral (p. Crébillon fils). La Haye, 1763, 1764, pet. in-12. Peu commun.

Entretiens de deux amants ; brochure condamnée en 1826, comme outrageant la morale publique et religieuse.

Les Maîtresses parisiennes, scènes de la vie moderne ; p. Arn. Frémy. Paris, Bourdilliat, 1855-58, 2 vol. in-16, 2 fr.

ÉPISTOLAIRES

Aristaeneti epistolæ, gr. Anvers, 1566, pet. in-4 ; éd. orig. — Plusieurs fois réimpr. ; les meilleures éd. sont : cum notis variorum, Zwollæ, 1749, in-8 (il doit y être joint un suppl., Virorum aliquot conjecturæ, etc., Amst. 1752, in-8). — Ed. Boissonade, cum not. variorum (lat. en regard) ; Paris, 1822, in-8 de 48 feuilles et demi, 16 fr. — *Lettres galantes d'Aristénète* (trad. p. Lesage). Rotterdam (Chartres), 1695, pet. in-8 ; et Lettres choisies d'Alciphron (av. les Dial. des courtisanes, trad. du gr. de Lucien), Londres, 1739, pet. in-12 (Bignon, 9 fr. 25 c.). — Les mêmes, trad. p. Moreau ; Cologne (à la Sph.), 1752, in-12 ; peu commun. Ces lettres contiennent des anecdotes quelquefois assez libres.

Petri Abælardi... et Heloissæ conjugis ejus... opera (ou *epistolæ*). Paris, 1616, pet. in-4. Éd. la plus anc. et très-rare des Lettres d'Héloïse et d'Abailard ; elle cont., en outre, les œuvres théologiques de ce dernier, parmi lesquelles on trouve un sermon adressé aux religieuses du Paraclet et ayant pour sujet la chaste Suzanne. — La 2e éd., Londres, 1718, in-8, est meilleure que la 1re ; La Bédoyère, 35 fr. Il a été fait de ces lettres célèbres un grand nombre de traductions et de paraphrases en pr. et en v. ; nous nous bornerons à en citer les principales. — *Hist. d'Héloïse et d'Abélard, avec la lettre passionnée qu'elle lui écrivit, et accompagnée de deux autres aventures galantes fort singulières*. La Haye, 1693, pet. in-12. Rare. C'est sans doute cette trad. anonyme qui a été réimprimée sous le titre : *Le Philosophe amoureux, etc.*, au Paraclet, 1696, 1697, pet. in-12. Rare. — *Hist. des amours et infortunes d'Abélard et d'Héloïse, av. la trad. des lettres...*, p. F. Dubois. La Haye, 1711, pet. in-12, fig. ; Tech., 8 fr. — *Les Lettres d'Héloïse et d'Abailard*, mises en vers, p. de Beauchamps. Paris, 1714, 1721, in-12 ; Potier, 20 fr. — Les mêmes trad. en pr., par J. Fr. Bastien ; Paris, 1782, 2 vol. in-8 ; Renouard, 15 fr. Traduction estimée. — Les mêmes, trad. p. dom Gervaise, av. une not. p. de Laulnaye. Paris, imp. Didot jeune, an IV, 3 vol. gr. in-4, av. 8 fig. de Moreau jeune. — Les mêmes, trad. p. le bibl. Jacob, av. une not. p. Villenave. Paris, 1840, in-12. — Les mêmes, trad. p. Oddoul, av. un Essai hist., p. M. et Mad. Guizot. Paris, 1837-39, 2 vol. gr. in-8 et Paris, Didier, 1853, gr. in-8, av. 40 vign. de Gigoux, 10 fr., in-8, 5 fr. et 1856, in-12, 3 fr. 50. — *Épître amoureuse d'Héloïse à Abeilard*, trad. de l'angl. de Pope, en v. franç., par Colardeau. Paris, 1766, in-8, fig. d'Eisen, et Zurich, 1803, in-4, av. 4 fig. gr. p. Watson. — *Nouv. rec. cont. la vie, etc.*, Brux., 1714 ; Amst., 1725, in-12 et Anvers, 1734, 2 vol. in-12. Le t. Ier contient une hist. abr. d'Abailard, par un anonyme, les Amours d'Ab. et d'H., par Alluis, et la trad. de leurs lettres, par Rémond Desours et un anonyme. — Le t. II contient les lettres galantes de Cléante et de Bélise (de la marq. de Ferrand, née de Bellizani, au bar. de Breteuil), et les Lettres d'amour d'une religieuse portugaise. — *Héloïse et Abailard*; p. A. de Lamartine. Paris, 1856, 1859, in-16; jolie étude en prose. — *Lettres et épîtres amoureuses d'Héloïse et d'Abeilard*; tant en vers qu'en prose. Paris, 1777, 2 vol. in-12, fig. Rec. fait par le libraire Cailleau de div. imitations de ces lettres, réimp. très-souvent et jusque dans les dernières années, en 2 vol. in-18, pour le service du colportage. On peut consulter sur cette célèbre correspondance un art. de Creuzé de Lesser dans la France littéraire, tome XVII (1835); un art. de Laviron, dans l'Artiste, en 1838; et surtout Paulin Paris, Manuscrits français de la Bibl. du roi, tome VII, pp. 245 et suivantes.

Lettere di M. Pietro Aretino. Venise, 1537-1557, 6 vol. pet. in-8. Ces lettres, qui étaient une chronique des événements contemporains, furent le premier journal des temps modernes; elles eurent, lors de leur nouveauté, un grand succès; ainsi, le 1er vol. eut 9 édit. en 7 ans; mais aujourd'hui elles n'offrent plus qu'un faible intérêt. Dans le 4e vol., p. 159, une lettre alla Zufolina est fort libre. Pour que la coll. soit complete, il faut ajouter les *Lettere scritte a P. Aretino da molti signori*, etc.; Venise, 1551-52, 2 vol. pet. in-8; Libri, 76 fr. Parmi les correspondants de l'Arétin, on compte des courtisanes (la Zaffetta, la Zufolina), des papes (Clément VII, etc.), des cardinaux, l'empereur, l'impératrice, les rois de France, d'Angleterre, etc., Michel-Ange, Vasari, Annibal Caro, le Titien, etc., et généralement les hommes les plus distingués de l'époque. Quelques-unes de ces lettres mériteraient par leur liberté d'être insérées dans les Ragionamenti. Plusieurs lettres de Jean de Vauxcelles sont en français.

Le Pistole vulgari, di Nic. Franco. Venise, 1538, in-fol.: Méon, 17 fr. Les éd. in-8 sont moins complètes. Une Lettera alle putane et la réponse sont très-libres.

Lettere amorose di diversi huomini illustri. Venise, 1563, 1574, in-8. Libri, 5 fr. Lettres d'Ann. Caro, de Boccace, de Guidiccioni, du card. Bembo, etc.

Lettere amorose del mag. Al. Pasqualigo, nelle quali si contengono tutti li accidenti d'amore. Venise, 1570, 1581, 1584, 1587, 1607, pet. in-8; Tech., 6 fr.

Lettere amorose di mad. Celia, gentildonna romana, scritte al suo amante. Venise, 1565, 1584, et Trévise, 1600, pet. in-8.

Lettere facete e chiribizzose in lengua antiga venetiane..... (comp. da Vinc. Belando). Parigi, 1588, in-12. Gratiano, 50 fr. Ce recueil en pr. et en v. contient, dit Gamba, dans sa bibliographie du patois vénitien, autant d'obscénités que les dialogues de l'Arétin et ceux de Franco. Tandis que quelques-unes des pièces de ce recueil sont adressées aux plus grands personnages, tels que la duchesse de Retz, etc., d'autres sont dédiées à des courtisanes. Le *Scudo d'amanti* (p. 124) « dove si scopre gli assassinamenti... che fano le puttane » est bien digne de faire suite au Ragionamento di Zoppino.

Amitiés, amours et amourettes, lettres galantes en pr. et en v.; p. René Le Pays. Paris, 1658, 1664, 1665, 1667, 1672, 1685, 1723, 1765, pet. in-12; 3 à 4 fr. — Amst. (Elz.), 1658, 1668, 1671, 1678, 1680, 1693, pet. in-12, front. gr. — *Les Nouvelles Œuvres* (lettres gal. en v. et en pr.) *de M. Le Pays*. Amst., 1674, 1677, 1685, 1688, 1690, 2 tom. pet. in-12, front. gr. Renouard, les 2 ouvr., 27 fr. Bel esprit offrant aujourd'hui peu d'intérêt.

Lettres portugaises (ou *Lettres d'amour d'une religieuse portugaise*, écrites v. 1663, par Mariane Alcoforada, religieuse à Béja, et adressées au comte de Chamilly; trad. en franç. p. le comte de la Vergne de Guilleragues). L'éd. orig. est de Paris, 1669, in-12; rare. Très-souv. réimp., les anc. éd. valent de 20 à 40 fr.; celles postérieures à 1700, 5 à 6 fr. seulement; celle de Paris, 1806, in-8, réimp. en 1807, in-12, contient une not. bibliographique de l'abbé Mercier de Saint-Léger et de Barbier. La meilleure éd. est celle donnée par M. de Souza; Paris, F. Didot, 1824, in-12; elle ne contient que 5 lettres, les autres, ainsi que les réponses, ayant été supposées.

*Commerce de lettres entre Mademoiselle Julie*** et le chevalier de St-M****. Cythère, 1723, in-12. Mac-Carthy, 2 fr.

Love-letters on all occasions lately passed between persons of distinction, collected by M. Eliza Haywood. London, 1730, in-12.

Letters of the marquise du Deffand. Londres, 1810, 4 vol. in-12. Éd. orig. publ. p. miss Berry. Ces lettres, écrites à Hor. Walpole de 1766 à 1780, sont en français; les titres, préf. et notes sont en angl.; cette éd. est intégrale, tandis que les réimp. franç. de 1811, 1812, 1824 et 1827 ont été mutilées par la censure.

Lettres de Mme P. née C. à la Grande-Rivière, et habitante au Trou, quartier du Cap Français, isle St-Domingue, à M. L. habitant au Cap-Français. Au Cap-Français, 1782, in-12 de 30 pp., plus un feuillet blanc. Libri, 65 fr. Livret imprimé aux colonies et où l'amour se montre dans une nudité plus que créole.

Correspondance amoureuse de Fabre d'Églantine (publ. p. Roussel). Hamb. et Paris, s. d., et 1796, 3 tom. in-12.

Recueil de lettres de deux amants (attribuées à Carnot ou à Mme Pipelet de Leury, depuis princesse de Salm, ou à une autre dame restée inconnue). Paris, an IX, P. Didot l'aîné, 9 vol. in-18, tiré à 12 ex.; les 6 prem. vol. ont été réimp. sous le titre : *Lettres secrètes et amoureuses de deux personnages de nos jours.* Paris, 1817, 1819. 4 vol. in-18. Roman d'amour extrêm. rare. Debure, 82 fr.

COLLECTIONS, MÉLANGES LITTÉRAIRES ET POLYGRAPHES

La Bibliothèque d'Arétin, contenant les pièces marquées à la table. Cologne, P. Marteau (Holl., Elzev.), s. d. (vers 1680), pet. in-12, de 405 pp. Très-rare. Contenant : l'Ecole des filles; la Putain errante, par P. Arétin; Marthe le Hayer, par Blessebois; Comédie gal. de Mme d'Olonne, par de Bussy; Nouv. leçons du commerce amoureux, par la sa-vante T***; Filon réduit à mettre cinq contre un; Vers gaillards, etc. Il en a été fait, peut-être en Belgique, une contrefaçon incorrecte et mal imprimée : Cologne, s. d., pet. in-12 de 500 pp.

Choix de poésies, trad. du grec, du lat. et de l'it. (p. Ed. Thomas Simon, de Troyes). Londres (Cazin), 2 vol. in-18; Bozérian, 35 fr. Cont. la Pancharis de Bonnefons, les Baisers de Jean Second, ceux de Jean Vanderdoes, etc.

La Gazette des amoureux, journal illustré imprimé sur papier rose et paraissant le vendredi de chaque semaine, Gérant, Max Rolland. Paris, 1860. Il n'y en a eu que 12 nos formant ensemble 88 pp. in-4. Contenant : 1° des romans inédits; 2° une biographie de femme av. portrait; 3° des nouvelles comiques; 4° les lettres d'amour de tous les pays et de tous les temps; 5° un Million d'anecdotes et de joyeusetés; 6° le Chansonnier de l'amour, vieux refrains et chansons nouvelles. On y trouve des articles à conserver : *Promenades amoureuses à travers les deux mondes*, p. Léon Beauvallet, etc.

Opere volgari di Gio. Boccaccio, corrette su i testi a penna. Firenze, Magheri, 1827-34, 17 vol. in-8. Libri, 128 fr. Cet excellent recueil contient : *Il Decamerone, il Corbaccio, il Filocolo, la Teseide, Comento a Dante, il Filostrato, l'Amorosa Visione, la Caccia di Diana, Vita di Dante, l'Ameto, Rime, l'Urbano, il Ninfale fiesolano*, et *Lettere*. La *Caccia di Diana* est un poëme qui n'avait jamais été imprimé.

Œuvres littéraires de Machiavel, trad. de J.-V. Périès. Paris, Charpentier, 1851, in-12 de 548 pp. contenant 4 comédies : la Mandragore; Frère Alberigo (qui a pu inspirer à Molière l'idée de son Tartuffe); l'Entremetteuse maladroite; Clizia; puis le conte de Belphégor et div. poésies.

Rec. des Œuvr. de feu Bonaventure des Periers. Lyon, 1544, pet. in-8; Baudelocque, 119 fr. — *Œuvr. françoises de B. des Periers*, rev. et ann. p. Lacour. Paris, Jannet, 1856-57, 2 vol. in-16. Cont. tom. Ier : Œuvres diverses; l'Andria; Cymbalum mundi. Tom. II : les Nouv. Récréations et joyeux devis.

Opere di Firenzuola. Florence, 1763, 4 tom. in-8. Cont. : Discorsi de gli animali; Discours amoureux et galants mêlés de pr., de v., de chansons; 10 nouvelles; Deux dialogues sur la beauté des femmes; traduction de l'Âne d'or d'Apulée, remarquable par cette singularité que c'est Firenzuola lui-même qui se met en scène et qu'on voit avec étonnement ce religieux italien, transformé en âne, avoir les aventures gaillardes que l'on sait. Enfin, les 2 dern. parties contiennent les poésies et les comédies. Les poésies sont galantes ou comiques et toujours excellentes. Les deux comédies, I Lucidi et la Trinuzia, mériteraient d'être trad. en français.

Œuvr. meslées d'Est. Pasquier. Paris, 1619, in-8. On y trouve le *Monophile*, les *Lettres amoureuses*, les *Jeux poétiques*, la *Puce des grands jours de Poictiers* et *la Main*. Potier, 30 fr.

Œuvres satyriques de Corneille Blessebois. Leyde (Elz.), 1676, 8 part. pet. in-12 av. un titre gr. et un tit. imprimé, Libri, 250 fr. Cont. : Préface, 8 pp.; Almanach des belles, 34 pp.; Eugénie, 52 pp.; Portraits, 6 pp.; le Rut, 240 pp.; enfin le Lion d'Angélie; Filon; et Lupanie. Le Rut, ou la Pudeur éteinte, s'est vendu séparément, Bolle, 80 fr. — *Le Lion d'Angélie, hist. amoureuse et tragique, avec le Temple de Marsias*, du même aut.; Cologne (Holl., Elzev.), 1676, 2 part. in-12, ens. 168 pp.; Bolle, 100 fr.

Œuvres de la Fontaine. Anvers, Sauvage (Paris), 1726, 1757, 3 vol. in-4, éd. incomplète et mal imprimée. — Paris, stér. d'Herhan, 1803-04, 5 vol. in-18 ou in-12; jolie édition. — Av. not. p. Auger. Paris, Lefèvre, 1814, 1818, 6 vol. in-8, av. les 26 fig. de Moreau et un portr. — Ed. rev. p. Walckenaer (et la Vie de la Fontaine, du même); Paris, Lefèvre, 1822-23, 1826, 1827, 6 vol. in-8 (auxquels on ajoute un *Supplément*. Paris, imp. Dupont, 1854, in-8 de 64 pp. cont. 17 contes attrib. à la Fontaine), fig. de Moreau. Ed. regardée comme la plus compl. et la meilleure. — Ed. av. la Vie de la Fontaine de Walckenaer, etc.; Paris, Nepveu, 1819-20, 16 vol. in-18 av. un portr. et 147 grav. par Bosc, Pourvoyeur, etc., d'apr. Desenne, Chaudet, Devéria, etc. C'est l'éd. la plus jolie : — Paris, Sautelet, 1826, gr. in-8 av. 30 vign. de Thompson, d'apr. Devéria. Ed. compacte. — Av. la not. de Walckenaer, Paris, Didot, 1858, gr. in-8, portr., 10 fr. — Paris, Hachette, 1856, 1858, 2 vol. in-12, 4 fr. C'est l'éd. la moins chère.

— Av. notes p. Marty-Laveaux. Paris, Jannet, 1857, 4 vol. in-16.

Menagiana, ou Bons Mots, etc., de Ménage. Les 2 premières éd., publiées en 1 ou 2 vol., étaient très-incomplètes. 3e éd., publ. p. la Monnoye. Paris, 1715, 1729, 4 vol. in-12. Les cartons substitués aux passages licencieux forment 48 pp.; lorsque ces 48 pp. supprimées sont jointes aux exemplaires, ils ont de la valeur. Pixerécourt, 59 fr. — Amst., 1713-16, 1762, 4 vol. pet. in-12. Ces deux éd. ne sont point cartonnées. Tripier, 50 fr.

Recueil de pièces choisies rassemblées par les soins du Cosmopolite. Anconne, chez Uriel Bourriquant, à l'enseigne de la Liberté (impr. par le duc d'Aiguillon, dans sa terre de Verret, en Touraine), 1735, in-4 de 434 pp., plus 9 pour le front., la dédicace et la préface, et 9 autres pour la table; tiré à très-pet. nombre. La Bédoyère, av. 4 sujets peints à la gouache, 400 fr.; Méon, 300 fr.; Pixerécourt, 265 fr.; Duriez, 320 fr.; Nodier, 315 fr.; Châteaugiron, 430 fr.; Belin junior, av. 4 sujets col., 351 fr., Baudelocque, 301 fr.; Bignon, ex. médiocre, 215 fr.; Bolle, 252 fr. Recueil renfermant un grand nombre de pièces qu'on ne trouverait pas ailleurs et qui sont encore comme inédites à cause de sa rareté; entre autres, le texte et une trad. franç. des véritables sonnets de l'Arétin et d'une partie de ses Ragionamenti, les Dubbii amorosi, le Capitolo del forno, une trad. des Noëls bourguignons de la Monnoye, et les poésies de Cl. Petit ou le Petit, poésies qui furent la cause ou le prétexte de la condamnation à mort et de l'exécution de ce malheureux auteur. L'épître dédicatoire, très-spirituelle, de ce recueil est de Moncrif.

Pièces échappées du feu, ou la Curiosité, la rareté. A Babine, s. d., in-12 (L. M. R., 20 f. 50) et Londres, 1751, in-8 (4 part. de 96, 32, 96 et 22 pp.). Le 1er ouvr. cont. le Luxurieux et la Nouvelle Messaline, comédies, etc.; le 2e, l'Election du général des cordeliers, l'Ode à Priape, la Comtesse d'Olonne, etc. V. cat. Meerman, 2e vol., 291.

Œuvres de Vadé (m. en 1757). Paris, 1758, 1788, 4 vol. in-8, portr.; Genève ou Londres (Paris, Cazin), 1777, 1785, 1787, 4 vol. in-18, portr.; Troyes, an VI, 6 vol. in-18. — *Œuvr. poissardes de Vadé, suivies de celles de Lécluse.* Paris, imp. Didot jeune, in-4 av. fig. imp. en coul., tiré à 300 ex.; la même éd. in-18, fig. (Bignon, 14 fr. 50).

Œuvr. badines complètes du comte de Caylus. Amst. et Paris, 1787, 12 vol. in-8, fig. de Marillier. Lacour, 91 fr. 4 séries : Romans de chevalerie; Historiettes, contes, nouvelles, etc.; Contes orientaux et féeries; Facéties. Ces œuvres sont complètes, sauf quelques pièces libres, par exemple *Nocrion*, la *Cacto-Pottamachie*, hist. phys. et morale, par laquelle on démontre pourquoi on ne trouve plus de g.... v... ni de beaux c..., à V...., 1750, pet. in-4, ms. dont Leber (2509) ne connait pas d'imprimé, mais il en existe quelques copies dans les cabinets d'amateurs. En revanche, l'éditeur a fait entrer dans cette collection des opuscules de Moncrif, de Bourdon, de Sigrais, de Grosley, etc., auxquels de Caylus est complétement étranger.

Œuvres de l'abbé de Voisenon (publ. p. Mme de Turpin). Paris, 1781, 5 vol. in-8, fig. Potier, av. les cartons (9 ff. supprimés au tom. IV) 30 fr.

Œuvr. érotiques et morales de M. de Pezai. 5 éd., 1790 à 6e, 1809, 2 vol. in-18, fig.

Autant en emporte le vent, ou Recueil de pièces un peu... un peu... on le verra bien (p. Louis de Boissy?) A Gaillardopolis (Cazin), 1787, 2 part. in-18. La Petite Maison, prov. en pr. av. ar., imitée du Soupé, ouvr. moral; une Epître à Mlle de Roncourt; l'Actrice des boulevards, conte, etc. Il y a de jolis vers tout soit peu libertins.

Œuvres posthumes de Marmontel. Paris, imp. F. Didot, 1820, in-8. Ce vol. cont. la Neuvaine à Cythère et un autre poëme.

Œuvr. complètes de Boufflers. Paris, 1813, 2 vol. in-8, 16 grav. et portr.; 1817, 4 vol. in-18; 1827, 2 vol. in-8, 1 pl. et portr.; 1828, 2 vol. in-8, ornés de 9 fig. Le Journal de la librairie de 1828, p. 546, fait observer qu'il n'y a encore aucune éd. complète.

HISTOIRE

HISTOIRE : GÉNÉRALITÉS ET MÉLANGES

Liber Johannis Boccatii de Certaldo de claris mulieribus. S. l. n. d. (Strasb., v. 1470), in-fol. goth. de 84 ff.; 1re et rare éd., réimp. égal. s. d., v. 1475. — 1473, in-fol. goth. av. 81 fig. s. b.; Renouard, 335 fr. — Berne, 1539, pet. in-fol., fig. s. b. On remarque dans ces éditions une grav. représentant la papesse Jeanne accouchant.

Cérémonies nuptiales de toutes les nations, p. L. de Gaya. Lyon, s. d., Paris, 1680, et

La Haye, 1681, in-12. Un amat. de Paris, 8 fr. 50 c.

Dict. hist. des anecdotes de l'amour (p. Mouchet), 2e éd., Paris, 1811 (ou, av. de nouv. couvertures, 1832), 5 vol. in-8. Mutilé par la censure; Beuchot disait qu'il n'avait pu en voir aucun ex. sans cartons. La 1re éd., Paris, 1788, 2 vol. in-8, est intit. *Dict. portatif, cont. les anecdotes hist.*, etc.

Histoire de la galanterie chez les différents peuples (attrib. à Chaussard). Paris, 1793, et an V, 2 vol. in-18, 2 fig. un peu libres. Lacour, 5 fr. Nouvelle gauloise, nouvelle grecque, nouvelle iroquoise, etc.

Les Fastes de l'amour et de la volupté dans les cinq parties du monde. Description des sérails, harems, musicos, intérieurs de coulisses, etc.; histoire du Parc aux cerfs; galanteries des reines de France et autres pays; des dames de la cour; portraits des favorites et des courtisanes anc. et mod.; biogr. des adultères les plus célèbres, etc. Par M. le baron de Saint-Elme. Paris, 1839, 2 vol. in-8.

Les Amantes, favorites et héroïnes célèbres; dess. p. Régnier et Bettanier. Paris, Bulle fr., 1840, in-fol. (de 18? pl.) Portr. de Fleurette, Mlle de La Vallière, Laure, etc.

Hist. des Amants célèbres; p. Alph. Esquiros et Adèle Esquiros, Paris, 1848, in-8, fig.

Amoureux et grands hommes, par Emmanuel de Lerne (Molière et Armande Béjart. — Le Renard et sa cour. — Marie-Antoinette et mad. de Polignac. — Les deux Éminences. — Les Femmes aimées de Goethe). Paris, 1854, in-12.

Laïs de Corinthe, d'apr. un man. grec, et Ninon de Lenclos; biographie anecdotique de ces deux femmes célèbres; par A. Debay. Paris, Dentu, 1855, 1858, in-12, 3 fr.

HISTOIRE ECCLÉSIASTIQUE

SATIRES CONTRE LE CLERGÉ

Hist. de la papesse Jeanne, tirée de la dissert. lat. de M. de Spanheim (p. J. Lenfant). Cologne, 1694, in-12; La Haye, 1720, 1736, 1738, 1758, 2 vol. in-12, fig. (Celle de la p. 30, tom. 1er, manque quelquefois); Renouard, 19 fr.

La Vie du pape Alexandre VI et de son fils César Borgia; par Alex. Gordon. Amst., 1732, 1751, 2 vol. pet. in-8, portr.; un amat. de Paris, 23 fr.

La Nouvelle d'un révérend pere en Dieu et bon prélat... avec le déchiffrement de ses tendres amourettes; par Colin Royer (attrib. à Jean de Luxembourg ou à Pierre Viret). Troyes, Nic. Paris (Genève, J. Girard ?), 1546, pet. in-4 de 22 ff. Satire fort rare; elle est quelquefois suivie de celle intit.: *Vie et actes triomphans de Catherine des Bas-Souhaits*, avec la fausse indication: Troyes, N. Paris, 1546.

L'Anti-Joseph, ou bien plaisant et fidèle narré d'un ministre de la religion prétendue réformée, vendu publiquement à Clérac, ville d'Agenois, ayant esté enfermé dans un coffre par une honneste dame à laquelle il faisoit l'amour. — Suiv. la cop. imp. à Agen, 1615, pet. in-8; pièce rare. Il y a eu plusieurs éd. de cette facétie.

Histoire de donna Olimpia Maldachini, trad. de l'it. de l'abbé Gualdi (c.-à-d., de Grég. Leti, p. Renoult). Leyde (à la Sph.), 1666, 1667, pet. in-12. Téch., 9 fr. On connaît le pouvoir d'Olimpia au Vatican sous le pontificat d'Innocent X, 1644-1655.

Hist. politique et amoureuse du fameux card. Louis Porto-Carrero, archevêque de Tolède. S. l. (Holl.) et Amst., 1704, 1710, 1734, in-12, portr. représ. le card. moitié prêtre, moitié laïque. Renouard, 14 fr.

Les Amours du card. de Richelieu (p. Mlle Durand Bédacier). Cologne, 1687, pet. in-12; Sépher, 24 fr. — *Hist. des Amours de Grégoire VII* (avec la grande comtesse Mathilde), *du card. de Richelieu* (avec la duchesse d'Aiguillon, sa nièce), de la princesse de Condé et de la marquise d'Urfé (p. la même). Cologne (Paris), 1700, pet. in-12, front. gr.; La Vallière, 26 fr. — Réimp. sous le titre: *Anecdotes galantes, ou hist. des amours de Grégoire VII*, etc. Col., 1701, 1702, pet. in-12. Gancia, 12 fr. 50.

Hist. secrète du card. de Richelieu, ou ses Amours avec Marie de Médicis et Mme de Combalet, depuis duchesse d'Aiguillon (publ. par Chardon de la Rochette). Paris, 1808, in-18 de 99 pp. Veinant, 17 fr.

Amours secrètes du card. de Richelieu avec Marie de Médicis, mère de Louis XIII, roi de France, ou Causes véritables de la haine qui s'éleva entre eux, publiées d'après un mss. du XVIe siècle (XVIIe); par D*** M***. Paris, Michel, an XI (1803), in-12.

Il Puttanismo romano, overo Conclave generale delle puttane della corte per l'elettione del nuovo pontifice, satira comica di Ball. Sultanini (p. Greg. Leti). Colonia (Holl., Elz.), 1668, pet. in-12 de 130 pp.; Crozet, 20 fr. — Con l'aggiunta d'un *Dialogo tra Pasquino et Marforio*, et con il *Nuovo Parlatorio delle monache* (du même). Londra (Geneve, ou Lyon), 1669, 2 part. in-12; Nodier, 12 fr. — Réimp. sous le titre: *Il Puttanismo moderno*. S. l., 1667, 2 part. pet. in-12, ens. 432 pp. Cette éd. offre, pour le *Parlatorio*, 11 *finestre*, tandis qu'il n'y en a que 9 dans l'éd. de 1669. Cette satire violente et peu connue contre les religieuses et les moines se compose d'une suite de dialogues au parloir d'un couvent, parloir où il se commet nombre d'obscénités. Dans la finestra ottava, p. 317, le confesseur explique à sœur Dorothée les Dubbii lussuriosi de l'Arétin, etc. Libri, 26 fr. — *Le Putanisme de Rome, ou le Conclave général des putains de cette cour*, etc. Cologne (Holl., Elz.), s. d. ; pet. in-12 de 4 ff. et 132 pp. ; Solar, 152 fr. — Le même, av. un *Dial. de Pasquin et de Marforio* ; éd. augm. d'un entretien intit. : *Le Nouv. Parloir des nonnains* (les 2 autres éd. de cette trad. ne cont. pas le Nouv. Parloir), Cologne, (Holl., Elz.), 1669, pet. in-12 de 6 ff. et 255 pp. ; Veinant, 205 fr. — Cologne (Amst., Elz.), 1670, pet. in-12 ; Nodier, 72 fr.

L'Abbé en belle humeur (l'éd. de 1700 est intit. : le *Prosélite en belle humeur*), nouvelle galante (p. Macé, avocat). Londres, 1700, et Cologne, P. Marteau, 1703, 1705, 1709, 1734, 1747, pet. in-12. Potier, 8 fr.

L'Abbé à sa toilette, nouv. gal. Londres (Holl., à la Sph.), 1707, pet. in-12, fig. Bignon, 9 fr. 75.

Mémoires, anecdotes de la cour et du clergé de France ; par J.-B. Denis. Londres (Holl.), 1712, pet. in-8, portraits et carte. L'hist. curieuse du mariage de Bossuet avec Mlle Des Vieux de Mauléon est rapportée dans ce livre pour la 1re fois. Aimé-Martin, 39 fr.

Le Prêtre châtré, ou le Papisme au dernier soupir, où l'on fait voir la nécessité d'établir une loi pour la mutilation des ecclésiastiques papistes dans la Grande-Bretagne ; trad. de l'angl. La Haye, 1747, in-8. Nodier, 15 fr.

*Les Lauriers ecclésiastiques, ou Campagnes de l'abbé de T**** (p. le chev. de La Morlière). Luxuropolis, 1748, 1749, 1760, 1771, 1777, 1782, 1788 pet. in-12 ; J. Goddé, 9 fr. 50. Les éd. de 1760 et suiv. sont ordin. suivies des *Délices du cloître, ou la Nonne éclairée*. Les éd. de 1779 et suiv. sont augm. de 6 jol. grav. d'apr. les dess. de Boucher. *Mes Espiègleries, ou Campagnes de l'abbé de T****, 1797, in-18, fig. est sans doute le même ouvr. que le précédent.

Les Dames anglaises francisées par les soins d'un abbé. Londres, 1769, in 8. Rare.

Les Exercices de dévotion de M. Henri Roch avec Mme la duchesse de Condor (attrib. à l'abbé de Voisenon). S. l. n. d., et Vaucluse (Paris, v. 1780), 1786, 1787, pet. in-12 de 139 pp. ; à la p. 96, commence *la Rocambole, ou Notes édifiantes et récréatives*, front. libre. Il y a en tête de ce vol. une préface de Querlon, donnant des détails sur Voisenon. Ce sont les entretiens d'une espèce de tartufe qui la nuit tient compagnie à une jeune duchesse mariée à un vieil époux. Saint Mauris, 19 fr. 50.

Les Dévotions de Mme de Betzamooth et les pieuses facéties de M. de Saint-Oignon (p. l'abbé Duvernet) ; *suivies des Confessions de la marquise de Montcornillon*. S. l., 1787, 1789, in-12, front. av. cette légende : Croyez-vous, Monsieur, qu'un pape se lasse en une seule nuit? Peu commun.

Mes vingt ans de folie, d'amour et de bonheur, ou Mémoires d'un abbé petit-maître (p. Caillot). Paris, 1807, 3 vol. in-12. Peu commun.

Valentine, ou le Pasteur d'Uzès ; par Victor Ducange. Paris, Barba, 1820, 3 vol. in-12, et 1849, in-4 à deux col. Ouvr. cond. en 1821 et en 1852 comme outrageant la morale publ. et religieuse.

Où allez-vous, monsieur l'abbé? Vous allez vous casser le nez. Paris et Aurillac, 1820, in-8. Cat. La Jarrie, no 3414.

Les Amours de N. S. P. le Pape. In-18, av. fig. obscènes. Cond. insérée au Moniteur du 26 mars 1825.

La Chemise de femme et correspondance galante trouvée dans l'oratoire de l'archevêque de Paris ; par un séminariste. Paris, J. Lefebvre, 1830, in 8 de 16 pp.

Amours et intrigues des prêtres français, depuis le XIIIe siècle jusqu'à nos jours, ou Désordres, malheurs et crimes qui sont le fruit du célibat des prêtres (par E. M. Masse). Paris, 1830, 1833, 1838, in-18, 1 fig. Peu commun.

Les Amours de quelques prêtres : Abbé corrigé par un chanoine ; — Un Jésuite et la femme de son voisin ; — Un Cultivateur pendu parce que sa femme aimait un jésuite ; — L'Évêque qui fait des oreilles aux enfants ; — 22 Enfants dans 22 mois ; — Les Bons Maris parisiens ; etc. Paris, r. Dauphine, 24 (imp. Poussin), 1831, in-12, de 8 pp.

Cardinale, Bischöfe... Les cardinaux, les évêques et les prêtres aventuriers en amour ; par Santo-Domingo (aut. des Tablettes romaines). Stuttgart, 1833, in-8.

SATIRES CONTRE LES MOINES ET LES NONNES

Le Piteux Remuement des moines, prêtres et nonains de Lyon, par lequel est découverte leur honte et la juste punition de Dieu sur la vermine papale ; par E. P. C. 1562, in-8 ; duc de la Vallière, 37 fr.

Procès-verbal fait au P. J. Testefort, dominicain, qui fut trouvé couché rue du Cimetière-St-André avec la R. M. Dreilliers, religieuse, le 4 novembre 1627. In-8. La Vallière, 21 fr.

La Démonomanie de Loudun, qui montre la véritable possession des religieuses ursulines, avec la liste des possédées et obsédées, le nom de leurs démons, etc.; p. le R. P. Tranquille. La Flèche, 1634, 1636, in-12; Millet de Montarbi, 17 fr.

Hist. des diables de Loudun, ou De la possession des religieuses ursulines et de la condamnation d'Urbain Grandier (brûlé en 1634). *Cruels effets de la vengeance du card. de Richelieu* (par Aubin). Amst., Wolfgang, 1693, 1694, 1737, 1740, 1752, in-12, fig.; un exempl. de Paris, 26 fr. 50 c. Il y a une réponse à cet ouvrage : *Examen et discussion critique de l'hist. des diables de Loudun*, etc.; p. de la Ménardeye. Paris, 1747, in-8. Rare.

Factum pour les religieuses de Ste-Catherine-lès-Provins, contre les PP. cordeliers (par Al. Varet). S. l. n. d., ou Doregnal (Holl., Elzev., 1668, 1669), pet. in-4, et 1679, pet. in-12. Mémoire curieux et piquant auquel on joint ordinairement : *Toilette de l'archevêque de Sens, ou Réponse au factum des Filles Ste-Catherine*, etc. (par Jean Burlugay). S. l. (Holl.), 1669, in-12. Les deux ouvr., 15 à 20 fr.

Le Pélerin, nouvelle. p. le S. B. (Brémond?). S. l. n. d. (à la Sph.), et Amst., 1683, pet. in-12, front. de Rom. de Hooghe. Garcin, 20 fr. Roman satirique sur les intrigues amoureuses des moines.

Hist. du P. la Chaise, confesseur de Louis XIV, où l'on verra les intrigues secrètes qu'il a eues, ses amours avec plusieurs dames, etc. (attrib. à Letons, aut. du *Dict. comique*) Cologne (Holl.), 1693, 2 part. pet. in-12. Dutitz, 19 fr. 50. Réimp. 3 fois la même année, et, de nouveau, en 1694, 1695, 1696, puis en 1702, 1710 (La Vallière, 13 fr.), sous le titre : *Hist. secrète des amours du P. la Chaise*; et enfin, en 1719, Tétonville, 6 part. in-12, dont les trois dernières sont étrangères au sujet, sous le titre : *Jean danse mieux que Pierre. Pierre danse mieux que Jean; ils dansent bien tous deux*. Cette dern. éd. se vend de 30 à 40 fr.

Hist. des intrigues amoureuses du P. Peters, jésuite, confesseur de Jacques II, ci-devant roi d'Angleterre. Cologne, P. Marteau, 1698, in-12. Rare. Satire très-virulente.

La Religieuse intéressée et amoureuse (par Mme de Tenain). Amst., 1700, et Cologne, 1703, 1732, in-12, fig. Peu commun.

Le Diable d'argent, hist. galante d'un frère quêteur et d'une sœur quêteuse. 1707, in-8. Coquelet, 5 fr. 50. C'est probabl. le même ouvr. qui a été réimp. sous le titre : *Le Frère quêteur*; Londres (Paris), 1756, pet. in-8. Cat. Pixerécourt.

Les Jésuites de la maison professe de Paris en belle humeur. — Les Moines en belle humeur. Cologne, P. Marteau, 1725, 2 part. pet. in-12, av. un joli front. gr. qui manque quelquefois. — Lyon, 1760, 1761, pet. in-12, 1 fig. Nodier, 28 fr.

Les Amours de Sainfroid, jésuite, et d'Eulalie, fille dévote : hist. véritable. La Haye, 1729, 1748, 1760, pet. in-12. Renouard, 20 fr.

Factum pour Marie-Catherine Cadière contre le père J.-B. Girard, jésuite, où ce religieux est accusé de l'avoir portée par un abominable quiétisme aux plus criminels excès de l'impudicité, et d'avoir, sous le voile de la plus haute spiritualité, jeté dans les mêmes excès six autres dévotes, etc. La Haye, 1731, 3 tomes gr. in-8, fig. Peu commun.

Recueil général des pièces concernant le procès entre la demoiselle Cadière et le père Girard, jésuite. Marseille, 1731, 2 vol. in-fol., av. 32 grav. color. très-curieuses. Rare, av. les 32 gravures. La Haye, 1731, 8 vol. in-12. Il y a aussi, sur le même sujet, une suite peu commune de 5 jolies figures, format in-8, gravées p. Larmessin, d'apr. Vanloo.

Love in all its shapes, illustrated by the various practices of the jesuits with ladies of quality. Londres, 1734.

L'Amour encapuchonné (p. le marq. d'Argens). La Haye, 1737, 1739, in-12; La Vallière, 9 fr. — *Intrigues monastiques, ou l'Amour encapuchonné*, nouvelles esp., it. et franç. La Haye, 1739, pet. in-12; Renouard, 25 fr. — *Les Nones galantes, ou l'Amour embéguiné*. La Haye, 1740, pet. in-12. Nodier, 35 fr.; Tripier, 5 fr.

Hist. de dom B...., portier des chartreux (et, dans les éd. suiv., *Hist. de Gouberdom, portier des chartreux*; puis *Mémoires de Saturnin, portier des chartreux, écrits par lui-même*. L'aut. de cet ouvr. est J.-Ch. Gervaise de Latouche, avocat au parlement de Paris). Le cat. de la Bibl. du roi, Belles-Lettres, tom. II, p. 71, dit que la 1re éd. de ce roman parut vers 1750, dans le format in-12; cependant elle est probablement antérieure à cette date et même à 1745. Dans tous les cas, on ne connaît aujourd'hui aucune des anciennes éditions. — Éd. av. une dédicace satirique à M. de Sartines, 1771, in-8. — Nouvelle édition, revue, etc. Rome, aux dépens des chartreux, 1777, in-8. — Rome, 1783, 2 vol. pet. in-12. — Londres, 1787, 2 vol. in-8, fig. Il y en a un ex. à la Bibl. du Palais des Arts, à Lyon. Bozérian, 85 fr. 50. — Londres, 1788 (Cazin), 2 vol. in-18, av. 24 gr. érotiques. Éd. rare et assez jolie; il y a des ex. sur pap. d'Angoulême. — 1790, 2 vol. in-18, fig. (cat. Noël). — Il a été fait quelques éd. plus récentes, mais elles sont mal exécutées et n'ont qu'une faible valeur. Il y a eu une cond. de cet ouvr. le 28 juin 1824. L'hist. de dom B.... est aussi remarquable par sa hardiesse philosophique, sa composition ingénieuse, son style rapide et correct, que par son obscénité. C'est, en prose, un ouvr. aussi remarquable que l'est, en vers, l'Ode à Priape, de Piron. On y trouve un portrait de l'abbé Desfontaines, plus hardi que tous ceux qu'on lit dans Pétrone. L'auteur, qui, indépendamment de ses travaux graves, avait fait aussi la petite comédie intitulée le Bordel et quelques romans agréables, était, du reste, aussi savant dans l'antiquité que satirique dans les mœurs modernes.

Hist. de la tourière des carmélites, servant de pendant au P. des C. (au Portier des chartreux ; l'aut. de la Tourière est inconnu). La Haye, 1745, in-8. — Avignon, 1748, in-16; Crozet, 19 fr. 50. — Constantinople, 1570 (1750), pet. in-12 ; Crozet, 13 fr. 50 c. On a réimp. cet ouvr., mais en le remaniant platement et sans goût, sous les titres suivants : *Sainte-Nitouche, ou Histoire galante de la tourière des carmélites, suivie de l'Hist. de la Duchapt, célèbre marchande de modes ;* Londres, 1830, in-18 de 112 pp., av. 6 lith. obsc. — Et : *Mémoires de Suzon, sœur de don B., portier des chartreux*. A l'E......, 1830, in-18, 6 pl. Ces deux éd. sont peut-être la même, avec un changement de titre. Nous ajouterons ici : *Hist. érotique de Marguerite, fille de Suzon et nièce de don B...... portier des chartreux* (aut. inconnu). A F....opolis, 1784, in-18, 4 grav. obsc. Rare. — Rome, chez Jacq. Casanova, 1799, in-18 ; J. Goddé, 13 fr.

*Mémoires du marq. de S***, ou les Amours fugitifs du cloître*. Amst., 1747, 1748, 1753, 2 part. pet. in-12. Peu commun.

Vie voluptueuse des capucins et des nonnes, tirée de la confession d'un Frère de cet ordre. Cologne, 1764, 1774, 1775, 1779, pet. in-12, fig. Nodier, 28 fr.

La Capucinade, hist. sans vraisemblance ; p. Fr. Discret (p. P.-J.-B. Nougaret). Partout, 1765, pet. in-12. Roman libre, réimp. av. des corrections sous le titre : *Aventures galantes de Jérôme, frère capucin ;* Paris, an V, gr. in-18, fig. Peu commun.

Le Monialisme, hist. galante, écrite par une ex-religieuse de l'abbaye où se sont passées les aventures. Rome, 1777, 2 vol. in-12. J. Goddé, 10 fr. Roman libre et peu commun.

Lettres galantes et philosophiques de deux nonnes, publiées par un apôtre du libertinage, avec des notes. (Les notes, mises au bas des pages, sont assez nombreuses. Correspondance entre sœur Christine, ursuline, et sœur Agathe, carmélite). Au Paraclet, 1777, in-8 de 8 et 172 pp. Réimp. Paris, an II, in-18, grav. V. au cat. Chardin, p. 190, un ex. sur vél. av. les dess. orig. — Ce n'est pas le même ouvr. que les *Putains cloîtrées*, 1 vol. in-18, av. fig. obscènes, imp. v. 1792 et dont une cond. est insérée au *Moniteur*, 26 mars 1825.

La Religieuse ; p. Diderot. Paris, 1796, in-8, et 2 vol. in-18, fig ; 1797, 1798, in-12 ; 1799, in-8. Paris, Taillard, 1822, in-16 ; Pigoreau, 1822, in-12 ; Ladrange, 1830, in-18 ; Hiard, 1831, in-18 ; 1832, in-18, fig. ; 1832, in-8, fig., fig. ; 1833, in-18 (Rignoux) ; 1833, in-18, fig. (Chassignon) ; 1834, in-18 ; 1841, in-18, fig. Cond. en novembre 1826. Hist. intéressante qui présente quelques détails libres et dont le fond est vrai. On a cru, mais à tort, que cet ouvrage était hostile à la religion ou, du moins, au clergé.

Hic et hæc, ou l'Élève des RR. PP. jésuites d'Avignon (a été attrib. à Mirabeau). Berlin, 1798, 2 vol. pet. in-12, fig. en t.-douce bien faites. Rare. Il y en a un ex. à la Bibl. du Palais des Arts, à Lyon. Réimp. sous le titre : *Hic et hæc, ou l'Art de varier les plaisirs de l'amour*, etc. Londres (Paris), 1830, 2 tom. in-18, av. mauvaises fig.

The Monk, a romance ; by M.-G. Lewis, esq. M. P. ; Paris, Baudry, 1832, in-8, 5 fr. Contemporain d'Anne Radcliffe et du marq. de Sade, Mathurin Lewis (m. en 1818) se peut placer, pour le genre de son ouvrage, entre ces deux personnages. Le Moine est une composition pleine d'horreurs et de détails voluptueux. Antonia et Mathilde, la Nonne sanglante et les péripéties fantastiques de la fin du roman ne laissent pas reposer l'intérêt un seul instant. — *Le Jacobin espagnol, ou Hist. du moine Ambrosio et de la belle Antonia* (trad. anonyme). Paris, 1797, 4 vol. in-18, fig. — *Le Moine*, trad. de l'angl. (p. Deschamps, Desprez, Benoît, Lamarre, etc.). Paris, 1797, 3 vol. in-12 ; 1811, 4 vol. in-18, fig. ; 1819, 3 vol. in-12 ; 1849 et 1860, in-4 illustré ; 1851, 4 vol. in-18. — Idem, trad. nouv., p. l'abbé Morellet ; Paris, 1838, in-8. — Idem, trad. nouv., p. L. de Wailly ; Paris, 1840, 2 vol. in-18, 2 fig.

Les Amours du révérend Père Jacques Marell, de la comp. de Jésus ; extr. des documents trouvés dans les archives de la susdite compagnie, à Munich ; par C. H. de Lang. (en franç. et en latin). Paris, 1815, 1837, in-12, Peu commun.

La Tourelle de Saint-Étienne, ou le Séminaire de Vénus, chronique lubrique, trad. du lat. par un clerc tonsuré. A Cythère (Paris), in-18, avec 6 grav. licencieuses. Cond. le 21 août 1841. Mauvaise composition moderne dirigée contre les moines et les nonnes ; c'est sale et sans le moindre esprit.

Der Mönch und die Nonne... (Le Moine et la religieuse, recueil des tableaux les plus intéressants et les plus agréables de la vie monastique). Augsbourg, 1838, 2 vol. in-12.

Mœurs des couvents, abbayes et monastères, ou Révélations hist. de la vie privée, des amours et galanteries secrètes des moines, jésuites et novices de tous les ordres et des religieuses, etc. ; par Robert. Paris, 1843, 2 vol. in-12, figures.

HISTOIRE ANCIENNE

GRECQUE ET ROMAINE

Hist. secrète des femmes galantes de l'antiquité (p. F. N. Dubois). Amst. et Paris, 1726-32; 1745; et Rouen, 1731, 6 vol. in-12. Peu cher.

Hist. de la galanterie des anciens; p. de Vaumorière. Paris, 1671, 1676, 1730, 2 tom. in-12. Peu cher.

Intrigues amoureuses de quelques anciens Grecs. La Haye, 1690, 1698, pet. in-12. Peu commun.

Fêtes et courtisanes de la Grèce, comprenant : 1° la chronique religieuse; 2° la chronique scandaleuse ou les mœurs privées des Grecs, les danses nues, les nuits voluptueuses, les adieux de la virginité, etc. (par Chaussard). Paris, 1801, 1803, 4 vol. in-8, fig.; et 4ᵉ éd. rev., corr. et augm. et ornée de 24 nouv. grav. d'apr. les dess. de Garneray; Paris, 1821, 4 vol. in-8; éd. peu commune.

Les Aventures de Sapho, poëtesse de Mitylène; trad. de l'it. (du comte Verri, p. Joly). Paris, 1803, 1813, in-12 de 324 pp. — trad. par P. J. B. Ch.; 4ᵉ éd., ornée de 60 dess. comp. et lith. p. Romagnesi; Paris, Didot, 1818, 3 livr. in-fol. de ch. 2 feuilles et 4 planches.

Les Belles Grecques, ou l'Hist. des plus fameuses courtisanes de la Grèce, et Dialogue nouv. des galantes modernes (p. mad. Durand de Bédacier). Paris, 1712; Amst., 1715, 1721; Paris, 1736, in-12, 4 fig. Peu cher.

Hist. de Laïs (p. Legoux de Gerland). La Haye, 1756, 2 part. in-12. Saint-Mauris, 5 fr. 25.

Alcibiade (imit. libre du roman all. de Meissner, p. Rauquil-Lieutaud). Paris, 1787-91, 4 v. in-8, fig. et an III, 4 v. in-18.

Hist. des Vestales, avec un traité du luxe des dames romaines; p. Nadal. Paris, 1725, in-12. Ouvr. bien écrit et plein d'anecdotes curieuses.

Rome galante, ou Hist. secrète sous les règnes de Jules César et d'Auguste (par le chev. de Mailly). Paris, 1695, 1696, 2 vol. in-12, fig. Livre mal écrit comme les autres ouvrages de l'auteur.

Les Amours de Catulle et de Tibulle; p. J. de La Chapelle. Paris et Amst., 1699, 1712, 1716, 1719, 1723, 1732, 1742, 1753, 5 vol. in-12 (les 3 prem., Am. de Tibulle; les 2 autres, Am. de Catulle). Peu de valeur.

Les Amours d'Horace (p. Solignac de la Pimpie). Col., P. Marteau, 1728, in-12, front. p. Gunst. Livre pas mal fait. Perret, 4 fr.

Les Amours de Néron (p. Mlle de La Rocheguilhem). La Haye, 1695, 1713, pet. in-12. Peu commun.

Anecdotes gal. et trag. de la cour de Néron (p. Desfontaines, ou Ducastre d'Auvigny, ou Delleyy). Amst., 1735, pet. in-12. Peu commun.

Hist. des douze Césars de Suétone, trad. en franç. par Ophellot de la Pause (p. Delisle de Salès). Paris, 1771, 4 vol. in-8, av. estampes libres des pierres gravées.

Les Femmes des douze Césars (ou les Impératrices romaines), hist. de leur vie et de leurs intrigues secrètes; p. de Serviez. Amst., 1722-24. Paris, 1728, 1744, 1746, 3 vol. in-12; Crozet, 7 fr. 75 c.

Héliogabale, ou Esquisse morale de la dissolution des mœurs romaines sous les empereurs (p. Chaussard). Paris, Dentu, an XI, in-8, fig.

Procopii Cæsariensis arcana historia, qui est liber nonus historiarum; gr. et lat., ed. Nic. Alemannus, Lugduni, A. Brugiotti, 1623, in-4. — *Procopii historia arcana*; gr. et lat. Parisiis, typ. reg., 1663, in-fol. — *Procopii Cæsariensis anecdota, sive historia arcana*; gr. et lat. Nic. Alemanni, Cl. Maltreti, P. Reinhardi, Jo. Toupii et aliorum annotationes suasque adjecit Jo. Conr. Orellius. Lipsiæ, Hartmann, 1827, in-8 av. 4 pl. — *Procopius*; gr. et lat., ex recens. G. Dindorfii, Bonnæ, E. Weber, 1833-38, 3 vol. in-8. Procope, célèbre historien grec, né à Césarée, en Palestine, et m. v. 565, donne, dans son Historia arcana, des détails curieux sur Justinien et sur sa femme, l'impératrice Théodora, d'abord danseuse et courtisane, et célèbre par sa beauté, par son impudicité, par ses intrigues et par ses caprices. Procope a été traduit récemment en franç. en 2 vol. in-8, par M. Isambert. Il y a aussi un roman en 3 vol. in-12 sur *Théodora, femme de Justinien*. On trouve dans l'éd. lat. du Meursius de Birmingham, 1770, tom. II, p. 262, un *Fragmentum Procopianum* de Théodora.

HISTOIRE DE FRANCE

GÉNÉRALITÉS ET MÉLANGES

Intrigues galantes (ou *Galanteries*) *de la cour de France depuis le commencement de la monarchie jusqu'à présent* (p. Vanel). Cologne, P. Marteau (Holl.), 1694, 1695, 1698, 2 vol. in-12; s. d. (v. 1720), 3 vol. in-12; Solar, 30 fr. Cet ouvr., écrit malheureusement par un auteur assez médiocre, contient les amours réels ou supposés, mais toujours très-curieux à connaître, des hommes qui ont régné sur la France depuis Pharamond jusqu'à Louis XIV. Henri Sauval,

m. en 1670, est aussi l'auteur d'un ouvr. en 3 vol. in-fol., intit. : *Hist. des antiquités de la ville de Paris*; dans cet ouvr., qui ne fut publié qu'en 1724, on trouve un cahier séparé cont. *les Amours des rois de France*. Ce cahier a été réimp. séparément sous le titre suivant : *Mémoires hist. et secrets concernant les amours des rois de France*; Paris, vis-à-vis le Cheval de Bronze (Holl.), 1739, pet. in-12; Nodier, 35 fr. — *Les Intrigues galantes*, de Vanel, et *les Amours des rois*, de Sauval, ont été réunis et publiés aussi sous le titre : *Galanteries des rois de France, depuis le commencement de la monarchie*. Paris, 1731, 2 vol. in-8, fig. de Bern. Picart (Labédoyère, 20 fr.); suiv. la copie (Holl.), 1731, 1738 (Solar, 17 fr.), 2 vol. in-12, fig. de B. Picart.

Amours et galanteries des rois de France, mémoires hist. sur les concubines, maîtresses et favorites de ces princes, depuis le commencement de la monarchie jusqu'au règne de Charles X; par St-Edme (Edme Théod. Bourg). Paris, Amable Costes, 1829, 2 vol. in-8, 15 fr.

Chronique amoureuse de la cour de France, ou 80 Tableaux lith. d'apr. les ouvr. des peintres franç.; par Maurin, et accomp. d'un texte, par Musset-Pathay. Paris, Sazerac, 1826, et ann. suiv., in-fol.

Chroniques galantes des châteaux royaux de France. Le Louvre. Par E.-L. Guérin. Paris, Lachapelle, 1840, 4 vol. in 8. 30 fr.

Les Favorites des rois de France, depuis Agnès Sorel (par de la Pierre de Châteauneuf). Paris, 1826, 2 vol. in-12, 6 fr.

Notices sur Agnès Sorel, Diane de Poitiers et Gabrielle d'Estrées, depuis duchesse de Beaufort (p. Quintin-Craufurt). Paris, J. Gratiot, 1819, in-8, avec leurs portraits.

Histoires d'Agnès Sorel et de Mme de Châteauroux; par Quatremère de Roissy. Paris, Lenormant, 1825, in-18.

Les Réverbères, chroniques de nuit du vieux et du nouv. Paris (par Touchard-Lafosse). Paris, Lachapelle, 1833-1834, 6 vol. in-8, 45 fr. L'auteur a supposé que le livre de police de M. de la Reynie, le premier qui fit éclairer Paris par des réverbères, afin d'en chasser le vice, lui est tombé dans les mains. Ses histoires sont amusantes et intéressantes; jusqu'à quel point sont-elles vraies? On y voit *l'Aigle de Meaux* courir Paris en bonne fortune, les intrigues de Mme de Sévigné avec Bussy-Rabutin, Marguerite de Bourgogne, Catherine de Médicis, la charmante Gabrielle, Ninon de Lenclos, etc.

Notices sur Marie Stuart, reine d'Écosse, et sur Marie-Antoinette, reine de France (p. Quintin-Craufurt). Paris, J. Gratiot, 1819, in-8, avec leurs portr.

Chroniques pitt. et critiques de l'Œil-de-Bœuf, des petits appartements de la cour et des salons de Paris, sous Louis XIV, la Régence, Louis XV et Louis XVI, publiées par Mme la comtesse douairière de B***. Paris, Lerouge, 1829-32, 8 vol. in-8. Réimp. en 1844 en 4 vol. in-12.

Aventurières et Courtisanes; par Roger de Beauvoir. Paris, Lévy fr., 1856, 1857, 1859, in-12, 1 fr. Cont. : Mlle Laguerre. — Désirée Rond... — Lola Montès. — Isabeau (mulâtresse, surnommée la Dubé de St-Domingue). — Olivette. — L'Hôtel de la Guimard. — Clotilde la danseuse. Enfin plusieurs autres hist., mais qui ne se rapportent plus au titre du volume.

Chroniques secrètes et galantes de l'Opéra 1667-1845; par Touchard-Lafosse. Paris, Lachapelle, 1844-1846, 4 vol. in-8 (... 60 c. ch.).

Les Nuits de Versailles, ou les Grands Seigneurs en déshabillé, esquisses recueillies sous les lieut. de police, etc., p. E.-L. Guérin. Paris, Lachapelle, 1838, 6 vol. in-18.

Les Soirées de Trianon, suite aux Nuits de Versailles; p. le même. 1838, 2 vol. in-8.

FRANCE AVANT 1515

Recherches sur les prérogatives des dames chez les Gaulois, sur les cours d'amour, etc.; p. le prés. Rolland. Paris, 1787, 1797, in-12. Caillava, 8 fr.

L'Écolier de Cluny, ou le Sophisme; par Roger de Beauvoir. Paris, 1832, in-8. C'est l'histoire d'une reine de France, Marguerite de Bourgogne, qui, tous les soirs, invite les passants à monter chez elle, et, le lendemain matin, les fait jeter par les fenêtres dans la Seine. Cependant Buridan, le héros de ce livre, survit aux aimables attentions de la reine.

Mémoires secrets de la cour de Charles VII; par Mme Durand de Bédacier. Paris, 1700, 2 vol. in-12.

Agnès Sorel, ou la Cour de Charles VII, roman historique, par l'auteur des Amours de Louis XIV (Mme Guénard). Paris, 1809, 4 vol. in-12, fig.

Essai critique sur l'histoire de Charles VII, d'Agnès Sorel et de Jeanne d'Arc; par Delort. Paris, 1824, in-8, *portr. et fac-simile*. Aubry, 2 fr. 50.

Agnès Sorel (rom. hist.); par H. Touchard-Lafosse. Paris, de Potter, 1844, 3 vol. in-8, 22 fr. 50.

Nouvelles Recherches sur Agnès Sorel. Complément de la brochure intitulée Agnès Sorel, étude, etc. (Voir Journal de la Librairie, n° 6843 de 1855); p. Vallet de Viriville. Paris, Dumoulin, 1856, in-8 de 92 pp.

Agnès Sorel et la chevalerie; par Capefigue. Paris, Amyot, 1860, in-12 de (1)-227 pp. (Les Reines de la main gauche).

Éloge d'Agnès Sorel, surnommée la Belle Agnès; p. Riboud. Lyon, 1785, br. in-8. Cat. Bergeret, nº 1846.

Hist. secrète de Marie de Bourgogne (m. en 1482); p. Mlle Caumont de la Force. Paris, 1694, 1710, Amst., 1729, 2 vol. in-12. Réimp. sous le titre: *Hist. secrète de Bourgogne*; Paris, Didot l'aîné, 1782, 3 vol. in-12. (Le dernier vol., ajouté par l'éditeur, cont. des notices hist.). Cette hist. amoureuse des derniers ducs de Bourgogne est bien écrite; il n'y manque que la vérité pour en faire un très-bon ouvrage.

FRANCE, 1515 A 1547 (FRANÇOIS Ier).

Poésies du roi François Ier, de Louise de Savoie, de Marguerite, et Correspondance intime du roi avec Diane de Poitiers; publiées par Champollion-Figeac. Paris, Didot, 1847, in-4, tiré à petit nombre. Potier, 20 fr.

Histoire de Pantagruel. — *Intrigues amoureuses de François Ier, ou Hist. tragique de la comtesse de Chateaubriand* (par Lescouvel). Amst., à la Sphère, 1695, in-12. Solar, 22 fr.

Amours de François Ier, suite de 6 estampes, parues en 1857, chez Bès et Dubreuil: la comtesse de Chateaubriand; la duchesse d'Etampes; la belle Féronnière; Marie d'Angleterre; Diane de Poitiers; la belle Orléanaise.

Diane de Poitiers; par M. Capefigue. Paris, Amyot, 1860, in-12 de VI-309 pp.

Hist. de Marguerite de Valois, reine de Navarre (ou *Hist. secrète de Navarre*); par Mlle de la Force. Paris, 1696, 1719, 1720, 4 vol. in-12 et 1783, 6 vol. in-12 (Renouard, 17 fr. 50 c.)

La Reine Margot; p. Alex. Dumas. Paris, 1845, 1847, 6 vol. in-8; 1847, 1852, 1860, 2 vol. in-12, 2 fr.; Moresq, 1853, gr. in-8 ill., 4 fr.

Essai sur la Vie et les ouvrages de Marguerite d'Angoulême, duchesse d'Alençon, reine de Navarre, etc.; par Le Roux de Lincy. Paris, 1853, in-8, impr. av. les caract. appartenant à la Société des Bibliophiles et tiré à pet. nombre.

Anecdotes de la cour de François Ier; p. Mlle de Lussan. Londres, 1748, 3 vol. in-12. Peu commun. — Paris, Lebègue, 1821, 2 vol. in-12.

FRANCE, 1547 A 1589 (HENRI II, FRANÇOIS II, CHARLES IX ET HENRI III).

Anecdotes galantes de la cour de Henri Second; par Mlle de Lussan. Amst., 1749, et Lausanne, 1751, 2 vol. in-12

Lettres inédites de Henri II, Diane de Poitiers, Marie Stuart, etc.; publ. p. J.-B. Gail. Paris, 1818, in-8; 1827, in-8, av. 18 pl., et éd. suivie de lettres de Louis XVI, de Marie-Antoinette, etc. Paris, 1828, in-8.

Rec. de diverses pièces servant à l'hist. de Henri III. Cologne (Holl., Elzev.), 1660, 1663 (Veinant, 30 fr.), 1666, 1693, 1699, in-12. Cont.: *Journal du règne de Henri III*; *le Divorce satyrique, ou Amours de la reine Marguerite de Valois*; *le Grand Alcandre*, ou *A*... *s du roi Henri le Grand*; *la Confess*... *de M. de Sancy*; et *Discours merveilleux de la vie, actions et deportemens de la reyne de Catherine de Médicis*, attrib. à Henri Estienne, ou à Jean de Serres, ou à Théod. de Bèze.

Les Hermaphrodites (ou *l'Ile des hermaphrodites*), ou *Description de l'Ile des hermaphrodites, nouvellement découverte*; satire contre les désordres de la cour de Henri III, attrib. à Arthus Thomas, S. d'Embry, et quelquefois au card. Duperron). S. l. n. d. (vers 1605), in-12, front. de L. Gaultier, représ. un homme avec une coiffure de femme. (Solar, 53 fr.); Cologne, 1724, in-12, fig. Tech., 6 fr.

Mémoires de messire P. de Bourdeille, seign. de Brantôme, cont. les vies des dames galantes de son temps (ou *les Vies des dames galantes*). Leyde (Elz.), 1665, 1666, 1692, 1693, 1699, 2 vol. pet. in-12; Tech., 12 fr. — Amst., 1721, 3 v. in-12. — Londres, 1739, 2 vol. pet. in-12. Av. une préf. de de Phil. Chasles. Paris, 1834, 2 vol. in-8. — Paris, 1841, 1848, 1849, 1852, 1857, 1860, in-12, 3 fr. 40. Histoire amoureuse de la cour de France, sous les règnes de Henri II, Charles IX et Henri III.

FRANCE, 1589 A 1610 (HENRI IV).

Les Amours du grand Alcandre (Henri IV), av. des annot. et une clef. Paris, Guillemot, 1652, in-4; abbé de Rothelin, 19 fr. Cet ouvr. avait été jusqu'ici attrib. à Louise Marguerite de Lorraine, d'abord Mlle de Guise, ensuite princesse de Conti; mais M. Paulin Paris démontre (Bull. du biblioph., 1852, p. 812) que c'est à tort. Cet ouvr. a été réimp. dans le *Rec. de div. pièces servant à l'hist. de Henri III*, dans le tome E du recueil A, B, C,... publ. p. Querlon et sous les titres suivants: *Hist. des Amours du grand Alcandre*; — *Hist. des Am. de Henri IV*; — et *les Am. de Henri IV, roi de France, avec ses lettres galantes à la duchesse de Beaufort et à la marq. de Verneuil.* Leyde (Elz.), 1663 (Tripier, 35 fr.), 1664 (Renouard, 29 fr.), s. l. n. d. (v. 1680), Cologne, 1695, 1699, 1730, 1736, 1740, 1743, 1754, 1775, 1780, in-12; en moyenne de 10 à 15 fr. — Paris, Didot l'aîné, 1786,

2 vol. pet. in-12. — Londres, 1790, 2 vol. in-18. Paris, 1807, 3 vol. in-18, portr.

Les Premières Amours de Henri IV, ou l'Origine de conter fleurette, en 4 gravures au pointillé, d'apr. Devéria et Desenne, av. un prospectus. Paris, 1822, in-4.

Lettres de Henri IV à la comtesse de Guiche, sa maîtresse. Amst., 1788, in-12. Peu commun.

Le Retour d'enfer de la duchesse de Beaufort, avec des annotations historiques, par le baron de Montepineuse (attribué à Humbert d'Aubigné) (en vers). S. l. n. d., in-8. Satire contre Gabrielle d'Estrées. Est-ce la même que : *Dialogue de Gabrielle d'Estrées revenue de l'enfer.* S. l. n. d. (v. 1599)?

La Belle Gabrielle, ou les Amours de Henri IV, suivie des Lettres de ces deux amants, etc. par Pierre Colau. Paris, 1814, 1816, in-18.

Charmante Gabrielle; par M. J. Brisset. Paris, de Potter, 1845. 2 vol. in-8. 15 fr.

La Belle Gabrielle; par Aug. Maquet. Paris, 1854, 5 vol. in-8; plus une 2ᵉ partie intit. : *Amours d'Espérance*. Paris, 1855, 5 vol. in-8.

Gabrielle d'Estrées; p. Capefigue. Paris, Amyot, 1859, in-12, 3 fr. 50.

Anecdotes galantes, ou Hist. secrète de Catherine de Bourbon, duchesse de Bar (sœur de Henri IV) *et du comte de Soissons*, etc. (par Mlle Caumont de La Force). Nancy, 1703, Amst., 1709, 1713 (Saint-Mauris, 8 fr.), 1729, 1741, in-12.

FRANCE, 1610 A 1643 (LOUIS XIII)

Une maîtresse de Louis XIII; p. Saintine. Paris, 1834, 1846, 2 vol. in-8; 1850, in-4; 1858, 1859, 1860, in-16, 2 fr.

Les Amours d'Anne d'Autriche avec le C. de R., véritable père de Louis XIV (dans quelques éditions, par une supercherie de libraire, on a mis *avec le card. de Richelieu*, mais, d'après le livre même, cette allégation est fausse. Dans quelques catal. modernes, on a indiqué le comte de Rivière, mais cette supposition paraît tout à fait gratuite). Cologne ou Londres (Holl., à la Sph.), 1692 (La Vallière, 21 fr.), 1693, 1696, 1722, 1728 (Solar, 80 fr.), 1730 (Nodier, 36 fr.), 1738 (Crozet, 20 fr. 50), 1768, in-12. Ouvrage piquant et qui a été attribué à Lenoble.

Marion-Delorme et Ninon de Lenclos, suivi des Contemporains de Marion et de Ninon; p. le bibl. Jacob (P. Lacroix). Paris, 1859, in-18.

Vie et Aventures de Marion de Lorme; par de Faverolles (par Mme Guénard, baronne de Méré). Paris, Dalibon, 1822, 4 vol. in-12. Biographie très intéressante de cette femme admirablement belle, hardie, spirituelle, mais corrompue. Il paraîtrait qu'un certain nombre d'exemplaires de la 1ʳᵉ éd. portaient pour titre : *Vie et Amours de Marion de Lorme*, et que l'éditeur aura considéré cela comme une 2ᵉ édition. 3ᵉ édit. Paris, Peret, 1828, 4 vol. in-12.

Les Confessions de Marion Delorme, publ. p. E. de Mirecourt (Eug. Jacquot), précédées d'un *Coup d'œil sur le siècle de Louis XIII*; par Méry. Paris, 1850-52, 6 vol. in-8. Havard, 1855, 1858, 2 vol. gr. in-8, illustrés, 15 fr.

Les Galanteries du maréchal de Bassompierre; par Lottin de Laval. Paris, Hottet, 1849, 4 vol. in-8, portr.

Le Comte de Soissons, nouv. galante (par Isaac Claude). Cologne, 1677, 1687, 1699, 1706, in-12. Réimp. sous le titre : *Les Amours de Mme d'Elbeuf et du comte de Soissons*; Amst., 1739, pet. in-8. Roman assez agréable, mais sans nulle vérité et même sans connaissances historiques. Peu de valeur.

Les Amours de Bussy-Rabutin; par Mme la comtesse Dash. Paris, 1850, 4 vol. in-8. Bussy-Rabutin était né en 1618.

FRANCE, 1643 A 1715 (LOUIS XIV)

L'Homme au masque de fer; par Jacob bibliophile (P. Lacroix), avec une longue préf. en forme de dissertation enjouée adressée à M. Guilbert de Pixerécourt. Paris, Magen, 1837, in-8, 7 fr. 50. M. Lacroix dit que le prisonnier au masque de fer était le surintendant Fouquet. Voltaire croit que ce prisonnier était un frère de Louis XIV, et M. de Caytol ajoute que la véritable cause de la détention de Fouquet était probablement la connaissance qu'il avait du secret de l'État. A l'appui de l'opinion de Voltaire, la Revue rétrospective, t. III, p. 113, cite un mot de Louis XVIII : « Un jour, peu de temps avant sa mort, Louis XVIII, selon son habitude, paraissait absorbé dans son fauteuil, quand une conversation s'engagea, sur l'hist. du masque de fer, entre M. le comte de Pastoret et un autre gentilhomme. M. de Pastoret soutenait que le prisonnier était un frère de Louis XIV. Le roi, en l'entendant, sembla sortir de son assoupissement, mais ne dit mot. Le lendemain, une nouvelle discussion s'éleva entre les mêmes interlocuteurs sur une autre question historique; mais M. de Pastoret fut interrompu par le roi, qui lui dit : *Pastoret, hier, vous aviez raison, aujourd'hui vous avez tort.* »

Histoire amoureuse des Gaules (p. Roger, comte de Bussi-Rabutin). Liége (Elz.), s. d. (v. 1665); Renouard, 40 fr. — Liége, 1666, (Potier, 20 fr.); Amst., 1671; Cologne,

1690 (Lacour, 6 fr. 75), 1708, 1726, 1722 (Renouard, 24 fr.); Bruxelles, 1713; toutes ces éd. en 1 vol. pet. in-12. — Éditions portant le même titre, mais suivies d'autres petits romans historiques de Sandras des Courtilz et autres; Cologne, 1730, 3 vol. in-12; s. l. (Paris, Grangé), 1754, 5 vol. in-12 (J. Goddé, 63 fr.); Londres, 1775, 5 vol. in-12; Londres (Paris, Cazin), 1780, 6 vol. in-18; Paris, Bossange, 1829, 4 vol. in-32; Paris, Mame, 1829, 3 vol. in-8 (éd. tronquée et expurgée); éd. rev. et annotée p. Paul Boiteau et C. L. Livet, Paris, Jannet, 1856, 2 vol. in-16; éd. av. notes et une introd. p. Poitevin, Paris, Delahays, 1857, 1858, 2 vol. gr. in-18, 6 fr. — Le titre de l'ouvr. de Bussy-Rabutin est trop ambitieux; il semble promettre une revue de toutes les galanteries de la cour et de la ville, et il se borne à l'hist. assez agréablement racontée, du reste, de Mme d'Olonne, de la duchesse de Châtillon et de deux ou trois autres dames.

Amours des dames illustres de notre siècle; p. Bussy-Rabutin (pseudonyme; l'auteur est inconnu). Cologne (Holl.), 1680, 1681, 1682 (Bérard, 25 fr.), 1691, 1694 (Renouard, 20 fr.), 1700, pet. in-12, fig. — A partir de 1700, ce pet. recueil a été réimp. sous le titre : *Amours des dames illustres de France sous le règne de Louis XIV*; Cologne, 1709, 1717, in-12 et 1738 et s. d. (v. 1736), 2 vol. in-12. Renouard, 28 fr. Recueil contenant : Histoire amour. des Gaules. — Maximes d'amour. — Le Palais-Royal. — Histoire de l'amour feinte du Roi pour Madame. — La Princesse, ou les Amours de Madame. — Le Perroquet, ou les Amours de Mlle. — Junonie, ou les Amours de Mme de Bagneux. — Les Fausses Prudes, etc. — La Déroute et l'adieu des filles de joye de la ville, etc., de Paris. — Le Passe-Temps royal. — Les Amours de Mme de Maintenon. — Les Amours de Monseign. le Dauphin.

Les Conquestes amoureuses du grand Alcandre (Louis XIV) *dans les Pays-Bas*, etc. (p. Sandras des Courtilz). Cologne (Holl.), 1684, 1685, 1690, 1705 (Tech., 15 fr.), pet. in-12, fig.

La France galante, ou Histoires amoureuses de la cour sous le règne de Louis XIV (c'est le même recueil que l'Hist. amoureuse des Gaules et les Amours des dames). Cologne (Holl.), 1688, 1689, 1695, 1696, 6 part. en 1 vol. in-12. Renouard, 26 fr. — Col. (Holl., à la Sph.), 1709, 7 part. in-12, fig.; Potier, 30 fr. — Cologne, 1736 et s. d. (v. 1737), 2 vol. in-12, fig.; Renouard, 16 fr. 50.

Vie de Mme de Brancas et autres pièces galantes de la cour (la comtesse de Brancas, née Suzanne Garnier, m. en 1685). Fribourg (Holl. Elzév.), 1668, in-16 de 36 pp. Libelle obscène et très-rare. Nodier, 21 fr. Avoir soin que l'addition en vers gaillards, pp. 37 à 49, s'y trouve; une pièce a pour titre : *le Libertin*, et l'autre : *la Tribade*.

Les Amours de Bussy-Rabutin; par la comtesse Dash. Paris, Lécrivain et Toubon, 1860, gr. in-8 à 2 col., de 108 pp. et fig., 1 fr. 50.

Hist. du Palais-Royal (attribuée à Bussy-Rabutin). S. l. n. d. (Holl., v. 1680), pet. in-12 de 96 pp.; Gancia, 22 fr. Production spirituelle. Ce sont les amours de Louis XIV jusques à Mlle de La Vallière inclusivement, suivis de l'*Hist. de l'amour feinte du roi pour Madame*, 2 pièces réimpr. dans les *Amours des dames*. Un ms. de cette histoire était à la bibliothèque particulière du Palais-Royal.

Mémoires et anecdotes secrètes, galantes, historiques et inédites sur mesdames de La Vallière, de Montespan, de Fontanges, de Maintenon, etc., par Mme Gacon Dufour. Paris, 1802, 2 vol. in-8, portraits.

Mademoiselle de La Vallière et les Favorites des trois âges de Louis XIV; p. Capefigue. Paris, Amyot, 1859, in-12 de 15-276 pp., 3 fr. 50.

Notices sur mesdames de La Vallière, de Montespan, de Fontanges et de Maintenon (par Quintin Craufurd). Paris, 1818, in-8, avec leurs portraits.

La Vie de la duchesse de La Vallière, où l'on voit une relation curieuse de ses amours et de sa pénitence; par ***. Cologne (Holl.), 1695 (Renouard, 25 fr.), 1704, 1708, pet. in-12, fig.

Mademoiselle de La Vallière et madame de Montespan; études, par Ars. Houssaye, 3e éd., Paris, Plon, 1860, in-8, portr.

Saint-Germain, ou les Amours de M. D. M. T. P. avec quelques autres galanteries. S. l. n. d. (Holl., Elzev.), pet. in-12 de 128 pp. très-rare. Ce roman satirique n'est autre que la réimpression d'Alosie ou de Lupanie, mais dirigée contre Mme de Montespan. L'auteur est, ou Corn. Blessebois, ou Bussy-Rabutin, lequel cependant, dans ses fameux couplets de *Déodatus* est resté bien loin du rondeau de l'*Insensible* et du sonnet sur le *F... à la mode*, contenus dans ce volume. Ces vers ne sont pas dans l'éd. primitive; Am. des dames illustres, éd. de 1680. Pixerécourt, 21 fr. 50.

Le Passe-Temps royal, ou les Amours de Mlle de Fontanges. S. l. n. d. (Bruxelles, Foppens, 1681), pet. in-12 de 71 pp. Bignon, 5 fr. 25.

L'Esprit familier de Trianon, ou l'Apparition de la duchesse de Fontanges, contenant les secrets de ses amours et de sa mort. Cologne, 1695, et Paris, s. d. (Holl.), in-12 av. 3 grav. Rare.

La Duchesse de Fontanges, par Mme ***, aut. des Mém. d'une femme de qualité (par le baron de Lamothe Langon). Paris, Menard, 1833, 2 vol. in-8, portr.

Le Divorce royal, ou Guerre civile dans la famille du grand Alcandre (Louis XIV). 5e éd., Cologne, P. Marteau (Holl.), 1692, pet. in-12 de 40 ff. La Vallière, 5 fr. Rare. Hist. de la rivalité de Mme de Maintenon et de Mme de Montespan.

La Cassette ouverte de l'illustre créole (creole), *ou les Amours de Mme de Maintenon* (réimp. sous les titres : *Amours de Mme de Maintenon* et *Passetemps royal de Versailles* ; on le trouve aussi dans les *Amours des dames illustres* et dans les éd. postérieures à 1740 de l'*Hist. amoureuse des Gaules*. Villefranche (Holl.), 1690, pet. in-12 de 100 pp. (Nodier, 41 fr.); sous le titre la Cassette, il y a eu 3 éd., mêmes lieu et format, à un an de distance chacune; ce sont les seules qui aient des poésies gaillardes, pp. 95 et suiv. — Villefranche (Holl.), 1694, pet. in-12 de 90 pp. — Cologne (Holl.), 1695, 1696, 1701, 1706, 1712, pet. in-12, de 98 à 117 pp., front. gr.; Gancia, 19 fr.

Scarron apparu à Mme de Maintenon, et les reproches qu'il lui fait sur ses amours avec Louis le Grand. Cologne (Holl., à la Sph.), 1694, pet. in-12, front. repres. la statue équestre de Louis XIV enchaînée par 4 femmes : La Vallière, Fontanges, Montespan et Maintenon. Perret, 35 fr. Pamphlet fort rare, n'ayant eu que cette éd. et ayant été détruit avec le plus grand soin; en novembre 1694, un ouvrier imprimeur et un garçon relieur furent pendus à la place de Grève pour avoir contribué à sa propagation, et deux autres personnes furent mises aux galères. On pense que l'éditeur était un parent du P. La Chaise, nommé Chavance, et que la préface avait été faite par un nommé Laroque.

Entretien entre Louis XIV et de Mme la marq. de Maintenon. Marseille, 1710, pet. in-12. Nodier, 40 fr. C'est une des pièces les plus curieuses et les plus rares contre Mme de Maintenon.

Le Cochon mitré, dialogue (entre l'abbé Furetière et Scarron) par Chavigny, ou, selon Barbier, par un bénédictin nommé Fr. de la Bretonnière). A Paris, chez le Cochon, s. d. (Holl., v. 1689), in-16 de 16 ff., front. repres. un cochon ayant mitre en tête. Nodier, 118 fr. — Réimpr. p. M. J. Chenu, av. une dissert. de Leber ; Paris, Panckoucke, 1850, pet. in-12 de 36 pp., tiré à 110 ex. (Potier, 10 fr.) et dans les *Variétés hist. et litt.* de Jannet, en 1857, tiré à part à 105 ex., in-16 de 40 pp. Satire dirigée contre Louis XIV, Mme de Maintenon et Letellier, archevêque de Reims. On dit que l'auteur fut enfermé dans une cage de fer, au mont Saint Michel, pendant 30 ans.

Nouvelles amours de Louis le Grand, comédie (en 5 a. et en pr.). Paris, A. Brunet (Holl.), 1696, pet. in-12 de 180 pp., front. gr.; Bignon, 27 fr. Ce sont les dernières amours de Louis XIV avec Mlle Du Tron ; cette pièce est, dit-on, d'un nommé Bontemps. Elle a été réimp. avec des différences et augmentée d'un dernier entretien entre le roi et Mlle Du Tron, très-fort contre Mme de Maintenon : *Amours de Louis le Grand et de Mlle Du Tron* ; Rotterdam (à la Sph.), s. d., pet. in-12 de 192 pp.; de Soleinne, 35 fr. Cette pièce a aussi été réimp. en 1807 dans les Mélanges du prétendu Boisjourdain.

Le Tombeau des amours de Louis le Grand et ses dernières galanteries. Cologne (Holl., à la Sph.), 1695, pet. in-12 de 171 pp., front. gr.; La Bédoyère, 25 fr. Pièce qui n'a pas été réimprimée.

Le Taureau banal de Paris. Cologne (Holl., à la Sph.), 1689 (Bolle, 19 fr. 50), 1691 (Chardin, 12 fr.), 1712 (Renouard, 13 fr.), pet. in-12. Petit roman satirique qui a reparu sous le titre : *L'Homme à bonne fortune, ou le Galant à l'épreuve* ; La Haye, 1691, in-12.

Amours de S. A. R. Mademoiselle, souveraine de Dombes, avec M. le comte de Lauzun. S. l. n. d. (v. 1671); Amst., 1672 ; Cologne (Holl., à la Sph.), 1673 (Renouard, 10 fr.), 1676, pet. in-12. Inséré dans l'Hist. amoureuse des Gaules, etc. Sous le titre : *Amours de Mademoiselle, ou le Perroquet.*

Amours de Mgr le Dauphin avec la comtesse Du Roure. Cologne, 1694, 1705 (Du Roure, 20 fr.), pet. in-12. — *La Chasse au loup de Mgr le Dauphin, ou la Rencontre du comte du Roure dans les plaines d'Anet.* Cologne (Holl.), 1695, pet. in-12, front. gr.; Nodier, 19 fr. — *Les Galanteries de Mgr le Dauphin et de la comtesse du Roure.* Col. (Holl.), 1696, in-12, front. gr.; Veinant, 20 fr.

Hist. galante de M. le comte de Guiche et de Madame. S. l. (Holl.) et s. d. (v. 1665), in-12 de 58 pp.; idem, 1667, in-12 de 68 pp.; Leblanc, 4 fr.

Les Apparences trompeuses, ou les Amours du duc de Nemours et de la marq. de Poyanne. S. l., ou Amst. (Rouen), 1715, in-12.

Le Triomphe de la déesse Monas, ou l'Hist. du portrait de Mme la princesse de Conti, fille du roi. Amst., 1698, in-12, 158 pp.; Bignon, 13 fr. 50. — *Relation hist. de l'amour de l'empereur de Maroc pour Mme la princesse de Conti* ; par le comte D. (attrib. à Freschot). Col. (Holl.), 1700, 1707, in-12, de 139 pp.; Gancia, 12 fr.

La Cour de Saint-Germain, ou les Intrigues galantes du roi et de la reine d'Angleterre depuis leur séjour en France. A Saint-Germain (Holl.), 1695, in-12, 183 pp., 1 fig.;

Veinant, 49 fr. — Réimp. sous le titre : *Les Galanteries de la cour de Saint-Germain*. Londres (Holl.), 1729, in-12, fig.: La Bédoyère, 27 fr.

Les Dames dans leur naturel, ou la Galanterie sans façon sous le règne du grand Alcandre (p. Gatien des Courtilz). Col. (Holl., à la Sph.), 1686, 1696, pet. in-12; Bignon, 17 fr. 50.

Intrigues amoureuses de la cour de France (p. Gatien Sandras des Courtilz). Col. (La Haye, à la Sph.), 1685, pet. in-12. Veinant, 42 fr. Intrigues auxquelles, suivant le romancier, les femmes n'étaient point admises. Réimp. dans l'Hist. amoureuse des Gaules sous le titre : *La France devenue italienne*.

Mémoires de M. d'Artagnan (p. Sandras des Courtilz). Col. (La Haye), 1700, 1701, 1712, et Amst., 1715, 3 vol. in-12; Tech., 28 fr. — L'ouvrage suivant est, ainsi que les Mousquetaires de M. Dumas, tiré de ces mémoires : *Les Amours de d'Artagnan*, par Alb. Blanquet; Paris, Cadot, 1859, 8 vol. in-8.

Histoire du B... de la cour et de Paris. Ms. in-8 de 190 pp., d'une bonne écriture du XVIIe siècle. Cat. Longuemare, n° 1312.

Mémoires de M. L. D. D. M. (Mme la duchesse de Mazarin, Hortense Mancini) Cologne (Holl., à la Sph.), 1675, pet. in-12. Nodier, 10 fr. Barbier dit que l'on a attribué à tort ces mémoires à une Mme du Rhut, puis à l'abbé de Saint-Réal; qu'ils sont d'Hortense Mancini elle-même. Hortense Mancini, célèbre par sa beauté, se sépara de son mari, le duc de la Meilleraye, en 1661; elle mourut à Londres en 1699. Lenglet Dufresnoy dit que l'abbé de Saint-Réal l'aida à composer ce petit ouvrage; en tout cas, elle avait autant d'esprit que de beauté.

*Le Momus françois, ou les Aventures divertissantes (galantes, plaisantes et comiques) du duc de Roquelaure, suivant les Mémoires que l'auteur a trouvés dans le cabinet du maréchal d'H***, dont il a été secrétaire*; donné au public, par le sieur L. R. (Le Roy). Cologne (Holl.) et Amst., 1720, 1727 (Veinant, 40 fr.), 1734, 1739, 1743, 1746, 1759, 1761 (Tripier, avec une lettre autogr. du duc de Roquelaure, 40 fr.), 1768 (Nodier, 27 fr.), 1769, 1772, 1781 (Saint-Mauris, 7 fr.), 1784, pet. in-12 ou in-18. — Versailles, 1787 (éd. fort abrégée), 1789, 1797, in-18, portr. — Paris, s. d., 1806, 1808, 1818, 1820, 1822, 1826, 1831, 1836, 1841, 1842, 1846, etc., in-18. Cond. au Moniteur des 16 sept. 1826 et 12 nov. 1842.

Hist. des Amours du maréchal duc de Luxembourg. Col. (Holl.), 1694, 1695, pet. in-12, 1 fig. La Bédoyère, 14 fr.

Hist. des Amours du maréchal de Boufflers, etc. Liége, ou Paris (Holl.), 1696, pet. in-12. 1 Goddé, 18 fr. Peu de chose.

La Fameuse Comédienne, ou Hist. de la Guérin, auparavant femme et veuve de Molière (attrib. à Mme Boudin, comédienne, et quelquefois à Blot). Franc. (Holl., Elz.), 1685, 1688, pet. in-12 de 92 pp. Pixerécourt, 64 fr. 50 c. — Réimp. sous le titre : *Les Intrigues amoureuses de Molière et celles de sa femme*. S. l. n. d. (Paris, in-12 de 83 pp. (Tripier, 30 fr.); sur l'impr., 1688, in-12 de 119 pp. (Potier, 40 fr.); Dombes, 1690, in-12 de 120 pp. (P. B***, 39 fr.); Francfort, 1697, in-12. (Veinant, 51 fr.). Les éd. de 1688 et 1690 renferment (pp. 30-32, ou 42-43) un passage curieux relatif à Molière, à Baron et au duc de Bellegarde.

Mémoires sur Molière et sur madame Guérin, sa veuve, suivis des Mémoires sur Baron et sur mademoiselle Lecouvreur, par l'abbé d'Allainval. Paris, 1822, in-8.

Supplément aux diverses éditions des Œuvres de Molière, ou Lettres sur la femme de Molière, etc. (publ. p. Fortia d'Urban). Paris, Didot, 1825, in-8.

Lettres (supposées) *de Ninon de Lenclos au marquis de Sévigné* (p. Damours). La Haye, 1750, in-12; Amst., 1757, 2 vol. in-12, portr. Souv. réimp.; peu de valeur. Les seules lettres qui restent véritablement de Ninon se trouvent dans les œuvr. de Saint-Evremond, Amst. (Paris), 1740, 10 vol. in-12; elles sont écrites avec plus de délicatesse et moins d'apprêt.

Mémoires et Lettres pour servir à la vie de mademoiselle de Lenclos (p. Douxménil). Rotterdam, 1751, in-12. Plus. fois réimp.; peu de valeur.

Lettres de madame de Coulanges et de Ninon de Lenclos, accomp. de notes, etc., et suivies de *la Coquette vengée*, par Ninon de Lenclos. Paris, 1823, in-12. *La Coquette vengée* avait paru à Paris en 1659, in-12; éd. assez rare. Elle avait été réimp. en 1806, dans une éd. des Lettres de Ninon (par Damours).

Hist. de Ninon de Lenclos, suivie d'une notice sur madame Cornuel, avec ses bons mots; par Quatremère de Roissy. Paris, Lenormant, 1824, in-18.

Hist. des Amours de Cléante et de Bélise (c.-à-d. du bar. de Breteuil et d'Anne Bellinzani, femme du prés. Ferrand). S. l. (Holl.) et Leyde, 1691; Amst., 1703, in-12. Recueil de lettres formant une hist. assez intéressante; réimp. sous le titre : *Lettres galantes de Cléante et de Bélise*; la Haye, 1716, in-12. Peu commun.

Hist. de madame la comtesse des Barres (de l'abbé de Choisy, et écrite par lui-même). Anvers, 1735 (Renouard, 32 fr.); Bruxelles, 1736 (Tripier, 25 fr.). Réimp., mais un peu augmenté par l'abbé d'Olivet, sous le titre : *Vie de M. l'abbé de Choisy, de l'Académie françoise*. Lausanne, 1742, 1748, in-8 ; Aubry, 4 fr. L'abbé de Choisy eut une jeunesse peu réglée, et, pendant plusieurs années, déguisé en femme sous le nom de comtesse des Barres, il se livra au libertinage que lui permettait ce déguisement. C'est de ses aventures que Louvet a tiré le sujet du roman de Faublas. Voir une notice sur l'abbé de Choisy par Sainte-Beuve, *Causeries du lundi*, t. III ; une autre par M. G. Desnoiresterres, dans la *Revue française*, août et septembre 1856. Voir aussi la Collection des Mémoires sur l'histoire de France, tome LXIII, p. 123 à 146.

L'Abbé de Choisy ; p. Roger de Beauvoir. Paris, 1848, 3 vol. in-8 ; réimp. en 1859, Michel Lévy, in-12, 2 fr., sous le titre : *Mademoiselle de Choisy*.

FRANCE, 1715 A 1774 (LE RÉGENT ET LOUIS XV)

Mémoires secrets pour servir à l'hist. de Perse (de France, sous la Régence et le comm. du règne de Louis XV ; attrib. à Pecquet, à Rességuier, à la Beaumelle, à Voltaire, à madame de Vieux-Maisons, etc. ; en résumé, l'aut. est inconnu). Amst. ou Berlin, 1745, 1746, 1749, 1759, 1763, 1769, in-12 ; il faut une clef pour que le vol. soit complet, encore n'a-t-il pas grande valeur ; en moyenne, 8 à 10 fr. Cet ouvr. est le premier qui ait parlé du Masque de fer ; du reste, la lecture en est fatigante. La Restauration lui a fait l'honneur de le saisir et de le condamner, en 1822.

Mélanges histor., satiriques et anecdotiques de M. de Boisjourdain, cont. des détails ignorés ou peu connus sur les événements ou les personnes marquantes de la fin du règne de Louis XIV, des premières années de celui de Louis XV et la Régence. Paris, 1807, 3 vol. in-8. Compilation dans laquelle on trouve quelques pièces assez libres et des extraits curieux de la correspondance de la princesse Charlotte de Bavière, duchesse d'Orléans, trad. de l'all. p. de Maimieux.

Le Conservateur de la Santé, volume incomparable, renfermant l'art de péter et de chier. Moncuq, en Guyenne, s. d. gr. in-8. Catal. Monmerqué, avec une lettre de la princesse palatine (duchesse d'Orléans, mère du régent) à l'électrice de Hanovre, ainsi que la réponse de cette dernière. Ces deux lettres, que les traducteurs et éditeur des Mémoires de la duchesse d'Orléans (1823 et 1832) avaient rejetées de la correspondance de cette princesse, à cause des plaisanteries incroyables qui s'y trouvent, ont été publiées à part et tirées à 10 ex. par les soins de M. Gust. Brunet.

Les Aventures de Pomponius, chevalier romain, ou l'Hist. de notre temps (la Régence du duc d'Orléans, p. Labadie ; publ. p. l'abbé Prévost). Rome (Holl., à la Sph.), 1724, 1725, 1728, in-12. Rare. L'éd. de 1728 est augm. de quelques poésies satiriques. Une clef de cette satire a été publ. dans le *Ducatiana* : Amst., 1738, pp. 106-110.

Histoire du prince Apprius (Priapus), *extraite des fastes du monde depuis sa création*, manuscrit persan trouvé, etc., trad. par Esprit, gentilhomme provençal (comp. par P.-F. Godard de Beauchamps). Satire contre le régent et sa cour ; l'imprimeur de l'éd. orig. fut banni de France. On a imprimé une table ou clef qui doit être jointe aux exempl. Cette clef est renversée, c'est-à-dire qu'elle ne consiste, comme le mot Apprius lui-même, qu'en l'anagramme de certains noms vulgaires et très-connus dans la matière que l'auteur traite. Constantinople, l'année présente (Lyon, vers 1728), in-12. Réimp. à la Haye, en 1729, 1748 et 1761, in-12. Nodier, 18 fr.

Les Femmes de la Régence, galerie de portraits ; p. Paul de Musset. Paris, 2 vol. in-8 ; 3e et 4e éd., 1848, 1858, in-12, 3 fr. 50 c. Cont. la Duchesse de Berry ; la Comtesse de Verrue ; Claudine de Tencin ; Mademoiselle Quinault ; Mademoiselle de Lespinasse.

Les Maîtresses du Régent. Études d'hist. et de mœurs sur le commencement du dix-huitième siècle ; par M. de Lescure. Mademoiselle Florence ; Madame d'Argenton ; Charlotte Desmares ; Madame de Parabère ; Madame de Sabran ; Madame d'Averne ; Madame de Phalaris. Paris, Dentu, 1860, in-12 de 30-489 pp. ; 4 fr.

Une Fille du Régent ; p. Al. Dumas. Paris, 1845, 4 vol. in-8 ; 1848, 1860, in-12, 1 fr. ; 1857, in-4, ill. p. Beaucé, 4 fr. 40 c.

Madame de Parabère, chroniques du Palais-Royal (par E. Guérin). Paris, 1836, 2 vol. in-8, 15 fr.

La Marquise de Parabère ; p. Mme la comtesse Dash. Paris, 1842 et 1859, in-12.

Mémoires de mademoiselle Quinault aînée, de la Comédie française, maîtresse du Régent, duchesse de Nevers, chevalière de l'ordre royal de St-Michel (1715-1793). Paris, Allardin, 1836, 2 vol. in-8, 15 fr. Mademoiselle Quinault aînée était née en 1698 ; elle n'est restée au théâtre que de 1715 à 1722.

Vie privée du card. Dubois, archevêque de Cambrai (p. Mongez). Londres (Paris), 1789, in-8, portr., et Londres, s. d., 3 vol. in-12.

Mémoires secrets et Correspondance inédite du card. Dubois. 1re éd. en 1815. L'éditeur, M. de Sévelinges, affirme, dans la préface, l'authenticité de ces Mémoires.

Mémoires du card. Dubois (p. Paul Lacroix). Paris, Mame, 1829, 4 vol. in-8.

Mémoires du chev. de Ravanne, page de S. A. le duc d'Orléans, regent et mousquetaire. (p. J. de Varennes). Liége, 1740, 3 vol.; Amst., 1752, 2 vol. (Tripier, 35 fr.), 1782, 3 vol. in-12; Londres (Cazin), 1781, 4 vol. in-18; Paris, 1808, 6 vol. in-12.

Hipparchia, hist. galante, trad. du grec, etc. (attrib. à de Beauchamps ou à l'abbé Richard). Lampsaque (Paris), 1748, pet. in-12 de 10 et 160 pp., fig. Rare. Réimp. sous le titre d'*Aihcrappih*, anagramme d'Hipparchia, s. l. (Paris), 1748, in-12, sans fig.; Potier, 8 fr. Aventures galantes du card. de Bissy et des ducs de Richelieu et de Brancas avec la marquise d'Alincourt et la duchesse de Villeroi.

Louis XV et le cardinal de Fleury; p. Bignan. 1855, in-8. C'est l'histoire des premières infidélités de Louis XV à Marie Leczinska.

Les Amours de Zeokinizul, roi des Kofirans (Louis XV, roi des Français), ouvr. trad. de l'arabe du voyageur Krinelbol (Crébillon. On l'attribue aussi à la Beaumelle). Amst., 1740, 1745, 1746, 1747, 1748, et Constantinople, 1770, 1779, in-12, av. une clef imprimée. En moyenne, 5 à 6 fr.

Les Maîtresses de Louis XV; par Edmond et Jules de Goncourt. (Lettres et documents inédits). Paris, Didot, 1860, 2 vol. in-8.

La Duchesse de Châteauroux; p. Mme Sophie Gay. Paris, 1834, 1839, 2 vol. in-8.

Hist. de madame la marq. de Pompadour, trad. de l'angl. (comp. p. mademoiselle de Fauque). Londres, 1759, 2 tom. in-12. Peu commun.

Portrait de madame la marq. de Pompadour (m. en 1761), fait par elle-même. Paris. 1756, in-12.

Mémoires de madame la marq. de Pompadour écrits par elle-même (apocryphes). Liége ou Londres, 1765, 1766, 1774, 1775, 1776, 2 vol. in-12.

Lettres de madame la marq. de Pompadour, 1746-1762. Nouv. éd. augm. d'une not.; Paris, 1811, Longchamps, 2 vol. in-12. Ces lettres ne sont pas mal écrites.

Mémoires de madame du Hausset, femme de chambre de madame de Pompadour. Paris, 1825, in-8 — et Extraits des Mém. de Bachaumont. Paris, Didot, 1846, in-12, 3 fr.

Madame Putiphar; p. Petrus Borel, le lycanthrope. Paris, 1839, 2 vol. in-8, 2 vign. Madame Putiphar, c'est madame de Pompadour. Une scène de quelques pages la met dans la situation de la fameuse Égyptienne. Il y a dans ce roman quelques passages un peu risqués; mais on ne peut pas dire cependant que ce soit un ouvrage libre.

Madame la marq. de Pompadour; par Capefigue. Paris, Amyot, 1858, 1860, in-12.

Le Parc aux Cerfs, ou l'Origine de l'affreux déficit, par un zélé patriote. Paris, 1790, in-8, av. 4 fig. dont la dernière représente le banquier Peixotte et la scène des plumes de paon. Veinant, 28 fr. Réimp. sous le titre: *Vie privée des maîtresses, ministres et courtisans de Louis XV et des intendants et flatteurs de Louis XVI*; s. l., 1790, in-8, fig. et 4 portr.

Pauline de Ferrière, ou Histoire de vingt jeunes filles enlevées de chez leurs parents sous le règne de Louis XV; par de Faverolle (pseudon. de madame de Guénard). Paris, 1802, 2 tom. pet. in-12. Réimpr. en 1822, 3 vol. in-18; et, sous le titre: *le Parc aux Cerfs, hist. secrète des jeunes personnes qui y ont été renfermées*; en 1809 et en 1832, 4 vol. in-12.

Le Parc aux Cerfs du roi Louis XV, étude; p. Louis Lacour. Paris, Menguot, 1859, in-12.

Mémoires authentiques de la comtesse du Barri, maîtresse de Louis XV, par le chev. Fr. N., extraits d'un ms. que possède madame la duchesse de Villeroy; trad. de l'angl. Londres, 1772, in-12. Le cat. Bergeret, n° 1367, dit que c'est un vol. curieux; mis à l'index à cette vente.

Gazette de Cythère, ou Aventures galantes et récentes arrivées dans les principales villes de l'Europe, avec le Précis de la vie de madame du Barry. (Dans l'éd. de 1775, le 2e titre est: ou Hist. secrète de la comtesse du Barry). Londres, 1774, pet. in-8, av. 1 fig. et portr. de madame du Barry. Cet ouvr. est attribué à J.-Fréd. Bernard, libraire d'Amsterdam.

Anecdotes sur madame la comtesse du Barri. — *Lettres originales de madame la comtesse du Barri* (p. Pidansat de Mairobert ou Thévenot de Morande). Londres, 1775-79, 2 vol. in-12, portr.; Saint-Mauris, 15 fr. 50 c. La plupart de ces anecdotes sont controuvées aussi bien que les lettres. Madame du Barry en a fait paraître une réfutation: *Précis hist. de la vie de madame la comtesse du Barry, avec son portrait.* Paris, 1775, pet. in-8; Crozet, 3 fr. 75 c.

Vie de Mme la comtesse du Barry, suivie de ses correspondances épistolaires et de ses intrigues galantes et politiques. De l'imprimerie de la cour. S. l. n. d. (1790), in-8 de 95 pages, portrait curieux, ayant au bas 4 vers qui commencent ainsi:

La Bergère que tu vois....

Mémoires de Mme la comtesse du Barry. (Ces mém. secrets et inédits sont apocryphes et fabriqués p. le bar. de Lamothe-Langon). Paris, 1829, 6 vol. in-8; 1842, 5 vol. in-8; 1857, in-4 à 2 col., illustré p. Janet-Lange.

Madame la comtesse Dubarry; p. Capefigue. Paris, Amyot, 1858, in-12, 3 fr. 50.

Lettres de M. de Fronsac, fils du duc de Richelieu, au cher. Dumas, ou son Hist. de quelques mois à la cour de Russie (par Barbet). Paris, 1801, 1802, 2 vol. in-12, portr. Il y a des passages libres.

Vie privée du maréchal duc de Richelieu, cont. ses amours et intrigues, etc. (p. Faur). Paris, 1791, 3 vol. in-8. Saint-Mauris, 21 fr. 50 c.

Mémoires hist. et anecdotiques du duc de Richelieu. Paris, Mame, 1829, 6 vol. in-8, 35 fr.

Les Soupers de Daphné et les Dortoirs de Lacédémone (par Meunier de Querlon). Oxfort, 1740, in-12 de 96 pp. et 1746, in-12 de 78 pp. en tout. Solar, 18 fr. Les ex. av. clef impr. sont rares; on trouve dans le Dict. des Anonymes, n. 17,203, une clef différente. On sait que cet ouvr. est une satire des soupers donnés par Samuel Bernard à Marly. V. Mélanges tirés d'une petite bibliothèque, p. 92.

Hist. galantes de Paris, années 1760, 1761, 1762. Hist. des femmes et filles galantes qui ont paru avec éclat dans Paris pendant les années 1763, 1764, 1767, 1769 et 1770, 7 vol. mss. in-4. Ce sont les feuilles ou rapports envoyés au lieutenant criminel par un commissaire de police, qui n'épargne pas les détails. On voit qu'il savait bien à qui il parlait. Boulard, t. IV (Mss. n. 346).

Le Gazetier cuirassé, ou Anecdotes scandaleuses de la cour de France (p. Thévenot de Morande). A cent lieues de la Bastille (Londres), 1771, 1772, 1777, 1785, pet. in-8. Du Roure, 13 fr. On joint quelquefois à ce vol. deux autres ouvr. du même: *Mélange confus sur des matières fort claires*, et *le Philosophe cynique, pour servir de suite aux Anecdotes scandaleuses*; tous deux, Londres, 1771, pet. in-8.

Mémoires du comte de Maurepas, etc., réd. par Sallé, son secrétaire, et publ. p. Soulavie l'aîné. Paris, 1790, 1792, 3 vol. in-8, av. 11 caricatures. Cet ancien ministre était un grand amateur de curiosités scandaleuses en estampes et en livres. Jannet a fait paraître, en 1855, un prospectus de 4 pages annonçant un *Recueil de chansons, satires, épigrammes et autres poésies, connu sous le nom de Recueil de Maurepas*, publ. p. An. de Montaiglon; cet ouvr. devait avoir 5 vol. gr. in-8 à 2 col. et du prix de 25 fr. chaque vol., mais il n'a pas encore paru.

Les Révélations indiscrètes du XVIIIe siècle, par le card. de Bernis, Bossuet, Cabanis, Cerutti, etc., avec une *Galerie de portraits*, etc., le tout précédé des *Confessions*, etc., (publ. par Auguis). Paris, 1814, in-18. Rare en pap. vél., et surtout avec les pp. 289 à 296, 445 à 496, 529 à 536, 552 à 554 doubles, plus la table des matières et la liste des auteurs qui figurent dans le recueil. Veinant, 30 fr.

Formulaire du cérémonial en usage dans l'Ordre de la Félicité. S. l., 1745, in-12; Lamberty, 20 fr. Livre curieux, donnant des notions sur une de ces sociétés clandestines formées à Paris, vers le milieu du XVIIIe siècle, et qui couvraient leurs débauches d'un voile spécieux. Deux, entre autres, furent établies à la même époque, l'ordre des *Aphrodites*, qui est peu connu, et l'ordre des *Hermaphrodites* ou de *la Félicité*, qui l'est davantage. Ce dernier, composé de personnes des deux sexes, chevaliers et chevalières, cachait sous des termes de marine le scandale de ses discours; ou à l'interprétation de ces termes mystiques, elle ne laisse aucun doute sur les motifs de cette association plus que galante. Dans un des ouvrages, fort singuliers, que cette loge a fait imprimer, on apprend qu'un sieur de Chambonas en fut le fondateur et le grand maître. Dulaure parle de l'ordre de la Félicité dans le t. V de son *Histoire de Paris*. L'ordre de la Félicité a produit les ouvrages suivants, dont quelques-uns sont très-rares aujourd'hui: *L'Anthropophile, ou le Secret et les Mystères de la félicité, dévoilés pour le bonheur de tout l'univers.* A Arctopolis (Paris), 1746, in-12; Lamberty, 15 fr. — *L'Ile de la Félicité.* A Babiole, 1746, in-12 de 16 pp. — *L'Ordre hermaphrodite, ou les Secrets de la sublime félicité*, 1748, in-12. — *Moyen de monter au plus haut grade de la marine sans se mouiller*, in-12. — *Dict. de l'Ordre de la Félicité*, par Fleury, in-8. — *Hist. de la Félicité*, conte moral (p. l'abbé de Voisenon). Amst., 1751, in-12.

Pironiana, ou Rec. des aventures, plaisanteries, etc., de Piron; p. Cousin d'Avallon. Paris et Avignon, 1800, 1801, 1813, 1815, in-18.

Les Comédiennes d'autrefois; par Arsène Houssaye (il y a sur la couverture: *Les Comédiennes du temps passé*). Cont. les esquisses biographiques suivantes: Une Demoiselle d'Opéra. — Mlle Gaussin. — Promenade au Palais-Royal. — Mme Vadé. — Mlle Guimard. — La Marquise et la Comédienne. — Mlles Fel, Manon, Le Clerc et Mité. — Mme Molière. Volume curieux et amusant. Paris, Lévy, 1855, in-18. — 6e éd. en 1858, sous le titre: *Princesses de comédie et Déesses d'Opéra.* Hachette, in-18, 1 fr.

Mémoires anecdotes pour servir à l'hist. de M. Duliz et la suite de ses aventures après la catastrophe de Mlle Pélissier, actrice de l'Opéra. Londres, 1739, 1752, 1753, pet. in-8, fig. Potier, 8 fr.

Description (en vers et en vaudevilles) *des fêtes Pélissiennes célébrées au magasin de l'Opéra, le 3 juin 1731.* Ms. in-4, d'une belle écriture. Tableau satirique d'une scandaleuse orgie dans laquelle les principales actrices du théâtre figurent toutes nues avec leurs amants. La Pelissier donne l'exemple à Sophie Arnould, Petit, Lemaure, etc. (Cat. Soleinne, t. V, n° 527). Rolle, 12 fr.

Arnoldiana, ou Sophie Arnould et ses contemporains, recueil choisi d'anecdotes piquantes, etc. (par Albéric Deville). Paris, 1813, in-12. Saint-Mauris, 11 fr.

Mémoires de Mlle Sophie Arnould; recueillis et publ. par le bar. de Lamothe-Langon. Paris, 1837, 2 vol. in-8, 15 fr.

Sophie Arnould, d'après sa correspondance et ses mém. inédits, p. Edm. et J. de Goncourt. Paris, Poulet-Malassis, 1857, 1859, in-12 de 203 pp., 4 fr.

Histoire de Mlle Cronel (Clairon), *dite Frétillon*, actrice de la comédie de Rouen, écrite par elle-même (comp. p. Gaillard de la Bataille; Quérard l'attribue à de Caylus). Le comédien Gaillard de la Bataille, qui avait été héros et témoin des premiers exploits de cette fille célèbre, furieux d'avoir été quitté par elle, publia cet ouvrage, d'abord en 2 parties, puis en ajouta deux autres; la scène, transportée tantôt à Caen, tantôt à Lille, montre Clairon en partie d'officiers ou dans les bras d'un marquis, d'un traitant, etc. Cet ouvr. est curieux et recherché. Clairon n'avait, en 1739, que seize ans. Plus tard, l'auteur de la F....manie en parle ainsi dans son premier chant :

> Vit-on jamais sous la céleste voûte
> Plus de débauche, un plus fatal ton
> Que n'en offrit l'illustre Frétillon,
> Cette catin qui, pour se faire connaître,
> Le corps humain, le fretin de son être,
> Dix ans entiers logea aux Pavillons à Metz ?

La Haye (Rouen), 1739-40, 2 part. in-12, fig.; 1741-43, 1752, 1772, 1780, 4 part. in-12. Saint-Mauris, 11 fr. — Londres (Cazin), 1782, 2 vol. in-18; Tripier, 20 fr.

Vie de la Bourbonnaise, écrite par elle-même à sa mère. S. l., 1769, in-12, 2 fig. Veinant, 8 fr. 50. Ouvr. moral, quoique renfermant des passages fort libres.

FRANCE, 1774 A FIN 1799 (18 *brumaire*)

(LOUIS XVI ET RÉPUBLIQUE)

Le Chroniqueur désœuvré, ou l'Espion du boulevard du Temple (attrib. à Thévenot de Morande, et quelquefois à Mayeur de Saint-Paul). Londres (Paris), 1782, 1783. Anecdotes scandaleuses et véridiques sur les directeurs, acteurs, actrices et saltimbanques du boulevard. Peu commun.

Le Vol plus haut, ou l'Espion des principaux théâtres de la capitale, contenant une hist. abr. des acteurs et actrices, etc.; dédié aux amateurs (par Dumont, comédien). A Memphis (Paris), chez Sincère, 1784, gr. in-8 de 142 pp. C'est l'hist. scandaleuse du *Concert spirituel* et de l'*Opéra*; devait être continué. Rare.

L'Espion dévalisé. Londres (France), 1782, in-8, et 1783, in-12 de 302 pp. Ouvrage anecdotique et satirique, attribué quelquefois à tort au comte de Mirabeau, mais dû réellement à Baudoin de Guémadeuc, maître des requêtes, qui fut enfermé à la Bastille, sous inculpation de vol qui ne fut pas prouvé, et qui y finit ses jours. Il n'y a eu que 2 éd. de cet ouvr.; elles sont rares toutes deux, surtout l'in-8, qui n'a point paru en vente publique depuis Pixerécourt. Il y a quelques anecdotes croustilleuses, entre autres celle du juif Peixotto, laquelle se retrouve plus tard dans le *Parc aux Cerfs*.

La Chronique scandaleuse, ou Mémoires pour servir à l'histoire de la génération présente, contenant les anecdotes et les pièces fugitives les plus piquantes que l'histoire secrète des sociétés a offertes pendant ces dernières années (p. Guill. Imbert). Paris, dans un coin d'où l'on voit tout, 1784 et ann. suiv., 5 part. pet. in-8. Peu commun.

Chronique arétine, ou Recherches pour servir à l'histoire de la génération présente. Caprée (Paris), 1789, in-8, 1er et seul cahier de 104 pp. Tripier, 5 fr.

Mémorial pour servir à l'histoire de la catinomanie, ou Recueil de div. pièces rassemblées, etc. (p. Buleau). S. l. et s. n., 1787, in-4 de 2 ff., 21 pp. et 212 pp., plus 2 ff. de table qui ne se trouvent pas dans tous les exemplaires. Crozet, 73 fr. 50. Rare et sing. rec., que son titre seul fait ranger parmi les pièces libres. L'aut. paraît avoir voulu peindre les manières et les ridicules des femmes galantes et des libertins de qualité. Le vol. contient : Déjeuner de Mme la baronne de Gringalle, où étaient invitées mesdames Fétiche, Pagode, Bibi, Bebée et une nouvelle connaissance que Mad. la bar. veut initier au parti catinomane (4 entretiens, en pr.); — Aventure arrivée à un dîner donné par le commandeur Dolus, etc. (3 scènes, en pr.); — l'Adepte controuvé (4 sc., pr.); — la Fustigation réciproque (1 a., pr.).

Les Petits Soupers et les Nuits de l'hôtel Bouillon. Récréations de M. de Castries, ou la Danse de Cours, etc. Bouillon (Londres), 1783, in-8. Rare. Ce pamphlet fut saisi aussitôt son apparition.

*L'Année galante, ou les Intrigues secrètes du marq. de L**** (de L'Etuvière, officier aux gardes, doué de *qualités éminentes*, et qui passa, dans un certain monde, pour l'homme le plus *capable* de son temps). Londres (Paris), 1785, 1786, 1787, in-12. Peu commun.

Mémoires de Jacques Casanova de Seingalt (né à Venise en [illegible], m. à Vienne en 1803), écrits par lui-même (à l'âge de [illegible] ans). Le manuscrit de Casanova est en français ; la maison Brockhaus, de Leipzig, le fit traduire en all. p. G. de Schutz, et publia, en 1822, cette trad., qui formait 12 vol. in-12. M. Aubert de Vitry retraduisit cet ouvrage allemand en français, et publia les Mémoires de Casanova, à Paris, chez Tournachon-Molin, de 1825 à 1829, en 14 vol. in-12. Cette trad. est bien écrite, mais elle est châtrée. Brockhaus se décida alors à publier le texte de Casanova, et, de 1826 à 1832, il en fit paraître à Leipzig 8 vol. in-12 ; mais les derniers volumes ne furent publiés que plus tard et sous la rubrique de Bruxelles. A Paris, Paulin réimprima le texte publié à Leipzig, 1833-37, 10 vol. in-8, et 1843, 4 vol. in-12. Sauvageot, l'in-12, 34 fr. Afin de terminer sa publication, il avait fait traduire de nouveau la fin de l'édition allemande, fin beaucoup moins libre que le texte publié à Bruxelles. — Une nouv. éd. intégrale, en 6 v. in-12, vient de paraître en 1860, à Bruxelles, chez Rozez. Il y a une suite de 48 grav. érotiques, format in-8, faite en Allemagne pour illustrer ces Mémoires. Ouvrage bien composé, bien écrit, et offrant un vif intérêt. Aucun homme n'a mené une vie plus aventureuse que Casanova ; c'est un aventurier plein d'audace, d'intelligence, possédant des connaissances presque universelles et une science approfondie des hommes. A toutes les situations, soit simples, soit extraordinaires, de ces Mémoires, on sent le cachet de la vérité et de l'esprit le plus philosophique. On leur a comparé Monsieur Nicolas, de Rétif de la Bretonne, et les Confessions de J.-J. Rousseau ; mais il est permis de trouver que Casanova (moralité à part) leur est très-supérieur, et que, mieux que Lauzun, de qui on a fait cet éloge, ses Mémoires sont la narration fidèle d'un esprit qui ne s'est guère abusé et qui a connu le peu qu'il nous est donné de connaître du fond des choses.

Galanteries d'une demoiselle du monde, ou Souvenirs de Mlle Duthé ; par l'auteur des Mémoires de Mme la comtesse Dubarry (le baron de Lamothe-Langon). Paris, 1833, 4 vol. in-8. 30 fr. On sait que Mlle Duthé était, en 1776, la beauté à la mode.

Mémoires du duc de Lauzun (1747-1783). Paris, Barrois, 1821, in-8 et in-12. Il y a eu des cartons pour des passages supprimés ; les exemplaires portent le millésime de 1822. — Paris, 1822, 2 vol. in-18. — Éd. avec les passages supprimés, etc., par L. Lacour, Paris, 1858, in-12 ; 2e éd., avec les Tribulations d'un éditeur (11 pp., signées L. Lacour), 1858, in-12. Cette 2e édit. a été condamnée. Lauzun, né en 1747, m. en 1793, fit parler de lui par ses galanteries et ses extravagances de jeune homme. Il était au milieu de toutes les intrigues du grand monde, et, dans ses Mémoires, il dévoile sans pitié les duchesses aussi bien que les grisettes. Son style est incorrect, mais naturel et quelquefois élégant. Comme c'est une confession générale que Lauzun écrivait pour donner à la belle marquise de Coigny, les Mémoires de Ségur peuvent compléter ses galanteries dans l'île de Tercère, galanteries qui eussent blessé cette marquise. Après elle, il eut encore d'autres maîtresses, et la dernière fut probablement cette fameuse Suzanne Giroux, depuis Mme de Morency. (*V.* les Oubliés et les dédaignés, tome II, p. 123.) La Restauration voulut empêcher la publication de ces Mémoires ; mais cette petite persécution a fait sentir davantage l'importance de l'ouvrage, utile pour l'histoire, curieux et amusant en lui-même.

Le Poete, ou Mémoires d'un homme de lettres (p. J.-B. Choudard, dit Desforges), Hambourg (Paris), 1798, 4 vol. in-12, fig. ; 1799, 8 vol. in-18, fig. : Potier, 25 fr. — Éd. av. une notice biographique, la clef des principaux personnages, un portr. et des fig. à ch. vol. Paris, Em. Babeuf, 1819, 5 vol. in-12. Ouvr. amusant et peu commun.

Essais historiques sur la vie de Marie-Antoinette d'Autriche (p. Pierre-Ét.-Aug. Goupil). Londres et Versailles, chez la Montansier, hôtel des Courtisanes, 1789, 2 part., pet. in-8, portr. Tripier, 5 fr. ; Solar, 58 fr.

Histoire de Marie-Antoinette, reine de France (p. Montjoie). Paris, Perronneau, 1797, in-8, portr. et fig. Peu commun.

Vie de Marie-Jos.-Antoinette. . ., reine de France et de Navarre (p. Babié). Paris, 1802, 3 vol. in-12, fig. et portr. Peu commun. Est-ce le même ouvr. qui a été réimp. sous le titre de *Vie scandaleuse et libertine de Marie-Antoinette*, 3 vol. in-18, fig. ?

La Reine (Marie-Antoinette) *décolletée*. Londres, 1790, in-8. Rare.

Correspondance de la reine avec d'illustres personnages. S. l., 1790, in-8 de 144 pp., portr. de Mme de Polignac. Rare avec le portrait.

Le G. . . .ché royal, suivi du *Mea culpa*. S. l., 1789, 1790, pet. in-8. Entretien libre, en vers, très-scandaleux et très-rare. — *Bordel royal*. S. l. n. d., pet. in-8 ; très-rare. Ce bordel est à Versailles, dans l'appartement de la reine ; la brochure finit par un entretien secret entre la reine et le card. de Rohan. Les deux brochures, Crozet, 27 fr. 50.

Bordel national, sous les auspices de la reine (com. en 1 a., en pr.), *à l'usage des confédérés provinciaux, dédié et présenté à Mlle Théroigne, présidente du district des Cordeliers et du club des Jacobins, auteur de cet établissement patriotique*. A Cythère et dans tous les bordels de Paris, 1790, pet. in-8 de 60 pp. et 1 f. av. 3 fig. Les pers. sont : Mlle Théroigne, Marie Antoinette, de Lafayette, Bailly, Bazin (valet de ch. de la reine), Monsieur (amant de la comtesse de Balby), Mirabeau, Danton, Marat, etc.

Le Cadran des plaisirs de la cour, ou les Aventures du petit page Chérubin, pour servir de suite à la Vie de Marie-Antoinette. Libelle très-libre contre Marie-Antoinette et le prince Jules de Polignac, fait, selon l'opinion commune, sous l'instigation de Philippe Égalité. Paris, s. d. (1792) et an III, in-18, av. figures obscènes. — Amst., 1796, in-12, fig. Réimp. à Paris en 1831. Cond. en 1842, et en février 1852.

L'Autrichienne en goguette, ou l'Orgie royale, op.-proe. compos. par un garde du corps, et mis en musique par la reine. S. l. (Paris), 1789, in-8. Crozet, 19 fr. 50.

Les Fantoccini français, ou les grands comédiens de Marly (pièce dramatique). Rare. Libelle atroce, digne pendant de l'*Autrichienne*, contre la reine, le comte d'Artois et la duchesse de Polignac. (Leber, t. IV, p. 233.)

Le Branle des capucins, ou le 1001e tour de Marie-Antoinette, pet. opéra aristocratico-comico-risible (en 2 a. pr. et vaud.). Saint-Cloud, imp. des Clairvoyants, 1791, in-8 de 24 pp. Pièce plus libre dans les faits que dans les paroles, et relative à une aventure, certainement supposée, que l'on attribua à la reine et au comte d'Artois, qui s'étaient tout permis, disait-on, en présence du roi endormi. Ici, Lafayette est donné pour rival au comte d'Artois, et la princesse de Polignac est de la partie. Soleinne (3871).

La Journée amoureuse, ou les Derniers Plaisirs de Marie-Antoinette, com. en 3 a. et en pr., reprits. pour la première fois au Temple, le 20 août 1792. Paris, an Ier, an II, pet. in-12, av. 3 fig. obsc. Cet ignoble et odieux pamphlet est devenu très-rare, ainsi qu'on pouvait s'y attendre.

La Messaline française, ou les Nuits de la duchesse de Polignac, et aventure mystérieuse de la princesse (d'Hénin) *et de la* *****. Tribaldis, de l'impr. de Priape, 1789, in-18, figures. Il y a eu une réimp. qui a été cond. comme outrageant les mœurs (*Moniteur* du 15 décembre 1843). — *Boudoir de la duchesse de P...* (Polignac); par un membre de cette académie de lubricité. (Paris, 1789), in-8. — *Confession et repentir de Mad. de P..., ou la Nouvelle Madeleine convertie.* Paris, 1789, in-8. — *Réponse à la Confession de Mad. de P..., ou les Mille et un Mea culpa.* (Paris), 1789, in-8. — *Maladie de madame la duchesse de Polignac, qui a infecté la cour, Versailles et Paris. Extrait du rapport fait au roi par la Faculté de médecine.* (Paris), 1789, in-8 de 19 pp. — *Remède à la guérison entière de Mad. de Polignac.* S. l., 1789, in-8. — *La Dernière Ressource de Mad. de Polignac.* S. l. n. d., in-8. — *Testament de Mad. la duch. de Polignac.* S. l. n. d., in-8 de 16 pp. — *Agonie de Mad. de Polignac, son acte de contrition, et son rétablissement par le moyen du vinaigre des quatre voleurs distillé par G...* Londres (Paris), 1789, in-8 de 8 pp. — *Adieux de la duch. de Polignac aux Français*, par l'auteur de sa maladie; suivis des *Adieux des Français à la même.* (Paris), 1789, in-8. — *Lettre de Mad. de Polignac.* S. l. n. d., in-8. — *Les Intrigues du cabinet de la duch. de Polignac*, 1790. (Pièce curieuse.) — Toutes ces pièces sont rares, et leur réunion serait extrêmement difficile.

Mém. de Mme la duchesse de Polignac, avec des particularités sur sa liaison avec Marie-Antoinette, reine de France; par la comtesse Diane de Polignac. Paris, an V, in-18. Est-ce le même ouvr. que : *Mémoires sur la vie et le caractère de la duch. de Polignac* ; Hamb., 1796, in-8?

Les Amours de Charlot et Toinette (Marie-Antoinette et le comte d'Artois), pièce dérobée à V... (à Versailles). Paris (Londres), 1777 ou 1779, et s. l., 1789, in-8 de 8 pp. Crozet, 16 fr. 50 c. Pièce en vers. On ne connaît de l'éd. orig. que quelques exempl. échappés au pilon de la Bastille; l'édition fut achetée par ordre de la cour et payée par Goetzmann au libraire Boissière, à Londres, la somme énorme de 17,000 fr., non compris les menus frais et le pot de vin. L'ex. de Leber, no 2281, cont. un des dessins destinés à ce libelle, et qui n'ont jamais paru ; il représente la reine couchée sur un sopha. Réimp. dans le *Momus redivivus* de Mercier de Compiègne, tome II, p. 105.

Charles II, roi d'Angleterre, en certain lieu, com. très-morale, en 5 a. très-courts, etc. (p. S. Mercier), Venise (Paris), 1789, in-8. Rare. Pièce satirique, ayant rapport à une aventure du comte d'Artois, que la police arrêta dans un lieu de débauche. On trouve cette anecdote dans les Mém. de Bachaumont. V. Soleinne, no 2175.

Mémoire hist. des intrigues de la cour et de ce qui s'est passé entre la reine, le comte d'Artois, le card. de Rohan, madame de Polignac, etc.; par le Sr Rétaux de Villette. Venise, 1790, in-8 de 75 p. Pièce rare et curieuse relative à l'affaire du collier. L'auteur explique peu honnêtement le mystère des rapports de la reine avec Mad. de Lamotte.

Vie privée de Charles-Philippe de France, ci-devant comte d'Artois, etc. Turin, 1790, 1791, in-8, portr. Rare.

Vie privée, ou Apologie de Mgr le duc de Chartres; par une soc. d'amis du prince. A cent lieues de la Bastille, Londres, 1784, in-8, fig. Ouvr. satirique et licencieux.

Vie secrète de Louise-Marie-Adélaïde de Bourbon-Penthièvre, duchesse d'Orléans. Londres, 1790, in-8, portr. Tripier, 7 fr.

Le Palais-Royal, ou *Amours et Mémoires de la duchesse d'Orléans*, *mère de Philippe* (Égalité); par de Favrolles (madame Guénard, Elisa, baronne de Méré). Hambourg et Paris, 1808, 2 vol. in-12, fig. Tripier, 8 fr.

Amours de Louise-Marie-Thérèse-Mathurine (*sic*) *d'Orléans*, *duchesse de Bourbon*. De l'impr. de la Volupté, au château des Délices, 1790, in-18, portr. Cat. de la B. impér., t. II, p. 638, n° 4193. Tripier. 3 fr.

La Belle Libertine, *ou les Aventures galantes de mademoiselle A****. À Conti-Foutro, 1793, 1798, in-18, 6 grav. Rare.

Les Amours de Mirabeau et de la marq. de Monnier, *suivi des lettres choisies de Mirabeau à la marquise*; p. Benj. Gastineau. Bruxelles, Méline, Cans et Cie, 1860, in-12 de 386 pp., 3 fr. 50.

Lettres originales de Mirabeau, *écrites du donjon de Vincennes de 1777 à 1780*, *contenant les détails sur sa vie privée et ses amours avec Sophie Ruffei*, *marquise de Monnier*. Paris, 1792, 4 vol. in-12; 1803, 8 tom. in-12; 1828, 6 vol. in-32; 1835, 3 vol. in-8. Ces lettres sont authentiques. N'ayant point été écrites pour le public, mais adressées à son père et à sa maîtresse, elles font connaître et apprécier favorablement le caractère de cet homme fameux. Sous le rapport du sentiment, c'est l'ouvrage épistolaire le plus admirable que l'on puisse citer.

Précis historique sur la vie de mademoiselle Théroigne de Méricourt (*Théroigne et Populus*, *ou le Triomphe de la Démocratie*, drame national en 4 actes et en vers). Paris, 1790, in-8. Tech., 5 fr.

Théroigne de Méricourt, *la jolie Liégeoise*, correspondance publiée par le vicomte de V...y. Paris, Allardin, 1836, 2 vol. in-8, 15 fr.

Lambertine-Théroigne de Méricourt (m. en 1819). Mons (1848), in-8 de 42 ff.

Monsieur Nicolas. Paris, 1794-97, 16 vol. in-12, sans grav. « De tous les ouvr. de Rétif « de la Bretonne, c'est le plus extraordi- « naire; d'ailleurs il les résume tous. Je « n'hésite pas à le placer au même rang, tou- « tes questions morales réservées, que ces « deux autres productions phénoménales : les « Conf. de J.-J. et les Mém. de Casanova. » Monselet. — *L'Anti-Justine*, *ou les Délices de l'Amour*; p. Linguet (p. Rétif). Au Pal.-Royal, 1798, 2 part. in-12. Ouvr. tiré probabl. à un très-pet. nombre d'ex. Ce sont des épisodes obscènes de la propre vie de l'auteur, et qui pourraient faire supplément à M. Nicolas. 60 grav. annoncées n'ont point été faites, hors une peut-être.

La Femme infidèle, p. Maribert Courtenay (p. Rétif de la Bretonne). Neufchâtel et la Haye, 1785, 1788, 4 vol. in-12. C'est l'hist. des désordres d'Agnès Lebègue, femme de Rétif.

Ingénue Saxancourt, *ou la Femme séparée*: *hist. propre à démontrer combien il est dangereux pour les filles de se marier par entêtement et avec précipitation*, *malgré leurs parents*; écrite par elle-même (par Rétif de la Bretonne). Liége et Paris, Maradan, 1786, 1789, 3 vol. in-12. Histoire de la Fille aînée de Rétif.

Vie secrète et privée des Cinq membres du Directoire. S. l. n. d., in-8. Cat. La Jarrie, 6072. — *Les Amours et Aventures du vicomte de B*[*arras*] par le bar. de B***. Paris, 1816, 3 vol. in-12. Barras n'est mort qu'en 1829.

Memoiren des Grafen... Mémoires du nouveau Faublas français, le comte Alex. de Tilly, trad. (en all.) sur le ms. franç. original. Berlin, 1825, 3 vol. in-12. — *Mémoires du comte Alex. de Tilly*. Paris, 1828, 3 vol. in-8. Il y a dans ces Mém. des anecdotes dignes d'un roué de la Régence.

FACÉTIES RÉVOLUTIONNAIRES : *La Paillardise ecclésiastique*. S. l. n. d., 8 pp. Pamphlet violent contre les principaux archevêques et évêques. — *Grande Ribotte chez l'archevêque*, in-8. — *Les Amours clandestins*, *ou Parties nocturnes de l'abbé* (et duc) *de Montesquiou*, 1790, in-12, fig. — *Le Bordel apostolique institué par Pie VI*, *en faveur du clergé de France*. Paris, 1790, in-18. — *La Chasteté du Clergé dévoilée*, *ou Procès-verbaux des séances du Clergé chez les filles de Paris*, trouvés à la Bastille. À Rome, impr. de la Propagande, et à Paris, 2 parties in-8, 1790. Ouvrage scandaleux et qui parlait d'un grand nombre de personnes alors vivantes. Dominique Dafinajou, référendaire à la cour des comptes, en était un des auteurs. Rare; un ex. s'est vendu 45 fr. à la vente Villenave. — *Le Courrier extraordinaire des f... ecclésiastiques*, *ou Correspondance intime*, *secrète et libertine*, etc.; ouvrage recueilli par Machault, évêque d'Amiens. (Paris), 1790, in-8, fig. — *Les Œufs de Pâques des demoiselles du Palais-Royal au clergé*. S. l., 1790, in-8. — *Dom B...*, *aux États généraux*, *ou Doléances du Portier des chartreux*; p. l'aut. de la F...manie (attrib. à Rétif de la Bretonne), in-8. — *La Galerie des États généraux et des dames françaises*, *et Clef de la Galerie des femmes*, etc. (p. de Luchet, Mirabeau et Choderlos de Laclos.) 1789-90, 3 part., in-8. — *Motions adressées à l'Assemblée nationale*, *en faveur du sexe*, 1789, in-8. — *Les Vitres de l'Assemblée nationale*, in-8. — *Les Délassements secrets*, *ou les Parties fines de plusieurs députés à l'Assemblée nationale*, trad. de l'anglais, par A. W. Londres, 1790, pet. in-12, fig. col. — *Nouveau Décret du Manège* : *F...* *l'Assemblée nationale l'a* ainsi décidé en faveur des nonnes, des moines et de tous les citoyens. (Paris, in-8. — Les Petits b..... au Manége, ou Réponse de... grand maître des F... et de ses adhérents. An II du rève de la Liberté, in-12, fig. color. — Les Enfants de Sodome à l'Assemblée nationale, ou Députation de l'ordre de la Manchette. Chez le marquis de Villette, gr. commandeur de l'ordre, 1790, in-18, fig. — Ode aux B.., S. l. n. d. (1789), in-8 de 8 pp. — Les Fouteurs enmusqués, ou les Ribauds du Palais-Royal, com. en 3 a. et en pr., p. Monvel le Sodomite (p. Mayeur de Saint-Paul, aut. du Chroniqueur désœuvré et de l'Autrichienne en goguette, selon P. Lacroix). Paris, 1791, in-18 de 84 pp., 3 fig. Satire obscène contre Monvel et d'autres artistes des Variétés amusantes; curieuse et très rare. — Étrennes aux F..... ou Calendrier des trois Sexes. 1793, in-18, fig. — Chronique du Manége (accouchement de mademoiselle Théroigne, etc., p. Marchant). 1789, 24 num. in-8; très-rare complet. — Étrennes aux grisettes pour l'année 1790. Requête présentée à M. Sylvain Bailly, maire de Paris, par Florentine de Launay, successeur de madame Gourdan, au Grand Balcon, rue Croix des Petits Champs, contre les marchandes de modes, couturières, lingères et autres grisettes commerçantes sur le pavé de Paris. S. l. n. d., pet. in-8 de 36 pp., av. une fig. représ. un âne conduit par un individu cornu; une femme est sur l'âne, et, tournée du côté de la queue, elle la tient en guise de bride. La brochure est terminée par une liste de grisettes, avec leur demeure. — Étrennes à la Vérité, ou Almanach des Aristocrates. A Spa, an II de la liberté (1790), in-12 de 94 pp. av. 2 gr. allég. Pamphlet démagogique, dont les détails sont très libres. Sur la dernière page du volume sont annoncés les 4 ouvr. suivants, lesquels n'ont probablement jamais paru: Les Deux Trous, ou Tout Chemin conduit à Rome, roman, par mademoiselle de Raucour, 1790, in-12, fig. en t.-douce. — Supplément à l'art des gestes et aux autres œuvres de mademoiselle de Raucour et de Adeline, actrice, 1790, in-18. — L'Art de raccrocher, par feu Lov. de la Roche, 1790, in-36. — Je n'ai plus d'argent, roman, par mademoiselle Colombelle l'aînée, actrice; 1790, in-18. — Almanach des honnêtes femmes pour l'année 1790 (attrib. à Sylv. Maréchal). S. l. n. d., in-8. Libelle où cent femmes sont nommées. — Hommage aux plus jolies et vertueuses femmes de Paris. S. l. n. d., in-8. 149 femmes sont nommées. — Catéchisme libertin, à l'usage des filles de joie et des jeunes demoiselles qui se décident à embrasser cette profession. Luxuriopolis, 1791, in-18 de 72 pp. et 4 fig. col. Il y a eu plusieurs éd. — Almanach des Adresses des demoiselles de Paris. Paphos, 1791, in-16 de 120 pp. — Almanach des plus jolies femmes du Palais Égalité. Paris, s. d., in-18. — La Chronique scandaleuse, ou Critique impartiale des Cocus. Paris, 1789, in-8. — Réponse à M. de..., auteur de la Liste jaune des cocus de Paris. — Procès-verbal et Protestation de l'assemblée de l'ordre le plus nombreux du royaume. Paris, 1789, in-8. — Délibérations et protestation de l'assemblée des honnêtes citoyennes comprenues dans le Procès-verbal, etc. Paris, in-8. — Second procès-verbal de l'assemblée de l'ordre le plus nombreux, tenue à la plaine de Longs-Boyaux, 1789, in-8. — Nouvelle Assemblée des notables cocus du royaume, en présence des favoris de leurs épouses. Paris, in-8, fig.

Réponse des Femmes de Paris au cahier de l'ordre le plus nombreux... Paris, 1789, in-8. — Récréations lubriques des f...... de tout sexe, de tout âge et de tout parti. F....polis, 1791, in-12, fig. — Le Postilion par Calais, ou la Petite F...rie. Paris, an III de la liberté, in-18 de 108 pp., 3 grav. — De la Prostitution, cahier et doléances d'un ami des mœurs aux députés du tiers. Au Pal.-Royal, in-8. — La Nuit d'une Lais aux États généraux. 1789, in-8. — Les Demoiselles Chit-chat du Palais-Royal aux États généraux, in-8. — Remontrances des Filles du Palais-Royal à MM. de la noblesse, 1789, in-8. — Requête des Filles de Paris à l'Assemblée nationale, in-8. — Pétition des 2000 Filles du Palais-Royal à l'Assemblée. Paris, 1790, in-8. — Ressource qui reste aux demoiselles du Palais Royal après la réponse des États généraux à leur requête, in-8. — Aspasie à tous les Comités du Palais-Royal, Salut, in-8. — Ordonnance des officiers et gouverneurs au Palais-Royal, qui fixe le droit et les honoraires des filles de joie. Au Sérail, 1er mai 1788. Pièce des plus libres, in-8. — Tarif des Filles du Palais-Royal et autres lieux circonvoisins. 5 num. in-8 de 8 pp. chacun. — Protestation des Filles du Palais-Royal, ou Véritable Tarif, rédigé par mesdames Rosni et Sainte-Foix. Paris, in-8. — Les Bordels de Paris, avec leurs noms, demeures et prix. Dédié à la Fédération. 1790. — Le Palais-Royal (par Rétif de la Bretonne). Paris, 1790, 3 vol. in-12, av. 3 grandes grav. se repliant en trois: tome Ier, les Trente-deux Filles de l'Allée des Soupirs; tom. II, les Sunamites, le Cirque, quarante-huit Femmes; tom. III, les Ex Sunamites, la Colonnade, quarante-trois Femmes. Livre moins moral peut-être, mais plus fécond en renseignements que le Pornographe, et qui n'a guère d'équivalent, par les détails singuliers qu'il renferme, que dans la satire de Pétrone. — Liste de toutes les jolies femmes qui se trouvent à Longchamps, in-8. — Tableau et liste de toutes les jolies marchandes des 48 divisions de Paris, in-8. — Les Fastes scandaleux, ou la Galerie des plus aimables coquines de Paris, précédé d'un sermon sur la continence. Paphos, l'an 200, in-8. — *Arrêté des demoiselles du Palais-Royal confédérées pour le bien de leur chose publique*, in-8. — *Réclamation des Courtisanes parisiennes à l'Ass. nat., concernant l'abolition des titres déshonorants, tels que garces, putains, toupies, maquerelles, etc.* (Leber.) — *Le Serment civique des demoiselles fonctionnaires publics du Palais-Royal*; dialogue-vaudeville. Au Pal.-Royal, 1791, in-8. — *Lettre des femmes publiques du Palais-Égalité à tous les jeunes gens de Paris* (p. J.-P.-H. Quignon), in-8. Le cat. Pixerécourt, pp. 384 à 391, contient beaucoup de ces facéties; mais il n'en existe peut-être pas une seule collection complète.

FRANCE CONTEMPORAINE DE 1800 A 1860

Zoloé et ses deux acolytes (p. le marq. de Sade). Turin (Paris), 1800, in-18, fig.; Saint-Maurice. Roman fort bête et très-rare, dirigé contre Joséphine, plus tard impératrice, et qui fut la principale cause de la détention de l'auteur à Charenton jusqu'à sa mort.

Le Coup de fouet, ou Revue de tous les théâtres (par Dumersan). Paris, imprimerie expéditive, fin de l'an X (1802), 1803, in-18. Satire dirigée contre les actrices des Variétés; l'une d'elles, jeune et jolie, nommée Rosine, ayant entraîné l'auteur un soir, il se trouva tout à coup attaqué par huit à dix femmes armées de fouets, auxquelles il n'échappa qu'en prenant l'engagement de faire disparaître tous les ex. restants de sa brochure. Il a été fait une réponse intit. *Antidote, ou Remède au Coup de fouet.* An XI, in-18.

Amours secrètes de Napoléon Bonaparte (p. M. le baron de B***. Paris, G. Mathiot, 1815, 4 vol. in-12, av. 4 fig. La 7e éd., 4 vol. in-12, fig., a paru en 1836. — *Amours secrètes des quatre frères de Napoléon*; p. le même. Paris, Mathiot, 1816, 2 vol. in-12. Ces sortes de romans ne méritent, en général, nulle créance.

Amours de Napoléon et des princes et princesses de sa famille. Paris, Renault, 1836, 2 vol. in-12, 6 grav. Sous. réimp.; c'est un abrégé de l'ouvr. précédent.

Bonaparte et Murat, ravisseurs d'une jeune femme (mémoire de J.-H. Revel, contre madame Deruelle-Laplaigne, comtesse de Luxbourg). Paris, Michaud, 1815, in-12. — *Cause en nullité de divorce entre M. Revel et madame Deruelle-Laplaigne, son épouse*, plaidée par M. Revel lui-même. Paris, 1815, 1 feuille in-8. — *Histoire du prétendu rapt de madame la comtesse de L*** par Bonaparte et Murat, ou Réponse au Mémoire de M. Revel par B****, anc. officier d'artillerie. Paris, Davi, 1816, in-12, 2 feuilles. — *Désaveu de paternité de Léon, âgé de 15 ans, fils naturel de Nap. Bonaparte* (le cap. Revel, demandeur). 1er cahier. Paris, 1822, in-8 de 2 feuilles et demie.

König Jerome Napoléon und sein Capri (Die berüchtigten Orgien des ci-devant Königs von Westphalen); von E. M. Oettinger. S. l. n. d., 3 vol. in-12.

La Nouvelle Cythère, ou le Jardin des Tuileries, suivi d'une lettre sur la valse; par l'abbé Chaisneau (en prose). Paris, 1814, in-8, de 48 pages.

Les Femmes, la toilette et le jardin des Tuileries, avec des réflexions pour servir de préservatif aux étrangers (signé : D. L. F.). Paris, 1815, in-8, de 8 pp.

Amours secrètes des Bourbons depuis le mariage de Marie-Antoinette jusqu'à la chute de Charles X, par Mme la comtesse du C***. Paris, 1830, 2 v. in-12 av. 2 lith.

Mémoires libertins et dévots sur Charles X, ou Avant, pendant et après (par Scipion Marin). 1830, in-8 de 50 pp.

Histoire scandaleuse, politique, anecdotique et bigote des duchesses d'Angoulême et de Berry. Paris, 1830, in-18.

Biographie des dames de la cour et du faubourg Saint-Germain; par un valet de chambre congédié (p. Piton et E. de Monglave). Paris, 1826, in-32. Solar, 33 fr. Cond. 21 nov. 1826.

Chronique arétine du XIXe siècle (p. La Halle, Regnault-Warin et Roquefort). Paris, 1825, in-8. Il n'en existe peut-être qu'un ou deux ex. sans les cartons, pp. 128, 331, 399, etc.

Paris, tableau moral et philosophique; par Fournier-Verneuil. Paris, 1826, in-8. Cond. comme outrageant la morale, ainsi qu'un Mémoire justificatif présenté par l'auteur.

Le Peintre des coulisses, salons, mansardes, boudoirs, mœurs et mystères nocturnes de la capitale, ou Paris en miniature, etc., par un lynx magicien. Paris, 1822, in-18, 1 fig.

La Grande Chaumière, galerie hist. et morale, suivie de la Correspondance de plusieurs dames qui fréquentent cet établissement; par un vieil habitué. Paris, Garnier, 1829, in-18.

Les Mystères des Tuileries, de 1830 à 1848, ou Amours secrètes des princes et princesses. Paris, 1848, 2 vol. in-18.

Hist. secrète des amours du duc de Nemours et de la reine Victoria. Paris, imp. Bautruche, 1848, in-8 de 4 pp.

Milord Arsouille, ou les Bamboches d'un gentleman. A Bordelopolis, 1789 (Paris, après 1830), in-18, av. 5 fig. obscènes. Personne n'ignore que le surnom populaire de milord Arsouille avait été donné à lord Seymour, compagnon de plaisir du duc d'Orléans et du fameux Chicard

Le Tartuffe libertin, ou le Triomphe du vice. Cythère (Paris, s. 1831), in-18 de 107 pp., av. 6 mauvaises lith. obsc. Il est question, dans cette brochure, de personnages du règne de Louis-Philippe.

Pétition des lorettes aux membres du gouvernement provisoire (cinq couplets, signé : Agathe, vésuvienne. On lit en note : les Vésuviennes, corps de volontaires libres de la république française). S. l. ni nom d'impr. 1848, in-4 d'un quart de f., lithographié.

Réponse des vésuviennes au libelle (Les Montagnards), *de Chenu* (signé : Frétillon II, ex-major du régiment de vésuviennes). Paris, passage Jouffroy, 9, 1850, in-8 de 22 pages. (*Les Montagnards de 1848*, etc., par Chenu, Paris, Guicaudet et Dagneau, 1850, in-12 de 6 feuilles avec portr. dessinés par l'auteur.)

Elle et lui ; p. Georges Sand. Paris, Charpentier, 1860 (1859), in-12. — Il a été fait par Paul de Musset une réplique à l'ouvr. préc. intitulée : *Lui et elle.* Paris, Hachette, 1859, in-12, 3 fr. 50.

Memoiren der Lola Montez, Gräfin von Lansfeld. Berlin, 1851, 10 parties.

Lola Montès ; biographie, p. Eug. de Mirecourt. Paris, 1857, 1858, 1859, in-32 de 92 pp. et portr.

Adieux au monde. Mémoires de Céleste Mogador (Mlle Céleste Vénard, plus tard Mme Moreton de Chabrillan). Paris, Libr. nouv., 1853-54, 5 vol. à 5 fr. ch. L'ouvr. devait avoir 8 vol., mais, l'autorité ayant fait une saisie, cette éd. ne fut pas terminée. — Réimp. et terminée sous le titre : *Mém. de Céleste Mogador.* Paris, Bourdilliat, 1859, 4 vol. in-12, 10 fr. On lit dans la 1re éd., tom. II, p. 100 : « ... Je vais essayer de ra-« conter, le plus chastement possible, la vie « la moins chaste du monde. »

Les Jolies actrices de Paris, en 1843 ; esquisses biographiques, p. Ed. Loydereau. Paris, 1843, in-18.

Mystères galants des théâtres de Paris. Paris, 1844, in-16.

Biographie de Céline-Marie-Caroline-Henriette Montaland (du Théâtre du Palais-Royal, signée Devéria). Paris, 1851, 1 feuillet in-fol. Céline Montaland, alors âgée de 7 ans, est née à Gand. Une autre biographie de la même artiste est signée : Eusèbe L***. Imp. Clerc, à Belfort, 1850, in-8 de 4 pp.

Biographie de Mlle Alphonsine (alors artiste des Délassements com.). Paris, 1851, in-16 de 8 pages.

Physiologie des bals de Paris ; par Chicard et Balochard, dessins par Lacoste et Kolbb. Paris, 1841, in 32.

Les Petits mystères du jardin Mabille dévoilés ; par Max. Revel et J. Numa. Paris, 1844, in 32.

Voyage autour de Pomaré, reine de Mabille, princesse du Ranelagh, grande duchesse de la Chaumière, par la grâce de la polka, du cancan et autres cachuchas ; par G. Malbert. Paris, 1844, in-32, 1 vign. et un *fac-simile.*

Physiologie des bals de Paris et de ses environs ; par E. de Champeaux. Paris, 1845, in-12, 2 lith.

Les Amours des bals publics de Paris, vérités sur ces dames ; par Ange Reyval. Paris, 1845, in 18.

Paris dansant, ou les Filles d'Hérodiade folles danseuses des bals publics. Paris, 1845, in-32.

Les Oiseaux de nuit et les polkeuses des scènes publiques ; par Théod. Staines. Paris, 1845, in-18.

Les Bals d'hiver. Paris masqué, p. Vitu, Paris, 1848, in-18, fig.

Actualités dansantes. Le Quartier latin et la rue Bréda, galop général à grand orchestre ; par Ekébole, membre unique d'une société qu'il a fondée, avec une introduction par Épicure Pissot, etc. Paris, 1848, in-16 de 32 pp.

Le Bal Musard, p. Louis Huart, Paris, 1850, in-4 de 16 pp., ill. p. Cham.

La Closerie des Lilas. Mystères du Jardin Bullier ; p. Gaston Robert. Paris, 1851, in-16.

Les Bals publics à Paris ; p. V. Rozier. Paris, 1855, 1857, in-32 de 160 pp. cont. : Législation des bals, bals guinguette, Mabille, la Reine Pomaré, Clara Fontaine, etc., le Jardin d'hiver, le Ranelagh, le Château des Fleurs, le Parc d'Asnières, le Château Rouge, et Bridich, Frisette, etc., la Chaumière, la Closerie des Lilas, les Salles Valentino, Ste-Cécile, Barthélemy, le Wauxhall, le Prado, etc. ; le Quartier latin et la Rôtisseuse, les Bals de l'Opéra et leurs danseurs, les autres bals masqués, les Folies de Belleville et les Femmes de la Courtille ; l'Origine des femmes de bal, leurs variétés et leur histoire ; la Lorette et ses plaisirs, l'Amant de cœur, les Soupers ; les Petits jeunes gens et leurs stage auprès des danseuses, les Vieillards corrompus, etc.

Mémoires de Rigolboche, orné d'un portr. photogr. par Petit et Trinquart. Paris, 1860, pet. in-16 de 192 pp. 1 fr. 50.

A bas Rigolboche ! sans portrait ni vignette ; p. de Charnel et E. Moreau de Beauvière. Paris, 1860, in-32 de 96 pp. 1 fr.

Ces Dames. Paris, 1860, in-32 de 216 pp. av. une phot. de Malakoff, Zouzou et Risette. 1 fr. 50. Chap. Ier. Rigolboche. — II. Le Casino : Nini Belles-Dents, Rosalba Canean, Alice la Provençale, Alida Gambillmuche,

Rigolette, Finette et son Nègre, Juliette, Eugénie Trompette, Aimée, Pauline l'Arrosoir, Henriette Souris, Valentino et les autres bals. — III. (Les Lorettes, les Biches, les Femmes entretenues) : Délion, la marq. de Rouvray, la bar. de Biarritz, Marie Delaunay, Marguerite Boulanger, Cora, Jeanne Vaillant, exposition des portraits photographies de ces dames, Clementine à l'Escarpolette, la comtesse de Mart.... — IV. Le Pays où le Chabut e, les lilas fleurissent (la Closerie) : Camille, Virginie-Risette, Louise-Voyageur, Henriette Zouzou, Eugénie Malakoff, Eugénie Chichinette, Isabelle, l'Aztèque (ainsi nommée pour la petitesse de sa taille), les Bébés et les Ninis, la belle Mathilde, la grosse Mathilde, Pauline la Rosse. — V. (Thermomètre de ces dames) : Alida-Canicule et Rigolboche-Sibérie, classement par la fumée des cigarettes, les Brunes et les Blondes. VI. Les Camelias, Adèle Courtois et sa vente (mars ou avr. 59). — VII. Voyage à la recherche d'une biche égarée (à la brasserie des Martyrs, au café Mazarin, chez la Rotisseuse, etc.) — VIII. La Chasse aux hommes, les Michés sérieux et les Michés de coton, les Indolentes, les Grognenses, les Promeneuses, la Chasse à la grosse bête (en voiture), les Préceptes de Moustache, Irma la Canotière et le Charbonnier. — IX. L'Amour de ces dames. — X. Le Style, la conversation et les manières de ces dames. — XI. Chiens et Chats de ces dames, Melina et Elisa la Molle, Ernestine et son chien Ferdinand, Mathilde Pyrame, etc. — XII. Le Dessous de la crinoline, la Mère Michon, les Crèmeries, les Petites Industries, Fanny, les Mères de ces dames, leurs Frères, Alphonsine et Adèle. — XIII. La Dernière étape, Céleste Mogador, Biquette, Miss Fauvette, etc. — XIV. Caboulots et Caboulotières, Constance M... — Conclusion. Le succès de *Ces dames* a fait naître les brochures suivantes : *L'Ecole du scandale. Ces Messieurs!* par Eusèbe. Paris, 1860, in-8. — *A bas les hommes*; par une femme échaussée. In-32. — *Sus aux gandins, sus aux biches!* par un étudiant. In-18. *Les Etudiants et les femmes du quartier latin*; p. un étudiant. In-18. — *Aux Vrais étudiants! Guerre! guerre à la brochure*, les Étudiants et les femmes. In-18. — *Réponse à la brochure*, les Étudiants et les femmes. In-8 de 16 pp. — *Avez-vous fini?* Réponse à trois brochures. In-32. — *Encore un livre rose*. Rigolboche question. In-18. — *La Gaudinobichomachie, ou l'Art d'aimer*, poème pas mal épique, en 24 chants. In-18 de 23 pp. — *Le Passé, le présent, l'avenir de ces dames; Mme de Warens, Lisette, Rigolboche, la Courtisane, la Ballerine, l'Indolente, l'Etudiante, la Phtisique, l'Absintheuse*, etc. In-18, de 72 pp. — *Confession d'un étudiant. Estaminets, bouges et mistrals*; par un bohème. In-32 de 90 pp. Parmi les chap. : Mlle Julie; — les Cafés du quartier latin; — les Caboulots, etc.

HISTOIRE D'ITALIE

Il Petrarchista, dialogo di M. Nic. Franco. Venise, 1543, pet. in-8 de 50 ff. Libri, 4 fr. 25. Documents intéressants sur Laure et lettres de Pétrarque.

L'Illustre Châtelaine des environs de Vaucluse, la Laure de Petrarque, dissertation p. d'Olivier Vitalis. Paris, 1842, gr. in-8, fig.

Carmina apposita Pasquillo Anno 1526. S. l. n. d. (Rome, vers 1525), in-4, lettres ital., grande fig. en b. sur le titre. Libri, 73 fr. Satires fort libres.

Vita di Pietro Aretino, del Berni. S. l. 1535 (Londres, v. 1820), in-8, portr., tiré à 50 ex. — Perugia, 1537 (Londres, 1824), in-8, tiré à 50 ex. Renouard, 10 fr.

Vita di P. Aretino, p. J. M., comte de Mazzuchelli. Padoue, 1741, 1749, in-8, portr. Rancon de Boisset, 8 fr. Excellent ouvr., dont le suivant est un abrégé (en français), par Dujardin, sous le pseudonyme de Boispréaux : *La Vie de P. Arétin*, La Haye, 1750, pet. in-12, portr.

L'Arétin. Notice sur sa vie et ses ouvrages; p. Phil. Chasles. Paris, 1834, in-8. Aimé-André, 5 fr. 25.

De Pierre Arétin, notice sur sa fortune, etc. (p. Peignot). Dijon, 1836, in-12, tiré à 100 ex. Solar, 7 fr.

Les Anecdotes de Florence, ou Hist. secrète de la maison de Médicis (p. de Varillas). La Haye, 1685, 1687, 1689, in-12. Peu commun. Le seul recherché des nombreux ouvr. de l'auteur.

Amours de Cornélie et d'Alphonse d'Este, duc de Ferrare. Liège, 1706, in-12.

L'Amore di Carlo Gonzaga, duca di Mantoua, et della contessa della Rovere. Ragusa, 1666, in-12. — *Les Amours de Charles de Gonzague, duc de Mantoue, et de Marguerite, comtesse de Rovere*, trad. de l'it. de G. Caporoda, S. l. (Holl., à la Sph.), 1666, 1667, pet. in-12. La Bédoyère, 6 fr. — Ed. intit : *La Belle Marguerite, ou Amours du duc de Mantoue avec la comtesse de la Rovere*. Cologne, 1666, 1673 et Paris, 1671, in-12. Roman assez amusant.

Les Exploits et les Amours de frère Diable, général de l'armée du cardinal Ruffo; trad. de l'ital. de B. N. Paris, 1801, pet. in-12, 1 fig. Ruffo vivait à Naples, 1744-1827.

HISTOIRE D'ESPAGNE

Hist. secrète des amours de Henri IV, roi de Castille, surnommé l'Impuissant (p. Mlle de la Force). La Haye, 1694; Villefranche (Holl.), 1696 (Veinant, 13 fr.); Utrecht 1733; la Haye, 1736, in-12. Morceau curieux et singulier qui tient à l'un des plus grands événements de l'hist. d'Espagne.

Vie politique de Marie Louise de Parme reine d'Espagne, cont. ses intrigues amoureuses av. le duc d'Alcudia et autres (notamment Godoy). (Paris) 1793, in-18, portr. Il y a des détails fort libres, et beaucoup d'histoire dans ce roman. V. Leber (2317).

Hist. du beau Serrano et de l'infortunée Isabelle, surpris en flagrant délit de conversation criminelle par un mari brutal et jaloux, racontée par don José de Mendoz y Lopez d'Aguilar; trad. en vers franç. par Ferd. Zanium. — Imp. Woinez, à Caen, 1838, in-32 d'une demi-feuille.

Les Amours de Camoens et de Catherine d'Ataide; par Mme Gauthier. Paris, 1827, 2 v. in-12, av. 2 pl. 6 fr.

HISTOIRE D'ANGLETERRE.

Hist. véritable et secrète des vies et des règnes de tous les rois et reines d'Angleterre, depuis Guillaume Ier, surnommé le Conquérant, jusqu'à la fin du règne de la reine Anne. Amst., 1729, 3 vol. in-12.

Authentick memoirs of the life and intrigues of the celebrated Sally Salisbury, by the capt. Ch. Walker. London, 1723, in-8. Cat. des livres légués par l'archéol. Douce à la bibl. d'Oxford.

La Comtesse de Salisbury, ou l'Ordre de la Jarretière, nouvelle hist.; par d'Argences. Lyon, 1682, 2 p. pet. in-12. Tech., 9 fr. Règne d'Édouard III, en 1350.

La comtesse de Salisbury; p. Al. Dumas. Paris, Cadot, 1848, 6 vol. in-8 et Lévy fr., 1856, 2 vol. in-12.

Lettres de Henry VIII à Anne de Boulen, avec la trad.; préc. d'une Notice hist. signée Crapelet. Paris, 1826, 1835, gr. in-8, avec 2 portr. On peut joindre à ce vol.: *Lettre de M. Peignot à M. Amanton sur l'ouvr. intit. Lettres de Henry VIII à Anne Boleyn.* Paris, in-8 de 24 pp., tiré à 67 ex.

Hist. de Marie, reine d'Écosse, touchant la conjuration faite contre le roi et l'adultère commis avec le comte de Bothwell. Trad. du lat. de Buchanan (p. Camus). Édimbourg, Waltem, 1572, pet. in-8. Veinant, 115 fr.

L'Innocence de la très-illustre, très-chaste et débonnaire princesse, Madame Marie (Marie-Stuart), *royne d'Escosse, où sont réfutées les calomnies publiées par un livre divulgué en France, l'an 1572, touchant la mort du seign. Darley, son espous* (attribué à Belleforest). S. l., 1572, in-8. Veinant, 129 fr.

Marie Stuart, reyne d'Escosse, nouv. hist. (p. de Boisguilbert. Suiv. la cop. (Holl., à la Sph.), 1675, 3 part. in-12. Gancia, 19 fr.

Milord Courtenay, ou Hist. secrète des premières amours d'Élisabeth d'Angleterre; p. Le Noble. Paris, 1696, 1699, in-12. Hist. écrite d'une manière assez correcte et intéressante.

Geheime Liebesbegeben... (Hist. secrète des amours de la reine Élisabeth et du comte d'Essex). 1716, in-12.

The Beauties of the court of king Charles the Second; by Jameson. London, 1833, gr. in-4, fig. Tripier, in-fol., 120 fr. Ce livre est rare en Angleterre. Les portr. de femmes sont les plus beaux que l'on connaisse; il y a une notice pour chaque portrait.

Hattige, ou la belle turque, ses amours avec le roi de Tamaran, nouv. (p. de Brémond). Cologne (Holl., à la Sph.), 1676, pet. in-12. Bignon, 4 fr. 50. Roman présentant, sous des noms déguisés, les Am. de Charles II, roi d'Angleterre, avec lady Castelmaine, duchesse de Cléveland, et avec Mlle de Kéroalle, qui fut ensuite la fameuse duchesse de Portsmouth. *Tamaran* est le roi; *Hattigé*, la duchesse de Cleveland; *Zara*, sa confidente; *Osman*, le duc de Buckingham; *Molonea*, milord Candish; *Roukia*, la femme de milord (une autre clef dit la duchesse de Portsmouth, et Osman, le comte de Clarendon, premier ministre). A été inséré dans les *Hist. tragiques*, tom. 2, et réimp. sous le titre: *La Belle Turque.* S. l., 1680, in-12.

Mém. (de la vie) du Cte de Grammont, cont. particulièrement l'hist. amoureuse de la cour d'Angleterre sous le règne de Charles II (par le Cte Ant. Hamilton). Philibert de Grammont, dont il est question dans cet ouvr., mourut à Londres en 1707, à l'âge de 86 ans. Ant. Hamilton, son biographe et son beau-frère, mourut à Saint-Germain en 1720. Cet ouvr. est amusant et très-agréablement écrit. L'éd. originale a paru à Rotterdam, en 1711, in-12. Il y a eu un grand nombre d'éd. dont voici les principales: S. l. n. d. (Paris, Didot, 1760), 2 vol. pet. in-12; Potier, riche reliure, 60 fr. — av. notes p. Hor. Walpole, Strawberry-hill, 1763 (Gouttard, 162 fr.), 1772 (La Bédoyère, 201 fr.), pet. in-4, av. portr. des comtes d'Hamilton, de Grammont et de la Csse de Grammont. — Londres, Edwards (1793), in-4, av. 78 portr. (et non 72) gravés sur les tableaux originaux. C'est la plus belle édition, et la plus curieuse par ses notes; il faut faire attention que les notes et éclaircissements, comprenant 77 pp., ne manquent point. La Bédoyère, 200 fr. — Éd. av. notes, trad. de l'angl., p. Bertrand de Molleville, et qui passent pour être de Walter-Scott. Londres, 1812, 2 vol. gr.

in-8, av. 64 portr. gr. p. Scriven. — Av. notice p. Auger, Paris, P. Didot, 1815, 3 vol. in-18, et F. Didot, 1851, in-12. La suite des 64 portraits s'est vendue en premières épreuves, Renouard, 100 fr.

Hist. secrète de la duchesse de Portsmouth, intrigues de la cour du temps de Charles II, durant le ministère de cette duchesse; trad. de la cop. angl. imp. à Londres, chez Rich. Baldwin (Holl., à la Sph.), 1690 (Tripier, 25 fr.), 1691, 1692, pet. in-12, fig.

Hist. secrète des règnes des rois Charles II et Jacques II, trad. de l'angl. Cologne, 1690, pet. in-12. Peu commun.

Les Amours de Messaline, ci-devant reine de l'île d'Albion, etc. Cologne ou Villefranche (Holl.), 1689 (Tripier, 25 fr.), 1691, 1693, pet. in-12. Pamphlet contre Éléonore d'Este, femme de Jacques II, réfugié à Saint-Germain; pour qu'il soit complet, on doit trouver ajouté à la suite : *Suite des mêmes Amours, contenant, etc.*, Cologne, 1691.

Hist. secrète de la reine Zarah et des Zaraziens, ou la duchesse de Marlborough démasquée (trad. de l'angl. du doct. Sacheverell). Dans le royaume d'Albigion, ou Oxfort (Holl.), 1708 (Gaucin, 8 fr.), 1711, 1712 Potier, 15 fr.), 2 part. pet. in-12. Il y a une 3ᵉ partie intit. : *Suite de l'Hist. secrète, etc.*, 1712, in-12 de 72 pp. Pamphlet sur la reine Anne et la duchesse de Marlborough.

Hist. secrette de la duchesse d'Hanovre, épouse de Georges Iᵉʳ. Londres (Holl.), 1732, in-12. Veinant, 10 fr. 50 c.

Hist. du procès de la reine d'Angleterre (Caroline de Brunswick), par Desquiron de Saint-Agnan, avec portraits. Paris, 1820-21, 19 cah. in 8 de 2 à 5 feuilles chacun.

Voyages de S. M. la reine d'Angleterre et du baron Pergami, son chambellan, en Allemagne, en Italie, en Grèce, en Sicile, à Tunis, etc., de 1815 à 1820; par Tarmini Almerité. Paris, 1820, in-8 de 190 pp.

Mémoires de M. le baron Pergami, chambellan, etc., trad. d'apr. le man. italien, par M***. Paris, 1820, in-8 de 5 feuilles, 1 portr. et un *fac-simile*.

George Dandin, ou l'Échelle matrimoniale de de la reine d'Angleterre, petit conte national, trad. de l'angl. par... avec quinze gravures. 2ᵉ éd. Paris, Ponthieu, 1820, in-8 de 32 pp. et 15 fig., 12 fr.

Le Sac blanc, ou Extrait de diff. correspondances, etc., relat. au caractère, aux mœurs, etc., de l'infortunée Caroline de Brunswick, reine d'Angleterre; trad. de l'angl. de sir Ch. Popham, par M. M***. Paris, 1820, 2 vol. in-12.

Le Sac vert, pot pourri, ou Récit véridique du procès de la reine d'Angleterre, par Eustache Lasticot. Paris, Barba, 1820, in-18.

Les Galanteries anglaises, nouvelles historiques, p. le chev. de R. C. D. S. La Haye, 1700, pet. in-12. Petit ouvr. rare et curieux.

Leben und Thaten derer berühmtesten Englischen Coquetten und Maitressen, ou Vies et Actions des coquettes, maîtresses, etc., les plus célèbres d'Angleterre. Londres, 1721, in-8 de 556 pp.

Court Secrets, or the Lady's chronicle, historical and gallant (by Ed. Carl). London, 1727, in-12. Graesse, Trésor.

Mém. fidèles de la vie, des amours et des ouvrages de Mlle Oldefield, la plus célèbre et la plus parfaite actrice de son temps. Cet ouvr., qui contient une espèce d'hist. du théâtre anglais, a été publiée en anglais à Londres, en 1731, en 1 vol. in-12.

Hist. of the English Stage, from the Restauration to the Present Time, including the Lives, Characters and Amours of the most eminent Actors and Actresses; by T. Betterton. London, 1741, in-8, fig. portr.

The Midnight Spy, or, a View of the Transactions of London and Westminster from the Hours of Ten in the Evening, till Five in the Morning. London, 1766, in-12, front.

Memoirs of the amours, intrigues and adventures of Charles Augustin Fitz-Roy, duke of Grafton with miss Parsons. London, 1769, in-12.

Les Aventures trop amoureuses, ou Elisabeth Chudleigh, ex-duchesse douairière de Kingston, aujourd'hui comtesse de Bristol, et la marquise de la Touche sur la scène du monde. Londres, 1776, in-12.

Angélica Kauffmann; par Léon de Wailly. Paris, 1838, 2 v. in-8, 15 fr. Lord Shelton, un des beaux de la fashion, ne peut parvenir à séduire la belle Angélica; il se décide à lui offrir sa fortune et son nom; elle le refuse. Outré de dépit, il paraît se résigner et se retire. Un jeune comte suédois fait la cour à Angélica et elle accepte sa main; les jeunes époux vont à la campagne goûter les les premières joies de leur union. Le lendemain, Shelton ouvre les rideaux du lit d'Angélica et lui dit: Fille arrogante, vous êtes couchée avec mon laquais. C'était parfaitement vrai. Pour ce beau tour, Shelton reçut les compliments de tous les roués de la haute société.

Mémoires de mistriss Robinson, célèbre actrice de Londres. Détails curieux sur sa carrière dramatique, ses amours avec le prince de Galles, ses relations avec le duc d'Orléans, etc. Paris, 1802, in-12 de 390 pp.

Mémoires de lady Hamilton, ambassadrice à la cour de Naples. Paris, Dentu, 1816, in-8, av. portr. gr. d'apr. Romney. On doute que ces intéressants Mémoires soient réellement de lady Hamilton, cette femme qui avait commencé par être bonne d'enfants, poseuse, etc., qui a eu de si nombreuses et si éclatantes galanteries, et qui a joué un rôle si influent dans les événements politiques de son temps.

Mémoires de la princesse Caroline (la princesse de Galles) *adressés à la princesse Charlotte* (sa fille); trad. de l'angl. de Thomas Ashe sur la 4e édition, par Pirot, de Montpellier). Paris, Dentu, 1813, 2 vol. in-8 et portr. 10 fr. Ces Mémoires, pleins de galanteries, sont sans doute apocryphes.

Vie privée et Amours secrètes de lord Byron; trad. de l'angl. par F. Paris, 1837, 1838, 1840, 1842, 2 vol. in-18, fig.

Les Sérails de Londres, ou les Amusements nocturnes, les portraits des courtisanes les plus célèbres, etc. Paris, 1801, 4 vol. in-18, fig.

La Maquerelle de Londres, son caractère et sa mauvaise vie, les femmes débauchées, etc. S. l. n. d., in-12.

HISTOIRE D'ALLEMAGNE

(SUISSE, PAYS-BAS, HONGRIE, ETC.)

Les Vrais pourtraicts de quelques-unes des plus grandes dames de la chrestienté, desguisées en bergères. Amst., 1640, 1646, pet. in-4 obl. av. 120 portr. gr. par Crispin de Pas. Rare. V. la description au *Manuel*.

Hist. et amours du prince Charles, duc de Lorraine et de l'impératrice douairière. Col., 1676, 1677, et Bruxelles (Holl.), 1678, pet. in-12. Labédoyère, 16 fr.

Hist. de la vie de la reine Christine de Suède..., avec la défense du marq. Monaldeschi. Stockholm (Holl.), 1667, 1677, 1682, pet. in-12. Sensier, 19 fr. Livre mal écrit, mais curieux.

Recueil de quelques pièces curieuses servant à l'hist. de la vie de la reyne Christine. Cologne, P. Marteau (Holl.), 1668, pet. in-12. Veinant, 20 fr.

Histoire des intrigues galantes de la reine Christine de Suède, pendant son séjour à Rome; trad. de l'ital. Amst., 1696, 1697, in-12, fig. Lenglet Du Fresnoy dit : curieux, mais on n'a pas tout mis.

Mémoires des intrigues politiques et galantes de la reine Christine et de sa cour (par Franckenstein). Liége, 1710, 2 vol. in-12.

L'Heureux page, nouvelle galante. Cologne, P. Marteau (à la Sphère), 1687, 1691, in-12. Cet heureux page est le comte de Rabutin, général au service de la maison d'Autriche; favorisé de deux grandes princesses, il en épousa une en Allemagne.

Journal amoureux de la cour de Vienne. Col. (Holl., à la Sph.), 1689, 1690 (Motteley, 18 fr.), 1711, pet. in-12.

Histoires galantes de la cour de Vienne (roman historique). Leipzig, 1750, pet. in-8. Renouard, 8 fr.

La Flandre galante, cont. les conquêtes amoureuses de plusieurs officiers, etc. Cologne, 1709, 1710, in-12, fig. La Bédoy., 20 fr.

Histoire amoureuse et badine du congrès de la ville d'Utrecht. Liége, s. d. (1713), 1714, in-12, fig. Les deux pièces suivantes doivent être jointes au volume : *Le Moine défroqué, supplément à l'histoire amoureuse, etc.* S. l. n. d., in-12. — *Lettre écrite par un garçon, pour servir de véritable clef à l'hist. amoureuse, etc.* Col., 1714, 11 pp. in-12. La Bédoyère, 27 fr.

La Saxe galante, hist. des amours d'Auguste Ier, roi de Pologne (p. le baron de Poellnitz). Amst., 1734, 1735, 1736, 1737, 1763, in-12. En moyenne, 10 à 15 fr.

Briefe ueber die galanterien von Berlin... Lettres sur les galanteries de Berlin, écrites durant un voyage fait par un officier autrichien. S. l., 1782, in-8 de 378 pp.

Hist. secrète de la cour de Berlin, ou Correspondance d'un voyageur français, 1786-1787 (par le comte de Mirabeau). Londres (Paris), 1789, 2 tom. in-8, portr. Ouvr. cond. au feu. Réimp. en 1821, tom. 3 des œuvr. de Mirabeau.

Briefen über die galanterien von Frankfurt. London, W. Dodsley (Allemagne), 1791, in-12. 26 lettres du bar. Exilmedorach écrites durant son séjour à la foire de Francfort. Il visite les salles de danse, les cabarets et autres lieux de débauche, décrit les nymphes et autres personnages, hommes ou femmes, qu'il y rencontre.

Liebesbegebenheithen der Herzogin von Aremberg... Intrigues amoureuses de la duchesse d'Aremberg. Leipzig, 1790.

Les Masques arrachés, ou Vies privées de Van der Noot et Van Eupen (p. Robineau). Londres (Bruxelles), 1790, et Amst., 1791, 2 vol. in-12. Libelle licencieux.

La Prusse galante, ou Voyage d'un jeune homme à Berlin; trad. de l'all. (trad. supposée, a été attrib. à l'imp. Jacquin et au bar. G.-F.-L. Dupin). Paris, s. d. (1800), in-8 de VI-169 pp. et s. l. (Paris), 1801, pet. in-8, fig. Ouvr. libre.

Das Galante Kaiserreich.... (L'Empire d'Autriche galant. Intrigues amoureuses de la cour de 1805 à 1815). Leipzig, 1847, 4 part. in-12. Environ 5 fl. 48 kr.

RUSSIE, ORIENT, AMÉRIQUE

Histoire plaisante et récréative de la belle marquise, fille de Salustre, roi de Hongrie. Lyon, 1615, in-16. La Vallière, 10 fr.

Hist. de Pierre III, emp. de Russie suivie de l'hist. secrète des amours et des principaux amants de Catherine II. Paris, an VII, 3 vol. in-12, fig. Rare.

Catherine II; par Mme la duchesse d'Abrantès. Paris, 1834, in-8. Il faut lire cet ouvrage pour avoir une idée juste de cette Messaline moderne. Les trois frères Orloff, Potemkin et vingt autres entrent tour à tour dans sa couche encore chaude du sang de Pierre III. Que Catherine remarque un soldat à larges épaules, il faut que le favori du jour s'incline devant ce caprice; mais on le dédommage en faveurs. Potemkin, par exemple, qui était devenu le pourvoyeur de ses plaisirs, reçut ainsi plus de 300 millions de francs. Cet ouvrage a provoqué une réfutation anonyme de M. Jacques Tolstoy, intitulée : *Lettre d'un russe, ou Simple réponse au pamphlet de Mme la duchesse d'Abrantès, intitulé Catherine II.* Paris, 1835, in-8 de 111 pp.

List und Liebes-Begebenheiten der grossultanischen Pallastes (Intrigues et galanteries du palais du grand seigneur; p. Malebranche?). Dresden, 1749.

Kara-Mustapha (neveu du grand-vizir Achmet Kuprogli et page du fils de l'empereur Ibrahim, vers 1650) *et Bash-Lavi* (par Fromaget). Amst. (Paris). 1750, in-12. Amours de Kara-Mustapha avec la princesse Bash-Lavi, avec la favorite Zeneoub, remarquable chasse au cousin de cette dernière; épisode insipide de *Minutione.* Clément, Cinq années littéraires, lettre 47.

*Mémoires de la princesse Elisa de B***, ou Histoire d'une orpheline française, écrite par elle-même, renfermant des détails curieux sur la cour de Selim III, le Sérail et la vie du sultan Osman.* Lyon, 1822, 2 vol. in-12, av. 2 pl.

Galanterien der Türken.... (Galanteries des Turcs; p. G. W. Kindleben). 1er (et seul) volume. S. l., 1783, in-12, fig.

Le Sérail, ou Histoire des intrigues amoureuses des femmes du grand seigneur; par Grasset Saint-Sauveur. 1796, 2 vol. in-18, fig.

Die Weiber in Stambul... (Les Femmes à Stamboul, petit échantillon des expériences d'un joyeux compère). Leipzig, 1803, in-18.

Ismir et d'Orbeville, histoire d'une jeune athénienne et d'un consul français, dans laquelle on trouvera des détails sur les sérails, etc. Paris, 1808, 4 vol. in-12, 1 fig.

Scènes de la vie orientale. — Les Femmes du Caire. — Les Femmes du Liban; p. Gérard de Nerval. Paris, 1848-50, 2 vol. in-8.

Scènes de la vie turque; p. la princesse de Belgiojoso. Paris, Lévy, 1858, in-12, 3 fr. Emina. — Un prince Kurde. — Les Deux femmes d'Ismaël-Bey.

Les Bayadères à Paris (notice signée G. T. sur les 5 bayadères : Tillé, Amany, Soundiroun, Ramgoun et Veydoun qui, avec 3 musiciens hindous, ont paru sur la scène, aux Variétés, en août 1838). Paris, 1838, in-8 d'une feuille.

Pe Mei sin Young thou tchouan (Portraits des cent plus belles femmes de la Chine, avec un texte en chinois). 4 cahiers gr. in-8, fig. Cat. Baillieul, n° 2330.

Les Femmes d'Amérique; par A. Bellegarrigue. Paris, 1853, in-32 de 96 pp.

Les Femmes du Nouveau-Monde; par Xavier Eyma. Paris, 1853, 1860, in-12, 1 fr.

Les Harems du Nouveau-Monde. Vie des femmes chez les Mormons; trad. de l'angl. (Female life among the Mormons) par Révoil. Paris, 1856, 1858, in-18, 1 fr. Ouvrage qui offre des détails curieux et même incroyables, mais qui a le tort de n'être franchement ni un roman, ni une histoire. L'ouvr. angl. est anonyme et paraît avoir été écrit par une femme qui aurait vécu quelque temps parmi les membres de cette secte et en raconte les aventures, les superstitions et les fourberies.

Les Mormons; p. P. Duplessis. Paris, Cadot, 1859, 8 vol. in-8.

Le Mariage aux États-Unis; p. Aug. Carlier. Paris, Hachette, 1860, in-12, 2 fr.

ARCHÉOLOGIE

Dissertation sur les attributs de Vénus Anadiomène; p. l'abbé de La Chau (et l'abbé Leblond). Paris, 1776, 1780, in-4, av. jol. vign. dont une Vénus Anadyomène, gr. p. Saint-Aubin, d'ap. le Titien et qui, avant la bordure et surtout avant la coquille, est recherchée. L'ouvr. est spirituel et d'un style agréable.

Dissertations, recherches sur les statues dites la Vénus de Médicis du Capitole, Callipyge et autres, etc.; p. Al. Lenoir, Cherry, etc. Paris, 1822, in-8. Tripier, 3 fr.

La Vénus de Paphos et son temple; par J. D. Guigniaut. Paris, 1827, in-8 de 24 pp.

Recherches sur le culte, les symboles, les attributs et les monuments figurés de Vénus en Orient et en Occident; par Félix Lajard. Paris, 1837, in-4 de 4 feuilles 1/2 av. un tableau lith. et 30 planches gravées.

Veneres et Priapi uti observantur in gemmis antiquis (trad. attrib. à d'Hancarville). Lugd.

Bat., s. d. (Naples, v. 1771), 2 part. pet. in-4, av. 45 pl. (texte franç. gravé). Lamy, fig. col., 40 fr. Il y aussi une éd. sous le même nom de ville, av. texte angl. et franç. et qui, probablement, a été faite en Angleterre.

Les Sirènes, discours sur leur forme et leur figure (par l'abbé Cl. Nicaise). Paris, 1691, in-4, av. fig. dans le texte. On y remarque une délicieuse fig. représentant les sirènes. Rare.

Discours sur les médailles et graveures antiques principalement romaines; p. Ant. Le Pois. Paris, M. Patisson, 1579, in-4, fig. grav. p. Woeiriot. Une fig. de Priape, page 146, au verso, a motivé une poursuite contre l'ouvrage. Cette fig. est souvent endommagée. Un amat. de Paris, 34 fr. 50.

La Gemme antiche figurate; da L. Agostini. Roma, 1657, 2 part. pet. in-4, fig. dess. et gr. par Galestruzzi, 214 pl., front. et portr., 8 ff. prélim. et autotal. 2 ff. et 45 p. Plus une 2ᵉ partie ou supplément paru en 1669 de 53 pl. préc. de 4 ff. et suivi de 54 p. A l'ex. de La Vallière vendu 171 fr., il se trouvait 4 pl. de plus également grav. par Galestruzzi à la fin de la 1ʳᵉ partie : 1° *Figure in atto disonesto*; 2° *Dio dell' orti*; 3° *Dio Priapo*; 4° *Altro dio Priapo*. Ces pl. auront été supprimées lors de la publ. de l'ouvrage lequel est ordinairement sans valeur.

Description des pierres gravées du cabinet du duc d'Orléans. Paris, 1780, 2 vol. in-fol., fig. Triplet, 300 fr. Avoir soin que les *Médailles spintriennes* (7 pl. gr. p. Saint-Aubin et représ. 35 sujets relatifs aux débauches de Tibère dans l'île de Caprée) ne manquent pas. Ces médailles seules ont été vendues, Bolle, 37 fr.

Description des pierres gravées du baron de Stosch; par Winckelmann. Florence, s. d. in-4. Les nᵒˢ 1609 à 1658 [illegible] des Priapes et les nᵒˢ 165[illegible]8 sont des spintriennes non décrits.

Antiquités d'Herculanum, gravées par David, avec explication par Sylvain Maréchal, 1780-1803, 12 vol. in-4. Les figures libres se trouvent dans le 7ᵉ volume. Graesse.

Antike erotische Bildwerke in Houben's antiquarium (Priapées du cabinet d'antiquités de Houben). Xanten, 1839, in-fol.

Peintures, bronzes et statues érotiques formant la collection du cabinet secret du Musée Royal de Naples; avec leur explication, par C. Famin (la 3ᵉ éd. est intit. : *Musée royal de Naples, peintures, bronzes*, etc.). Paris, 1832, gr. in-4, av. 41 pl.; Paris, 1834, 1836, gr. in-4 de 18 feuilles avec 60 pl., col. 100 fr.

Herculanum et Pompei, Recueil général des peintures, bronzes, etc. découverts jusqu'à ce jour, etc. gravés au trait par Roux aîné; texte explic. par L. Barré. Paris, 1840, 8 vol. in-8. Le 8ᵉ vol., comprenant le musée secret, doit avoir 60 pl.

Monuments de la vie privée des douze Césars, d'après une suite de pierres et médailles gravées sous leur règne. — Monuments du culte secret des dames romaines, d'apr. une suite de pierres gravées, etc. (par Hugues d'Hancarville). Caprée ou Rome (Nancy, Leclerc), 1780 (Bolle, 61 fr.), 1782, 1784, 1785, 1786, 1787, 1790, 2 vol. gr. in-8, av. 50 pl. Destr. ord. par arr. du 19 sept. 1826, à cause des grav. obsc. que l'ouvrage contient. Voir, dans le cat. de la vente M., faite par l'alliance des arts en 1846, n. 1454, pour la différence que présentent diverses éditions. V. aussi Noël, *Collections lorraines*, p. 787.

Les Délices des césars, d'apr. une suite de pierres gravées sous leur règne. S. l. n. d., in-8, avec les mêmes planches que dans les Monuments des 12 Césars, mais avec un texte différent. Peu commun.

An Account of the remains of the Worship of Priapus. 1786, in-4. Hamott, 5 liv. 2 sh. L'auteur de ce livre a fait, de l'érudition, un moyen d'être obscène; du reste, depuis lui, l'étude de la mythologie a fait des progrès. V. le *Manuel*, art. Knight (Payne).

DATES DES CATALOGUES

CITÉS POUR LES PRIX DE DIVERS ARTICLES

Abel-Rémusat, 1833 — comte Abrial, 1841 — Aimé-Martin, 1847 — Alvarès (lib.), 1858-60 — Amar, 1837 — un amateur de Paris, 1847 — Amelot, 1797 — Audry, 1850 — Ambroise, 1853 — Askew, 1775 et 1785 — Aubry (lib.), 1854 — Audenet, 1839 — duc d'Aumont, 1782 — J.-B. de B., 1850 — P. B*** (Potier), 1852 — J.-B. Baillière (libr.), 1859 — Baron, 1788 — Baudelocque, 1850 — Beauclerk, 1781 — Belin junior, 1797 — Bérard, 1829 — Bergeret, 1858, 1859 — Arm. Bertin, 1854 — Beuchot, 1851 — Bichat 1809 — Jér. Bignon, 1837, 1848 — Blondel, 1790 — Boisset, V. Randon de Boisset — Bolle, 1849 — Boissy, 1803 — Bonnier, 1800 — le comte Borromeo, 1817 — Boulard, 1828-33 — Bourdillon, 1830, 1836, 1845, 1847 — Boutourlin, 1805, 1839-41 — Bozerian, 1798 — Brienne-Laire, 1791-92 — de Bruyères-Chalabre, 1833 — Bry, 1800 — Cailhava, 1845 — Caillard, 1810 — le marq. Capponi, 1747 — Chardin, 1806, 1811, 1823 — marq. de Châteaugiron, 1827 — J. Chénier, 1811 — Claudin (libr.), 1860 — Clicquot, 1843 — Colbert, 1728 — Coquelet, 1755 — le marq. Costabili, 1858 — Coste, 1854 — de Cotte, 1804 — Courtois, 1820 — Crapelet, 1837-41 — Crevenna, 1775, 1789, 1793 — Crozet, 1841 — De Boze, 1745, 1753-55 — J.-J. et M.-J. De Bure, 1835-40, 1850, 1853 — Detune, 1860 — Didot P., an IX — Fr. Ambr. Didot, 1809 — F. Didot, 1818, 1810 — P. Didot, 1823 — card. Dubois, 1724-25 — Dufay, 1725 — Duff, 1837 — Duplessis, 1856 — Duriez, 1827 — le marq. Du Roure, 1848 — prince d'Essling, 1847 — Falconnet, 1763 — Filheul, 1779 — A. F., 1860 — Fleurieu, an VI, 1811 — Floncel, 1774 — Fortia-d'Urban, 1843 — Fossé d'Arcosse, 1840 — Fournier, Dict. de bibliogr., 1809 — Gaignat, 1769 — prince Mich. Galitzin, 1820 — Gancia, 1860 — Gellert, 1851 — Ch. Giraud, 1855 — J.-G. (Goddé), 1844 — Gohier, 1831 — comte Alexis de Golowkin, 1798 — Gorlay, 1852 — Gouttard, 1780 — Gradenigo, 1811 — duc de Grafton 1815 — Grasset, 1850 — Thomas Grenville, 1852 — Hanrott, 1833 — Hebelinck, 1856 — Heber, 1834, 1836 — bar. d'Heiss, 1785 — Hérisson, 1839 — G. Hibbert, 1829 — W. Hope, 1855 — comte de Hoym, 1738 — Imbert de Cangé, 1733 — Jannet (libr.), 1854 — Klaproth, 1839 — L. M. B., 1850 — L. B. D., 1830 — La Bédoyère, 1837 — Lacroix (Bibliophile Jacob), 1839 — Lacour, 1860 — Lair, 1819 — La Jarrie, 1855 — de Laleu, 1775 — Lambert, 1780 — La Mésangère, 1831 — Lamaruens, 1839-41 — Lang, 1807 — Lang, 1833 — Larcher, 1814 — La Serna Santander, 1803 — comte de Lauraguais, 1770 — duc de la Vallière, 1767, 1777, 1783, 1788 — Lebel, 1759-62 — Leblanc, 1842 — Leblond, 1810 — Le Camus de Limare, 1779 — Leduc, 1819 — Lefèvre-Dallerange, 1831 — Lemarié, 1770 — Le Marquier, 1837 — Le Puis-St-Patrice, 1835 — Le Roux de Lincy, 1855 — Lesage, 1777 — Libri, 1847, 1855, 1857, 1858, 1859 — card. Loménie de Brienne, 1797 — Longuemare, 1853 — comte de Mac-Carthy, 1779, 1815 — Marchal, 1850 — Masterman-Sykes, 1821, 1824 — Mariette, 1775 — abbé de Marolles, 1666, 1672 — Marquet, 1824 — Meerman, 1824 — Méon, 1803 — Mérard-Saint-Just, an VII — de Meyzieu, 1779 — Francisque Michel, 1858 — Millet de Montbarat, 1781 — de Milly, an VII — Mirabeau, 1791 — Miroménil, 1797 — de Monmerqué, 1851 — Morel Vindé, 1822 — Motteley, 1824, 1841 — J. Néaulme, 1765 — Nicolaï (château de Bercy), 1860 — comte de Noailles, 1835 — Nodier, 1827, 1829, 1844 — Fr. Noël, 1841 — Noël de Nancy, 1851-53, 1858 — d'Ourches, 1811 — Paris, 1790 — G. Peignot, 1852 — Perret, 1800 — Piget, 1740 — Pinelli, 1787 — de Pixérécourt, 1838-40 — marq. de Pompadour, 1765 — Pont de Vesle, 1846 — de Pont-la-Ville, 1850 — Potier (libr.), 1855, 1860 — de Préfond, 1757 — de Querlon, 1781 — duchesse de Raguse, 1857 — Randon de Boisset, 1777 — Raoul Rochette, 1855 — Reina, 1834-40 — A.-A. Renouard, 1854 — J. Renouard, 1855 — Révoil, 1834, 1853 — Riva, 1857 — l'abbé Rive, 1793 — Roscoe, 1818 — Rosny (duchesse de Berry), 1837 — Rosian, 1800 — abbé de Rothelin, 1746 — duc de Roxburghe, 1812 — duc de Saint-Aignan, 1776 — comte de Saint-Mauris, 1840, 1848 — duc de Saint-Simon, 1755 — Sampayo, 1842 — Sandras, 1771 — Sauvageot, 1860 — Scherer, 1812 — Scheible (libr. à Stuttgart), 1858-60 — Secousse, 1755 — de Selle, 1761 — de Sénicourt, 1766 — Sensier, 1828 — l'abbé Sépher, 1786 — Serig (libr. à Leipzig), 1850 — Silvestre de Sacy, 1842-47 — Solar, 1860 — de Soleinne, 1843 — S....off, 1855 — prince de Soubise, 1788-89 — comte Spencer, 1816-23 — Stanley, 1813 — Talleyrand (B. Splendidissima), 1816 — Taylor, 1848 — Techener (libr.), 1855-58 — l'abbé de Tersan, 1767 — comte de Tessin, 1771 — Tourneisen, 1811 — Léon Tripier, 1854 — Trudaine, 1801, 1803 — Turgot, 1744 — Van den Zande, 1854 — Van den Velde, 1831 — Van Hippe, 1847 — Veinant, 1860 — comtesse de Verrue, 1737 — Viollet-le-Duc, 1843-47 — Walckenaer, 1853 — White Knights's library (marq. de Blandford), 1819 — Willett, 1811 — H. de Wynne, 1849.

LISTE MENSUELLE

DES

PUBLICATIONS NOUVELLES

NOTES, AVIS, ET QUESTIONS BIBLIOGRAPHIQUES

PARAISSANT LE 15 DE CHAQUE MOIS, EN UNE FEUILLE
DE FORMAT IN-FOL. A QUATRE COLONNES

Le 1er numéro paraîtra le 15 Janvier 1861

Prix : 50 c. *par numéro, et, par abonn.*, 5 fr. 50 c. *par an pour la France,*

et surtaxe de poste en sus pour les pays étrangers

A PARIS, CHEZ J. GAY, ÉDITEUR, QUAI DES AUGUSTINS, 25

Tous les gens éclairés, et notamment ceux qui cultivent une spécialité, le fonctionnaire public, le jurisconsulte, le médecin, le savant, l'industriel, l'artiste, l'homme de lettres, ont besoin de se tenir au courant des diverses publications nouvelles, si multiples aujourd'hui, et d'avoir un organe qui, sans leur faire perdre en recherches un temps précieux, leur en donne régulièrement un relevé exact et complet. Telle est la tâche que nous proposons de remplir consciencieusement. Nous présenterons chaque mois, dans le classement systématique habituel, le tableau détaillé, mais concis, de toutes les nouveautés parues en France dans le mois écoulé, livres, brochures, estampes, cartes géographiques, et même des publications françaises faites à l'étranger. Chaque article sera accompagné du nom de l'éditeur, et, autant que possible du prix de vente.

Nous indiquerons les principaux articles littéraires ou scientifiques parus dans les journaux et dans les revues. Nous n'admettrons ni annonces, ni réclames payées; trop souvent, ce sont les objets qui ont le moins de mérite qui se font le plus annoncer. Mais les notes, avis et questions utiles seront toujours reçus et insérés sans frais et avec empressement.

Sous presse, chez le même éditeur :

BIBLIOGRAPHIE SPÉCIALE DU JEU DES ÉCHECS

www.ingramcontent.com/pod-product-compliance
Ingram Content Group UK Ltd.
Pitfield, Milton Keynes, MK11 3LW, UK
UKHW020150220726
13923UKWH00001B/452